SPRACHWISSENSCHAFTLICHE
STUDIENBÜCHER

ROLAND GLAESSER

Wege zu Cicero
Per Aspera ad Astra

Intensivkurs für Studierende
zur Vorbereitung
auf die Cicerolektüre

Vierte,
durchgesehene und ergänzte Auflage

Universitätsverlag
WINTER
Heidelberg

Bibliografische Information der Deutschen Nationalbibliothek
Die Deutsche Nationalbibliothek verzeichnet diese Publikation
in der Deutschen Nationalbibliografie;
detaillierte bibliografische Daten sind im Internet
über *http://dnb.d-nb.de* abrufbar.

UMSCHLAGBILD

Arringatore (Redner), Museo Archeologico, Florenz,
wahrscheinlich 1. Jahrhundert v. Chr.

Hintergrundbild
Cicero-Kopf, neuzeitliche Kopie, Museo della civiltà Romana, Rom
(*Eigenaufnahme*)

ISBN 978-3-8253-9500-1

Dieses Werk einschließlich aller seiner Teile ist urheberrechtlich geschützt.
Jede Verwertung außerhalb der engen Grenzen des Urheberrechtsgesetzes
ist ohne Zustimmung des Verlages unzulässig und strafbar. Das gilt insbesondere
für Vervielfältigungen, Übersetzungen, Mikroverfilmungen und die Einspeicherung
und Verarbeitung in elektronischen Systemen.

© 2023, 2012, 2008, 2007 Universitätsverlag Winter GmbH Heidelberg
Imprimé en Allemagne · Printed in Germany
Druck: Memminger MedienCentrum, 87700 Memmingen

Gedruckt auf umweltfreundlichem, chlorfrei gebleichtem
und alterungsbeständigem Papier.

Den Verlag erreichen Sie im Internet unter:
www.winter-verlag.de

VORWORT – EINLEITUNG

Der vorliegende Kurs ist in erster Linie für Studierende gedacht, die das Latinum nachholen. In 20 Lektionen wird auf die Cicerolektüre vorbereitet, die häufig Gegenstand des zweiten Teils eines zweisemestrigen Sprachkurses ist.
Das Ziel, nämlich die Fähigkeit, sich dem Niveau Ciceros „leichteren" Reden anzunähern, hat sowohl im Sprachlichen als auch thematisch eine Beschränkung zur Folge:
1) Auf Vokabeln, die später nicht mehr unbedingt nötig sind, wird in diesem Kurs, so weit es die Natur eines Lehrbuchs zulässt, verzichtet.
2) Auch thematisch findet eine Konzentrierung statt. Neben Mythen (Europa, Minotaurus, Gründung Roms, Raub der Sabinerinnen) sind es zwei inhaltliche Ebenen, die diesen Kurs als roter Faden durchziehen: einmal die Ebene der Kinder und Sklaven mit einigen, so hofft der Verfasser, unterhaltsamen Szenen, zum anderen die politisch-historische Sphäre; hier werden Ereignisse und Personen dargestellt, die auch in der späteren Lektürephase, also im zweiten Semester, von Bedeutung sind.
Ausgangspunkt ist die frühe Zeit der Regierung des Kaisers Augustus, der im Hintergrund bleibt. Stattdessen spielt Ciceros Sohn, der den gleichen Namen wie sein berühmter Vater hat, eine Rolle. Dieser hatte die Proskriptionen des zweiten Triumvirats (43 v. Chr.) überlebt und wurde später von Augustus sogar mit Ämtern ausgezeichnet. Die Mitglieder seiner Familie sind fiktiv, wie auch die Ereignisse, die im Zusammenhang mit dieser Familie gezeigt werden. Von dieser Zeit ausgehend, werden im Lauf des Kurses „Reisen in die Vergangenheit" unternommen, bei denen wichtige Stationen im Leben des berühmten Redners, Politikers und Philosophen Marcus Tullius Cicero skizziert sind. Auf diese Weise sollen die Studierenden bereits während des Spracherwerbs einen ersten Einblick in die Zeit der untergehenden römischen Republik erhalten.

Zur Eigenart dieses Kurses:

1) Obwohl dieses Buch auf Grund der konzentrierten Darbietung des Stoffes eigentlich nicht zum Einsatz in der Schule gedacht ist, lässt es sich auf der Oberstufe (oder ab Klasse 9 / 10) durchaus verwenden (zur Wiederholung oder Komplettierung).
2) Der Grammatikstoff wird nicht kleinschrittig aufbereitet, sondern in größeren Zusammenhängen geboten, um so einen schnellen Zugang zum System der lateinischen Sprache zu ermöglichen.
3) Infolgedessen wird die lateinische Grammatik nicht vollständig, sondern in Schwerpunkten behandelt, die für die spätere Lektüre von Bedeutung sind.
4) Auf jeden Lektionstext folgen Erläuterungen zu Formenlehre und Syntax, aber die Verwendung einer zusätzlichen Grammatik ist dennoch empfehlenswert. In der Literaturliste finden Sie einige Werke aufgeführt (s. u. S. 10).
5) Der Anhang (S. 223 ff.) enthält die Darstellung und Vertiefung einiger wichtiger grammatischer Gebiete. Hierbei handelt es sich nicht um eine komplette Kurzgrammatik, sondern um eine Ergänzung der Erläuterungen zu den Lektionstexten, die sich auch im nachfolgenden Lektürekurs verwenden lässt.
6) Mit dem Untertitel „Per aspera ad astra" (etwa: „Über raue Pfade ..." oder „Durch harte Zeiten zu den Sternen") soll auf die Schwierigkeiten und hohen Anforde-

rungen aufmerksam gemacht werden, die sich einstellen, wenn man innerhalb eines Semesters das nachholen muss, wofür Schüler und Schülerinnen am Gymnasium mindestens drei Jahre Zeit haben. Zugleich möchte der Verfasser mit der Wahl des Untertitels seine Überzeugung zum Ausdruck bringen, dass das Erlernen der lateinischen Sprache ein Gewinn ist, der sich nicht nur in der besseren Beherrschung der „europäischen" Grammatik, einer vertieften Kenntnis der Fremdwörter, dem leichteren Zugang zu den romanischen Sprachen niederschlägt, sondern sich auch auswirkt in einem gründlicheren Verständnis von Texten aller Art, einer breiteren Allgemeinbildung und einem weiteren Horizont in philosophischer, kultureller, historischer und politischer Hinsicht.

Zum Schluss ein Appell an die Studierenden:

Das vorliegende Unterrichtswerk (das Erlernen der lateinischen Sprache überhaupt) stellt an Sie Anforderungen, die Sie nicht nebenbei bewältigen können. Sie sollten genügend Zeit und Energie mitbringen, um über die steinigen Pfade der Grammatik zu den Elementen der lateinischen Sprache gelangen zu können.
In diesem Sinn: Begreifen Sie das Nachlernen der lateinischen Sprache nicht als lästige Pflicht, sondern als ein Angebot, von dem Sie auch für die Zukunft profitieren werden, selbst wenn Sie Latein in Ihren Studienfächern nicht unmittelbar anwenden müssen.

Bemerkungen zur vierten Auflage

Das Unterrichtswerk wurde noch einmal durchgesehen und, neben allerlei Korrekturen, um einige Erläuterungen zur Grammatik ergänzt. Der Anhang wurde durch Verweise stärker in das Buch integriert. Zur Selbstkontrolle der Lernfortschritte sind außerdem vier Übungsklausuren mit Übersetzung hinzugefügt worden (s. S. 281 ff.).
Die in der Grammatikübersicht (S. 13 f.) angegebenen Ziffern beziehen sich nicht mehr auf die empfehlenswerte, aber nur noch antiquarisch erhältliche Grammatik von H. Throm, sondern auf die SYSTEMGRAMMATIK LATEIN von Hartmut Grosser / Friedrich Maier u. a. (Buchner / Lindauer / Oldenbourg), München / Bamberg, 1. Aufl., 11. Druck, 2013.
Grammatiken sind hilfreiche und unerlässliche Erklärungsversuche, die in Umfang, Anordnung, Darstellung und Terminologie voneinander abweichen (können), so dass in Zweifelsfällen eine Rücksprache mit der Dozentin oder dem Dozenten sinnvoll ist.

Dank

Herzlich bedanken möchte ich mich bei Herrn Professor Dr. Jürgen Paul Schwindt (Seminar für Klassische Philologie, Universität Heidelberg) der den Kontakt zum Universitätsverlag Winter Heidelberg ermöglichte, und Herrn Dr. Andreas Barth für die Aufnahme in sein Verlagsprogramm. Die Mitglieder der Sprachkurse der letzten Jahre haben mich bisweilen auf ärgerliche Tippfehler oder auf manche in ihren Augen notwendigen Ergänzungen aufmerksam gemacht. Auch dafür danke ich.
R.G. im November 2022

INHALT

Vorwort – Einleitung 5

Inhalt 7

Römische Geschichte *(Überblick, Zeittafel)* 9

Lektionen – Grammatik im Überblick 13

Lektionen mit Begleitgrammatik 15

Vokabeln zu den Lektionen 137

Vokabeln in alphabetischer Reihenfolge 193

Anhang 223
Übersichten; einige Erläuterungen zur Grammatik 224
und zusätzliche Übungssätze
Einige Proben aus Ciceros Reden 255
Historischer Hintergrund zu wichtigen Reden Ciceros 261
Lösungen zu den Übungen und Übungssätzen 267
Übungsklausuren zu den Lektionen 281
Eigennamen und Register 285

Tradition verpflichtet. Auch im heutigen Rom finden sich (mitunter banale) Hinweise auf die vergangene Größe:
Kanaldeckel mit der Aufschrift **S**(enatus) **P**(opulus) **Q**(ue) **R**(omanus)

Latein und Italienisch – gar nicht so weit voneinander entfernt. Plakat in Rom aus dem Jahr 2006.

Die römische Geschichte des ersten Jahrhunderts v. Chr. – eine Skizze

Bevor Sie beginnen, die lateinische Sprache zu lernen, hier einige Informationen zur römischen Geschichte. Es kann nur bei Andeutungen bleiben; Literatur für eine weitere Beschäftigung mit diesem Thema finden Sie auf S. 10.

Die Zeit des ersten vorchristlichen Jahrhunderts war von Intrigen, inneren Unruhen, sowie Auseinandersetzungen zwischen den beiden „Parteien" Popularen und Optimaten bis hin zu blutigen Bürgerkriegen geprägt. Die weit verbreitete Verarmung der Landbevölkerung als Folge der zahlreichen Kriege und die Spaltung des Amtsadels sorgten für ständige Unruhen. Neben den innenpolitischen sozialen Problemen blieb die Frage einer gerechten Verwaltung der Provinzen ungelöst. Die Statthalter behielten, da sie nicht besoldet wurden, einen Teil der nach Rom abzuführenden Steuern. Hier waren der Willkür und Habsucht alle Türen geöffnet. Das anschaulichste Beispiel ist C. Verres (Statthalter auf Sizilien 73–71 v. Chr.), der durch die Anklage Ciceros einen zweifelhaften, aber immerhin unsterblichen Ruhm erlangte. Zugleich verfolgten einzelne Adlige immer unverhüllter ihre eigenen Interessen, so dass die Republik samt ihren Institutionen und der staatstragenden Idee einer Unterordnung des Einzelnen unter das Ganze an Attraktivität verlor.

Hier seien nur Marius und Sulla, Crassus, Pompeius und Caesar genannt, die die politischen Gepflogenheiten missachteten und die Stellung des Senats erschütterten; in dieser Zeit lebte auch M. Tullius Cicero, der berühmte Redner und Philosoph, dessen Tragik wohl darin bestand, dass er sich zum Politiker berufen fühlte. Seine größte politische Leistung war die Aufdeckung der Verschwörung des Catilina (63 v. Chr.), den er mit einer feurigen Rede aus Rom vertreiben konnte. Auf diese Ruhmestat war er sein ganzes Leben stolz und ging mit ständigen Lobreden über seine großartigen Leistungen für den Staat den Zeitgenossen reichlich auf die Nerven. Indessen steht sein Ruhm als Meister des klassischen Lateins und seine Liebe zur *res publica* außer Frage. Er verstand sich als Mann des Ausgleichs und des Friedens. Seine Vermittlungsvorschläge, mit denen er Ende 50 v. Chr. einen Bürgerkrieg zwischen der von Pompeius geführten Senatspartei und Caesar verhindern wollte, waren allerdings fruchtlos.

Es kam zum Bürgerkrieg, an dessen Ende die Diktatur Caesars stand. Dieser war mit seiner Versöhnungspolitik um einen Ausgleich der alten Gegensätze bemüht, setzte zahlreiche Reformen ins Werk, scheiterte aber schließlich an seinen Zeitgenossen, die noch nicht bereit waren, einen Alleinherrscher zu ertragen.

Was Caesar versagt geblieben war, nämlich die Konsolidierung des Staates durch die Errichtung einer Monarchie, gelang seinem Großneffen C. Octavius, den er in die Familie der Julier aufgenommen hatte. Octavius, der sich nach der Ermordung Caesars „Caesar, Sohn des Göttlichen" nannte, führte das Werk seines Adoptivvaters fort und konnte nach blutigen Bürgerkriegen, in denen auch Cicero als Verteidiger der untergehenden Republik sein Leben verlor, als erster Kaiser mit dem Titel „Augustus" die Gegensätze zwischen republikanischer Freiheit und Alleinherrschaft ausgleichen, indem er eine neue Staatsform kreierte, den Prinzipat.

Dieser Abriss soll genügen. Weiterführende Literatur und eine Zeittafel finden Sie auf den folgenden Seiten, Erläuterungen zu einigen Reden Ciceros im Anhang, S. 261 ff.

Zum Nachlesen

Allgemein:

1) M. Beard: *SPQR. Die tausendjährige Geschichte Roms*, Frankfurt (Fischer) 2018 (urspr. 2015)
2) W. Dahlheim: *Die griechisch-römische Antike*, Bd. 2, Rom, Paderborn 1994
3) G. Fink: *Who's who in der antiken Mythologie*, München (dtv) 1993
4) A. Giardina (Hg.): *Der Mensch in der römischen Antike*, Essen (Magnus) 1991
5) H. J. Gehrke / H. Schneider (Hg.): *Geschichte der Antike. Ein Studienbuch*, Stuttgart (Metzler) 2000
6) K.-J. Hölkeskamp, E. Stein-Hölkeskamp (Hg.): Von Romulus zu Augustus. Große Gestalten der römischen Republik, München (Beck) 2010²
7) I. König: *Vita Romana. Vom täglichen Leben im alten Rom*, Stuttgart (Theiss) 2004
8) H. Krefeld (Hg.): *Res Romanae, Begleitbuch für die lateinische Lektüre*, Berlin (Cornelsen) 1997
9) Ph. Matyszak: *Geschichte der Römischen Republik*, Stuttgart (Theiss) 2004
10) Ph. Matyszak, J. Berry: *Who is who im Alten Rom,* (aus dem Engl. von H. Schareika), Lizenzausgabe für Philipp von Zabern, Mainz, Darmstadt (WBG) 2009
11) Chr. Neumeister: *Das Antike Rom. Ein literarischer Stadtführer*, München (Beck) 1993
12) W. Schuller: *Das Römische Weltreich*, Stuttgart (Theiss) 2002
13) H. A. Stützer: *Kunst und Leben im Antiken Rom*, Köln (Dumont) 1994

Speziell:

1) M. Giebel: *Marcus Tullius Cicero, in Selbstzeugnissen und Bilddokumenten*, Rowohlts Monographien, Reinbek, überarbeitete Neuausgabe 2013
2) M. Fuhrmann: *Cicero und die römische Republik* (Artemis & Winkler 1991), Düsseldorf (Patmos) 2006
3) E. Narducci: *Cicero. Eine Einführung* (übers. von A. Wurm), Stuttgart (Reclam) 2012
4) W. Stroh: *Latein ist tot, es lebe Latein! Kleine Geschichte einer großen Sprache*. Berlin 2007
5) W. Stroh: *Die Macht der Rede. Eine kleine Geschichte der Rhetorik im alten Griechenland und Rom*, Berlin 2011 (*zu Ciceros Reden s. S. 289 ff.*)

Romane:

1) R. Harris: *Pompeji*, Heyne, München 2003 *(aus der römischen Kaiserzeit, Untergang Pompejis)*
2) R. Harris: Die Trilogie: *Imperium* (2006), *Titan* (2009) und *Dictator* (2015), München (Heyne) *(Ciceros Leben vor dem Hintergrund des Niedergangs der Republik)*
3) S. Saylor: *Das Lächeln des Cicero*, Goldmann, 1995 *(Cicero unter der Diktatur Sullas)*
4) J. Williams: *Augustus*. Roman aus dem amerikanischen Englisch übersetzt von B. Robben und einem Nachwort von D. Mendelsohn München (dtv) 2016; Originalausgabe New York City 1971 *(Das Leben des Augustus, dargestellt anhand fiktiver Briefe und Memoiren)*

Grammatiken:

1) M. Blank / W. Fortmann (Hg.): *Video, Lateinische Kurzgrammatik mit Tests und Lösungen*, Berlin (Cornelsen) 2009²'
2) H. Grosser / F. Maier u. a.: *Systemgrammatik Latein*, Bamberg / München (Buchner u. a.) 2013
3) J. Lindauer / H. Vester: *Lateinische Grammatik. Wort. Satz. Text*, Bamberg (Buchner) 1996
4) W. Pfaffel / C. Braun: *Forma. Lateinische Grammatik*, Bamberg (Buchner) 2018
5) H. Rubenbauer / J. B. Hofmann: *Lateinische Grammatik*, Bamberg (Buchner, *hier:* 1975)
6) H. Throm: *Lateinische Grammatik*, Berlin (Cornelsen) 2000 (nur noch antiquarisch erhältlich)
7) C. Utz / K. Westphalen: *Grammadux. Die lateinische Kurzgrammatik*, Bamberg (Buchner) 2018[11]

Zeittafel (146 v. Chr. – 27 n. Chr.)

146	Zerstörung Karthagos – Roms Stellung im Mittelmeerraum ist nun unangefochten. Reichtum und Sklaven strömen als Beute nach Rom. Beginn des „Sittenverfalls".
133	Ermordung des Tib. Gracchus, der eine Agrarreform (Landneuverteilung zu Gunsten der Armen) durchführte. Herausbildung der beiden Parteiungen innerhalb der Nobilität: Optimaten und Popularen. Später auch Tod des C. Gracchus (121); Beginn des Zeitalters der Bürgerkriege.
106	Geburt Ciceros; 100 v. Chr. Geburt Caesars.
102 / 101	Siege des C. Marius über die Teutonen und Kimbern nach Schaffung einer Berufsarmee, die sich nicht mehr dem Senat, sondern dem Feldherrn verpflichtet fühlt.
91–89	Bundesgenossenkrieg; Ergebnis: Einwohner Italiens erhalten das römische Bürgerrecht. Gleichzeitig Streit zwischen Marius und Sulla um den Oberbefehl im Krieg gegen Mithridates (1. Mithridatischer Krieg 88–85 v. Chr.).
87–84	Herrschaft des Marianers Cinna in Rom; Proskribierung der Anhänger Sullas.
82–79	Sullas Rückkehr nach Rom, Errichtung einer blutigen Diktatur (Proskriptionen): Sulla beseitigt seine Gegner, stellt die Herrschaft des Senats wieder her und tritt 79 von der Diktatur zurück. In dieser Zeit (80 v. Chr.) führt Cicero zum zweiten Mal einen Prozess: Er verteidigt Sextus Roscius aus Ameria (Vatermord).
73–71	Sklavenaufstand des Spartacus (niedergeschlagen durch Crassus und Pompeius). C. Verres ist Statthalter in Sizilien und beutet die Provinz schamlos aus.
70	Prozess gegen Verres; Anklage durch Cicero *(Reden gegen Verres)*, Verres geht freiwillig in Verbannung. Cicero bedeutendster Redner. Konsulat des Pompeius und Crassus.
67	Pompeius erhält Kommando gegen die Seeräuber.
66	Pompeius erhält Kommando gegen Mithridates (im 3. Mithridatischen Krieg), vgl. Ciceros Rede *De imp. Cn. Pompei*.
63	Geburt des C. Octavius, des späteren Kaisers Augustus; Cicero deckt als Konsul die Verschwörung des Catilina auf *(Reden gegen Catilina)*; dieser flieht aus Rom. Verhandlung im Senat über die Bestrafung der in Rom verhafteten Catilinarier. Caesar setzt sich vergeblich für eine lebenslange Haft (statt der Todesstrafe) ein.
62	Tod Catilinas in der Schlacht von Pistoria. Pompeius kehrt nach der Neuordnung Kleinasiens nach Italien zurück, stößt auf Ablehnung des Senats und fühlt sich beleidigt.
60	Erstes Triumvirat (Pompeius, Crassus, Caesar); dadurch Schwächung des Senats.
59	Caesar ist Konsul; neue Gesetze zur Landverteilung gegen den Widerstand des Senats. P. Clodius tritt zur Plebs über, um sich zum Volkstribunen wählen zu lassen.

58–51	Caesar erobert Gallien und schafft sich eine starke Machtbasis gegen den Senat; Cicero wird (auf Betreiben Caesars) durch P. Clodius in die Verbannung geschickt, da er römische Bürger (die verhafteten Catilinarier) ohne Anhörung des Volkes zum Tode verurteilen ließ. Rückkehr im September 57. Nach dem Tod des Crassus (53) zunehmende Entfremdung zwischen Caesar und Pompeius. Streit um die Nachfolge Caesars in Gallien (50).
49–45	Caesar überschreitet den Rubico und eröffnet damit den Bürgerkrieg; zunächst Krieg gegen Pompeius, danach Aufenthalt in Ägypten (Kleopatra), Rückkehr nach Rom als Diktator, danach Feldzüge gegen die restlichen Republikaner in Afrika (Selbstmord Catos, 46 v. Chr.) und Spanien.
44	Ermordung Caesars an den Iden des März durch Brutus, Cassius und andere. Ausbruch neuer Machtkämpfe; Marcus Antonius will sich als „Nachfolger" Caesars etablieren. Cicero meldet sich nach längerer Zeit wieder zu Wort und bekämpft ihn in seinen *Philippischen Reden*.
43	Bildung des zweiten Triumvirats durch M. Antonius, M. Lepidus und den Adoptivsohn Caesars, C. Octavius (Oktavian); Ziel: Rache an den Caesarmördern, Wiederherstellung der staatlichen Ordnung. Es folgen blutige Proskriptionen, denen auch Cicero und, eine Ironie des Schicksals, C. Verres in seinem Exil in Massilia zum Opfer fallen.
42	Doppelschlacht bei Philippi; Niederlage und Tod des Cassius und Brutus.
41–32	Mehrere innenpolitische Auseinandersetzungen und Bürgerkriege; Teilung in Machtbereiche der Triumvirn, Ausschaltung des Lepidus als Teilhaber der Macht. Wachsende Rivalität zwischen Oktavian und M. Antonius, der sich in Ägypten Kleopatra zugewandt hat und ihr angeblich Teile des Reichs vermachen will.
31–30	Schlacht von Actium (Nordgriechenland) zwischen Oktavian und M. Antonius. Kleopatra und M. Antonius fliehen nach Ägypten, wo sie sich den Tod geben. Ägypten wird römische Provinz.
27	Oktavian legt die Gewalt des Triumvirn ab, erklärt die Republik für wiederhergestellt und erhält dafür ein prokonsularisches Imperium sowie den Ehrentitel „Augustus" („Der Erhabene"). Beginn der Kaiserzeit (Prinzipat). Augustus regiert von 27 v. Chr. bis 14 n. Chr. Unter seiner Herrschaft erlebt das Reich eine neue Blüte auf allen Gebieten (bedeutende Schriftsteller dieser Epoche: Horaz, Tibull, Properz, Vergil, Livius, Ovid).

Lektionen – Grammatikstoff im Überblick

Lektion	Formenlehre	F (§)	S (§)	Syntax
1 S. 15	* o-Deklination * a-Deklination * Indikativ Präsens von esse * Ind. Präs. Aktiv u. Imperative der a-, e-, i-Konjugation	22,3 22,3 18,1 10	35 42 41; 39, 4; 40, 1–4 9	* Aufbau des Satzes * Die Kasus und ihre Funktionen * Satzglieder (bes.: Attribut, Prädikatsnomen, Adverbiale) * Verben – Bildung
2 S. 21	* o-Deklination, Fortsetzung * Indikativ Imperfekt Aktiv der a-, e-, i-Konjugation und von esse und posse	22, 3; 24 10,1	72, 1	* Infinitiv als notwendige Er- gänzung von Modalverben
3 S. 25	* Indikativ Präsens von ire * v- und u-Perfekt	18, 2 11, 1; 14, 1 f.	11, 1 98, 4	* Perfektstamm u. Personal- endungen * Fragepartikeln (s. Vokabeln)
4 S. 27	* Indikativ Präsens Aktiv der konsonantischen Konjugation und der mit i-Erweiterung * s-Perfekt, Dehnungsperfekt, Perfekt ohne Veränderung des Stammes, Reduplikation * Perfekt von ire * Konsonantische Deklination: Neutra auf -us, -oris / -eris	10, 1 10, 1; 14, 3–5 18, 2 22, 3	51, 1.1 f. 53	* Dativus possessivus * Grundfunktionen des Ablativs
5 S. 33	* Reduplikationsperfekt * Futur I Aktiv der a- und e-Kon- jugation und von esse, posse und ire * Konsonant. Dekl.: neutra auf -men, -minis; masc. u. fem. (rex) * Interrogativpronomen	14, 5 10, 1; 18, 1; 18, 2; 22, 3 30, 2	105; 104 30, 2	* Verbalaspekte des Imperfekts und Perfekts * substantivischer (und adjekti- vischer) Gebrauch des Interrogativpronomens
6 S. 38	* Mischgruppe der dritten Deklination * e-Deklination	22, 3 22, 3	56–59 73 ff.; 78	* Einige Funktionen des instru- mentalen Ablativs * Accusativus cum Infinitivo (AcI), Zeitverhältnisse im AcI
7 S. 44	* Ind. Plusquamperfekt Aktiv * Partizip Perfekt Passiv * Ind. Perf. und Plusqpf. Passiv	11, 1 11, 2 11, 2	8, 2.1 f.; 9, 2.3 77	* Die Bildung der Verben im Präsens- und Perfektstamm * AcI (Übersetzungsmöglichkeiten)
8 S. 47	* Passivformen des Präsens- stamms * is, ea, id * Reflexivpronomen * Relativpronomen	10, 3 29, 2.1 30, 1	29, 2.2 76, 2 63, 2.3 f. 65 131 f.	* Verwendung von is, ea, id * Reflexivität (auch im AcI) * Semantische Funktionen des Genitivs: subiectivus / obiec- tivus und partitivus * Relativsätze
9 S. 56	* Dritte Deklination: i-Gruppe * Adjektive, Deklination (s. S. 160)	22, 3 24, 2.2	41 81, 2	* Das Attribut (Füllungsarten) * Das Part. Perf. Pass. als Attribut * Passiv: Übersetzungsvarianten
10 S. 62	* Demonstrativa: hic / ille * Adjektive der dritten Deklina- tion	29, 1.1 24, 2.2 u. 3	29, 1.2 40, 5 83–85	* Verwendung von hic und ille * Das Praedicativum * Participium coniunctum

Lektion	Formenlehre	F (§)	S (§)	Syntax
11 S. 70	* Partizip Präsens Aktiv (Deklination. s. S. 166)	12	s. o. 86–88 88, 2.3	* Partizip Präsens Aktiv als participium coniunctum * Ablativus absolutus * Nominaler ablativus absolutus
12 S. 78	* Superlativ des Adjektivs * Adverbbildung * Deklination der Pronominal- adjektive * Konjunktiv Präsens	25 33, 2.1 32 10, 2 / 4	83, 3.2 99 ff.	* Accusativus cum participio (AcP) * Konjunktiv Präsens im Haupt- satz
13 S. 84	* Konjunktiv Imperfekt * Konjunktiv Plusquamperfekt	10, 2 / 4 11, 1 f.	100, 2 129, 1–3	* Konjunktiv im Haupts. (Forts.) * Konditionalsätze (Indefinitus, Potentialis, Irrealis)
14 S. 89	* Konjunktiv Perfekt (Futur II) Aktiv und Passiv	11, 1 f.	(114, 2.3) 117; 125; 118 126 113 134, 1	* Konjunktiv im Nebensatz: innerlich abhängige Nebens. (Begehrs-, Final-, abhängige Fragesätze); Temporal- und Konsekutivs. m. Konjunktiv * Consecutio temporum * Verschränkter Relativsatz (AcI)
15 S. 98	* Komparativ des Adjektivs und Adverbs	25	56, 2 55, 4; 55, 3 46 135	* abl. limitationis * Sondergruppen des abl. separa- tivus: abl. comparationis, abl. originis * Doppelter Akkusativ / doppel- ter Nominativ * relativischer Satzanschluss
16 S. 104	* u-Deklination * Partizip Futur Aktiv * unregelmäßige Komparation * velle, nolle, malle	22, 3 12 25, 2.1 18, 3	120 114, 2.3 56, 3	* Nebensätze mit cum (Übersicht) * Direkte und indirekte Reflexi- vität * ablativus mensurae
17 S. 113	* ferre u. Komposita * Gerundium (Bildung)	18, 4 12	90	* Gerundium (Verwendung)
18 S. 117	* Gerundivum (Bildung) * idem, eadem, idem (Dekl.)	12 29, 2	50; 51, 2 45, 4.2 93 55, 2	* Dativus commodi u. finalis * Unpersönlich konstruierte Ver- ben der Empfindung (pudet etc.) * Gerundiv (als Prädikatsnomen) * Besonderheiten des ablativus separativus
19 S. 125	* Deponentien * Semideponentien	15 f.	92 92, 2	* Gerundiv (Attribut, praedicativ.) * Gerundium – Gerundiv in Kon- kurrenz
20 S. 131	* Futur II * ipse, -a, -um * fieri	11, 1 f. 29, 2 17, 2	107, 2 133 79	* Verwendung des Futur II in Konditionalsätzen * Relativsätze mit Konjunktiv) * NcI (Nominativ mit Infinitiv)

Die in diesem Verzeichnis aufgeführten Paragraphen beziehen sich auf die SYSTEMGRAMMATIK (s. o. S. 10, Grammatiken, Nr. 2) sie sind nach **Formenlehre = F** und **Syntax = S** (s. Spalten) geordnet. In den einzelnen Lektionen wird bei Bedarf zusätzlich auf die ausführliche Grammatik von Rubenbauer / Hofmann verwiesen.

Lectio prima
Zustände im Alten Rom

Polydorus Graecus est, et Romae multi Graeci servi sunt. Polydorus servus Marci est. Marcus Tullius Romanus est; multos servos et multas servas habet. Servi servaeque in villa urbana Marci Tullii laborant.

5 Mucia domina familiae est. Polydorum advocat: „Polydore, veni cito! Ubi es? Iam diu te exspecto." Polydorus clamat: „Venio statim, domina. Ecce, iam adsum! Semper appareo, cum me vocas, nam libenter dominae meae pareo. Non ignoro: Vos boni domini estis, Romani autem domini cunctorum populorum sunt; itaque mundi
10 dominis libenter pareo."

Mucia autem: „Neque orator[1] neque philosophus, sed servus es, tace proinde et audi!"

Polydorus: „Iure[2] me mones, domina. Ego servus sum, tu autem domina mea es. Quid mihi imperas?"

15 Mucia respondet: „Quid tibi impero? Non iam scio, sed, mehercle[3], quid tandem[4] erat[5]? – Ah, nunc scio. Paedagogus es, propera proinde cum filiis meis in scholam! Magister vos iam diu exspectat."

Polydorus: „Saepe nos exspectat, quod filii tui tam saepe cessant[6].
20 Sed nunc properamus in scholam. Venite, pueri! Ubi estis? Properate! Ecce, veniunt."

Tum tacet et filios tandem in scholam ducit[7].

---

1)	orātor	der Redner
2)	iūre	mit Recht, zu Recht
3)	mehercle	beim Hercules, zum Donnerwetter
4)	tandem	*in Verbindung mit einem Interrogativpronomen:* eigentlich
5)	erat	er, sie, es war
6)	cessāre, -ō	zögern, trödeln
7)	dūcit	er, sie, es führt

GRAMMATIK

I   FORMENLEHRE

1) Deklinationen – die a- und die o-Deklination

Tragen Sie bitte die im Text vorkommenden Formen in die Tabelle ein:

	a-Deklination			o-Deklination	
	Singular	Plural		Singular	Plural
Nom.	serva		Nom.	servus	
Gen.			Gen.		
Dat.			Dat.		
Akk.			Akk.		
Abl.			Abl.		
Vok.			Vok.		

2) Konjugationen – Präsens Aktiv der a-, e- und i-Konjugation

Die Infinitive im Präsens Aktiv lauten: vocāre, habēre, audīre (rufen / zu rufen *usw.*)
Der Infinitiv von „(zu) sein" lautet: **esse** – seine Formen sind unregelmäßig.

Ergänzen Sie in der Tabelle die Formen von **vocāre** *(rufen),* **habēre** *(haben) und* **audīre** *(hören); tragen Sie die Formen von* **esse** *(sein), soweit sie im Text vorkommen, ebenfalls ein.*

 Die Personalendungen lauten: **-o / -m*, -s, -t, -mus, -tis, -nt**
* zu -m s. Anmerkung auf S. 23

Personen	a-Konjugation	e-Konjugation	i-Konjugation	esse (sein)
1. Sing.	vocō (!)* *(ich rufe)*	habe *(ich habe)*	audi *(ich höre)*	*(ich bin)*
2. Sing.	vocā	habē	audī	
3. Sing.	voca	habe	audi	
1. Plur.	vocā	habē	audī	
2. Plur.	vocā	habē	audī	
3. Plur.	voca	habe	audi*u* (!)	

* Bei der a-Konjugation entfällt in der ersten Person Singular der Stammauslaut **-a-**.

Die Imperative *(Befehlsformen)* werden im Singular mit dem Verbstamm gebildet, im Plural wird an den Stamm ein **-te** angehängt, *also:*

Imperativ	a-Konjugation	e-Konjugation	i-Konjugation	esse
Singular				
Plural				

II   SYNTAX

1)   Die Fälle (Kasūs)

Bei der Übersetzung eines lateinischen Satzes ist es notwendig, sowohl auf die Personalendungen der Verben als auch auf die Kasusendungen der Substantive zu achten. Die Kasusendungen geben Ihnen den Hinweis, welches Satzglied das Substantiv im lateinischen Satz einnimmt. Hier eine erste Einteilung:

- Der Nominativ ist der Kasus (*Fall*) des SUBJEKTS (auch des Prädikatsnomens).
- Der Genitiv ist in erster Linie für das ATTRIBUT zuständig.
- Der Dativ stellt das (indirekte) OBJEKT (bisweilen auch noch andere Satzglieder).
- Der Akkusativ bezeichnet das (direkte) OBJEKT (und ebenfalls noch anderes).
- Der Ablativ ist meistens der Kasus des ADVERBIALES.

Aus der Bedeutung *bzw.* Wertigkeit der Kasūs *(Fälle)* ergibt sich eine mögliche Vorgehensweise bei der Übersetzung *(vgl. a. S. 18 über die Hierarchie der Satzglieder)*. Neben dem Prädikat ist das Subjekt in Form des Nominativs der wichtigste syntaktische Bestandteil eines Satzes; deshalb muss man nach diesem suchen, sobald das Prädikat gefunden wurde.
Danach folgt die Suche eines Akkusativs, der ja, wenn das Prädikat es erfordert, das Objekt des Satzes ist. (Manchmal kann, je nach Verb, auch ein Dativ als direktes Objekt fungieren.) So erhält man das „Gerüst" des Satzes, um das alle anderen Wörter, sozusagen als Füllungen, gruppiert sind. Sie liefern weitere Informationen, ohne für das Bestehen des Satzes als syntaktisches Gebilde notwendig zu sein.
Das **„Überlebenspaket"***, das bei der ersten Orientierung „im Dschungel" eines lateinischen Satzes hilft, lautet also *(s. a. u. S. 18)*:

1)   PRÄDIKAT finden und übersetzen
2)   SUBJEKT finden (steckt manchmal auch im Prädikat) und zusammen mit dem Prädikat übersetzen.
3)   Dann nach dem OBJEKT suchen und zusammen mit Prädikat und Subjekt übersetzen.
4)   Danach die übrigen Ergänzungen wie Dativ (als indirektes Objekt), Ablativ (als Adverbiale) und Genitiv (als Attribut) suchen und entsprechend in die Übersetzung einbauen.

> PRÄDIKAT → SUBJEKT → OBJEKT → weitere Ergänzungen

Beispiel: Sie besiegten (**Wer** besiegte?) → **Die Soldaten** besiegten (**Wen** besiegten sie?) → Die Soldaten besiegten **die Punier**.
Jetzt ließe sich weiterfragen: **Wann? Wo? Wie? Wessen**? *u. ä.* Hierbei müssen die einzelnen Formen exakt identifiziert werden.

Etwa: Die Soldaten des römischen Konsuls besiegten die Punier im letzten Jahr des Kriegs in einer erbitterten Schlacht bei Zama.

* Dies ist nur **eine** Übersetzungsmethode; weitere werden Sie später kennenlernen.

2) Die Satzglieder

a) Das Modell:

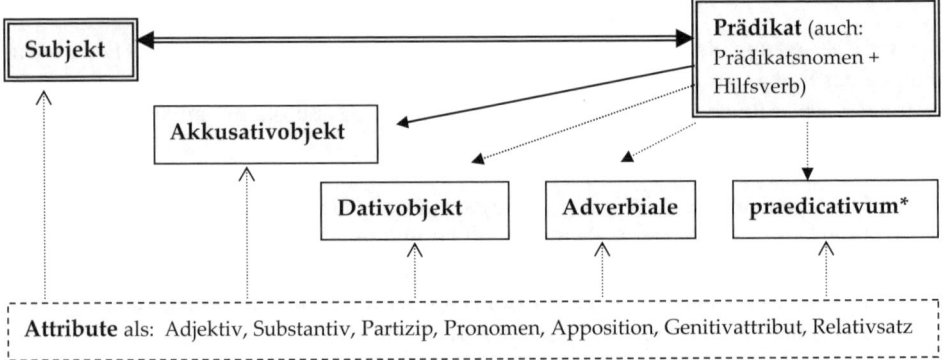

* Das Satzglied praedicativum wird in Lektion 10 behandelt.

Die vertikale Anordnung dieser Skizze spiegelt die Wichtigkeit der einzelnen Satzglieder wider. Es empfiehlt sich also, mit der Übersetzung des Prädikats zu beginnen und sich, von hier ausgehend, „durch den Satz zu fragen": WER oder WAS? → WEN oder WAS? – Danach geht es darum, die restlichen Formen zu erkennen und entsprechend ihrer Satzgliedfunktion und Bedeutung zu übersetzen (s. o. S. 17).
Das **Prädikatsnomen** verbindet sich mit einem Hilfsverb (oft **esse**) zum Prädikat. Es ist daher ein syntaktisch notwendiger Bestandteil des Satzes.
Adverbialia sind Umstands-, Orts- und Zeitangaben, die eine Handlung erläutern auf z. B. die Fragen WIE? WOMIT? WARUM? WO? WANN? WIE LANGE? *usw.*
Adverbialia werden gestellt durch u. a. Adverbien, Substantive mit und ohne Präposition (besonders im Ablativ, *s. u. S. 22*) und Nebensätze, insofern sie das Prädikat des Hauptsatzes erläutern *(z. B. im Deutschen eingeleitet durch: als, weil, wenn, obwohl usw.).*
Attribute sind keine eigenständigen Satzglieder, sondern Teile, die an alle Satzglieder angeschlossen werden können außer an das Prädikat. Sie beschreiben ihr Bezugswort.

Als Ausgangspunkt *(für eine erste Orientierung)* kann zunächst die Wortstellung gelten:
SUBJEKT – OBJEKT – PRÄDIKAT *(vgl. dagegen im Deutschen: Subjekt – Prädikat – Objekt).*
Sie wird aber oft nicht eingehalten, da mit der Positionierung der Satzglieder Aussageinhalte *(Betonung, Antithesen usw.)* verknüpft sind.

b) Einige Beispiele:

1)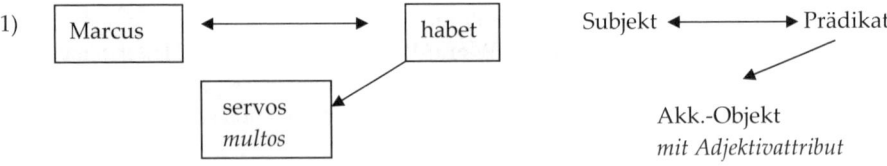

Übersetzung: Marcus besitzt viele Sklaven.

2)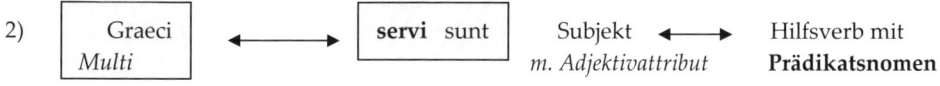

Übersetzung: Viele Griechen sind Sklaven.

3)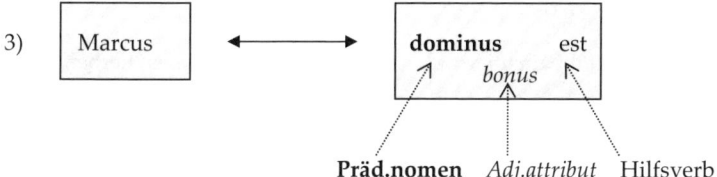

Übersetzung: Marcus ist ein guter Herr.

4)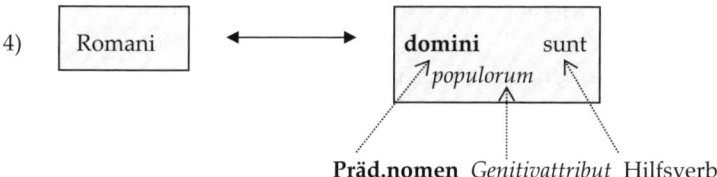

Übersetzung: Die Römer sind die Herren der / über die Völker.

5)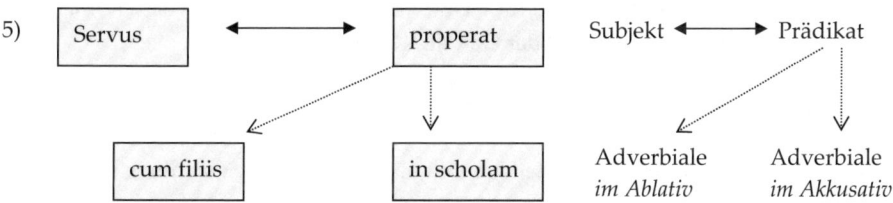

Übersetzung: Der Sklave eilt mit den Söhnen zur Schule.

Beachten Sie:

1) **Das Prädikatsnomen** in Verbindung mit **esse** kann durch ein Adjektiv oder auch ein Substantiv gestellt werden. Das Adjektiv richtet sich immer und das Substantiv oft in **K**asus, **N**umerus und **G**enus nach dem Subjekt = **KNG-Kongruenz** *(vgl. aber Anhang, S. 232).*

   Polydorus **servus** est. – Polydorus ist ein Sklave.
   Polydorus **bonus** est. – Polydorus ist tüchtig.
   Mucia **bona** est. – Mucia ist tüchtig.

2) **Das Adjektivattribut** richtet sich immer in **K**asus, **N**umerus und **G**enus nach seinem Bezugswort → KNG-Kongruenz; dadurch wird die Zugehörigkeit des Adjektivs zu seinem Bezugswort formal und inhaltlich deutlich:

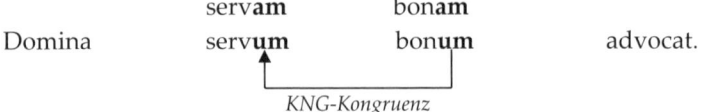

Domina servam bonam / servum bonum advocat.

Übersetzung: Die Herrin ruft die tüchtige Sklavin / den tüchtigen Sklaven herbei.

Mucia mult**as** amic**as** habet. – Mucia hat viele Freundinnen.

Auch Possessivpronomina richten sich in Kasus, Numerus und Genus nach ihrem Bezugswort. Wie die Adjektivattribute beschreiben sie ihr Bezugswort näher.

Polydorus: „Domin**is** me**is** pareo." – P.: „Ich gehorche meinen Herren."
P.: „Fili**os** tu**os** in scholam duco." – P.: „Ich führe deine Söhne zur Schule."
Dominus: „Servas meas et servos meos advoco."
Der Herr sagt: „Ich rufe meine Sklavinnen und meine Sklaven herbei."

3) **Das Genitivattribut** beschreibt, wie das Adjektivattribut, sein Bezugswort. Oft gibt es den Besitzer, die Zugehörigkeit und den Bereich des Bezugsworts an:

Polydorus servus **Marci Tullii** est. – Polydorus ist ein Sklave des Marcus Tullius.
Servi in villam **domini** properant. – Die Sklaven eilen in die Villa des Herrn.
Mars **belli** deus est. – Mars ist der Gott des Krieges.

4) **Das Adverbiale** ist eine Erläuterung der Handlung und zwar in Form einer Orts-, Zeit- oder Umstandsangabe. Man erfährt etwas darüber, wo, wohin, woher, wann, wie und unter welchen Umständen *bzw.* Voraussetzungen eine Handlung stattfindet. Einige Beispiele aus unserem ersten Text:

Polydorus filios **in scholam** ducit. – Polydorus führt die Söhne **in die Schule**.

< Hier liegt die Angabe des Ziels der Handlung vor. >

Polydorus **in villā** Marci laborat. – Polydorus arbeitet **in** Marcus' **Villa**.

< Hier liegt die Angabe des Ortes vor, in dem oder wo Polydorus arbeitet. >

Polydorus **libenter** filios **in scholam** ducit. – Polydorus führt die Söhne **gerne in die Schule**.

< Hier wird die Handlung gleich zwei Mal erläutert: durch „gerne" in Form eines Adverbs, das die Art und Weise angibt, und durch die schon oben genannte Zielangabe „in die Schule" in Form eines präpositionalen Ausdrucks. >

Lectio secunda
In der Schule

In schola magister pueris cunctas imperii Romani provincias in tabula magna monstrare studet: „Hic Italiam, ibi Siciliam videmus. Italia patria nostra, caput[1] Italiae Roma est. Itaque Romani sumus. Sicilia insula maxima et copiosa est. Illinc[2] frumentum Romam
5 importare solebamus. Sicilia insula prima provincia populi Romani est. Ante multa saecula Graeci et Poeni insulam habitabant. Diu adversarii erant et de imperio Siciliae pugnabant. Nunc autem pax[3] est, quod nos Romani domini sumus. Venimus ad Galliam. Gaudeo, quod cuncti attenti estis. Gallia, ut scitis, erat divisa[4] in
10 partes tres[5]. Tum imperator[6] noster, Divus Iulius, terram barbaricam multos annos oppugnabat et multis magnisque proeliis[7] pacavit[8]. Ibi Hispaniam[9], paeninsulam maximam, videtis, hic Germaniam vobis monstro. Germani ab initio adversarii nostri erant. Adhuc quoque timemus viros feros, quod copias Romanas iterum
15 atque iterum superabant. Tum ad Rheni fluvii ripas castella firmabamus; ita pax[3] esse poterat, sed quam diu ...? Etiam Asia provincia saepe magno in periculo erat. Vos multa et magna bella cum Mithridate[10] gesta[11] non ignoratis. Ceterae provinciae sunt: Aegyptus, Creta, Africa, Cilicia, Illyricum, Achaia ...
20 Cunctas vobis enumerare possum, sed vos fatigare non cogito."

1)	caput	Haupt; Hauptstadt
2)	illinc *(Adv.)*	von dort
3)	pāx	Frieden
4)	dīvīsus, -a, -um	geteilt
5)	in partēs trēs	in drei Teile
6)	imperātor	*(siegreicher)* Feldherr
7)	māgnīs proeliīs	*Ablativ des Mittels; drücken Sie dies durch eine passende Präposition aus.*
8)	-vit	*3. Sing. Perf. Akt. von* pacāre – „den Frieden bringen", unterwerfen
9)	Hispānia, -ae f.	Spanien *(samt dem heutigen Portugal)*
10)	Mithridātēs	Mithridates *(König von Pontus, s. Anh. S. 289;* Mithridate *ist Ablativ)*
11)	gestus, -a, -um	vollbracht, geführt *(auf* bella *zu beziehen)*

☺
Suchen Sie aus diesem Text die Ihnen bekannten Attribute heraus (s. a. Anhang, S. 233 u. Lektion 9, Syntax).

GRAMMATIK

I FORMENLEHRE

1) Deklinationen

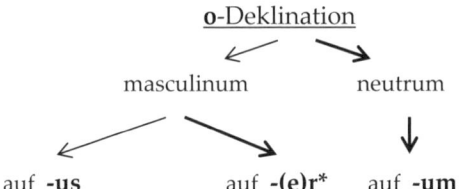

> Femininum sind Bäume, Länder, Inseln und Städte auf -us; das Adjektivattribut eines solchen Bezugsworts erscheint dann konsequenterweise in den Formen der a-Deklination, z. B.: Aegyp**tus** magn**a** *etc.* Weiterhin femininum ist **humus** (der Boden), während **vulgus** (das Volk) und **virus** (das Gift) neutrum sind.

* Bei den Substantiven, Adjektiven und Pronomina auf -(e)r ist die Nominativendung -us verloren gegangen; außerdem entfällt in den obliquen Kasus bei manchen Vertretern dieser Gruppe das -e-: pue**r**, pue**ri**; līber, līberi (frei); *aber:* ager, agri (Acker); noster, nostri *etc.*

Tragen Sie die Endungen in die Tabelle ein:

	o-Deklination auf -(e) r **puer** (Junge); **noster** (unser)				o-Deklination auf -um **vinum** (Wein); **bonus** (gut)			
	Singular		Plural		Singular		Plural	
Nom.	puer	noster	pueri	nostri	vinum	bonum	vina	bona
Gen.	puer	nostr	puer	nostr	vin	bon	vin	bon
Dat.	puer	nostr	puer	nostr	vin	bon	vin	bon
Akk.	puer	nostr	puer	nostr	vin	bon	vin	bon
Abl.	puer	nostr	puer	nostr	vin	bon	vin	bon

➡ Nominative und Vokative **aller** Deklinationen sind identisch; Ausnahme ist der Vokativ Sing. der o-Deklination auf **-us**: Er endet auf **-e;** bei Eigennamen auf -ius endet er auf **-i**, wie auch bei filius → fili; *merke besonders:* mi fili – mein Sohn!

➡ Bei den Neutra sind jeweils der Nominativ und Akkusativ Singular identisch. Nominativ und Akkusativ Plural enden meist auf **-a.**

➡ Dativ und Ablativ Plural haben in **allen** Deklinationen jeweils identische Formen.

➡ Der **Ablativ** ist ein **Mischkasus**: Er bezeichnet 1) Werkzeug / Mittel (WOMIT? WODURCH?) 2) Orts- und Zeitangaben (WO? WANN?) und 3) Ausgangspunkt / Trennung (WOHER? VON WAS GETRENNT? WOVON?).

Lektion 2

2) Konjugationen

Das Imperfekt:

Die Tempuskennsilbe des Imperfekts lautet: **-ba-**; sie tritt an den Präsensstamm des Verbs,
also: Präsensstamm + **ba** + Personalendung* = **Imperfekt** (vocā+ba+m*)

→ Beim Imperfekt von **esse** und Komposita entfällt das **-b-** der Tempuskennsilbe.
→ In der **i**-Konjugation (und denen in Lektion 4 behandelten) lautet die Tempussilbe **-ēba-**.

* **-o** für die erste Person Singular Aktiv findet sich nur im Indikativ Präsens (*aber:* su**m**) und Futur 2; außerdem im Futur 1 bei der a- und e-Konjugation, bei **esse** und **ire** *(s. Lektion 3)*; **-m** dagegen im Futur 1 bei den restlichen Konjugationen, im Indikativ Imperfekt und Plusquamperfekt aller Konjugationen, sowie bei allen Konjunktiven. Die erste Person Indikativ Perfekt Aktiv endet auf **-i**.

Vervollständigen Sie die Formen in der Tabelle:

Imperf. Aktiv	a-Konj.	e-Konj.	i-Konj.	esse
1. Sing.	vocābam	habēba	audieba	era
2. Sing.	vocā	habē	audiē	era
3. Sing.	vocā	habē	audiē	era
1. Plur.	vocā	habē	audiē	erā
2. Plur.	vocā	habē	audiē	erā
3. Plur.	vocā	habe	audiē	era

ich rief, du riefst, er, sie, es rief, wir riefen, ihr rieft, sie riefen.

Die Formen von **posse** (können) im Präsens und Imperfekt lauten:

> **possum, potes, potest, possumus, potestis, possunt
> poteram, poteras, poterat, poterāmus, poterātis, poterant**

II   SYNTAX

1) Modalverben wie **solēre** (gewohnt sein zu tun), **cogitāre** (beabsichtigen zu tun), **posse** (können) *u. a.* erfordern den Infinitiv. Mit ihm zusammen bilden sie das Prädikat*:

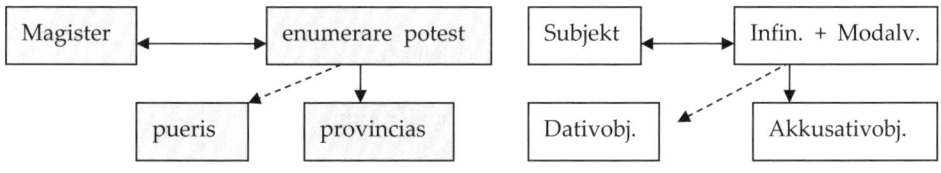

* Bei einem solchen zusammengesetzten Prädikat ist der Infinitiv ein Objekt des Modalverbs.

III ÜBUNGEN

1) Ergänzen Sie die fehlenden Endungen in dem Lückentext:

Pueri Itali___ in tabul___ vide____. Itali___ patr____ Roman_____ est. Magister puer____

cunct____ provinci_____ monstr_____ cogit____. Sed pueri attent____ non su____.

Roman____ domin_____ multa_____ terra_____ er____. Sed German_____ timeb____,

quod German_____ Roman____ saepe superab_____.

2) Verwandeln Sie in die vorgegebenen Formen:

a) habitare → 2. Sg. Präs. Akt. → 1. Sg. Präs. Akt. → 1.Sg. Imperf. Akt. → 3. Pl. Imperf. Akt. → 3. Pl. Präs. Akt. → 2. Sg. Präs. Akt.

b) habere →

c) esse →

d) posse →   Verfahren Sie entsprechend.

e) scire →

3) Bestimmen Sie folgende Substantive nach Kasus, Numerus und Geschlecht:

a) domina (3)   b) servae (4)   c) proelii   d) proelia (2)

4) Setzen Sie die Formen in den jeweils anderen Numerus:

a) insulam magnam   b) castellis

c) adversarios feros   d) saeculi nostri

e) saeculum nostrum   f) virorum ferorum

g) insulae magnae   h) viris feris

Lectio tertia
Auf dem Heimweg
3

Tandem magister tacet et horam[0] finit. Nunc pueri laeti sunt, nam magister cunctos verbis suis fatigavit.

Polydorus autem Marcum et Lucium, filios Marci Tullii, in via exspectat et domum ire studet. At pueris in animo est forum visi-
5 tare, ubi multa et magnifica aedificia videre possunt.

„Quo is, Polydore?", Marcus rogat. „Domum eo." Sed Lucius: „I nobiscum in forum, ubi multa et mira monumenta videre possumus!" „I in forum, eamus[1] in forum! In forum! In forum!"

„Tacete, pueri, tacete! Videte, iam in forum imus."

10 Ac profecto Polydorus et pueri in forum eunt. Iam aedificio Mango appropinquant. Servus pueris narrat: „Hic summi viri rem publicam[2] administrabant, de bello et de pace[3] consultabant, provincias tribuebant[4]. Sed de imperii Romani provinciis satis audivistis, quod magister vobis cuncta bene explicavit. Fuistisne attenti?
15 Marce, nonne fuisti attentus? Quis vestrum[5] attentus non fuit?" Marcus primum respondere dubitat, deinde: „Certe", inquit, „attentus fui, cuncta audivi, semper attenti fuimus – sed mihi narra: Quando Romani monumenta pulchra templaque aedificaverunt? Num nobis explicare potes?" Polydorus statim respondet:
20 „Nonnulla aedificia perantiqua sunt, multa autem Imperator[6] Augustus aedificavit, velut templum Apollinis[7] in Palatio situm, etiam multa alia templa deorum dearumque.

Sed nunc domum ire debemus. Eamus, eamus!"[1]

0)	hōra, -ae f.	*hier:* Schulstunde *(über Schul<u>stunden</u> in unserem Sinn ist nichts bekannt)*
1)	eāmus	wir wollen gehen, lasst uns gehen!
2)	rēs pūblica	der Staat, die Republik (rem publicam *ist Akkusativ*)
3)	dē pāce *(Ablativ)*	über (den) Frieden
4)	tribuere	zuteilen, geben
5)	quis vestrum	wer von euch (vestrum *ist gen. partitivus von* vos, *vgl. Vokabeln, S. 146*)
6)	Imperātor	Imperator, Kaiser
7)	Apollō, -inis m.	Apoll *(Gott u. a. der Musen, Wahrsage- und Heilkunst; außerdem Schutzgott des Kaisers Augustus, s. Anhang, S. 285)*

GRAMMATIK

I FORMENLEHRE

1) Konjugationen – īre und das Perfekt Aktiv (v- und -u-Perfekt)

Füllen Sie die Tabelle aus:

	īre		posse	
	Indikativ Präsens	Ind. Imperfekt	Ind. Präsens	Ind. Imperf.
1. Sing.		ib		
2. Sing.				
3. Sing.				
1. Plur.				
2. Plur.				
3. Plur.				

Zum Perfekt: Zunächst lernen Sie das **v-** und das **u-Perfekt** kennen. An diese und alle anderen Perfektstämme *(s. Lektion 4)* treten folgende Personalendungen:

-ī, -istī, -it, -imus, -istis, -ērunt

	Indikativ Perfekt Aktiv				
	vocāre	habēre	audīre	esse	posse
1. Sing.	vocav	habu	audiv	fu	potu
2. Sing.	vocav	habu			
3. Sing.	vocav	habu			
1. Plur.	vocav	habu			
2. Plur.	vocav	habu			
3. Plur.	vocav	habu			

ich habe gerufen, du hast gerufen, er, sie es hat g.; wir haben g., ihr habt g., sie haben g.

 Der **Infinitiv Perfekt Aktiv** endet auf **-isse**, z. B.: vocav**isse**, habu**isse**. Er wird in Lektion 6 in Erscheinung treten!

II ÜBUNGEN

Bilden Sie von folgenden Formen jeweils Imperfekt und Perfekt:

a) vocamus b) possumus c) possunt d) sunt e) sumus f) vocatis
g) habetis h) habeo i) potestis j) habent k) finis l) finiunt

Lectio quarta — Auf dem Heimweg im Streit

Forum Romanum pueris valde placet, itaque dicunt: „Forum iam nunc relinquere et domum redire non cupimus. Cur hic non manemus? Fortasse aliquid de principiis populi Romani dicere potes."
„Estne tempus? – Quod paulum temporis nobis est, vobis unum
5   dico: Tempora antiqua minime iucunda, sed aspera erant; vestri quoque oppidi principia parva fuerunt. Primi Romani non solum viri boni et fidi erant, ut semper auditis, sed etiam scelera varia committebant, velut Romulus in Remum[1] fratrem[2] et postea in Sabinos[3] finitimos. At nunc satis dixi. – Si autem liberi domini mei
10 aliquid discere cupiunt, me reprehendere non potest. Nam saepe me reprehendit, cum imperia non feci[4]. Etiam fugere nonnumquam cupiebam; ita enim est: Reprehendunt domini servos, interdum caedunt, quin etiam eos[5] necant, cum peccaverunt[4] vel aliud scelus commiserunt[4]. Misera est servorum fortuna!
15 Nobis servis profecto misera fortuna est, itaque mihi quoque misera fortuna est. O me miserum[6]! Priusquam servus fui, multa et clara facinora feci."
Pueri rident: „O miser paedagoge! Quid dixisti? Bonum dominum habes! Numquam te vexavit aut cecidit[7], sed interdum etiam donis
20 parvis delectavit. At tu ... desine de temporibus praeteritis[8] narrare et fatigare nos querellis tuis." Polydorus: „Non gaudeo, quod me risistis et reprehendistis. Proinde domum eamus[9]! Cito, cito!"

1)	Rēmus, -ī m.	Remus (*Bruder des Romulus, s. Anhang, S. 291*)
2)	frāter, frātris m.	Bruder
3)	Sabīnī, -ōrum m.	die Sabiner (*Nachbarvolk der Römer, s. Anhang, S. 292*)
4)	fēcī, peccāvērunt, commīsērunt	*Übersetzen Sie hier diese Formen mit Präsens.*
5)	eōs	*Akkusativ Plural masc.:* sie
6)	ō mē miserum!	Ach ich Armer!
7)	cecīdit	*Reduplikationsperfekt zu caedere (vgl. L. 5, Grammatikteil)*
8)	praeteritus, -a, -um	vergangen
9)	eāmus!	Lasst uns gehen!

GRAMMATIK

I FORMENLEHRE

1) Konjugationen – konsonantische und kurvokalische i-Konjugation

Indikativ Präsens und Imperfekt Aktiv – *Vervollständigen Sie diese Tabelle:*

	konsonantische Konjugation		kurzvokalische i-Konjugation	
	reprehendere (tadeln)		**cupere** (begehren)	
	Präsens	Imperfekt	Präsens	Imperfekt
1. Sg.	reprehend	reprehendēba	cupi	cupiēba
2. Sg.	reprehend*i*	reprehendē	cupi	cupiē
3. Sg.	reprehend*i*	reprehendē	cupi	cupiē
1. Pl.	reprehend*i*	reprehendē	cupi	cupiē
2. Pl.	reprehend*i*	reprehendē	cupi	cupiē
3. Pl.	reprehend*u*	reprehendē	cupi*u*	cupiē

Das -i- ist bei der konsonantischen Konjugation ein Bindevokal, während es bei der kurzvokalischen zum Stamm gehört. Letzteres findet sich aber nicht in allen Tempora *bzw.* Formen (*s.* schon cupere!).

Übersicht über die Perfektstämme:
Es gibt **sechs Perfektstammbildungen** im Lateinischen:

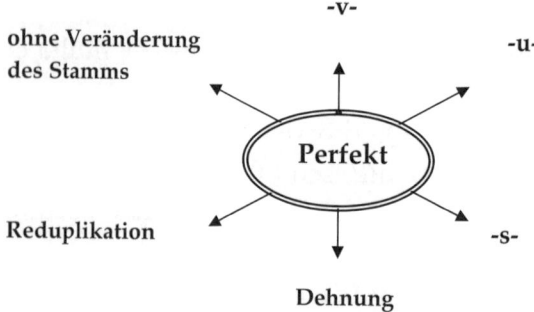

Beispiele für die einzelnen Perfektstämme:

v-Perfekt	(amāre – lieben)	→ amāv
u-Perfekt	(monēre – mahnen)	→ monu
s-Perfekt	(mittere – schicken)	→ mīs
Dehnung	(vidēre – sehen)	→ vīd
Dehnung	(vincere – siegen)	→ vīc
Dehnung	(capere – fangen)	→ cēp
ohne Veränderung	(solvere – lösen)	→ solv
Reduplikation	(currere – laufen)	→ cucurr

⊕ Personalendungen

-i, -isti, -it, -imus, -itis, -ērunt

= Perfekt Aktiv

Besonderheiten bei der Perfektbildung:	g, c (Auslaut des Präsensstamms)	+ s = **x**	
	d	+ s = **s**	**-s-Perfekt**
	tt *(s. o. S. 28: mittere)*	+ s = **s**	

Stammvokal **-a** wird zu **-e** (Vokalabschwächung, *s. o. S. 28: capere*)
Nasalerweiterung (**-n-**) entfällt beim Perfekt *(s. o. S. 28: vincere)* } **Dehnungsperfekt**

→ Im Vokabular erscheint die erste Person Singular Perfekt Aktiv als weitere Stammform.

 Das Perfekt von **ire** lautet: | **iī, īstī*, iit, iimus, īstis*, iērunt** |

* Im Perfektstamm wird -ii- in der Regel vor -s- zu -ī- kontrahiert.

2) Deklinationen – die konsonantische Deklination

Die **konsonantische** Deklination ist eine Gruppe der so genannten **dritten** Deklination:

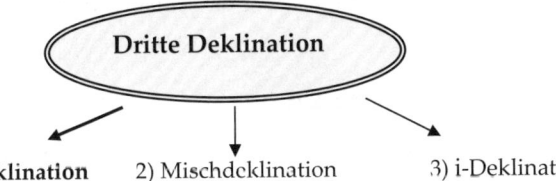

1) konsonantische Deklination   2) Mischdeklination   3) i-Deklination

Diese drei Gruppen unterscheiden sich nicht wesentlich voneinander *(vgl. L. 6, 9 und Anhang, S. 227 f.)*. Für den Nominativ Singular besitzt die dritte Deklination keine spezielle Kasusendung. Den Wortstamm gewinnt man durch Abstreichen der Genitivendung **-is**, also bei unserem Beispiel: tempus, témpor**is**. Der Stamm dieses Substantivs ist demnach **tempor-**. An diesen Stamm treten die Kasusendungen *(s. u.)*. In der konsonantischen Deklination sind alle drei grammatischen Geschlechter vertreten.

Die Kasusendungen der konsonantischen Deklination:

	NOM.	GEN.	DAT.	Akk.	ABLAT.
SINGULAR	---	-is	-ī	-em / ---*	-e
PLURAL	-ēs / -a*	-um	-ibus	-ēs / -a*	-ibus

* Die Endung **-em** gilt für den Akkusativ Singular masculinum und femininum. Nominativ und Akkusativ Plural masculinum und femininum enden auf **-ēs**, die Neutra auf **-a**.

In dieser Lektion lernen Sie einige Neutra der konsonantischen Deklination kennen:

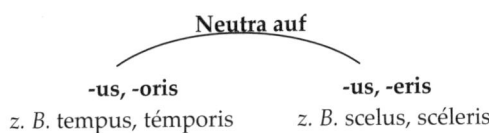

-us, -oris   **-us, -eris**
z. B. tempus, témporis   *z. B.* scelus, scéleris

Füllen Sie diese Tabelle aus:

| | **tempus** (Zeit) || **scelus** (Verbrechen) ||
	Singular	Plural	Singular	Plural
Nominativ	tempus	tempor	scelus	sceler
Genitiv				
Dativ				
Akkusativ				
Ablativ				

II SYNTAX

Bei der Betrachtung der Kasus und ihrer Verwendung unterscheidet man zwischen **syntaktischer** (→ Satzglied) und **semantischer Funktion** (→ inhaltliche Ebene). Wichtiger für das Textverständnis ist meistens die semantische Funktion.

1) Der Dativ als dativus possessivus

Neben der syntaktischen Funktion als **Objekt** kann der Dativ als **Prädikatsnomen** in Verbindung mit einer Form von **esse** erscheinen. Semantisch betrachtet bezeichnet dieser Dativ den Besitzer; deshalb heißt er **dativus possessivus**. Der „Besitz" ist bei dieser Konstruktion, dem dativus possessivus mit esse, das Subjekt des Satzes *(zum dat. poss. s. a. Anhang, S. 240 f.)*.

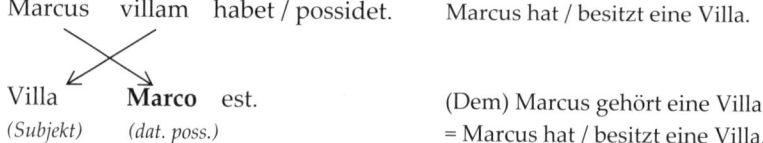

    Marcus   villam   habet / possidet.   Marcus hat / besitzt eine Villa.

    Villa   **Marco**   est.   (Dem) Marcus gehört eine Villa.
    (Subjekt) *(dat. poss.)*   = Marcus hat / besitzt eine Villa.

Weitere Beispiele: **Domino** multi servi sunt. – Der Herr besitzt viele Sklaven.
    Dominae nomen Mucia est. – Die Herrin hat den Namen Mucia.
    Tibi amici fidi sunt. – Du hast treue Freunde.
    Nobis fortuna bona est. – Wir haben ein gutes Schicksal.

→ Der dat. poss. wird eher bei abstraktem Besitz verwendet: Mihi tempus est. – Ich habe Zeit. Der **genitivus possessivus** betont den Besitzer: Villa **Marci** est. – Die Villa gehört Marcus *(und nicht etwa Titus)*, während der dativus possessivus den Besitz hervorhebt.

→ Nur kurz sei auf den **genitivus partitivus** hingewiesen: Er erscheint besonders nach Ausdrücken der Quantität, wie z. B. satis, also: satis **vini** – genug des Weins = genug Wein; paulum **temporis** – wenig (an) Zeit, *(wie Polydorus in Lektion 4, Z. 4 sagt)*. Dieser Genitiv bezeichnet das Ganze bzw. die Gesamtmenge, von der ein Teil hervorgehoben wird.

    (Zum gen. partit. s. u. L. 8, S. 55; Anhang, S. 238 f.)

2) Der Ablativ – ein Überblick

Der Ablativ ist in erster Linie der Kasus des Adverbiales, d. h. er erläutert die durch eine Verbform ausgedrückte Handlung *(zu den Füllungsarten des Adverbiales s. Anhang, S. 236).*
Als Mischkasus besitzt er drei semantische Grundfunktionen:

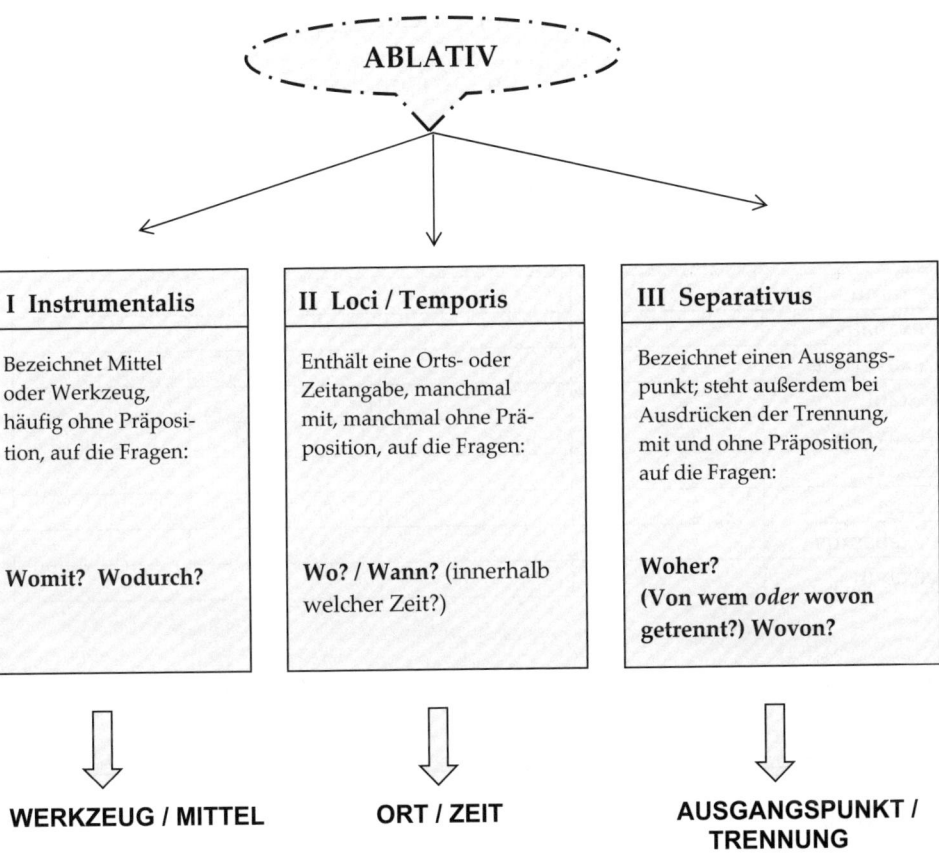

Diese drei Großgruppen lassen sich genauer spezifizieren. Der Instrumentalis weist hierbei die meisten Untergruppen auf *(dazu mehr Lektion 6, Syntax).*

Aufgabe:
Die Ablative kamen seit Beginn des Kurses bereits vor: Suchen Sie diese aus den übersetzten Lektionen heraus und ordnen Sie sie einer der drei semantischen Funktionen zu.

III ÜBUNGEN

1) Ergänzen Sie die passende Endung:

a) scel____ magni   b) temp_____ praeteritis

c) scel____ magno (2)   d) temp_____ praeteritorum

e) facin____ magnum   f) facin_____ magni

2) Vervollständigen Sie bitte diese Tabelle:

vexare	dicere	habere	facere	esse
vexamus				
vexabatis				
vexaverunt				
vexant				
vexavistis				
vexavi				
vexas				
vexabamus				
vexavit				

3) Bilden Sie die entsprechenden Formen von ire und übersetzen Sie:

	venire	ire	Übersetzung
a)	veni!		
b)	veniebant		
c)	vēni		
d)	veniunt		
e)	veniebam		
f)	venistis		
g)	venerunt		

Lektion 4

Lectio quinta
Aus der Frühgeschichte Roms I

(Polydori narratio)

„Romulus Remusque fratres, postquam avum suum Albam Longam[1] reduxerunt, novum oppidum condere cogitabant. Magna fratrum controversia erat diuque verbis certabant: »Quis nostrum erit rex populi? Cui fundamenta iacere[2] licebit? Cuius nomen oppido novo erit? Quem nostrum dei adiuvabunt? Regnum enim dividere perniciosum est.«
Ita dicebant nec consilium capere poterant. Tandem fratribus deos consulere placuit. Remus Aventinum, Romulus Palatium colles ascendit. Ibi caelum observabant avesque exspectabant.
Subito Remus sex aves vidit, sed Romulo fratri duodecim aves apparuerunt. Hoc modo[3] dei in certamine iudicaverunt, et Romulus rex fuit.
Quamquam cum fratre oppidum condere studuit, tamen Remus id[4] negavit, quod regno fratris invidebat[5].
Iam Romulus oppidum aratro designabat, cum Remus fratrem irrisit: »Num istis[6] muris adversarios arcebis populumque servabis?« Dixit et fossam transsiluit[7]. Tum Romulus iratus gladium cepit fratremque necavit. Post mortem fratris oppidum solus condidit et ei[8] nomen suum dedit."

1)	Albam Longam	nach Alba Longa (*Stadt am Tiber; bei Städtenamen und kleineren Inseln entfällt die Präposition* in *mit Akk.*)
2)	fundamenta iacere	die Fundamente legen
3)	hōc modō	auf diese Weise
4)	id	das, dies
5)	rēgnō frātris invidēre	den Bruder um die Herrschaft beneiden
6)	iste, ista, istud	dieser, diese, dieses da (*manchmal auch verächtlich gemeint*)
7)	trānssilīre	überspringen
8)	ei	*Personalpronomen, auf* oppidum *bezogen:* ihr

GRAMMATIK

I FORMENLEHRE

1) Konjugationen

a) Das Reduplikationsperfekt:

→ Seine Bildung erfolgt prinzipiell durch **Verdoppelung** der anlautenden Silbe, z. B.:
currere (laufen)   Perfekt: **cú**curri – ich bin gelaufen

→ In anderen Fällen tritt bei der Bildung des Perfekts die **Vokalabschwächung** ein:
dare (geben)   Perfekt: **de**di – ich habe gegeben   (a > e)
condere (gründen)   Perfekt: cón**di**di – ich habe gegründet   (e > i)

→ Die **Komposita** der meisten Verben weisen keine Reduplikation auf:
accurrere (herbeilaufen) Perfekt: accurri: **keine** reduplizierte Silbe!

b) Das Futur:

In dieser Lektion haben Sie Formen des Futurs Aktiv kennengelernt. Das Futur bezeichnet eine zu erwartende oder noch nicht eingetretene Handlung. Im Lateinischen wird es häufiger als im Deutschen verwendet.

➡ In der **a-** und **e-**Konjugation und beim Verb **ire** lautet die Tempussilbe:

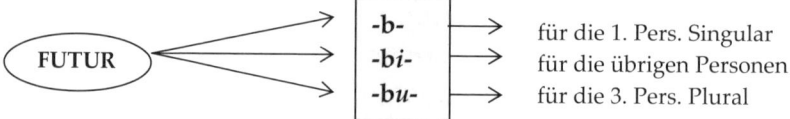

FUTUR → -b- → für die 1. Pers. Singular
       → -bi- → für die übrigen Personen
       → -bu- → für die 3. Pers. Plural

Die Ihnen bekannten Personalendungen (-o, -s, -t *etc.*) treten hinzu.

➡ Bei **esse** und Komposita entfällt in allen Personen das **-b-**. In den restlichen Konjugationsgruppen gelten andere Bildungsgesetze (*s. dazu Grammatik von L. 8, S. 49*).

Ergänzen Sie die Tabelle:

Futur I Aktiv	vocāre	habēre	esse	posse	ire
1. Pers. Sg.	vocab	habeb	er	poter	ib
2. Pers. Sg.	vocab	habeb	er	poter	ib
3. Pers. Sg.	vocab	habeb	er	poter	ib
1. Pers. Pl.	vocab	habeb	er	poter	ib
2. Pers. Pl.	vocab	habeb	er	poter	ib
3. Pers. Pl.	vocab	habeb	er	poter	ib

ich werde rufen, du wirst rufen, er, sie, es wird r., wir werden r., ihr werdet r., sie werden rufen.

2) Deklinationen

Konsonantische Deklination, *Fortsetzung*

neutrum auf **-men, -minis**   masculinum und femininum

Füllen Sie die Tabelle aus:

	Singular	Plural	Singular	Plural	Singular	Plural
Nom.	nomen (Name)	nomin	frater (Bruder)	fratr	rex (König)	reg
Gen.	nomin	nomin	fratr	fratr	reg	reg
Dat.	nomin	nomin	fratr	fratr	reg	reg
Akk.	nomen	nomin	fratr	fratr	reg	reg
Abl.	nomin	nomin	fratr	fratr	reg	reg

Das **substantivische Interrogativpronomen** wird dekliniert:

quis, quid	wer? was?
cuius	wessen?
cui	wem?
quem, quid	wen? was?
a quō, quō	von wem? durch / mit was?

Das **adjektivische** Interrogativpronomen erscheint in Verbindung mit einem Substantiv. Es wird wie das Relativpronomen *(s. Lektion 8, S. 51)* dekliniert: qui vir – welcher Mann, quae femina – welche Frau, quod oppidum – welche Stadt.

II SYNTAX

In der Lektion 4 hatten Sie das Perfekt kennengelernt und im Deutschen wörtlich, also mit Perfekt, übersetzt. Dieses Tempus besitzt dort den Tempusaspekt oder die Aktionsart einer **Feststellung** oder **Beurteilung** (aus dem Blickwinkel der aktuellen Zeit). Ein solches Perfekt heißt **konstatives** oder **konstatierendes Perfekt**.

Im Text der Lektion 5 wird das Perfekt in seiner häufigsten Aktionsart vorgestellt, dem **narrativen** Aspekt. Dieses Perfekt wird verwendet bei Erzählungen einmaliger, abgeschlossener Handlungen in der Vergangenheit, die ohne Bezug zur Gegenwart stehen.
Es folgt eine Gegenüberstellung der Verwendungsarten des Imperfekts mit diesem narrativen Perfekt:

IMPERFEKT	PERFEKT
Situation, Vorgang, Gewohnheit *usw.* **linear:** ⟵⟶ statisch, ohne Anfang und Abschluss	Handlung: 1 2 3 4 **punktuell:** •—•—•—• dynamisch, mit Abschluss der Handlung
Hintergrundstempus: „Was **war** damals?" Verwendung für **Situationsbeschreibungen:** Zustand, Wiederholung Versuch Andauern **1) durativ 2) iterativ 3) konativ** Im Deutschen mit Präteritum zu übersetzen, eventuell mit Zusätzen, die den jeweiligen Aspekt verdeutlichen, *s. u.*	*Vordergrundstempus:* „Was **geschah** dann?" Verwendung für die Schilderung von **Handlungen:** einmalig, abgeschlossen, ohne Bezug zur Gegenwart **narrativ** Im Deutschen mit Präteritum zu übersetzen.

Übersetzungsmöglichkeiten des Imperfekts:

Romulus dice**bat** ...
1) Romulus sagte *<gerade>, <dauernd>, <gewöhnlich>* → durativ
2) Romulus sagte *<immer wieder>, <ständig>* → iterativ
3) Romulus sagte *<versuchte zu sagen>* → konativ

Nicht immer wird die gewöhnliche Übersetzung des Imperfekts (*also:* „R. sagte") dem Sinn der Aussage gerecht. Man sollte deshalb die oben genannten Aspekte im Auge und im Kopf behalten.

III   ÜBUNGEN

1)   Ordnen Sie die Adjektive den Substantiven zu:

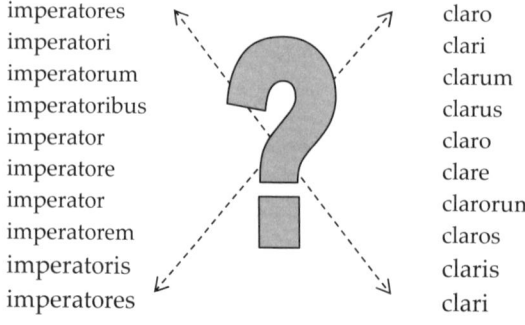

imperatores   claro
imperatori   clari
imperatorum   clarum
imperatoribus   clarus
imperator   claro
imperatore   clare
imperator   clarorum
imperatorem   claros
imperatoris   claris
imperatores   clari

2) Vervollständigen Sie die Tabelle:

rogāre (fragen)	monēre (mahnen)	dare (geben)	posse (können)	redīre (zurückkehren)
rogabo	monebo	dabo	potero	redibo
rogas	mones	das	potes	redis
rogatis	monetis	datis	potestis	reditis
rogant	monent	dant	possunt	redeunt
rogabis	monebis	dabis	poteris	redibis
rogavit	monuit	dedit	potuit	rediit
rogabunt	monebunt	dabunt	poterunt	redibunt
rogabamus	monebamus	dabamus	poteramus	redibamus
rogavistis	monuistis	dedistis	potuistis	redistis

3) Ergänzen Sie den Lückentext und übersetzen Sie:

1) Romulus et Remus av__ su__ Albam Longam reduxerunt.

2) Tum autem fratr____ magna controversia erat.

3) Romulus rogav__: „Quis nostr___ popul__ imperab___? Cu___ populus pare____? Quis rex Romano____ er___?"

4) Itaque av____ consul_____.

5) Quamquam Remus primus *(als Erster)* aves vid___, Romulus rex fu___; nam ei *(ihm)* duodecim av_____ appar_____.

6) Itaque rex fu___ et cum Rem___ fratr___ novum oppid___ aedific___ stude____.

7) Sed Remus fratr____ invideb___ et Romulum irris_____:

8) „Adversari____ istos mur___ arcere non poter___!"

9) Postquam fossa____ transsiluit, Romul___ irat___ fratr___ gladi___ necav____.

Lectio sexta
Aus der Frühgeschichte Roms II — 6

(Polydori narratio)

„Postquam Romulus Romae fundamenta iecit[1] urbemque muris firmavit primasque casas aedificavit, undique turbae hominum moribus legibusque diversis Romam concurrebant. Rex igitur videbat urbem novam crescere et gaudebat eam[2] tam celeriter[3]
5 crevisse. At paulatim incolae intellegebant unam rem deesse ad vitam beatam: Plerique incolae scilicet[4] viri erant, nam feminae talem vitam agere paratae non erant.
Itaque cives Romulum regem adierunt et dixerunt: »Nos quidem scimus te magnas res magna cum prudentia gessisse et bonum
10 regem esse. Sed nunc auxilio tuo egemus, nam una re contenti non sumus: Nobis feminae non sunt, sine feminis sine prolis[5] spe vivimus. Considera, te rogamus: Quem finem[6] populus noster habebit? Quam[7] perniciem fortuna nobis parabit?«
Romulus autem: »Mihi quoque notum est nos feminarum penuria
15 laborare. Sed dolo Romanos curis liberabo. Iubeo vos ludos magnificos parare et finitimos cum filiis invitare. Nobis feminas dare debebunt!«
Constituto[8] die Sabini finitimi cum uxoribus filiisque Romam concurrerunt. Omnes hospites ludos summo cum gaudio specta-
20 bant, cum subito iuvenes Romani accurrerunt, Sabinorum virgines ceperunt, in suas casas abduxerunt. Id[9] facinus hospitum animos ira implevit, domum redierunt, arma paraverunt."

1)	iēcit	*Perfekt zu iacere (s. Lektionstext 5, Z. 4)*
2)	eam	*ist Akkusativ Singular femininum des Personalpronomens:* sie
3)	celeriter	*Adverb:* schnell
4)	scīlicet	*(„es ist erlaubt zu wissen")* natürlich
5)	prōlēs, -is f.	die Nachkommen; prolis *hier gen. obiectivus:* auf Nachkommen
6)	quem fīnem	welches Ende (quem *Akk. Sing. masc. des adjektivischen Interrogativums)*
7)	quam	*Akk. Sing. fem. des adjektivischen Interrogativpronomens, vgl. o. Nr. 6.*
8)	cōnstitūtus, -a, -um	festgelegt, festgesetzt
9)	id	dieses

GRAMMATIK

I   FORMENLEHRE

1)   Deklinationen

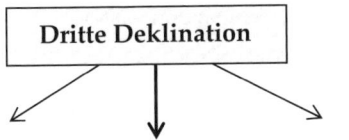

1) konsonantische Deklination   **2) Mischgruppe**   3) i-Deklination

Nach einigen Beispielen der konsonantischen Deklination lernen Sie in dieser Lektion die **Mischgruppe** kennen:

→ Die Mischgruppe unterscheidet sich von der konsonantischen nur durch ein zusätzliches **-i-** im Genitiv Plural; dieser endet also auf **-ium** (*statt auf* -um):
z. B.:   civ**ium** – der Bürger; urb**ium** – der Städte; mont**ium** – der Berge.

> Zur Mischgruppe (Mischdeklination) **gehören:**
>
> **a) gleichsilbige Substantive**, die im Nominativ Sg. auf **-ēs** oder **-is** enden:
>   clād**ēs**, -is f. – die Niederlage   cīv**is**, cīvis m. – der Bürger
> **b) ungleichsilbige**, deren Stamm auf **zwei** Konsonanten endet,
>   mōns, mon**tis** m. – der Berg   urbs, urb**is** f. – die Stadt

Ausnahmen: Zur **konsonantischen** Gruppe gehören im Gegensatz zu der obigen Regel: iuvenis, -is m. (junger Mann); senex, senis m. (alter Mann); canis, -is m. u. f. (Hund / Hündin); sēdēs, -is f. (Wohnsitz). Darüber hinaus gibt es bei anderen Substantiven Abweichungen (*s. Rubenbauer / Hofmann § 40*).

Genus-Regel: Die Substantive der Mischgruppe sind im Allgemeinen femininum.

Ausnahmen: fīnis, -is (Grenze, Ende), collis, -is (Hügel), mēnsis, -is (Monat), orbis, -is (Kreis), mōns, -ontis (Berg), fōns, -ontis (Quelle), pōns, -ontis (Brücke), piscis, -is (Fisch), dēns, -entis (Zahn), fascis, -is (Rutenbündel), cīvis, -is (Bürger), hostis, -is (Feind) sind **masculinum**! Das Partizip Präsens Aktiv (*s. u. L. 11*) endet im Nominativ und Akkusativ Plural neutrum regulär auf **-ia**. (Die sehr seltenen **Neutra** auf **-a**, z. B. os, ossis –Knochen; cor, cordis – Herz, werden hierbei nicht berücksichtigt.)

Aufgabe: Suchen Sie aus den Vokabeln der Lektionen 5 und 6 die Substantive der Mischdeklination heraus.

Die e-Deklination:

→ Sie behält das **-e-** durchgehend im Stamm. Alle Substantive dieser relativ kleinen Gruppe sind femininum außer **diēs, -ēī m.** – der Tag. Im femininum bedeutet **diēs** „Termin".
→ Der Stammauslaut -ē wird im Genitiv und Dativ Sg. nach Konsonant gekürzt, z. B.: fidēs, -eī; bei Substantiven auf **-iēs** bleibt er lang, z. B.: perniciēs, -iēī.
→ Die Substantive der **e**-Deklination haben selten Pluralformen, abgesehen von **rēs** (Sache, Ding, Angelegenheit), **diēs** (Tag, Termin) und *(im Nom. / Akk. Pl.)* **spēs** (Hoffnung).

SING.: rēs, reī, reī, rem, rē   PLUR.: rēs, rērum, rēbus, rēs, rēbus

---

II SYNTAX

1) Einige Details des Ablativs

Der **ablativus Instrumentalis** *(vgl. L. 4)*, weist acht Untergruppen auf; hier erscheinen die ersten fünf mit Beispielen: *(Zum Ablativ s. a. Überblick Anhang, S. 242 f.)*

semantische Funktion	Charakterisierung	Frage	Beispiele
abl. instrumenti (ohne Präposition) *(Satzglied: Adverbiale)*	Bezeichnung des Werkzeugs oder Mittels	Womit? Wodurch?	gladio necare – mit dem Schwert töten
abl. sociativus (Präp.: cum) *(Satzglied: Adverbiale)*	Bezeichnung der Person in Begleitung oder Gemeinschaft	Mit wem?	cum amicis Romam ire – mit den Freunden nach Rom gehen
abl. modi (mit oder ohne Präpos. cum) *(Satzglied: Adverbiale)*	Bezeichnung der Art und Weise oder des Begleitumstands einer Handlung / eines Geschehens	Wie? Auf welche Weise? Was geschieht dabei?	cum* iustitia regnare – mit Gerechtigkeit herrschen; magno (cum) dolore domum ire – unter großem Kummer nach Hause gehen
abl. qualitatis (ohne Präposition) *(Satzglied:* Attribut *oder* Prädikatsnomen)	Bezeichnung der Eigenschaft einer Person oder Sache	Wie beschaffen?	vir magna prudentia – ein Mann von großer Klugheit
abl. causae (ohne Präposition) *(Satzglied:* Adverbiale *oder* Attribut)	Bezeichnung des Grundes oder des Anlasses bei Ausdrücken des inneren und äußeren Zustands	Warum? Wodurch? Woran? Worüber? Worauf?	Romulus dolo suo gaudet – R. freut sich über seine List; morbo laborare – an einer Krankheit leiden

* Cum ist beim abl. modi ohne Attribut üblich, entfällt aber bei bestimmten Begriffen.
→ Nach Ausdrücken des Anfüllens, Beladens, Versehens mit steht der abl. instrumenti oder copiae.

Aufgabe: Finden Sie aus dem Text die Ablative und bestimmen Sie deren semantische Funktion.

2) Der Akkusativ mit Infinitiv (Accusativus cum Infinitivo = AcI)

→ Der AcI ist eine satzwertige Konstruktion, deren Inhalt einem mit **„dass"** eingeleiteten Behauptungs-, manchmal (nämlich nach einigen Verben der Willensäußerung) einem Aufforderungssatz entspricht *(zu anderen Übersetzungsmöglichkeiten des AcI s. L. 7, S. 44).*

→ Dieser satzwertige Teil, d. h. der AcI, steht als Subjekt nach unpersönlichen Ausdrücken und häufiger als Objekt in Abhängigkeit von Verben, die eine menschliche Sinnestätigkeit ausdrücken *("Verben, die aus dem Kopf kommen")*, es handelt sich um:

> ➢ Verben des Mitteilens, Sagens   (verba dicendi)
> ➢ Verben der Wahrnehmung und des Denkens (verba sentiendi)
> ➢ Verben der Gemütsbewegung   (verba affectūs)
> ➢ manche Verben der Willensäußerung   (z. B.: verhindern, veranlassen, befehlen, wollen, begehren)
> ➢ Unpersönliche Ausdrücke *(z. B.: es steht fest, es ist nötig, es ziemt sich usw.)*

→ Zwei ursprünglich selbstständig zu denkende Sätze werden zu einem Satz mit einer AcI-Konstruktion vereint:

Video: Urbs crescit. – Ich sehe: Die Stadt wächst.

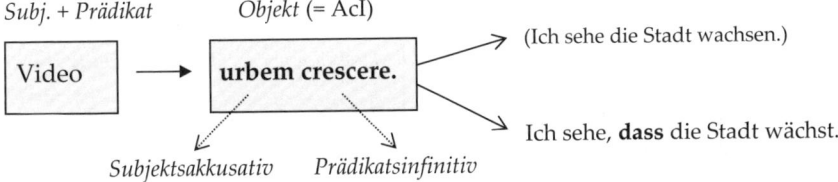

(Ich sehe die Stadt wachsen.)
Ich sehe, **dass** die Stadt wächst.

Ausblick:

Bei Verben der Willensäußerung wie z. B. velle (wollen) folgt dann der AcI, wenn der Wunsch eine andere Person betrifft, *also*: **Ich** will, dass **du** mir hilfst.
Bei Subjektsgleichheit steht nur der Infinitiv: Ich will dir helfen. *(s. u. Lektion 16, S. 107)*

Wenn bei **iubere** die Person nicht genannt wird, von der etwas verlangt wird, dann tritt der Infinitiv (also das Prädikat des AcI) ins Passiv.
Also: Romulus Romanos ludos **parare** iubet *(Inf. Präs. Aktiv)*. – Romulus befiehlt, dass die Römer Spiele vorbereiten *oder*: ... den Römern, Spiele vorzubereiten.
Aber: Romulus ludos **parari** iubet *(Inf. Präs. Passiv)*. – Romulus befiehlt, dass Spiele vorbereitet werden *oder*: Romulus lässt Spiele vorbereiten *oder*: befiehlt, dass man ... vorbereite(t).

→ Ein AcI besteht mindestens aus dem **Subjektsakkusativ**, d. h. dem Subjekt des AcI, und dem **Prädikatsinfinitiv**. Auf der folgenden Seite finden Sie eine „Denksportaufgabe."

Untersuchen Sie, ob folgender Satz einen AcI enthält oder nicht:

Romulus ludos parare cogitat.

→ Erscheint innerhalb des AcI ein Prädikatsnomen, so steht es ebenfalls im Akkusativ, wie an den folgenden Beispielen zu sehen ist:

Scimus Romul**um** reg**em** esse.	Wir wissen, dass Romulus König ist.
Scimus Sabin**os** irat**os** esse.	Wir wissen, dass die Sabiner zornig sind.
Scimus puell**am** laet**am** esse.	Wir wissen, dass das Mädchen fröhlich ist.
Scimus incol**as** laet**os** (!) non esse.	Wir wissen, dass die Einw. nicht froh sind.

→ Die AcI-Konstruktion erscheint auch mit Subjekts- **und** Objektsakkusativ. So wie Ersterer das Subjekt des AcI ist, so erfüllt der Objektsakkusativ die Funktion des Objekts innerhalb des AcI. Gewöhnlich steht der Subjektsakkusativ **vor** dem Objektsakkusativ oder man verwendet zur Vermeidung von Doppeldeutigkeit das Passiv *(dazu später mehr)*.

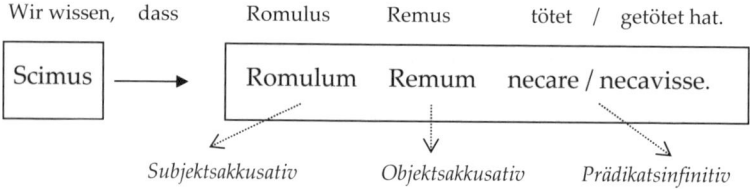

→ Die Infinitive besitzen **keine** eigene **Zeitstufe**, sondern kennzeichnen ein **Zeitverhältnis** zu dem den AcI regierenden **Prädikat**. Man muss dies bei der Übersetzung entsprechend zum Ausdruck bringen. Es gibt Vor-, Gleich- und Nachzeitigkeit; der Infinitiv Präsens *(Aktiv u. Passiv)* ist der Infinitiv der **Gleichzeitigkeit**, der Infinitiv Perfekt *(Aktiv u. Passiv)* ist der Infinitiv der **Vorzeitigkeit** *(zur Nachzeitigkeit s. u. L. 16; zum Inf. Perf. Aktiv s. o L. 3, S. 26)*.

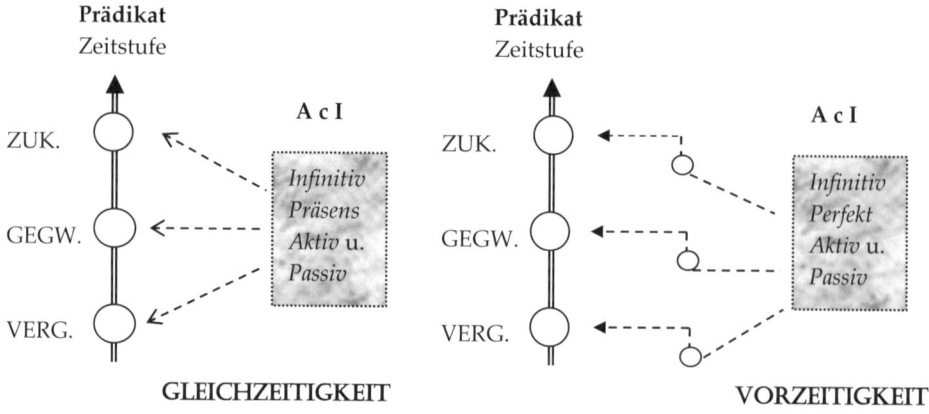

Beispiel:

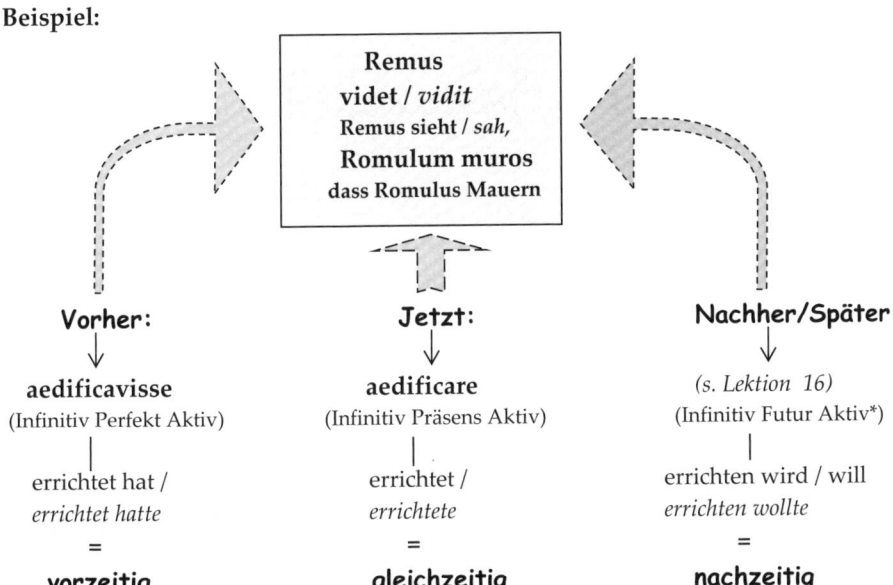

* Zum Infinitiv Futur als Infinitiv der **Nachzeitigkeit** s. Lektion 16, S. 106.
Eine Übersicht über alle Infinitive und Partizipien finden Sie im Anhang, S. 226.

III ÜBUNGEN

Übersetzen Sie folgende Sätze:

1) Scimus Remum Romuli fratrem fuisse.
2) Remus autem dolebat Romulum solum urbem novam condidisse.
3) Scimus quoque Romulum Remum fratrem necavisse.
4) Polydorus narrat multos homines diversis moribus Romam concurrisse.
5) Romulus rex audit Romanis feminas ad beatam vitam deesse.
6) Notum erat Romanis unam rem ad beatam vitam deesse.
7) Romulus dolebat feminas Romam adhuc non venisse.
8) Itaque Romanos dolum adhibere *(anwenden)* debere intellexit.

Achten Sie auf die Akkusative: Sind sie Subjekts- oder Objektsakkusativ?
Denken Sie auch daran, die durch die Prädikatsinfinitive signalisierten Zeitverhältnisse im
Deutschen mit dem entsprechenden Tempus wiederzugeben.

Lectio septima
Aus der Frühgeschichte Roms III

Pueri diligenter audiverant et domum redibant, sed servum pergere iusserunt. Is¹ autem: „Sabinorum animi, ut dixi, ira impleti erant, quod ius hospitii tam perfide² a Romanis laesum erat. Itaque arma ad bellum parari³ iusserant.

5 Aliquot mensibus post, ubi parati fuerunt, ad Romanorum urbem accesserunt et filias suas postulaverunt. At Romani id⁴ negaverunt. Iam ingens bellum inter finitimos instabat, iam hostium acies instructae erant, iam proelii signum datum erat, cum filiae Sabinorum, quae⁵ viros suos adamaverant, crinibus passis⁶ inter
10 acies provolaverunt atque patribus et maritis suis natos natasque ostenderunt. Magna voce exclamaverunt: »Pugnare desinite, bellum impium inter soceros et generos finite!« Hoc facto⁷ et Romani et Sabini valde permoti ac reconciliati⁸ sunt. Quin etiam ambo⁹ populi coniuncti et Romuli Titique¹⁰ regna consociata sunt¹¹.″

1)	is	dieser
2)	perfide *(Adv.)*	falsch, treulos, wortbrüchig
3)	parārī	*ist Infinitiv Präsens Passiv.*
4)	id	dies, das
5)	quae	die *(Relativpronomen, auf* filiae *zu beziehen)*
6)	crīnibus passīs	mit aufgelösten, offenen Haaren
7)	hōc factō	durch diese Handlung, Tat
8)	reconciliāre	versöhnen
9)	ambō	beide
10)	Titus	Titus Tatius *(der König der Sabiner, s. Anhang, S. 292)*
11)	cōnsociāre	vereinigen

Übersetzungsmöglichkeiten des AcI:

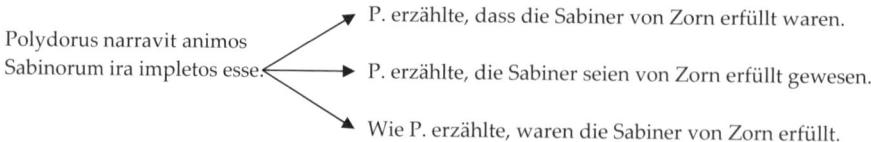

Polydorus narravit animos Sabinorum ira impletos esse.
- P. erzählte, dass die Sabiner von Zorn erfüllt waren.
- P. erzählte, die Sabiner seien von Zorn erfüllt gewesen.
- Wie P. erzählte, waren die Sabiner von Zorn erfüllt.

Sind Subjekt und Subjektsakkusativ identisch, ist eine Übersetzung mit *zu* + Infinitiv möglich, z. B.:
Polydorus gab zu, einen Fehler gemacht zu haben (*anstatt:* dass er einen Fehler gemacht hatte / habe).

GRAMMATIK

I   FORMENLEHRE

1)   Konjugationen – das Plusquamperfekt Aktiv

→ Das **Plusquamperfekt Aktiv** gehört, wie das Perfekt Aktiv, zu den Tempora, die mit dem Perfektstamm gebildet werden. Im Plusquamperfekt Aktiv werden die Personalendungen des Perfekts (-i, -isti, -it, -imus, -istis, -ērunt) durch folgende ersetzt:

> -eram,   -erās,   -erat,   -erāmus,   -erātis,   -erant

Bilden Sie das Plusquamperfekt Aktiv:

	Indikativ Plusquamperfekt Aktiv				
	vocāre	habēre	dicere	facere	esse
1. Sg.					
2. Sg.					
3. Sg.					
1. Pl.					
2. Pl.					
3. Pl.					

ich hatte gerufen, du hattest gerufen, er, sie, es hatte g., wir hatten g., ihr hattet g., sie hatten gerufen.

2)   Perfekt und Plusquamperfekt Passiv

→ Die **Passivformen** des Perfekts, Plusquamperfekts und Futur II* sind, wie im Deutschen, zusammengesetzt *(ich bin gelobt worden)*, nämlich aus dem **Partizip Perfekt Passiv** (P.P.P.) und einer Form von **esse** *(Beispiele s. u. S. 46)*. Dies ist nur **eine** Verwendung des Partizips *(zu weiteren Verwendungen des P.P.P. s. u. L. 9 u. 10)*.

→ Die Partizipien des Perfekt Passiv, z. B. **implētus, -a, -um** (erfüllt), haben, im Gegensatz zum Deutschen *(ich habe gelobt – in bin gelobt worden)*, immer **passive** Bedeutung.

→ Sie gehören der o- und a-Deklination an und enden im Nominativ Singular auf **-tus, -a, -um; -sus, -a, -um;** *oder* **-xus, -a, -um**, z. B.:

>   vocāre → vocātus, -a, -um   gerufen *oder* einer usw., der gerufen worden ist / war
>   audīre → audītus *etc.*   gehört *oder* einer usw., der gehört worden ist / war
>   iubēre → iussus *etc.*   befohlen *oder* einer, dem befohlen worden ist / war

* Die Formen des Futur II werden hier noch nicht behandelt *(dazu Lektion 14, S. 91, und 20, S. 133)*.

Bei den Formen des Passivs der Tempora Perfekt, Plusquamperfekt (und Futur II) richtet sich das Partizip Perfekt Passiv in Kasus, Numerus und Genus nach dem Subjekt (anders als im Deutschen, wo das Partizip unverändert bleibt; *s. u. Beispielsätze*).

Perfekt und Plusquamperfekt Passiv:

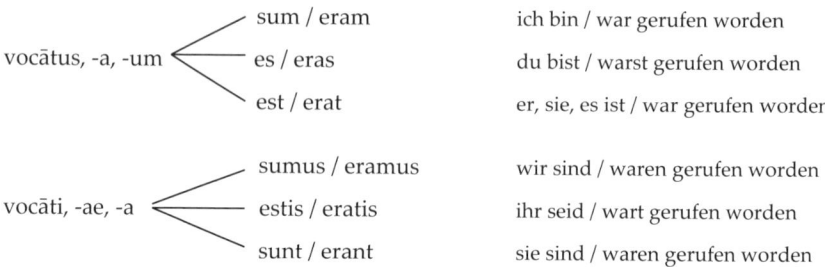

Beispiele:

Romuli anim**us** ira implet**us** est / erat.   Romulus ist / war von Zorn erfüllt worden.
Virgin**es** abduct**ae** sunt / erant.   Die Mädchen sind / waren entführt worden.
Sabin**i** ira permot**i** sunt / erant.   Die Sabiner sind / waren von Zorn bewegt worden.
Bell**um** finit**um** est / erat.   Der Krieg ist / war beendet worden.
Bell**a** finit**a** sunt / erant.   Die Kriege sind / waren beendet worden.

Der **Infinitiv Perfekt Passiv** setzt sich aus dem **Partizip Perfekt Passiv** und **esse** zusammen (*s. dazu a. L. 8, S. 50*). Bei Verwendung im AcI erscheint dabei das Partizip im Akkusativ und richtet sich auch in Numerus und Genus immer nach dem Subjektsakkusativ, z. B.:

Romulus Sabin**os** ira permot**os** esse videt. – R. sieht, dass die S. von Zorn bewegt (worden) sind.
Notum est bell**a** finit**a** esse. – Es ist bekannt, dass die Kriege beendet (worden) sind.

3)   Die Bildung der Verben im Lateinischen – Überblick:

1) voco, vocor*; vocābam, vocābar*; vocābo, vocābor*. (*Zum Passiv dieser Tempora s. L. 8*)
2) vocāvi, vocātus, -a, -um sum; vocāveram, vocātus *etc.* eram; vocāvero, vocātus *etc.* ero.

46   Lektion 7

Lectio octava
Gespräche ohne Ende

A Pueri, qui narratione de rebus a Romanis gestis delectabantur, diu tacebant; tandem Marcus dixit: „Iure commemoravisti scelera a maioribus nostris commissa esse. Tamen tua narratio libenter a nobis audiebatur, verbis tuis delectabamur, quin etiam nos semper
5 a te et delectari et doceri constat. Ceterum, credo, scelera interdum committi oportet, nam exitus acta probat[1]!"
Tum Polydorus ridens[2]: „Es profecto sapiens puer, qui talia verba tamquam ex oraculo dixisti! Fortasse etiam alia fabula delectabimini. Audite de summo deo, qui a nobis Graecis Zeus nominatur.
10 Is quoque deus multas res gessit, quas nonnulli non laudant. Europam de Europa puella esse nominatam certe scitis."
Tum Lucius: „Certe statim a te docebimur."

1) exitus ācta probat — *frei:* Der Zweck heiligt die Mittel.
2) rīdēns *(Partizip Präs. Akt.)* — lächelnd, lachend

Verwandlung von Aktiv ins Passiv *(Beispiel Präsens):*

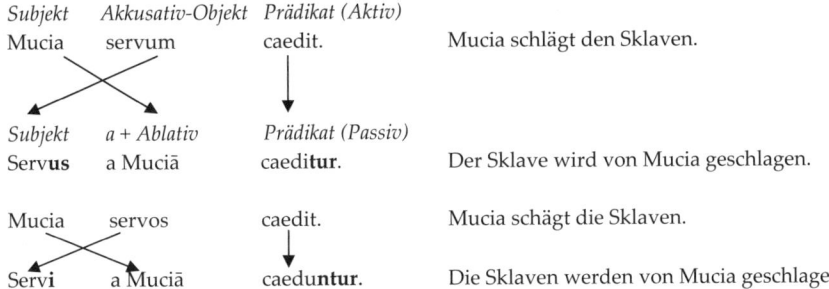

Die Person, die für die Handlung im Passiv verantwortlich ist, steht im **ablativus auctoris (+ a, ab)**.
Dinge, die die Handlung im Passiv bewirken, stehen im Ablativ ohne die Präposition **a, ab** (s. o. Z. 4: **verbis tuis;** *weiterhin z. B.:* **dono** te delecto – ich erfreue dich **mit einem Geschenk,** *vgl. a. L. 4, Z. 19 f.*).

Iuppiter bei seiner Lieblingsbeschäftigung

8 B Polydorus: „Aliquando Iuppiter de Olympo monte conspicit puellam pulchram, cuius forma pulchritudineque movetur. Statim amore puellae capitur atque incenditur. Itaque secum cogitat:
»Eam puellam habere debeo, ea a me amabitur, ut postea a nullo
5 iam diligetur. Sed ... quo modo ei appropinquare possum? Nam timida¹ est et facile terretur. Praeterea a Iunone, cui amores mei non grati sunt, conspici et detegi nolo². Hmm ... nunc mihi in mentem venit: Formam meam mutari necesse est. Id faciam.«
Ita in formam tauri mutatur perque auras celeriter petit terram
10 pervenitque ad Asiae oras. Filia autem Agenoris³ regis, cuius nomen Europa est, cum amicis in litore pila ludit⁴. Subito puellae inter multos tauros, quos ibi pastores pascunt, taurum candidum eximia pulchritudine conspiciunt. Is paulatim gregem relinquit et puellis appropinquat. Nunc omnes amicae, quae conspectu⁵ ani-
15 malis terrentur, confugiunt. Europa sola, quam is taurus non terret, manet et eum adit. Putat enim eum sibi non nocere, sed placidum esse. Itaque etiam tergum eius ascendere audet. At – eheu⁶ ! Subito taurus contendere incipit in mare et eam secum celeriter⁷ rapit. Frustra puella misera lacrimas fundit et gemit. Quod nemo eam
20 adiuvare potest, in Cretam insulam abducitur. Ibi deus tauri formam deponit puellaeque dicit: »Tu eris dilecta⁸ summi dei, tu a me amaberis atque diligeris, tu mater gentis ingentis eris, ex qua magni reges exsistent.«"

1)	timidus, -a, -um *(vgl. timēre)*	furchtsam, schüchtern
2)	nōlō	ich will nicht
3)	Agēnōr, -oris m.	Agenor *(phönizischer König, Europas Vater; Urahn der Dido)*
4)	pila lūdere	Ball spielen
5)	cōnspectus *(u-Dekl., s. L. 16)*	Anblick (conspectu *ist Ablativ!*)
6)	eheu!	ach, o weh!
7)	celeriter *(Adv.)*	schnell
8)	dilēctus, -a, -um	geliebt, geschätzt; *substantiviert*: der, die, das Geliebte

GRAMMATIK

I   FORMENLEHRE

1)   Konjugationen – das Passiv der Tempora des Präsensstamms

Das **Passiv** der Tempora des Präsensstamms wird gebildet, indem man die Endungen des Aktivs (-o / -m, -s, -t, -mus, -tis, -nt) durch die Personalendungen des Passivs ersetzt:

> **-(o)r, -ris, -tur, -mur, -mini, -ntur**

→ In der zweiten Person Singular Präsens Passiv ändert sich bei der konsonantischen und der kurzvokalischen i-Konjugation der Bindevokal: → kurzes **-i-** wird zu kurzem **-e-**.

Ergänzen Sie die Tabelle:

	Indikativ Präsens Passiv					
	vocāre	**habēre**	**audīre**	**dicere**	**capere**
1.Sg.	voco	habeo	audio	dico	capio
2.Sg.	voca	habe	audi	dic**e**	cap**e**
3.Sg.	voca	habe	audi	dici	capi
1.Pl.	voca	habe	audi	dici	capi
2.Pl.	voca	habe	audi	dici	capi
3.Pl.	voca	habe	audiu	dicu	capiu
	Indikativ Imperfekt Passiv					
1.Sg.	vocaba	habeba	audieba	diceba	capieba
2.Sg.	vocaba				
3.Sg.	vocaba				
1.Pl.	vocaba				
2.Pl.	vocaba				
3.Pl.	vocaba				
	Futur I Passiv					
1. Sg.	vocabo	habebo	audia	dica	capia
2.Sg.	vocab**e** (!)	habeb**e** (!)	audiē	dicē	capiē
3.Sg.	vocabi	habebi	audiē	dicē	capiē
1.Pl.	vocabi				
2.Pl.	vocabi				
3.Pl.	vocabu				

vocor – ich werde gerufen; vocabar – ich wurde gerufen; vocabor – ich werde gerufen werden.

 Im Futur der konsonantischen und der beiden i-Konjugationen entfällt die Tempussilbe **-b-**; dafür tritt in der ersten Person Singular **-a-**, in den übrigen **-e-** vor die Personalendungen! *Also:* **Fut. Pass.** auf **-ar, -ēris, -ētur** *etc.* – Das **Fut. Akt.** endet auf **-am, -ēs, -et** *etc.*

Lektion 8

→ Der **Infinitiv Präsens Passiv** wird gebildet, indem man bei der **a-, e-** und **i**-Konjugation den letzten Buchstaben des Infinitivs Präsens Aktiv (das **-e**) durch ein **-i** ersetzt, während bei den übrigen beiden Konjugationen das **-i** direkt an den Stamm tritt, *also*:

vocāre → vocāri – gerufen (zu) werden	dicere → dici – gesagt (zu) werden
habēre → habēri – gehalten (zu) werden	capere → capi – gefangen (zu) werden
audīre → audīri – gehört (zu) werden	

⇒ Im AcI bezeichnen die Infinitive des **Präsens** Aktiv und Passiv die **Gleichzeitigkeit** zum Prädikat.

→ Der **Infinitiv Perfekt Passiv** setzt sich zusammen aus dem **P.P.P.** und **esse**
Im AcI richtet sich das P.P.P. dabei in KNG-Kongruenz nach dem Subjektsakkusativ,
z. B.:   Romulus Rem**um** necat**um** esse dolebat.
   Romulus bedauerte, dass Remus getötet worden war.
(Vgl. a. S. 46; 53, Beispiel 4, u. Anhang, S. 226)

⇒ Im AcI bezeichnen die Infinitive des **Perfekts** Aktiv und Passiv die **Vorzeitigkeit** zum Prädikat *(zu diesen Zeitverhältnissen s. a. L. 6, S. 42 f.)*.

2)   Deklinationen – Personalpronomina (reflexiv und nicht reflexiv)

→ Das **reflexive** Personalpronomen der dritten Person Singular und Plural lautet:

> **suī** *(Gen.)*   **sibī** *(Dativ)*   **sē** *(Akk.)*   **a sē, sēcum, sē** *(Abl.)*
> *(weitere Erläuterungen s. u. Syntax)*

→ **sui** *(Gen.)* wird mit „seiner, ihrer, sich, an sich", **sibi** *(Dat.)* mit „sich, für sich", **sē** *(Akk.)* mit „sich", die Ablative **sēcum** mit „bei / mit sich" und **a sē** mit „von sich" übersetzt, wenn sie im gleichen Satzabschnitt wie das zu ihnen gehörige Subjekt erscheinen:
   Romulus **secum** cogitabat. – Romulus überlegte **bei sich**.
   Iuppiter **se** laudat. – Iuppiter lobt **sich**.

→ Das **nicht reflexive** Personalpronomen **is, ea, id** (er, sie, es) richtet sich nach der Pronominaldeklination; es hat folglich im Genitiv Singular für alle drei Genera die Endung **-ius** und im Dativ Singular entsprechend **-i** *(vgl.* quis, quid: c**uius**, c**ui**). Die Formen:

SINGULAR			PLURAL		
masc.	fem.	neutr.	masc.	fem.	neutr.
is	ea	id	iī / eī	eae	ea
eius			eōrum	eārum	eōrum
ei			eīs / iīs		
eum	eam	id	eōs	eās	ea
eō	eā	eō	eīs / iīs		

3) Das Relativpronomen qui, quae, quod

Die Deklination des Relativpronomens, das Ihnen in dieser Lektion in einigen Formen begegnet, lautet vollständig:

Nom. Sg.	quī (der)	quae (die)	quod (das)	Nom. Pl.	quī	quae	quae (!)
Gen. Sg.	cuius			Gen. Pl.	quōrum	quārum	quōrum
Dat. Sg.	cui			Dat. Pl.	quibus		
Akk. Sg.	quem	quam	quod	Akk. Pl.	quōs	quās	quae (!)
Abl. Sg.	(a) quō	(a) quā	quō	Abl. Pl.	(a) quibus		

II SYNTAX

1) Verwendungsmöglichkeiten von is, ea, id

Dieses Pronomen hat **vier** Funktionen *(vgl. a. L. 9, S. 56)*; es kann erscheinen als:

a) **nicht reflexives Personalpronomen der dritten Person**, wenn es ohne Bezugswort, erscheint *(zu den Begriffen „reflexiv" und „nicht reflexiv" s. folgende Seite)*, z. B.:

   Iuppiter puellam pulchram amat; itaque **ei** appropinquat.
   Iuppiter liebt das schöne Mädchen; also nähert er sich **ihr**.

   Taurus maximus in litore stat; Europa **eum** conspicit.
   Ein äußerst gewaltiger Stier steht am Strand; Europa erblickt **ihn**.

   { Erscheint **is, ea, id** im Nominativ am Satzanfang, kann es auch als Demonstrativpronomen übersetzt werden. }

b) **Demonstrativpronomen** in der Funktion eines Attributs, das sich in KNG-Kongruenz nach seinem Bezugswort richtet, z. B.:

   is rex – **dieser** König   **ea** urbs – **diese** Stadt
   Iuppiter **eam** urbem servat.   Iuppiter schützt **diese** Stadt.
   Deus **ei** puellae appropinquat.   Der Gott nähert sich diesem Mädchen.

c) **nicht reflexives Possessivpronomen**, nur im Genitiv Singular und Plural:

   Iuppiter Europam conspicit et pulchritudine **eius** incenditur.
   Iuppiter erblickt Europa und wird von **deren / ihrer** Schönheit entflammt.

d) **auf einen Relativsatz vorausdeutendes Pronomen:**

Is deus, **qui** Europam rapuit, Iuppiter fuit.
Derjenige Gott, **der** Europa geraubt hat, ist Iuppiter gewesen.

➡ Häufige Verbindungen sind:
ii, qui ... die(jenigen), die ...
ea, quae ... *(neben fem. Sg. häufiger neutrum Pl.!)* das(jenige), was ...
   oder: die(jenigen) Dinge, die ...
omnia, quae – alles, was ...; **multa, quae** – vieles, was ...
z. B.: Multa, quae fecisti, non laudo. – Vieles, was du getan hast, lobe ich nicht.

2) Nichtreflexivität und Reflexivität bei Pronomina der dritten Person

→ Das **nicht reflexive** Personal- *bzw.* Possessivpronomen *(s. o. S. 50 f.)* weist **nicht** auf das Subjekt des gleichen Satzabschnitts zurück, ist mit diesem inhaltlich **nicht** identisch.

→ Das **reflexive** Personal- *bzw.* Possessivpronomen *(s. o. S. 50)* weist auf das Subjekt des gleichen Satzes *bzw.* Satzabschnitts zurück. Es wiederholt inhaltlich dieses Subjekt, ist mit diesem identisch, z. B.: Cicero **se** laudat. – Cicero lobt **sich**.

Beispiele für nicht reflexive und reflexive Possessivangaben:

nicht reflexiv, ohne Bezug zum Subjekt

↓   Subjekt

a) Iuppiter **Europam** conspicit; statim **deus** pulchritudine **eius** incenditur.
Iuppiter erblickt Europa; sofort wird der Gott von **ihrer** / **deren** Schönheit entflammt.

Eius weist nicht zurück auf das Subjekt des Satzes (deus), in dem es erscheint:
Mit **eius** ist nicht **deus** gemeint, sondern die zuvor genannte **Europa**.

Iuppiter multas **puellas** amavit, quod pulchritudine **earum** incendebatur.
Iuppiter liebte viele **Mädchen**, weil er *(immer wieder)* von **deren** / **ihrer** Schönheit entflammt wurde.

b) Sollte Iuppiter von seiner eigenen Schönheit begeistert gewesen sein, was trotz seiner Eitelkeit hier nicht zutrifft, müsste das **reflexive** Possessivpronomen **suus, -a, -um** verwendet werden:

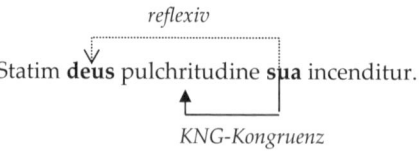

reflexiv
↓
Statim **deus** pulchritudine **sua** incenditur.
KNG-Kongruenz
Der Gott wird sofort von **seiner** *(eigenen)* Schönheit entflammt.

3) Reflexivität im AcI („AcI-Reflexivität")

Im **AcI** erscheint das Reflexivpronomen (Possessiv- und Personalpronomen) mit inhaltlichem Bezug zum Subjekt des gesamten Satzes, in den der AcI eingebettet ist („AcI-Reflexivität"). In diesem Fall wird das reflexive Personalpronomen, unter Berücksichtigung des Subjekts des Verbs, das den AcI regiert, mit „**er, sie, es**" usw. übersetzt.
(Besonderheiten s. aber L. 16, S. 110)

 Im AcI kann **se** sowohl Subjekts- als auch Objektsakkusativ sein.

Iuppiter non ignoravit **se** formam suam mutare debere. *(Subjektsakk.)*
Iuppiter wusste genau, dass **er** seine Gestalt ändern musste.

Iuppiter se ab Europa puella amari putavit. *(Subjektsakk.)*
Iuppiter glaubte, dass **er** von dem Mädchen Europa geliebt wurde (werde).

Europa amicas **se** reliquisse vidit. *(Objektsakk.)*
Europa sah, dass die Freundinnen **sie** verlassen hatten.

Europa se ab amicis relictam esse vidit. *(Subjektsakk.)*
Europa sah, dass **sie** von den Freundinnen verlassen worden war.

Nunc **virgo** taurum **sibi** appropinquare vidit. *(Dativobjekt)*
Nun sah die **Jungfrau**, dass der Stier sich **ihr** näherte.

Romani sciebant **se** scelus commisisse. *(Subjektsakk.)*
Die **Römer** wussten, dass **sie** ein Verbrechen begangen hatten.

Romani Sabinos contra **se** bellum parare audiverunt. *(Präpos.-Obj.)*
Die **Römer** hörten, dass die Sabiner den Krieg gegen **sie** vorbereiteten.

Romulus valde doluerat et **sibi** et amicis **suis** feminas deesse.
Romulus hatte sehr bedauert, dass (damals) sowohl **ihm** als auch **seinen** Freunden Frauen fehlten. *(Um die Gleichzeitigkeit zum Plusquamperfekt* doluerat *zum Ausdruck zu bringen, genügt im Deutschen die Übersetzung des Infinitivs* deesse *mit Präteritum.)*

Abschließende Übersicht

Personalpronomen der 3. Person		Possessivpronomen der 3. Person	
reflexiv	nicht reflexiv	reflexiv	nicht reflexiv
sui, sibi, sē, a sē, sēcum, sē	Formen von is, ea, id	Formen von suus, -a, -um	Genitive von is, ea, id: eius, eōrum, eārum

Lektion 8

4) Der Relativsatz

Das einen Relativsatz einleitende Relativpronomen richtet sich mindestens in Numerus und Genus nach seinem im übergeordneten Satz stehenden Bezugswort; sein **Kasus** ist von seiner syntaktischen Funktion im Relativsatz abhängig:

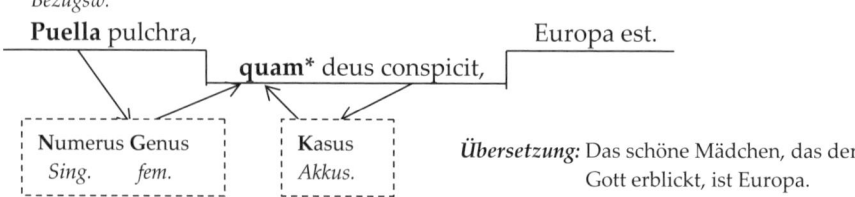

* quam ist hier Objekt des Relativsatzes *(zu* conspicit; *vgl. auch Syntaxteil zu Lektion 9, S. 60).*

5) Der Genitiv – einige syntaktische und semantische Funktionen

Der Genitiv besitzt in den meisten Fällen die syntaktische Funktion eines Attributs. Wichtiger für die Übersetzung ins Deutsche ist die Frage nach der **semantischen**, also der inhaltlichen Funktion *(zu den Genitiven s. a. Überblick im Anhang, S. 238 f.).*

→ Neben der semantischen Funktion als genitivus possessivus *(Anzeige des Besitzers, der Zugehörigkeit)* stellt der Genitiv auch die Funktionen des **genitivus subiectivus** und **genitivus obiectivus** nach Substantiven, einigen Adjektiven und Partizipien, die im weiteren Sinne eine Gemütsbewegung ausdrücken, z. B.:
cupidus **gloriae** – gierig **nach** Ruhm; spes **salutis** – Hoffnung **auf** Rettung.

→ Besonders bei Substantiven der Gemütsbewegung können doppeldeutige Verbindungen entstehen, über deren Übersetzung der Kontext entscheidet. So kann z. B. amor **puellae** „die Liebe des Mädchens" (= *gen. subiectivus*) oder „die Liebe **zum** Mädchen" (= *gen. obiectivus*) bedeuten, ebenso timor **Romanorum** „die Furcht der Römer" oder „die Furcht **vor** den Römern", *auch*: victoria **Caesaris**: „Caesars Sieg" / „der Sieg **über** Caesar".

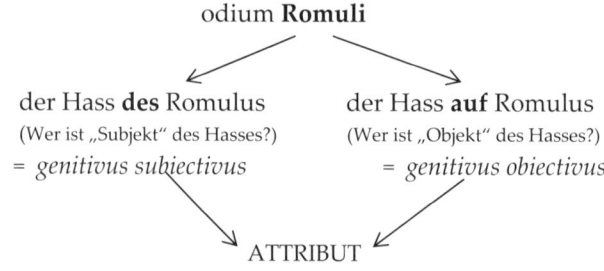

Der genitivus obiectivus wird häufig mit Präpositionen (auf, an, gegen, über, zu, nach) zum Ausdruck gebracht, z. B.: spes **auxilii** – die Hoffnung **auf** Hilfe; iniuria **amici** – das Unrecht **am** Freund; hominum spes **pacis** – die Hoffnung der Menschen *(gen. sub.)* **auf** Frieden *(gen. obiectivus).*

→ Hier nun etwas genauer zum **genitivus partitivus** („Teilungsgenitiv"):
Dieser *(vgl. Lektion 4, S. 30)* erscheint nach Mengenangaben (z. B.: parum – zu wenig, paulum – ein wenig, satis – genug), nach Superlativen *(s. Lektion 9 A, Z. 9 f.)*, aber auch nach Pronomina, um das **Ganze** zu bezeichnen, aus dem ein Teil (in irgendeinem Kasus) hervorgehoben wird *(s. dazu vollständig Rubenbauer / Hofmann § 130)*:

Multum **vini**	Viel Wein
Quis **Romanorum**?	Wer von den Römern?
Nemo **hostium**	Niemand von den Feinden
Parum / satis **cibi**	Zu wenig / genug (an) Nahrung
Magna copia **frumenti**	Eine große Menge (an) Getreide
Prudentes hominum	Die Klugen unter den Menschen
Quid consilii cepistis?	Welchen Entschluss habt ihr gefasst?
	(wörtl.: Was an Entschluss*)*
Quid **novi** (est)?	Was gibt es Neues? *(wörtl.:* Was an Neuem*)*

→ Der genitivus partitivus erscheint, wie gesagt, auch nach Superlativen:
atrocissimum **omnium animalium** – das grausamste **aller Lebewesen**
optimus **Romanorum** orator – der beste Redner der Römer

Sonderformen der Personalpronomina der 1. u. 2. Pers. Plural als genitivus partitivus:

quis **nostrum**?   wer von uns?
quis **vestrum**?   wer von euch?
nemo **nostrum**   niemand von uns

III   ÜBUNGEN

Verwandeln Sie folgende Formen in das Futur I:

PRÄSENS	FUTUR I	PRÄSENS	FUTUR I
delectatur		delectat	
rideris		rides	
reprehenduntur		reprehendunt	
monemini		monetis	
conspiceris		conspicis	
audior		audio	
audimur		audimus	
diceris		dicis	
reprehendor		reprehendo	

Lektion 8

Lectio nona
Diskussionen und alte Geschichten

A   Tum Lucius, qui Polydori servi narratione gaudio magno impletus est, clamat: „Itaque Europa terra ab ea puella in Cretam abducta nomen suum traxit. Nunc intellego id verbum: »Exitus acta probat[1]«. Etiam e rebus neque bene neque iuste factis bona prospera-
5 que evenire possunt."
   „Recte id dixisti, mi Luci, nam Europa mater magnorum regum fuit; filio eius, Minoi regi, multae nationes subactae, inter quas Athenienses, vectigalia tribuere debebant."
   Lucius autem rogat: „Minotaurus quidem mihi notus est, illud[2]
10 monstrum ex animali homineque compositum. Omnium animalium, de quibus audivi, ille[2] Minotaurus atrocissimus[3] ac crudelissimus[3] fuit. Sed quis erat Minos? Num pater eius?"

1)	exitus ācta probat	*frei*: der Zweck heiligt die Mittel.
2)	illud; ille	jenes; jener
3)	Formen auf -issimus, -a, -um	*Superlativ*: der grässlichste *und* der grausamste; *hier als neutrum zu übersetzen.*

Zur Wiederholung: is, ea, id im Überblick

Personalpronomen (ohne Bezugswort): er, sie, es	Demonstrativpronomen (mit Bezugswort in KNG-Kongruenz): dieser, diese, dieses	Nicht reflexives Possessivpronomen (immer im Genitiv): dessen, deren, deren *(sein, ihr)*	Auf einen Relativsatz vorausdeutend: der-, die-, dasjenige, der, die, das
Lucius amicos exspectat. Subito **eos** conspicit.	Lucius **eos** amicos diligit.	Pueri servum diligunt; nam narrationibus **eius** semper delectantur.	**Is** servus, qui pueros narratione delectat, Polydorus vocatur.
Lucius wartet auf seine Freunde. Plötzlich erblickt er **sie**.	Lucius liebt **diese** Freunde.	Die Jungen schätzen den Sklaven; denn sie werden durch **dessen** *(seine)* Geschichten erfreut.	**Der(jenige)** Sklave, der die Jungen mit einer Erzählung erfreut, heißt Polydorus.

Wer war Minotaurus?

9 B Polydorus ridens haec obscura verba dicit: „Non ita est, mi Luci; fortasse Minotaurus Minois uxorem matrem suam esse poterat negare, sed taurum ab ea amatum patrem esse nimis apparuit."
„Non intellego. Quo modo id factum esse potuit?", Lucius rogat.
5 Tum Marcus ridens: „Nonnulla sunt, quae audire tibi non licet. Veniamus[1] tandem ad Minotaurum! Scio ego illud[2] animal in turri magna captum esse. Minos rex illam[3] turrim construi iussit."
Polydorus autem: „Quamquam saepe prudens eras, nunc erras: Non turris, sed ingens aedificium, nomine labyrinthus, a Daedalo
10 constructum est. Nunc autem me omnia ordine narrare oportet."

1)	veniāmus	lasst uns kommen zu ...
2)	illud	jenes
3)	illam	*Akk. Sg. fem.; wegen des Bezugs zu turrim:* jenen (!)

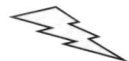 Als Übersetzungshilfe eine Strukturskizze zu Z. 2–3:

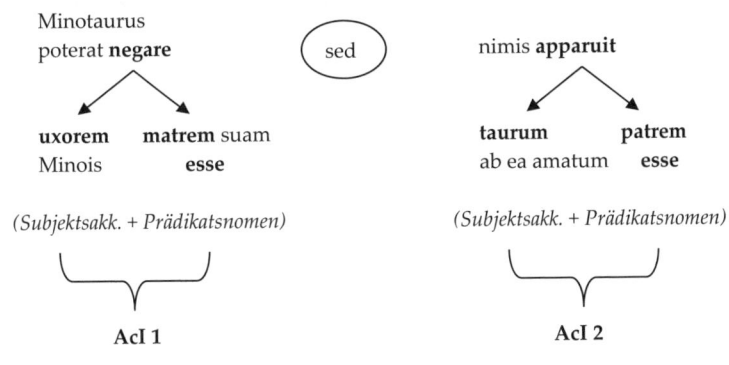

GRAMMATIK

I FORMENLEHRE

1) Deklinationen – die i-Deklination

In Lektion 6 hatten Sie die Mischdeklination, d. h. die zweite Gruppe der dritten Deklination, kennengelernt; nun finden sich einige Wörter der **i-Deklination**; doch zunächst folgt ein Überblick mit den Unterschieden innerhalb der dritten Deklination *(s. a. Anhang, S. 228)*:

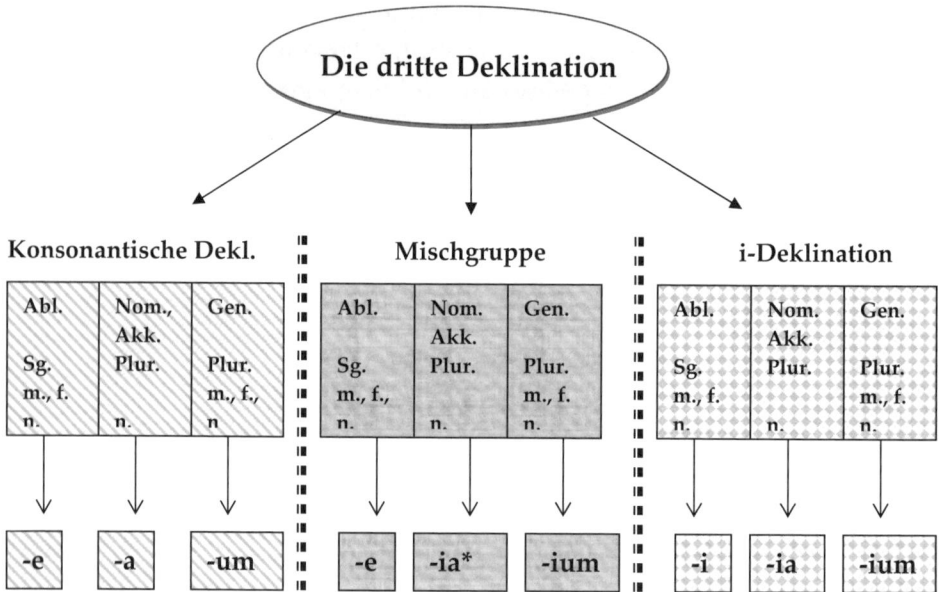

* Die wenigen Neutra der Mischgruppe, die in diesem Buch nicht berücksichtigt werden, enden im Nominativ und Akkusativ Plural auf **-a**; das Partizip Präsens Aktiv *(s. u. Lektion 11)* endet auf **-ia**.

Bemerkungen zur i-Deklination:

→ Die **i**-Deklination besteht aus wenigen Substantiven, die zumeist femininum (seltener masculinum) oder neutrum sind, und zahlreichen Adjektiven.

→ Eine weitere, oben nicht genannte Besonderheit der **i**-Deklination ist der **Akkusativ Singular** bei Substantiven, deren grammatisches Geschlecht masculinum oder femininum ist: Dieser endet auf **-im;** aber die Adjektive (masc. u. fem.) enden auf **-em**, z. B.: Video turr**im** ingent**em**. – Ich sehe einen großen Turm.

(Vollständige Deklination der Adjektive: s. Vokabelteil zu L. 9, S. 160)

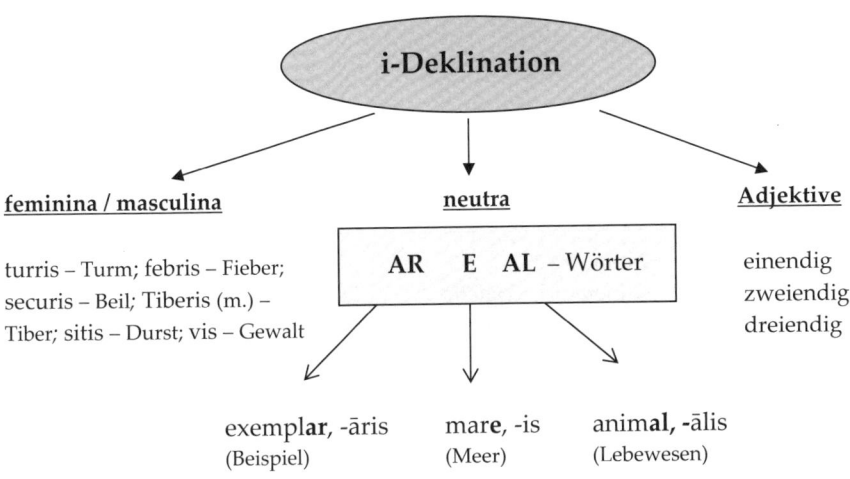

→ **vīs** (Kraft, Gewalt) besitzt im Singular nur den Akkusativ **vim** und den Ablativ **vī**. Oft hat **vīs** negative Bedeutung: „unrechtmäßige Gewalt" oder „Gewalttat".
Im Plural (**vīrēs**) wird es vollständig dekliniert und besitzt eher eine neutrale oder positive Bedeutung: vires – die Kräfte.

Füllen Sie diese Tabelle zur i-Deklination aus:

Nom. Sg.	animal	ingens	Nom. Sg.	turris	magna
Gen. Sg.	animal	ingent	Gen. Sg.	turr	magn
Dat. Sg.	animal	ingent	Dat. Sg.	turr	magn
Akk. Sg.	animal	ingens	Akk. Sg.	turr	magn
Abl. Sg.	animal	ingent	Abl. Sg.	turr	magn
Nom. Pl.	animal	ingent	Nom. Pl.	turrēs	magn
Gen. Pl.	animal	ingent	Gen. Pl.	turr	magn
Dat. Pl.	animal	ingent	Dat. Pl.	turr	magn
Akk. Pl.	animal	ingen	Akk. Pl.	turrēs / īs	magn
Abl. Pl.	animal	ingent	Abl. Pl.	turr	magn

(*Zur Deklination der Adjektive der i-Deklination s. Vokabelteil, S. 160; zur dritten Deklination insgesamt vgl. a. die Übersicht im Anhang, S. 228*)

II SYNTAX

1) Die Attribute – Überblick

Das Attribut ist nur Teil eines Satzglieds; es kann sich an alle Satzglieder außer an das Prädikat anschließen und diese beschreiben. Attribute können gestellt werden durch:

➢ ein Substantiv[1]	Minos *rex*	*der König* Minos
➢ ein Adjektiv	Minotaurus *crudelis*	*der grausame* Minotaurus
➢ ein Partizip[2]	Minotaurus *necatus*	*der getötete* Minotaurus
➢ ein Pronomen	*id* monstrum	*dieses* Ungeheuer
➢ einen Genitiv	uxor *regis*	die Frau *des Königs*
➢ einen Relativsatz	femina, *quae mater Minotauri fuit*, …	die Frau, *die die Mutter des Minotaurus war*, …

(Zum Gerundivum als Attribut s. Lektion 19, S. 127 f., u. Anhang, S. 251)

zu 1) Mit dem substantivischen Attribut kann zudem eine **Apposition** gebildet werden, wenn weitere Wörter hinzutreten, z. B.: Minos, *rex Cretae*, … oder: Minotaurus, *bestia crudelis*, … . Eine **Apposition** ist eine in Kommata gesetzte Beifügung, die ihr Bezugwort im gleichen Kasus beschreibt. Auch sie gehört zu den Attributen.

zu 2) Ein **Partizip** als Attribut lässt sich auch durch einen Relativsatz wiedergeben *(vgl. u. S. 61)*.

(Über die Attribute vgl. Überblick im Anhang, S. 233)

→ Die Attribute, die durch Adjektiv, Partizip oder Pronomen gestellt werden, richten sich in **K**asus, **N**umerus und **G**enus nach ihrem Bezugswort (KNG-Kongruenz).
(Dazu kommen noch die hier nicht erwähnten Attribute ohne KNG-Kongruenz im Genitiv und Ablativ; hierzu s. die Übersicht zu Genitiv und Ablativ, Anhang, S. 238 f. u. 242 f.).

→ Bei einem Relativsatz richtet sich das Relativpronomen immer in **N**umerus und **G**enus (NG-Kongruenz) nach seinem Bezugswort im übergeordneten Satz; der **K**asus ist davon abhängig, welche syntaktische Funktion das Relativpronomen im Relativsatz einnimmt *(vgl. a. o. zu L. 8, S. 54)*:

Die Frau des Minos, **die** die Mutter des Minotaurus gewesen ist, hatte die Götter missachtet.

{ Die KNG-Kongruenz liegt hier vor, weil **quae** im Relativsatz Subjekt ist. }

Aber: **Rex, quem** Athenienses timebant, Minos vocabatur.
   Der König, den die Athener fürchteten, wurde Minos genannt *(a.: hieß, s. u. S. 61)*.

{ **quem** ist Akkusativobjekt zum Prädikat des Relativsatzes **timebant**. }

2) Das Partizip Perfekt Passiv als Attribut

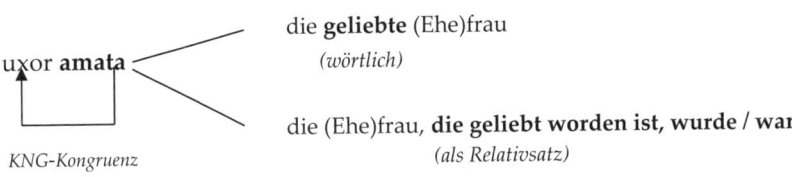

die **geliebte** (Ehe)frau
(wörtlich)

die (Ehe)frau, **die geliebt worden ist, wurde / war**
(als Relativsatz)

KNG-Kongruenz

→ Die Übersetzung mit einem Relativsatz empfiehlt sich aus stilistischen Gründen dann, wenn das Partizip mehrere Erläuterungen besitzt, also **statt**: „Das von Daedalus mit großer Kunstfertigkeit in Kreta erbaute Labyrinth" **besser**: „Das Labyrinth, das von Daedalus mit großer Kunstfertigkeit in Kreta erbaut worden ist, / wurde / war".

→ Wie der Infinitiv besitzt auch das Partizip keine absolute **Zeitstufe**, sondern gibt das **Zeitverhältnis** zum Prädikat desselben Satzabschnittes an. Das P.P.P. ist das Partizip der Vorzeitigkeit. Dies muss bei der Übersetzung mit Relativsatz berücksichtigt werden:

1) Uxor a rege **amata** Pasiphaë <u>vocatur</u>.   → *Prädikat im Präsens*

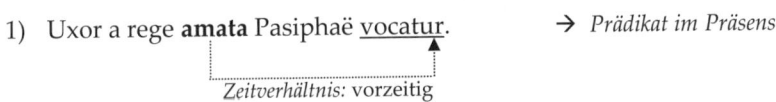

Zeitverhältnis: vorzeitig

Die Frau, die vom König geliebt worden ist / wurde, wird Pasiphaë genannt / heißt Pasiphaë.

2) Uxor a rege **amata** Pasiphaë <u>vocata est</u>.   → *Prädikat im Perfekt*

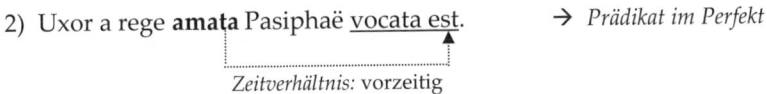

Zeitverhältnis: vorzeitig

Die Frau, die vom König geliebt worden war, wurde Pasiphaë genannt / hieß Pasiphaë.

3) Übersetzungsmöglichkeiten des Passivs

Neben der üblichen wörtlichen Übersetzung sind, je nach Kontext, auch andere möglich:

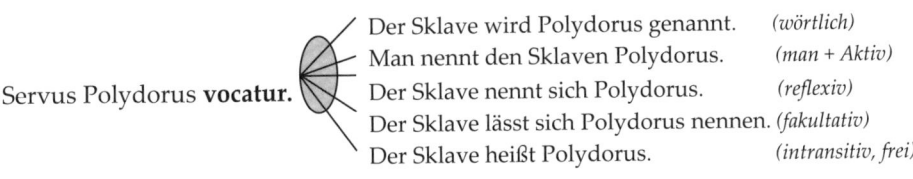

Servus Polydorus **vocatur**.
- Der Sklave wird Polydorus genannt. *(wörtlich)*
- Man nennt den Sklaven Polydorus. *(man + Aktiv)*
- Der Sklave nennt sich Polydorus. *(reflexiv)*
- Der Sklave lässt sich Polydorus nennen. *(fakultativ)*
- Der Sklave heißt Polydorus. *(intransitiv, frei)*

Aufgabe: Untersuchen Sie einige Passivformen, die seit Lektion 8 vorkommen, auf ihre verschiedenen Übersetzungsmöglichkeiten.

Lectio decima — Grässliches allzu Grässliches

A „Nunc audite fabulam multa saecula ab hominibus iterum atque iterum narratam! Postquam Minos regnum Cretae occupavit, uxor eius fatali amore tauri capta Daedalum artificem adiit his verbis: »Te me adiuvare volo[1]. Regina felix, sed femina infelix sum. Nam
5 dei a nobis neglecti me hac poena puniverunt: Amore tauri nefario uror, sed hic ignis nullo modo exstingui potest. Si hunc taurum amare non possum, actum est de me[2]. Te amicum, te artificem oro, a te auxilium peto! Tu solus arte tua me servare, tu solus morbum furoremque sanare poteris.«
10 Daedalus his feminae infelicis verbis permotus eam adiuvare constituit.
Ita Daedali arte ambo[3] corporibus iungi potuerunt, et fructus[4] huius amoris ille Minotaurus natus erat[5], quem supra memoravimus. Sed Minos rex conspectu[6] Minotauri territus Daedalum
15 labyrinthum aedificare et bestiam hoc aedificio occultare iussit. Ibi vitam agere coacta fame carnis et sanguinis siti vexabatur. Huic monstro Athenienses septem pueros puellasque quotannis tradere debebant."
„Haec, quae modo audivimus, nimis atrocia et incredibilia sunt!",
20 pueri territi exclamant.

1)	võlō (m. AcI)	ich will, möchte
2)	āctum est dē mē	es ist um mich geschehen
3)	ambō	beide
4)	frūctus (u-Deklination, s. L. 16)	Frucht, Ergebnis
5)	nātus, -a, -um eram	ich war geboren (worden)
6)	cōnspectus (u-Deklination, s. L. 16)	Anblick (cōnspectu *ist Ablativ.*)

Der Retter in der Not

10 B Sed Polydorus ridet: „Haec fabula nondum finita est. Athenienses enim lege a Minoe imposita valde dolebant. Nam illi monstro liberos suos immolare debebant, si pacem cum rege Cretae factam servari volebant[1].
5 Cives omni salutis spe deiecti totam urbem lacrimis querellisque complebant, cum Theseus, filius Aegei, qui rex Athenarum erat, eis haec fere dixit: »O cives, quot dolores tolerare, quot lacrimas fundere debuistis! At nunc tamen nolite desperare, cives! Celeriter vos agere oportet; sinite me navigare in Cretam et illud monstrum
10 necare! Illo atroci fatalique monstro liberati tandem beati et timore liberi erimus.«
Omnes hanc orationem laeti acceperunt et hunc iuvenem laudaverunt. Theseus autem navem celeriter cum iuvenibus delectis ascendit et per maria in Cretam navigavit. Ibi Ariadne[2], Minois
15 filia, amore iuvenis capta ei filum[3] dedit.
Hoc enim filo[3] Theseus, postquam labyrinthum intravit et Minotaurum occidit, exitum[4] huius aedificii invenire potuit. Tum incolumis Cretam reliquit et in patriam rediit."

1) volēbant (*mit AcI*)   sie wollten
2) Ariadne / -a, -ae f.   Ariadne (*Tochter des Minos, s. Anhang, S. 285 u. 289*)
3) filum, -ī n.   Faden
4) exitus (*u-Deklination, s. L. 16*)   Ausgang

Übersetzungsmethode bei Sätzen mit participium coniunctum (*vgl. u. S. 67 f.*):

1) PRÄDIKAT finden und markieren – Subjekt finden und markieren.
2) PARTIZIP finden und markieren.
3) PARTIZIP in Kasus, Numerus und Genus bestimmen.
4) BEZUGSWORT des PARTIZIPS finden (KNG-Kongruenz!). – Das Bezugswort ist das BINDEWORT und wird zwei Mal übersetzt, im deutschen Nebensatz immer als Subjekt.
5) PARTIZIPBEZIRK und PRÄDIKATSBEZIRK trennen. PRÄDIKATSBEZIRK übersetzen.
6) PARTIZIPBEZIRK übersetzen; Ausgangspunkt: Relativsatz. Dann den passenden adverbialen Nebensatz suchen, beginnend mit einem Temporalsatz (*zu allen Möglichkeiten s. u. S. 68*).

GRAMMATIK

I FORMENLEHRE

1) Die Demonstrativpronomina hic und ille

In diesem Text finden sich die beiden Demonstrativpronomina **hīc, haec, hoc** (dieser, diese, dieses) und **ille, illa, illud** (jener, jene, jenes).
Beide gehören, wie *is, ea, id*, der Pronominaldeklination an, *d. h.* der Genitiv endet auf **-ius** und der Dativ auf **-i**. Die Formen lauten:

Nom. Sg.	hīc	haec	hoc	Nom. Pl.	hī	hae	**haec**
Gen. Sg.	huius			Gen. Pl.	hōrum	hārum	hōrum
Dat. Sg.	huic			Dat. Pl.	hīs		
Akk. Sg.	hunc	hanc	hoc	Akk. Pl.	hōs	hās	**haec**
Abl. Sg.	hōc	hāc	hōc	Abl. Pl.	hīs		
Nom. Sg.	ille	illa	illud	Nom. Pl.	illī	illae	illa
Gen. Sg.	illīus			Gen. Pl.	illōrum	illārum	illōrum
Dat. Sg.	illī			Dat. Pl.	illīs		
Akk. Sg.	illum	illam	illud	Akk. Pl.	illōs	illās	illa
Abl. Sg.	illō	illā	illō	Abl. Pl.	illīs		

 Diese Demonstrativpronomina können ohne Bezugswort (= **substantivisch**) und mit Bezugswort (= **adjektivisch**) erscheinen, also: ille vir – jener Mann; ille – jener. *(Zur Verwendung der beiden Pronomina s. Syntaxteil zu dieser Lektion)*

2) Die Adjektive der i-Deklination

→ Ihre Formen entsprechen denen der **i**-Deklination mit Ausnahme des Akkusativs im Singular masculinum und femininum; dieser endet, wie bei der konsonantischen Deklination, auf **-em** *(s. o. Lektion 9, S. 58; Deklination der Adjektive am Beispiel von celer s. S. 160).*

→ Es gibt drei-, zwei- und einendige Adjektive. Diese Differenzierung bezieht sich auf den Nominativ Singular.

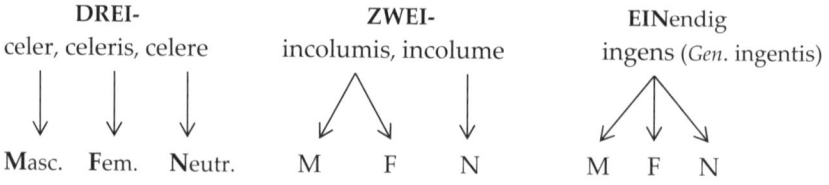

II SYNTAX

1) Verwendung von hic und ille

→ **Hic, haec, hoc** bezeichnet etwas, das im örtlichen und zeitlichen Sinn in unmittelbarer Beziehung zum Sprecher steht:

hic vir	dieser Mann *(hier)*
haec uxor	diese *(meine)* Frau *(hier)*
haec	diese Dinge *(hier bei mir)*
haec tempora	diese *(meine, unsere, jetzigen)* Zeiten

→ **Ille, illa, illud** bezieht sich sowohl örtlich als auch zeitlich auf etwas weit Entferntes, nicht Anwesendes:

ille vir	jener *(jetzt und hier nicht anwesende)* Mann
illa tempora	jene *(vergangenen)* Zeiten

➢ ille, illa, illud kann auch eine positive Bedeutung annehmen:
ille Homerus – jener *(berühmte)* Homer

→ In einem fortlaufenden Text kann **hic, haec, hoc** sowohl vorausdeutende als auch zurückweisende Funktion haben.

a) Zur Einleitung direkter und indirekter Reden:
Hoc / haec dixit: ... – Er sagte **Folgendes**: ...

b) Auf etwas kurz zuvor Genanntes zurückweisend:
Roma a **Romulo** condita est. **Hic** primus rex Romanorum fuit.
Rom wurde **von Romulus** gegründet. **Dieser** war der erste König der Römer.
Hoc mihi placet. – Das *(was du gerade vorgeschlagen hast)* gefällt mir.

→ Erscheinen Formen von **hic** und **ille** zusammen in einem Satz, so bezieht sich **hic** auf das zuletzt Genannte, während **ille**, seiner oben skizzierten Eigenart gemäß, weiter zurückgreift, *also*:

Romulus et **Remus** fratres erant; **hic** ab **illo** necatus est.

Romulus und Remus waren Brüder; **dieser** *(Remus)* wurde von **jenem** *(Romulus)* getötet.

2) Das Satzglied praedicativum *(s. a. Anhang, S. 230; 234)*

→ Das Satzglied **praedicativum** wird gestellt von Adjektiven, Substantiven, Partizipien. Im Gegensatz zum Prädikatsnomen ist es eine nicht notwendige, also eine weglassbare Ergänzung: Der Satz bleibt ohne praedicativum als syntaktische Einheit bestehen.

→ Das praedicativum vereinigt in sich die Eigenschaften von Attribut und Adverbiale: In **formaler** Hinsicht verhält es sich wie ein Adjektivattribut (bezüglich der KNG-Kongruenz), **inhaltlich** hat es die gleiche Funktion wie das Adverbiale, nämlich die Erläuterung der durch eine Verbform ausgedrückten Handlung:

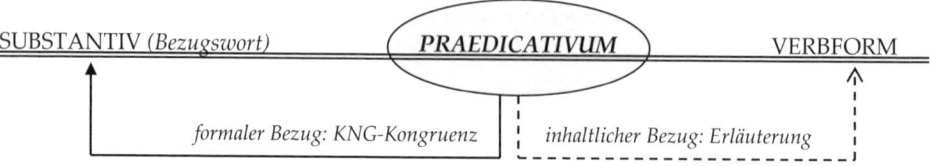

Kommen wir nun zu den Füllungsarten des Satzglieds **praedicativum**:

A) Das Adjektiv als praedicativum

Beispiel: Cives **laeti** verba Thesei audiverunt.

In diesem Beispiel ist **laeti**, unter syntaktischem Aspekt, doppeldeutig. Es könnte sowohl Attribut als auch praedicativum sein. Diese Doppeldeutigkeit trifft auf alle praedicativa zu. Es entscheidet der inhaltliche Zusammenhang.

Übersetzung als Attribut: Die frohen Bürger hörten die Worte des Theseus.

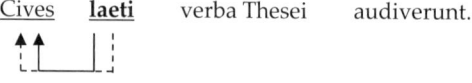

(Es besteht **kein** inhaltlicher Zusammenhang zwischen der Stimmung der Bürger und ihrer Tätigkeit des Zuhörens; sie sind als Frohnaturen immer in guter Stimmung.)

Übersetzung als praedicativum: Die Bürger hörten *(als frohe)* froh die Worte des Theseus.

(Es besteht sehr wohl ein inhaltlicher Zusammenhang zwischen der Stimmung der Bürger und ihrem Zuhören: Im Augenblick des Zuhörens sind sie froh.)

→ Prädikativ gebraucht werden häufig Adjektive, die eine Gemütsbewegung ausdrücken, Ordinalzahlen (primus, secundus *etc.*), einige Pronomina und Pronominaladjektive (z. B.: ipse, *s. L. 20*; solus, totus, unus). Übersetzung mit „als" + X oder mit einem Adverb, *also:* primus – **als Erster** *oder* **zuerst**; unus / solus – **als Einziger** *oder* **allein**.

> Remus aves **primus** conspexit.   Remus erblickte **als Erster** (zuerst) die Vögel.
> (*Nicht:* Der erste Remus erblickte die Vögel.)

→ Ein adjektivisches praedicativum steht – das als Indiz – häufig näher an der Verbform, *also*: Cives Thesei verba **laeti** audiverunt. – Die Bürger hörten Theseus' Worte froh.

B) Das Substantiv als praedicativum

Hier Beispiele für das Substantiv als praedicativum, das häufig eine Stellung, Eigenschaft oder Altersangabe enthält:

> Romulum **regem** laudamus, sed **fratrem**, quod Remum necavit, damnamus.
> Wir loben Romulus **als König**, aber **als Bruder** verurteilen wir ihn, weil er Remus umgebracht hat.
> Uxor: „**Artifex clarus** me adiuvare potes." – „Du kannst mir **als berühmter Künstler** helfen."
> Lydia iam **puella** serva erat. – Lydia war schon **als Mädchen** Sklavin.

C) Das Partizip (*hier:* Perf. Pass.) als praedicativum = participium coniunctum

→ Dies ist eine häufige Erscheinungsform des praedicativum. Auch hier ist der Kontext entscheidend, ob ein Partizip als Attribut oder als praedicativum anzusehen ist. Wird ein Partizip prädikativ gebraucht, nennt man diese Konstruktion **participium coniunctum**. Das participium coniunctum ist, wie der AcI, eine satzwertige Konstruktion.

→ Während das **attributive** Partizip mit einem Relativsatz (er ist ja ein Attribut) übersetzt werden kann (*s. o. L. 9, S. 61*), muss das **prädikative** Partizip seiner **inhaltlichen** Funktion als Adverbiale (*s. o. S. 66*) entsprechend mit einem adverbialen Nebensatz wiedergegeben werden (*s. u. S. 68; zu anderen Übersetzungsmöglichkeiten s. Anhang, S. 235*).

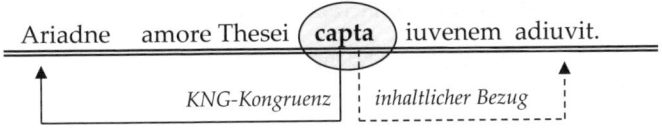

→ Hier könnte man **capta** ebenfalls zunächst attributiv auffassen und übersetzen: Die von Liebe zu Theseus ergriffene Ariadne *oder:* Ariadne, die von Liebe zu Theseus ergriffen worden war, half dem Jüngling.

→ Bei genauerem Hinsehen erweist sich der Abschnitt **amore capta** als der inhaltliche Hintergrund, vor dem die Hilfe der Ariadne geschieht: **capta** ist die Ursache für **adiuvit** oder das Motiv ihrer Hilfe, *also:*

Weil Ariadne von Liebe zu Theseus ergriffen worden war, half sie dem Jüngling.
oder:
Ariadne half, **weil** sie von Liebe zu Theseus ergriffen worden war, dem Jüngling.

→ **Allgemein formuliert:** Das participium coniunctum vertritt im Lateinischen einen adverbialen Nebensatz; es dient somit der Ersparnis und Prägnanz:

    Ariadne, quod amore capta erat, iuvenem adiuvit.
=   Ariadne   amore capta   iuvenem adiuvit.

→ Das Partizip Perfekt Passiv ist das Partizip der **Vorzeitigkeit**; das von ihm bezeichnete Ereignis geschieht **vor** der Handlung des Prädikats desselben Satzabschnitts.

Nun noch einen Schritt weiter: Wie festgestellt, haben wir es bei einem Satz, der ein participium coniunctum enthält, mit **zwei** Handlungen oder Ereignissen zu tun:
Das Prädikat liefert die Haupthandlung, während das Partizip die Nebenhandlung darstellt. Prädikat und Partizip sind gewissermaßen Pole, sie bilden Bezirke, denen die übrigen Ergänzungen zuzuordnen sind. So ist **amore** eine Erläuterung zu **capta**, nicht aber zu **adiuvit**, während **iuvenem** (Objekt zu **adiuvit**) syntaktisch und inhaltlich nichts mit **capta** zu tun hat.

Das Bezugswort des Partizips, in unserem Fall **Ariadne**, ist immer Teil **beider** Bezirke, und **verbindet** auf diese Weise beide Bezirke. → Bezugswort = Bindewort

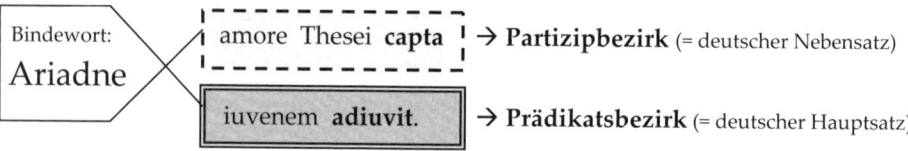

Das **Bindewort** wird, gleichgültig, in welchem Kasus es erscheint, immer als **Subjekt** des deutschen Nebensatzes übersetzt. Im deutschen Hauptsatz wird es seiner syntaktischen Funktion entsprechend wiedergegeben.

Die Sinnrichtungen des participium coniunctum entsprechen einem:	
➢ Temporalsatz	→ als, nachdem*
➢ Kausalsatz	→ weil, da
➢ Konzessivsatz	→ obwohl, obgleich
➢ Konditionalsatz	→ wenn, falls; immer wenn, sooft
➢ Modalsatz	→ dadurch dass, indem; wobei**

* Bei einem Partizip der Gleichzeitigkeit darf der Temporalsatz nicht mit „nachdem", sondern muss mit „während" oder „als", manchmal mit „immer wenn" übersetzt werden.
** Der Modalsatz passt als Übersetzungsmöglichkeit eher zum Partizip Präsens Aktiv (s. L. 11).

III   ÜBUNGEN

1)   Ergänzen Sie in den folgenden Sätzen das Relativpronomen:

1) Polydorus servus, _____ pueri semper delectantur, novam narrationem incipit.

2) Minos, _____ Minotaurus valde terruit, labyrinthum aedificari iussit.

3) Pasiphaë, _____ taurus placebat, a Daedalo auxilium petivit.

4) Athenienses, _____ liberi Minotauro immolari debebant, doloribus vexabantur.

5) Omnia, _____ Polydorus pueris de Creta narraverat, atrocia fuerunt.

2)   Ergänzen Sie die fehlenden Endungen:

1) illa animal__   2) ill_____ viri (2)   3) turrim ingent____
4) cum ill__ homin__ 5) nave celer____   6) cum host___ crudel___ (*Sing.*)
7) regum crudel____   8) virum crudel____   9) a viro crudel____

3)   Übersetzen Sie die Partizipbezirke mit adverbialen Nebensätzen:

1) Daedalus misericordia[1] permotus uxorem Minois adiuvit.

2) Daedalus misericordia[1] permotus uxorem Minois **non** adiuvit.

3) Minos Minotaurum a sua uxore natum in labyrinthum portari iussit.

4) Athenienses a Minotauro liberati vitam beatam agere poterunt / potuerunt.

5) Polydorus pueros narrationibus delectatos libenter in scholam ducit.

---

1) misericordia, -ae f. – Mitleid

(Weitere Übungssätze s. Anhang, S. 235)

Lectio undecima
Jetzt reicht es wirklich! 11

A Polydorus narrationem finivit. Statim pueri: „Nos libenter tibi aures praebuimus, sed nunc domum ire tempus est. Famem sitimque habemus. Praeterea mater nos iam diu exspectans curis certe vexatur." Itaque omnes celeriter domum contendunt.
5 Eos advenientes mater irata his verbis salutat: „Ubi fuistis? Te, Polydore, schola finita statim cum pueris domum redire iussi. At mea iussa non fecisti. Quid vos impedivit aut quid tam diu egistis schola iam sexta hora finita? – Ah! Nunc intellego: Tu illa antiqua de Graecis narrans pueros retinuisti et tempus perdidisti. Cur tam
10 saepe officia tua neglegis? Malum tibi dabo[1]!"
Dominae plura[2] addere verba paranti Polydorus explicare studet: „Hoc concedo unum: Officium meum neglexi; at fabulas non solum Graecas, sed etiam Romanas filiis tuis narravi. His exoptantibus per forum ambulavimus et nos per forum euntes multa
15 aedificia templaque conspeximus, de quibus pauca quidem[3] narrare cogebar. Tum ... "
Tum domina id non iam ferens[4] clamat: „Tace aliquando[5]; iterum iterumque te multa verba faciente et semper alias res excogitante ego quidem[3] non iam parata sum tolerare tuam audaciam."

1)	malum tibī dabō	ich werde dir Prügel geben, dich prügeln lassen
2)	plūra	*neutrum Plural:* mehrere ...
3)	quidem	*hier:* wenigstens
4)	ferēns, -entis	*Part. Präs. Akt. von* ferre – tragen, ertragen
5)	aliquando	*hier:* endlich

O Tempora, O Mores!

11 B Ita Polydorus servus numquam antea punitus virgis caeditur, sed poena non nimis severa est, quod Xenophanes, alius servus Graecus, eum leniter tantum[1] caedit. Hoc Polydorum caedente domina secum cogitat: „Quod servi saepe tam inviti pigrique sunt
5 et officia sua neglegunt, nobis molestiae parantur. Multi domini Romani magnis in difficultatibus erunt servis non laborantibus. Nihil procedet, nullus labor agetur. Quid porro facere poterimus servis imperiis dominorum non iam parentibus?
Ita res etiam in bello se habuit: Multis annis ante bello Mithrida-
10 tico[2] milites Lucullo[3] duce pugnare non iam parati erant, quod ille eos aliquantulum[4] severe duxerat. Itaque bellum duce invito intermissum est, sed tandem ei successit novus imperator Pompeius, ille nebulo[5]. O di immortales[6]!
Ubi est disciplina nostra, quae vivis maioribus nostris ab exteris
15 nationibus et laudabatur et timebatur? Quibus virtutibus populos orbis terrarum regemus?"
Talia Mucia secum cogitante Lydia serva apparet et clamat: „Domina, cena parata est, amici a te invitati iam diu te exspectant!"

1)	tantum *(nachgestellt)*	nur
2)	bellum Mithridāticum	der Krieg gegen Mithridates *(langjähriger Feind Roms)*
3)	Lucullus, -ī m.	Lucullus *(Politiker und Feldherr im 1. Jh. v. Chr., s. Anh. S. 289)*
4)	aliquantulum *(Adv.)*	ein klein wenig, etwas
5)	nebulō, -ōnis m.	Angeber, Windbeutel, Taugenichts
6)	ō dī immortālēs!	O ihr unsterblichen Götter!

Die Partizipialkonstruktionen können mit fünf adverbialen Nebensätzen übersetzt werden:

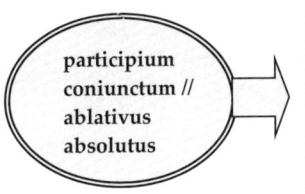

Temporalsatz (während; als, nachdem)
Kausalsatz (weil, da)
Konzessivsatz (obwohl)
Konditionalsatz (wenn, falls)
Modalsatz (dadurch dass; indem; wobei)

GRAMMATIK

I FORMENLEHRE

1) Das Partizip Präsens Aktiv

→ Das Partizip Präsens Aktiv gehört zur **Mischgruppe** der dritten Deklination also gilt: **-e -ia -ium** *(vgl. L. 9, S. 58)*.

→ Es ist **ein**endig *(aber:* Nominativ und Akkusativ Plural neutrum enden auf **-ia**).

→ Die Bildung erfolgt im Nominativ Singular durch Hinzufügen eines **-ns** an den Präsensstamm des Verbs (**-e-** ist Bindevokal bei der i-, der konsonantischen und kurzvokalischen i-Konjugation); der Stamm des Partizips endet auf **-nt**:

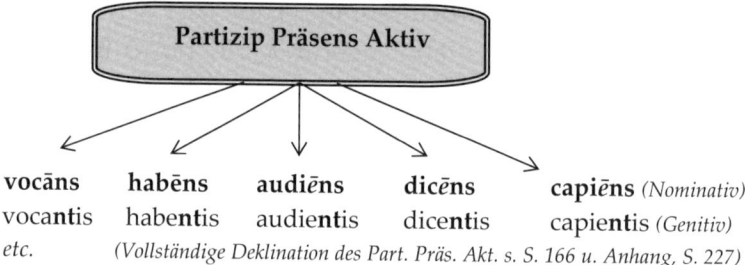

vocāns	**habēns**	**audiēns**	**dicēns**	**capiēns** *(Nominativ)*
voc**antis**	hab**entis**	audi**entis**	dic**entis**	capi**entis** *(Genitiv)*
etc.	*(Vollständige Deklination des Part. Präs. Akt. s. S. 166 u. Anhang, S. 227)*			

→ *wörtliche Übersetzung:* vocāns – rufend *oder:* einer *usw.*, der *usw.* ruft / rief = attributiv

→ **esse** hat im klassischen Latein kein Partizip Präsens.

→ **ire** bildet iēns, **euntis**; das **e-** bleibt in den restlichen Kasus erhalten.

II SYNTAX

1) Das Partizip Präsens Aktiv als participium coniunctum

→ Das Partizip Präsens Aktiv (P.P.A.) wird ebenfalls häufig für die Partizipialkonstruktion des participium coniunctum verwendet; es signalisiert dann nicht, wie das P.P.P., die Vorzeitigkeit, sondern die **Gleichzeitigkeit** zum Prädikat desselben Satzabschnitts (**P. P. A. = Partizip der Gleichzeitigkeit**).

→ Bei der Übersetzung des durch ein P.P.A. gebildeten Partizipbezirks kann man auf die gleichen Nebensatzarten wie beim P.P.P. zurückgreifen *(s. o. S. 68 u. 71)*. Temporalsätze werden allerdings dann nicht mit *nachdem*, sondern mit *als* oder *während* eingeleitet, z. B.:

Amici villam **intrantes** Muciam **salutant**.
Während die Freunde das Haus **betreten, begrüßen** sie Mucia.

→ Steht das Prädikat in einem Tempus der Vergangenheit, muss das Partizip mit Präteritum übersetzt werden, um die Gleichzeitigkeit zum Prädikat auszudrücken:

Amici villam **intrantes** Muciam **salutaverunt**.
Während / als die Freunde das Haus **betraten**, **begrüßten** sie Mucia.

Weitere Beispiele:

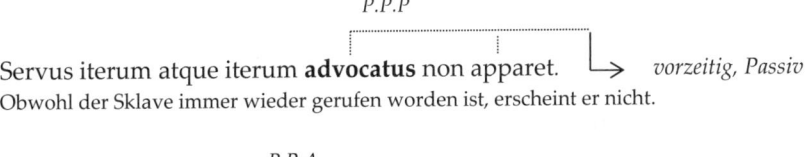

Servus iterum atque iterum **advocatus** non apparet.   ↳ *vorzeitig, Passiv*
Obwohl der Sklave immer wieder gerufen worden ist, erscheint er nicht.

Mucia servum frustra **advocans** ira incenditur.   ↳ *gleichzeitig, Aktiv*
Weil Mucia ihren Sklaven vergeblich herbeiruft, wird sie zornig.

2) Die zweite Partizipialkonstruktion – der ablativus absolutus

→ Wie das participium coniunctum bezeichnet auch der **ablativus absolutus** eine Nebenhandlung; deshalb kann man ihn mit den gleichen adverbialen Nebensätzen wie das participium coniunctum wiedergeben. Der ablativus absolutus ist ein Adverbiale: Er erläutert das Prädikat des Satzes, in den er eingebettet ist.
→ Der ablativus absolutus besteht aus mindestens zwei Bestandteilen:
a) einem Partizip im Ablativ,
b) einem Substantiv (oder Pronomen) im Ablativ, d. h. dem Bezugswort des Partizips.
Zudem kann er durch Ergänzungen erweitert werden *(s. u. Beispiele, S. 74)*.
→ Wie beim participium coniunctum bilden Bezugswort und Partizip den Partizipbezirk. Im Unterschied zum participium coniunctum ist beim ablativus absolutus das Bezugswort des Partizips **nicht** zugleich Bestandteil des Prädikatsbezirks, es ist von diesem Bezirk „losgelöst"; deshalb wird es nur **einmal** übersetzt und zwar als **Subjekt** des deutschen Nebensatzes, der dem lateinischen Partizipbezirk entspricht.

Beispiele:

1) participium coniunctum:

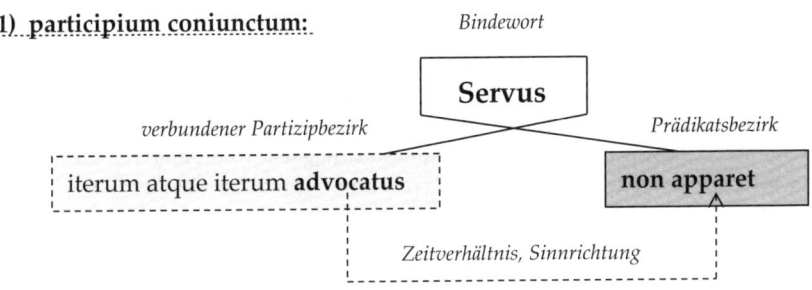

2) ablativus absolutus:

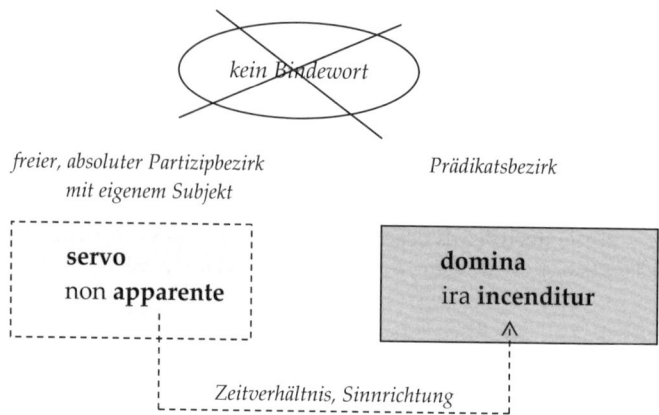

Übersetzung:
zu 1) Obwohl der Sklave immer wieder gerufen worden ist / wurde, erscheint er nicht.
zu 2) Da der Sklave nicht erscheint, wird die Herrin zornig (*wörtl.:* wird sie von Zorn entflammt).

Weitere Beispiele:

1) **Gallia subacta** Caesar iterum consul creari* voluit. (*creare - *jmd. zu etw.* wählen)
   Nachdem Gallien unterworfen worden war, wollte Caesar wiederum zum Konsul gewählt werden (*oder:* Nach der Unterwerfung Galliens ...).
2) **Hannibale** apud Zamam **devicto** Romani Carthaginienses timebant.
   Obwohl Hannibal bei Zama völlig besiegt worden war, fürchteten die Römer die Karthager.
3) **Servis** officia **neglegentibus** Mucia ira incenditur.
   Weil / wenn die Sklaven ihre Pflichten nicht erfüllen, wird Mucia von Zorn entflammt.
4) **Servis** officia **neglegentibus** labores non aguntur.
   Wenn / weil die Sklaven ihre Pflichten vernachlässigen, werden die Arbeiten nicht erledigt.
5) **Servis** cibos **apportantibus** convivae vinum bibunt.
   Während die Sklaven Speisen herbeibringen, trinken die Gäste Wein.
6) Multis **fabulis auditis** pueri domum redeunt.
   Nachdem viele Fabeln gehört worden sind, kehren die Jungen nach Hause zurück.

> Wird der ablativus absolutus mit einem **Partizip Perfekt Passiv** gebildet, so liegt, wie man an den Beispielen 1) und 6) erkennen kann, auch eine Übersetzung im **Aktiv** nahe, bei der das Subjekt des Prädikatsbezirks als Subjekt des deutschen Nebensatzes wiedergegeben wird, *also:* „Nachdem Caesar Gallien unterworfen hatte, wollte er ..." und: „Nachdem die Jungen viele Fabeln gehört haben, kehren sie nach Hause zurück."
> Man sollte aber mit dieser Umwandlung ins Aktiv vorsichtig sein, da der Sinn verfälscht werden kann: Caesare necato populus in forum concurrit. – „Nachdem Caesar ermordet worden war, strömte das Volk auf dem Forum zusammen". Es war nicht das Volk, das Caesar ermordet hatte; deshalb passt nur die wörtliche Übersetzung oder auch eine präpositionale Wendung: „Nachdem Caesar ermordet worden war ..." / „Nach der Ermordung Caesars ..."

3) Der nominale ablativus absolutus

Der nominale ablativus absolutus ist eine Variante des ablativus absolutus:
An die Stelle des Partizips tritt ein Substantiv oder ein Adjektiv, das die Funktion eines Prädikatsnomens einnimmt. Es besteht immer **Gleichzeitigkeit** zum Prädikat desselben Satzabschnitts. Das Fehlen des Partizips erklärt sich damit, dass es im klassischen Latein kein Partizip von **esse** gibt. Dieses muss man *(s. u.)*, soll der nominale ablativus absolutus mit einem Nebensatz wiedergegeben werden, im Deutschen entsprechend ergänzen.

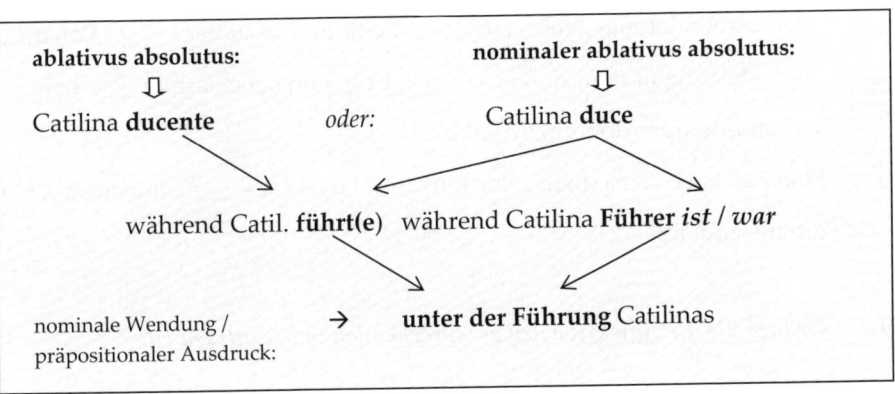

Die nominale Wendung bzw. der präpositionale Ausdruck ist als Übersetzung für den nominalen ablativus absolutus gut geeignet. Am besten lernt man diesen als feststehenden Ausdruck *(Beispiele s. u. Kästchen)*.
Auch als Übersetzung des „normalen" ablativus absolutus und des participium coniunctum ist eine nominale Wendung möglich *(s. o.)*. Zunächst sollte man an den Nebensätzen festhalten, solange man im Umgang mit den Partizipialkonstruktionen noch nicht sicher ist.
Ablativus absolutus und nominaler Ablativ sind als Satzglied ein Adverbiale.
(Übersicht über alle Adverbialia s. Anhang, S. 236)

Weitere Beispiele für den nominalen ablativus absolutus:

Cicerone consule	unter dem Konsulat Ciceros
Augusto imperatore	während der Herrschaft des Augustus
patre vivo	zu Vaters Lebzeiten
nobis invitis	gegen unseren Willen
te invito / invita	gegen deinen Willen
matre invita	gegen Mutters Willen
me auctore*	auf meine Veranlassung
Pompeio et Caesare auctoribus*	auf Pompeius' und Caesars Veranlassung
(*auctor, ōris m. – Förderer, Veranlasser, Urheber)	

(Zu participium coniunctum und ablativus absolutus vgl. a. Anhang, S. 235)

III ÜBUNGEN

1) Ergänzen Sie die Endungen der Partizipien und übersetzen Sie:

1) Pueri domum advenient____ matrem irat____ viderunt.
2) Mater eos iam diu exspect____ exclamavit: „Quid tam diu egistis domum eunt____?"
3) Pueri responderunt: „Nobis fabulas Graecas audire cupient____ Polydorus multa de antiquis temporibus narravit. Et eo tam bene narrant____ non sensimus tempus domum ire adesse."
4) Mater ad haec verba dixit: „Hoc Polydoro virgis caes____ contenta ero. Nunc intrate tandem!"

2) Ordnen Sie die Adjektive den entsprechenden Substantiven zu:

1) hostium   a) felicem
2) fabulae   b) felici
3) virum   c) crudelium
4) cum rege   d) incredibilis
5) legum   e) celeribus
6) dominarum   f) grato
7) liberis   g) atrocium
8) cum homine   h) laetorum

3) Ergänzen Sie die Tabelle:

amare	terrere	rapere	subigere	deponere
amari				
amatur				
amavisse				
amabimini				
amati erant				
amaveras				

4) Bestimmen und übersetzen Sie folgende Formen:

1) cupient   2) cupienti   3) regem   4) reges (3)
5) regam (2) 6) regis (2)   7) recti (3) 8) regi (2)
9) regent   10) regentem   11) rege (2) 12) regibus (2)

5) Verwandeln Sie die vorgegebenen Formen in die folgenden Tempora:

Präsens	Imperfekt	Perfekt	Futur I	Plusquampf.
raperis				
subigunt				
movetur				
instruuntur				
doces				
provolas				
habemini				
regimus				
amatis				
incendis				
coniungor				
addo				

6) Polydorus beherrscht das Lateinische nicht perfekt: Welche Fehler finden Sie?

1) diligi – diliga – deligo – diliges – diliger – deligeris – diligunt – diligent – deligi
2) maris – mari – marem – mare – marum – mara – maribus – maria – mares
3) salutem – saluta – saluto – saluti – salutam – salute – salutas – salutis – salutos
4) incredibile – incredibilo – increbili – incredibilia – incredibiles – incredibilis
5) coniungi – possi – posso – ama – possa – potueras – accipi – accepi – posse

Lectio duodecima
Ein Gastmahl im Hause Tullius 12

A Mucia quam celerrime ad triclinium properat, ubi convivas de temporibus antiquis narrantes audit. Tullius autem: „Tandem ades, mea Mucia; te exspectantes de illis rei publicae temporibus disputavimus." Ad haec Mucia: „Veniam mihi detis, cari amici, quod
5 initio convivii nondum affui. Et tu mihi ignoscas, si scias me variis officiis esse occupatam. Nam modo[1] servum quendam puniri iussi. Semper habeo molestias. Quid porro faciam? Ille Polydorus, aut potius dicam, Polylalos[2] interitum mihi parabit. Aliquando ... "
„Taceas, mulier, de curis! Et nos omnes curas dimittamus, laeti
10 simus et gaudeamus cibisque vinoque sermonibusque! Di nos adiuvent, laeti prosperique semper simus! Ne quid[3] durius[4] nobis accidat! Etiam noster felicissimus Imperator[5] Augustus valeat et nos servet, ut antea, et urbem Romam custodiat!"

1) modō — gerade eben, soeben
2) Polylalos — „der Vielredner", Schwätzer
3) quid — = aliquid
4) dūrius — *neutrum des Komparativs (s. L. 15, S. 100); hier:* allzu Schlimmes
5) Imperātor, ōris m. — Imperator *(Titel des milit. Oberbefehlshabers, den alle Kaiser führten)*

Widerspruch!

12 B Tum Marcus Gallius, unus de convivis, qui diu tacuit, dicere incipit: „Ut filius illius eloquentissimi oratoris et defensoris rei publicae acerrimi verba dixisti, quae a sententiis patris tui longe abhorrent. Ille quidem potius vitam suam dare quam domina-
5 tionem unius viri tolerare voluit. At tu laudas, quod nobis invitis iste carnifex[1] regnum occupavit."

1) carnifex, -icis m. — Schlächter, Mörder *(gemeint ist Oktavian als Triumvir)*

GRAMMATIK

I   FORMENLEHRE

1) Der Superlativ des Adjektivs

Er ist die höchste Steigerungsform des Adjektivs, kann aber auch als so genannter Elativ eine besonders hohe Qualifikation unterstreichen.

Superlativ: Der fleißigste Sklave   **Elativ:** Ein sehr fleißiger Sklave.

→ Gebildet wird der Superlativ / Elativ meistens mit dem:

Wortstock + -issimus, -a, -um

z. B.:   long**issimus, -a, -um**; sapient**issimus, -a, -um**
audac**issimus** *etc.*; brev**issimus** *etc.*; nobil**issimus** *etc.*
(audax – kühn, verwegen; brevis – kurz; nobilis – edel, adlig)

→ **-rimus, -a, -um** haben Adjektive, deren Nominativ Singular masculinum auf **-er** endet, unabhängig davon, ob sie zur o-/ a- oder der dritten Deklination gehören:

z. B.:   pulcher (o-/a-Deklination)   → Superlativ: pulcher**rimus, -a, -um**
celer (dritte Deklination)   → Superlativ: celer**rimus, -a, -um**

→ Einige wenige Adjektive der dritten Deklination auf **-ilis, -is, -e** enden im Superlativ auf **-limus, -a, -um** (*aber s. o.*: nobilis – nobilissimus, -a, -um)

z. B.:   facilis (leicht)   → facil**limus, -a, -um**
difficilis (schwierig)   → difficil**limus, -a, -um**

So auch: humilis (niedrig): humillimus, -a, -um; similis (ähnlich) und dissimilis (unähnlich, ungleich): simillimus *etc.*; dissimillimus *etc.*

→ Der Superlativ des **Adverbs** endet auf **-ē**: longissime, brevissime, celerrime, facillime.

(Zu den Superlativen vgl. a. Anhang, S. 229)

2) Das Adverb des Adjektivs

Im Verlauf dieses Kurses begegneten Ihnen immer wieder Adverbien. Nun folgt eine systematische Darstellung: Neben solchen Adverbien, die einfach als Vokabeln gelernt werden oder erstarrte Akkusative *bzw.* Ablative sind (numquam – niemals, diu – lange, statim – sofort, raro – selten *u. a.*), gibt es folgende Möglichkeiten der Bildung von Adverbien, die von ihrem jeweiligen Adjektiv hergeleitet werden:

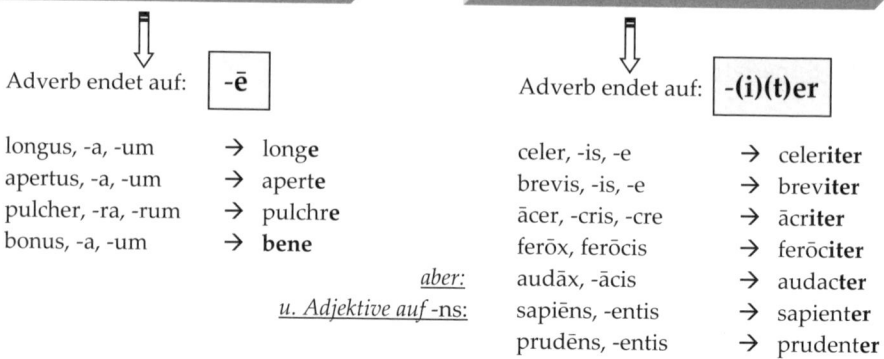

Adjektive der **o-/a-**Deklination		Adjektive der **dritten** Deklination	
Adverb endet auf: **-ē**		Adverb endet auf: **-(i)(t)er**	
longus, -a, -um	→ long**e**	celer, -is, -e	→ celer**iter**
apertus, -a, -um	→ apert**e**	brevis, -is, -e	→ brev**iter**
pulcher, -ra, -rum	→ pulchr**e**	ācer, -cris, -cre	→ ācr**iter**
bonus, -a, -um	→ ben**e**	ferōx, ferōcis	→ ferōc**iter**
	aber:	audāx, -ācis	→ audac**ter**
	u. Adjektive auf -ns:	sapiēns, -entis	→ sapien**ter**
		prudēns, -entis	→ pruden**ter**

Beispiele:
1) Id dico aperte. – Ich sage es offen. 2) Crudeliter punior. – Ich werde grausam bestraft.
3) Acriter hostes in nostros pugnabant. – Die Feinde kämpften verbissen gegen die Unsrigen.

→ Adverbien erläutern als Adverbiale die durch eine Verbform beschriebene Handlung.

3) Das Indefinitpronomen quidam, quaedam, quoddam*

→ Dekliniert wird es wie das Relativpronomen **qui, quae, quod**;
  dazu tritt die Endung **-dam**: → qu**ī**dam, cuius**dam**, cu**ī**dam _etc._
  Aus lautlichen Gründen wird aus **-m** vor der Endung **-dam** ein **-n**, _also_:
  que**n**dam, qua**n**dam; quō**r**undam, quā**r**undam.

→ Das Pronomen īdem, eadem, idem _(s. L. 18)_ verhält sich ebenso: eu**n**dem, ea**n**dem _etc._

→ Dieses Pronomen kann, wie das Interrogativpronomen, sowohl adjektivisch
  (quīdam, quaedam, quoddam – ein gewisser, ein bestimmter ...) als auch substantivisch
  (quīdam, quaedam, quiddam – jemand, etwas) gebraucht werden, _also_:

  Quidam molestias mihi paravit. _(substantivisch)_ – Jemand hat mir Ärger bereitet.
  Servus quidam ... _(adjektivisch)_ – Ein gewisser Sklave hat mir Ärger bereitet.

  Der Gebrauch dieses Pronomens deutet an, dass der Sprecher sehr wohl weiß, wovon
  er spricht, während es dem Zuhörer unklar bleibt:
  Mucia meint ihren Sklaven Polydorus, während Tullius höchstens eine Anspielung
  zu erkennen vermag _(vgl. Text 12 A, Z. 6)_.

→ Im Plural kann **quidam** „einige" bedeuten: **quidam** homines – einige Menschen
  Video hic **quosdam**, qui tecum fuerunt. – Ich sehe hier einige, die mit dir zusammen waren.

* _Überblick über die wichtigsten Indefinitpronomina s. Anhang, S. 237; vgl. a. Systemgrammatik § 31 f._

4) Deklination der Pronominaladjektive

Wie die Pronomina haben ūnus, -a, -um (ein einziger); sōlus *etc.* (allein); tōtus *etc.* (ganz) im Genitiv Singular **-īus**, im Dativ Singular **-ī** für alle drei Genera, *also:* **ūnīus**, ūnī; **sōlīus**, sōlī; tōtīus, tōtī. Sie richten sich aber sonst nach der o- bzw. a-Deklination (totum, totam *etc.*).

Dazu kommen noch: alius, alia, aliud – ein anderer (<u>aber</u> Gen.: **alterīus**, *Dativ*: alii); ūllus, -a, -um – irgendein; nūllus *etc.* – kein; uter, utra, utrum – wer von beiden; alter, -a, -um – der eine, der andere *(von beiden)*; uterque, utraque, utrumque – jeder *(von beiden)*; neuter, neutra, neutrum – keiner *(von beiden)*.

5) Der Konjunktiv Präsens – Bildung

Der Kennvokal des Konjunktivs Präsens für **alle** Konjugationsgruppen, **außer** für die **a- Konjugation**, ist: -a-

Dieser Kennvokal tritt zwischen Stamm und die Personalendungen (*Aktiv:* -m, -s, -t, -mus, -tis, -nt; *Passiv:* -r, -ris, -tur, -mur, -mini, -ntur).

In der **a-Konjugation** wird der Stammvokal **-a-** ersetzt durch: -e-

Also: vocem (ich soll, möge, könnte, mag rufen), videam, audiam, capiam, dicam.

Der Konjunktiv Präsens von **esse** lautet: **sim, sis, sit, simus, sitis, sint**
Der Konjunktiv Präsens von **ire** lautet: **eam, eās, eat, eāmus, eātis, eant**

II SYNTAX

1) Der Accusativus cum Participio (AcP)

Diese Konstruktion steht nach Verben der sinnlichen Wahrnehmung als Alternative zum AcI. Sie wird hier nur beiläufig erwähnt, da sie nicht so häufig vorkommt.

AcI: Videmus gladiatores **pugnare**. – Wir sehen, **dass** die Gladiatoren **kämpfen**.

*Der Infinitiv betont die **Tatsache** an sich.*

AcP: Videmus gladiatores **pugnantes**. – Wir sehen (, **wie**) die Gladiatoren **kämpfen**.

*Das Partizip betont den **Vorgang**.*

2) Der Konjunktiv Präsens – Verwendung im Hauptsatz

Im Gegensatz zum Indikativ, der in Form einer Aussage Ereignisse oder Zustände beschreibt *bzw.* schildert, in Fragen erscheint oder auch objektiv erscheinende Wertungen (*z. B.*: „Du bist ein Schuft!") ausdrückt[1], ist der **Konjunktiv** der Modus des Gedachten, der Vorstellung, des Wollens, des Möglichen und des Nichtwirklichen.

Übersetzung des Konjunktivs Präsens: dicam – ich soll, möge, könnte, mag sagen.

Der Konjunktiv Präsens kann ausdrücken:

a) *einen abgemilderten Befehl* (an die 3. Person gerichtet):
Servus pareat! – Der Sklave soll gehorchen! (*Negation*: nē) — **iussivus**

b) *eine Aufforderung* (an die 1. Person Plural gerichtet):
In triclinium eamus! – Lasst uns ins Triclinium gehen! (*Negation*: nē) — **hortativus**

c) *einen erfüllbar gedachten Wunsch*
(Utinam) dei te adiuvent! – Mögen die Götter dir helfen! (*Negation*: nē) — **optativus**[2]

d) *eine als möglich gedachte Annahme*
Nonnulli id dicant. – Einige könnten dies sagen. (*Negation*: nōn) — **potentialis**[3] (d. Gegenwart)

e) *eine Überlegung oder einen Zweifel*
Quid dicam? – Was soll ich sagen? (*Negation*: nōn) — **dubitativus**

f) *ein Verbot*
Wird mit ne + Konjunktiv **Perfekt*** (seltener Präsens) als verneinter Imperativ gebildet: Ne id dixeris, dixeritis! – Sage, sagt dies nicht! Der verneinte Imperativ (*vgl. o. L. 10 B, S. 63, Z. 8*) kann auch bedeutungsgleich mit nōlle + Infinitiv gebildet werden: Noli / Nolite id dicere! — **prohibitivus**

* *Der prohibitivus ist hier wegen seiner präsentischen Bedeutung aufgeführt.*
→ *In Lektion 13, S. 86, wird die siebte Verwendungsmöglichkeit vorgestellt, der* coniunctivus concessivus.

---

1) Die anderen Aspekte des Indikativs bleiben in diesem Kurs unberücksichtigt (*dazu Rubenbauer / Hofmann § 214*).
2) Auch für unerfüllbar gedachte Wünsche lautet der Terminus „optativus".
3) Der potentialis der Gegenwart kann auch, ohne Bedeutungsveränderung, mit Konjunktiv Perfekt gebildet werden. – *Zum potentialis der Vergangenheit s. Rubenbauer / Hofmann § 216*
4) *Zum Konjunktiv insgesamt s. a. Anhang, S. 246 f. u. 249; Systemgrammatik § 99 ff. und 110 ff.*

III ÜBUNGEN

1) Bilden Sie von folgenden Formen die entsprechende Form des Konj. Präsens:

a) voco
b) condor
c) capio
d) audiris
e) ades
f) dicimini
g) occupatur
h) abhorrent
i) defendunt
j) dimittit

2) Bilden Sie bitte von folgenden Adjektiven die Adverbien:

a) pulcher
b) bonus
c) certus
d) severus
e) celer
f) sapiens
g) iustus
h) crudelis

3) Ergänzen Sie die Lücken bei den Pronomina:

a) h_____ animalis
b) qu____dam animalia
c) qu_____dam animalium
d) qu_____dam hominem
e) h_____hominum
f) h_____curarum
g) ill___verba
h) h____verba
i) ___dem vinum
j) _____dem imperatorem
k) ____dem rex
l) _____dem reges
m) qu___dam reginam
n) _____dem regis
o) ill_____ regis
p) ill_____ regi
q) ill_____ civium
r) ill____ temporibus
s) h_____ civem
t) h_____ sitim

Lectio tertia decima
No politics, please!

Haec autem Tullius aegre ferens: „Nisi tu", inquit, „amicissimus mihi esses, nisi ius hospitii a dis diligenter servaretur, statim mea domo[1] te dimitterem".

Sed alius conviva animos iratos placare studens dicit: „Utinam
5 litigare desinatis! Controversiam gravem celerrime componamus, amici! – Nominetur auctoritas Augusti dominatio unius viri, nominetur potestas eius regnum, tamen hoc negare non possumus: Nisi Augustus fuisset, nisi virtus eius rei publicae maximis in cladibus succurrisset, populi Romani nomen exstinctum esset et
10 barbari omnium gentium victores in ruinis Romae nunc exsultarent.

Nam si Marcus Antonius illa pugna Actiaca[2] vicisset, nos omnes servi essemus reginae Aegypti, illius monstri fatalis. Sed vicit Augustus et rem publicam humi iacentem sustulit et civibus mores
15 restituit.

Fortasse Augusto imperatore pristina libertas amissa est, sed pro ea nunc habemus concordiam, pacem, salutem."

Postremo M. Tullius: „Non omni in re tecum consentio, sed ego quoque obsequium cum pace et otio praefero libertati cuidam, ex
20 qua discordiae civiliaque bella nascuntur[3] ".

---

1) meā domō   aus meinem Haus
2) pūgna Actiaca   Schlacht bei Actium
3) nāscī   geboren werden, entstehen *(Perf.:* nātus, -a, -um sum)

GRAMMATIK

I   FORMENLEHRE

1) Konjunktiv Imperfekt und Plusquamperfekt – Bildung

Es lassen sich, vereinfachend, folgende Bildungsregeln für **alle** Verben formulieren:

✵ **Konjunktiv Imperfekt:** | Infinitiv Präsens Aktiv + Personalendungen |

  vocare + **-m, -s, -t** *etc.*   im Passiv: vocare + **-r, -ris, -tur** *etc.*
  ich würde rufen *usw.*;   im Passiv: ich würde gerufen werden *usw.*
  esse + **-m, -s, -t** *etc.*   ich würde sein, ich wäre *usw.*

✵ **Konjunktiv Plusquamperfekt Aktiv:** | Infinitiv Perfekt Aktiv + Personalendungen |

  vocavisse + **-m, -s, -t** *etc.*   ich hätte gerufen *usw.*
  dixisse + **-m, -s, -t** *etc.*   ich hätte gesagt *usw.*
  fuisse + **-m, -s, -t** *etc.*   ich wäre gewesen *usw.*

✵ **Konjunktiv Plusquamperfekt Passiv:** | Partizip Perfekt Passiv + essem, esses *etc.* |

  vocātus, -a, -um essem, essēs, esset   ich wäre gerufen worden *usw.*
  vocāti, -ae, -a essēmus, essētis, essent   wir wären gerufen worden *usw.*

Bilden Sie die 3. Sg. und 3. Plural der oben behandelten Konjunktive von:

Form	audīre	ducere	vincere	posse
3. Sg. Imp. Akt.				
3. Pl. Imp. Akt.				
3. Sg. Imp. Pass.				XXXXXXX
3. Pl. Imp. Pass.				XXXXXXX
3. Sg. Plus. Akt.				
3. Pl. Plus. Akt.				
3. Sg. Plus. Pass.				XXXXXXX
3. Pl. Plus. Pass.				XXXXXXX

II SYNTAX

1) Der Konjunktiv im Hauptsatz *(Ergänzung; s. o. Lektion 12, S. 82; Anhang, S. 246))*

Mit dem coniunctivus **concessivus** (concedere – einräumen) im Präsens oder Perfekt wird einer Aussage zugestimmt, der eine Behauptung im Indikativ entgegengestellt wird. Das Prädikat steht meistens am Anfang des Satzes.

z. B.: **Sit** Cicero orator eloquentissimus, rem publicam servare non potest.
Mag Cicero ein sehr wortgewandter Redner sein, den Staat kann er nicht retten.
Fuerit *(Konj. Perf., s. Lektion 14)* Cicero orator eloquentissimus, rem publicam servare non potuit.
Mag Cicero ein sehr wortgewandter Redner gewesen sein, den Staat konnte er nicht retten.
Occupaverit Dionysius regnum, felix non est.
Mag Dionysios die Alleinherrschaft ergriffen haben, glücklich ist er nicht.
Ne **sit** summum malum dolor, malum certe est.
Mag der Schmerz auch nicht das größte Übel sein, ein Übel ist er gewiss.

2) Die Konditionalsätze

In einem Konditionalsatzgefüge wird eine Bedingung formuliert, deren Schlussfolgerung im Hauptsatz genannt wird.
Eingeleitet wird der Konditionalsatz u. a. durch **si**; **nisi** – wenn; wenn nicht.
Für die Charakterisierung des bedingenden Konditionalsatzes ist die Stellungnahme desjenigen maßgeblich, der die Bedingung nennt. Hierbei gibt es drei Varianten:

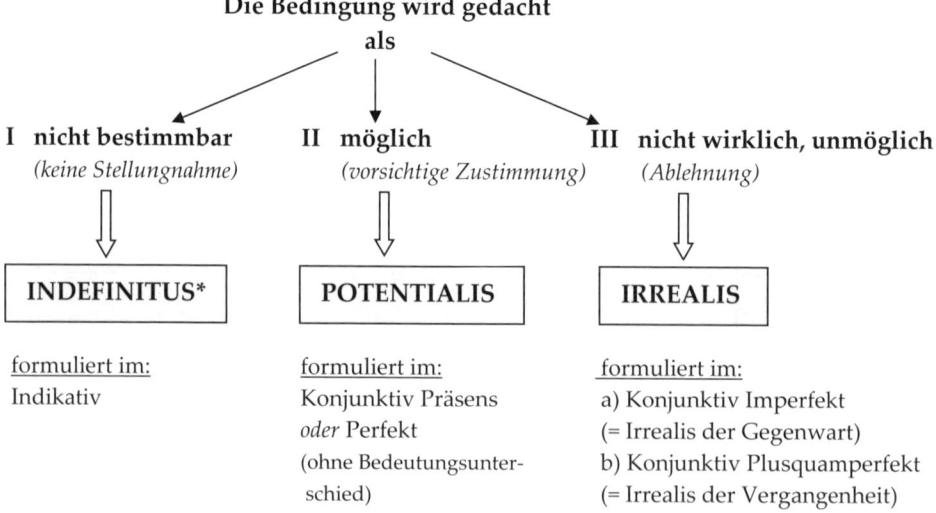

* Zur häufigen Bezeichnung „Realis" statt „Indefinitus" s. u. S. 87, Anmerkung

Beispiele:

I) Si tuus avunculus **vivit**, vult esse vos salvos; si **periit**, superstites voluit.
(*Ein Bote während des Vesuvausbruchs zu Plinius dem Jüngeren, der sich in Misenum befand und, im Gegensatz zu seiner Mutter, die auf ein Lebenszeichen ihres Mannes wartete, fliehen wollte. Ihr Mann, Plinius der Ältere, war der Onkel des jüngeren Plinius und hatte ihn adoptiert. Er war mit Schiffen unterwegs, um die Bewohner der vom Vesuv bedrohten Küste zu retten, kam aber um.*)

Wenn dein Onkel (noch) lebt *(ich weiß es nicht, halte mich mit einem Urteil zurück)*, dann will er, dass ihr heil davonkommt *(wörtl.:* gesund bleibt); wenn er aber umgekommen ist *(auch das weiß ich nicht, deshalb nehme ich keine Stellung dazu)*, dann war es sein Wille, dass ihr überlebt. → **INDEFINITUS***

II) Si Antonius Octavianum **vincat**, nos omnes servi vivamus.

Falls Antonius Oktavian besiegen sollte *(ich halte dies für möglich)*, dann dürften wir alle als Sklaven leben. → **POTENTIALIS** (der Gegenwart)

III a) Si Antonius Octavianum **vinceret**, nos omnes servi viveremus.

Wenn Antonius Oktavian besiegen würde *(das ist aber nicht der Fall)*, dann würden wir alle als Sklaven leben. → **IRREALIS** (der Gegenwart)

III b) Si Antonius Octavianum **vicisset**, nos omnes servi vixissemus.

Wenn Antonius Oktavian besiegt hätte *(das war aber nicht der Fall)*, dann hätten wir alle als Sklaven gelebt. → **IRREALIS** (der Vergangenheit)

* Statt „Indefinitus" findet sich in den Grammatiken häufiger der Begriff „Realis". Das obige Beispiel aber zeigt, dass diese Bezeichnung der Eigenart des Konditionalsatzes mit Indikativ nicht immer gerecht wird, insofern eben nicht eine „Wirklichkeit" behauptet wird. Der Sprecher enthält sich der Stellungnahme, ob der Onkel des Plinius beim Vesuvausbruch ums Leben gekommen ist oder nicht.

Übersetzen Sie folgende Sätze *(Beachten Sie: Es gibt auch Mischformen des Irrealis)*:

1) Si te amicum esse scirem, felix essem.
2) Polydorus, si imperiis dominae paruisset, punitus non esset.
3) Nisi Theseus Minotaurum occidisset, Athenienses timore non liberati essent.
4) Si tacuisses, philosophus mansisses.
5) Cicero, nisi illo tempore consul fuisset, rem publicam servare non potuisset.
6) Si id negares, vehementer (heftig) errares.
7) Si mortem timerem, non huc (hierhin) venissem.
8) Nisi Augustus rem publicam servavisset, salutem concordiamque non haberemus.

Vom Irrealis ausgehend, lassen sich die unerfüllbaren *bzw.* unerfüllbar gedachten **Wunschsätze** leicht lernen:

Unerfüllbare Wünsche der Gegenwart werden analog mit Konjunktiv Imperfekt (+ utinam), **unerfüllbare Wünsche der Vergangenheit** mit Konjunktiv Plusquamperfekt (+ utinam) gebildet:

Utinam avus viveret!   Lebte Großvater noch! / Würde Großvater noch leben!
Utinam Antonius vicisset!   Hätte doch Antonius gesiegt!

(Negation in beiden Fällen: **nē**)

Statt **utinam** können auch Formen des Konjunktivs Imperfekt von *velle* oder *nolle* (*zu diesen Verben s. Lektion 16, S. 107*) als Einleitung verwendet werden, z. B.:

Vellem me adiuvares! – Würdest du mir doch helfen!
Nollem me adiuvisses! – Hättest du mir doch nicht geholfen!

(*Zu den unerfüllbar gedachten Wunschsätzen s. a. Rubenbauer / Hofmann § 215, 2*)

III   Ü B U N G

Ergänzen Sie die fehlenden Formen in der Tabelle:

servare	vincere	amittere	dare	punire	ponere
servabit →					
	vicerunt				
		amitti			
			detis		
				puniatur	
					ponerent
				punivissetis	
			datum esset		
		amisi			
	vincerentur				
serva					

Lectio quarta decima
Schmerzliche Erinnerungen I

A Tullius pergit: „Servaverit Augustus rem publicam, sed non talem, qualem pater meus servari voluerat. Hic quidem, cum pro ea pericula subisset atque orationibus ferocissimis Antonio obstitisset, ab eo homine impio turpissimoque necatus est Augusto
5 invito. Is autem cum prohibere studeret, ne Cicero occideretur, ab Antonio coactus tandem huic concesserat, ut Ciceronem necari iuberet. At illo tempore Augustus adulescens vel paene[1] puer erat, cuius in potestate nondum erant omnia."

„Te quidem postea honoribus affecit, ut novis beneficiis iniuriarum
10 veterum memoriam exstingueret."

Tullius: „Me non fallit Augustum Ciceronem patrem dilexisse. At, ut dixi modo: Illis extremis rei publicae temporibus, cum illi tres viri, ut Caesaris mortem vindicarent, nimis crudeliter se gererent, etiam Cicero pater occisus est[X]. – Sed, num optem, ut doloribus
15 semper conficiar? Praeterita sunt illa tempora, et nos quidem vivimus; vivamus proinde, amici, et bibamus[2]!"

1) paene   beinahe, fast noch
2) bibere, -ō, bībī   trinken

X) Dieser Satz, hier in einem Stufenmodell dargestellt, hat, nach Haupt- und Nebensätzen gegliedert, folgenden Aufbau:

Ordnen Sie die einzelnen Satzabschnitte diesen Stufen zu und übersetzen Sie den Satz entsprechend.

Schmerzliche Erinnerungen II

14 B Interea pueri servum virgis leniter mulsum[1] in atrio laborantem vident. „Polydore, ubi fuisti?" „Hm?" „Te interrogamus, ubi fueris et quid tam diu feceris." „Quid dixistis?" „Te interrogavimus, ubi fuisses et quid fecisses."

5 Polydorus: „O di immortales! Isti non sciunt, quid fecerim aut, ut planius dicam, quid mecum factum sit? Nonne vos dixistis, quam boni domini parentes vestri essent? Ac profecto tam boni, ut propter istas bonas virgas tergum mihi esse non iam sentiam! Sub imperio dominorum severorum ac crudelium vivere mihi non placet.

10 Sed quid faciam? Num vincula mea rumpam? Num frangam catenas et fugiam? Novus ego Spartacus[2] convocem servos? Plebem urbanam sollicitem, ut urbem incendio exstinguam? – Romani iniusti et crudeles sunt, quos imperium orbis terrarum non iure obtinere constat. Aliquando tempora mutabuntur."

15 Pueri impetum servi non iam sustinere possunt et fuga salutem petunt.

1) mulcēre, -eō, mulsī, mulsum — streicheln
2) Spartacus, -ī m. — Spartacus *(Führer eines Sklavenaufstands, s. Anh. S. 292)*

Einige Beispiele für verschränkte Relativsätze *(s. a. u. S. 96 f.)*:

1) Dabo tibi librum, quem utilem esse scio.
2) Caesar, quem regnum petivisse audimus, nonnullis senatoribus odio fuit.
3) Germani Romanis, quos iniustos esse putabant, non iam paruerunt.
4) Sabini, quorum filias a Romanis raptas esse constat, irati erant.
5) Remus, quem a Romulo occisum esse T. Livius narrat, fratrem irriserat.

Angaben:
1) liber, librī m. – Buch
2) ūtilis, -is, -e – nützlich
3) senātor, -ōris m. – Senator
4) odio esse – sich verhasst machen

GRAMMATIK

I FORMENLEHRE

1) Der Konjunktiv Perfekt Aktiv

An den Perfektstamm treten folgende Endungen:

> **-erim, -eris, -erit, -erimus, -eritis, -erint**

Also: vocāv**erim**; monu**erim**; sēns**erim**; vīc**erim**; cēp**erim**; cucurr**erim** *etc.*
Die Behelfsübersetzung dieses Konjunktivs lautet: vocāverim – ich möge gerufen haben.
Sie ist aber zu vernachlässigen; man muss auf andere Möglichkeiten zurückgreifen,
z. B. die deutschen Konjunktive I und II und auch den Indikativ *(dazu s. Syntaxteil dieser Lektion).*

> Das Futur II (futurum exāctum – vollendete Zukunft) wird in der gleichen Weise wie der Konjunktiv Perfekt gebildet. Einzige Ausnahme: Statt -erim erscheint **-erō**:
> vocāv**erō** – ich werde gerufen haben.   *(Dazu vgl. u. L. 20, S. 133)*

2) Der Konjunktiv Perfekt Passiv

Die Passivformen setzen sich zusammen aus dem Partizip Perfekt Passiv und den Formen des Konjunktivs Präsens von esse: **sim, sis, sit, simus, sitis, sint**.
Also: <u>Singular:</u> vocātus, -a, -um **sim** *etc.*   <u>Plural:</u> vocāti, -ae, -a **simus** *etc.*
   (ich möge gerufen worden sein *usw.*; *zu den üblichen Übersetzungen s. Syntaxteil*).

II SYNTAX

1) Grobüberblick über die Nebensätze mit Konjunktiv

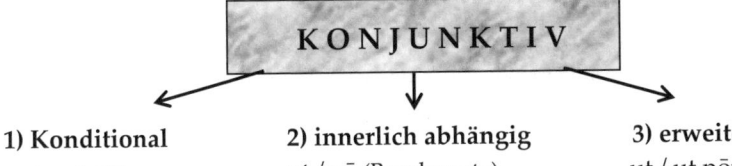

1) Konditional	2) innerlich abhängig	3) erweiterter Gebrauch
(s. o. L. 13)	ut / nē (Begehrssatz)	ut / ut nōn (Konsekutivsatz)
	ut / nē (Finalsatz)	cum (Temporalsatz)
	indirekter Fragesatz	cum (Kausalsatz)
		cum (Konzessivsatz)
Übersetzung: wörtlich	mit Indikativ *oder* Konj. I *bzw.* II	mit Indikativ

(Ausführung s. folgende Seiten; zu den konjunktivischen Nebensätzen s. a. Anhang, S. 247 u. 249)

2) Der Konjunktiv im Nebensatz (Fortsetzung)

Außer den Konditionalsätzen, in denen die Konjunktive wörtlich wiedergegeben werden, finden sich noch zwei andere Kategorien: die innerlich abhängigen Nebensätze *(s. o. Überblick, Nr. 2)*, deren Konjunktive häufig den deutschen Konjunktiven I und II entsprechen, aber mitunter auch mit Indikativ übersetzt werden können. Und: die Nebensätze unter Nr. 3, deren Prädikate immer mit Indikativ übersetzt werden. Hier zunächst zu Gruppe 2, den innerlich abhängigen Nebensätzen:
Nebensätze, in denen **Gedanken, Absichten, Wünsche** oder **Worte** einer Person, d. h. des Subjekts des übergeordneten Satzes, wiedergegeben werden, sind **innerlich abhängig**.
Bei solchen Nebensätzen besteht eine „innere" Beziehung ihrer Handlung zum Subjekt des übergeordneten Satzes. Diese Beziehung bringt der Erzähler durch die Verwendung des so genannten **coniunctivus obliquus** (Konjunktiv der fremden Meinung) zum Ausdruck.

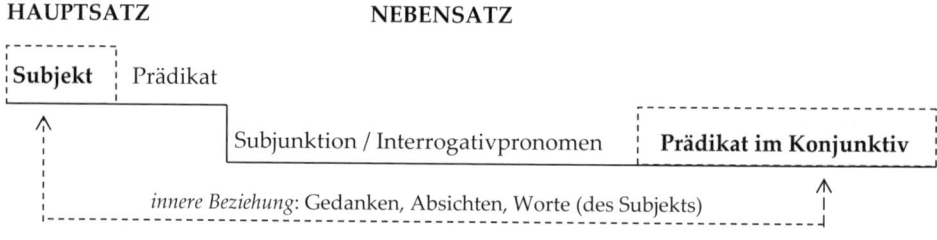

A) Zu den innerlich abhängigen Nebensätzen zählen:

✱ **Begehrssätze** *(eingeleitet durch* **ut** *– dass, verneint* **nē** *– dass nicht).*
Sie erscheinen als Objekt (oder Subjekt) nach Verben des Begehrens, Bittens, Wünschens, Auforderns, aber auch des Sorgens und stellen auch auf der inhaltlichen Ebene eine notwendige Ergänzung dar: Sie geben den Inhalt des Wunsches, der Bitte *usw.* wieder:

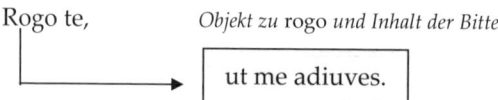

Ich bitte dich, dass du mir hilfst *(weniger:* helfen sollst) *oder:* ... mir zu helfen.
(Die Übersetzung mit „zu" + Infinitiv ist möglich, wenn sich das Subjekt des Begehrssatzes in irgendeiner Form im Hauptsatz findet, *s. a. u. letztes Beispiel.*)

Opto, ut incolumes redeatis. – Ich wünsche, dass ihr unversehrt zurückkehrt
(*weniger:* zurückkehren möget).
Mucia optat, ne Polydorus officia neglegat. – Mucia wünscht, dass Polydorus die Pflichten nicht vernachlässigt.
A te petivi, ut me adiuvares. – Ich habe dich gebeten, mir zu helfen.
Curo, ut convivium iucundum sit. – Ich sorge dafür, dass das Gastmahl angenehm ist.
Vobis negotium do, ut cenam paretis. – Ich gebe euch den Auftrag, das Essen zu bereiten.

→ **Besonderheit bei den Begehrssätzen** *(vgl. Text 14 A, Z. 5)*:

Nach Ausdrücken wie **periculum est** (es besteht die Gefahr, *dass*) und den Verben des Fürchtens oder Hinderns steht statt des zu erwartenden **ut** ein **nē**. Dieses **nē**, mitunter auch ein **quīn**, wird positiv, also mit „**dass**" oder „**zu**" + **Infinitiv** übersetzt.

Weitere Verben: timēre, metuere, verēri *(deponens, s. L. 19)* – sich fürchten, **dass**, cavēre (sich davor hüten), impedīre (hindern), obstāre (im Wege stehen, hinderlich sein), resistere (sich widersetzen), dēterrēre (abschrecken), prohibēre* (hindern, abhalten).
* prohibēre steht häufiger mit einer Infinitivkonstruktion.
z. B.: Timeo, ne Augustus crudeliter se gerat. – Ich fürchte, dass A. sich grausam verhält.
Te impedio, ne domum meam intres. – Ich hindere dich daran, mein Haus zu betreten.

✵ **Finalsätze** *(ebenfalls eingeleitet durch ut – damit, verneint nē – damit nicht)*.
Sie sind als Adverbialsätze sowohl syntaktisch als auch inhaltlich eine nicht notwendige Ergänzung zum Prädikat des Hauptsatzes und geben das Ziel, den Zweck oder die Absicht an, die der Handlung des Hauptsatzes zu Grunde liegt. Ist das Subjekt in Haupt- und Nebensatz identisch, lässt sich der Finalsatz mit „**um … zu**" + **Infinitiv** übersetzen:

Tres viri multos cives occidunt,
    Wozu? Zu welchem Zweck?

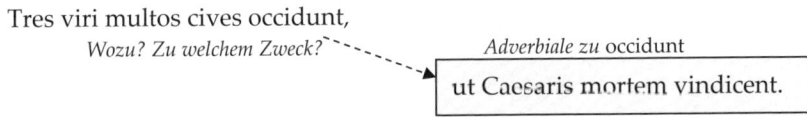

Die Triumvirn lassen zahlreiche Bürger töten, damit sie den Tod Caesars rächen
(nicht: rächen sollen / mögen)   *oder:* um den Tod Caesars zu rächen.

Polydorus in atrium descendit, ut laboraret. – P. ging ins Atrium hinunter, um zu arbeiten.
Ad te venio, ne solus sis. – Ich komme zu dir, damit du nicht allein bist.
Do, ut des. – Ich gebe, damit du gibst.
Incolae fugerunt, ne a hostibus necarentur. – Die Einwohner flüchteten, um nicht von den
                                                  Feinden getötet zu werden.

✵ **Abhängige / Indirekte Fragesätze**:
Sie hängen als Objekt (oder Subjekt) von Verben des Fragens, Sagens und der sinnlichen Wahrnehmung ab und werden von einem Fragewort eingeleitet:

Dic mihi,   Sage mir, was du denkst *(nicht:* denken mögest / sollst).

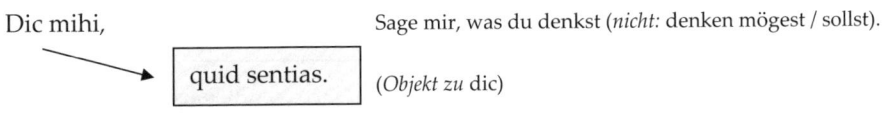

Non scio, quid sentias. – Ich weiß nicht, was du denkst.
Cicero intellexit, quantum periculum esset. – C. erkannte, wie groß die Gefahr war.
Polydorus narrat, quid fecerit. – P. erzählt, was er gemacht hat.
Scivi, quid consilii Catilina cepisset. – Ich wusste, was für einen Plan Catilina gefasst hatte.

Im abhängigen Fragesatz kann manchmal der **coniunctivus dubitativus** erscheinen, so dass eine Doppeldeutigkeit entsteht:

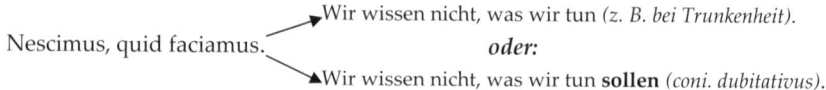

Nescimus, quid faciamus.

Wir wissen nicht, was wir tun *(z. B. bei Trunkenheit).*
oder:
Wir wissen nicht, was wir tun **sollen** *(coni. dubitativus).*

B) Nicht innerlich abhängige Nebensätze:

→ In diese Sätze ist der Konjunktiv entgegen seiner Natur als Modus des Gedachten *usw.* eingedrungen. Das konjunktivische Prädikat wird deshalb immer mit **Indikativ** übersetzt. Zu diesen Nebensätzen *(s. o. Übersicht S. 91, Nr. 3, „erweiterter Gebrauch")* zählen:

�֎ **Temporalsätze,** *eingeleitet durch* **cum** *– als, nachdem.*
Zur Wiedergabe der Umstände in einem erzählenden Text. → **cum narrativum.**
Zu diesen Sätzen zählen auch die anderen mit **cum** eingeleiteten Nebensätze, nämlich die Kausal- und Konzessivsätze (weil, obwohl). Sie alle werden mit dem **Indikativ** übersetzt *(vgl. o. S. 91; s. u. Lektion 16, S. 108, Übersicht über die* cum*-Sätze).*

Pueri cum in atrium venirent, servum laborantem viderunt.
Als die Jungen ins Atrium kamen, sahen sie den Sklaven arbeiten.

�֎ **Konsekutivsätze,** *eingeleitet durch:* **ut** *– (so) dass; verneint:* **ut non** *– (so) dass nicht.*
Sie bezeichnen als Adverbiale *(Adverbialsätze)* eine eingetretene Folge, die sich aus dem Geschehen des übergeordneten Satzes ergibt. Häufig stehen im übergeordneten Satz vorausweisende Konnektoren (z. B.: tam – so; tantus – so groß; talis – so beschaffen).

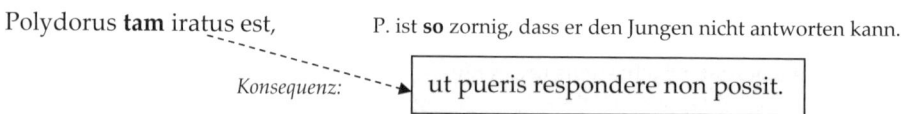

Polydorus **tam** iratus est,   P. ist **so** zornig, dass er den Jungen nicht antworten kann.

Konsequenz: → ut pueris respondere non possit.

Tres viri tanta crudelitate erant, ut multi cives occiderent.
Die Triumvirn waren von so großer Grausamkeit, dass sie viele Bürger töteten.
Cicero Antonium tam vehementer offenderat, ut ab eo necaretur.
Cicero hatte Antonius so heftig beleidigt, dass er von ihm getötet wurde.

Die drei ut-Sätze mit Konjunktiv

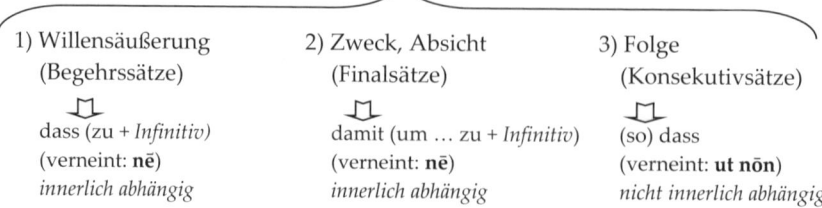

1) Willensäußerung	2) Zweck, Absicht	3) Folge
(Begehrssätze)	(Finalsätze)	(Konsekutivsätze)
⇩	⇩	⇩
dass (zu + *Infinitiv*)	damit (um ... zu + *Infinitiv*)	(so) dass
(verneint: **nē**)	(verneint: **nē**)	(verneint: **ut nōn**)
innerlich abhängig	*innerlich abhängig*	*nicht innerlich abhängig*

3) Die consecutio temporum

Beim Durchlesen der Beispielsätze werden Sie gemerkt haben, dass sich die Tempora der konjunktivischen Nebensätze ändern. Diese Konjunktive besitzen keine eigene **Zeitstufe**, sondern geben das **Zeitverhältnis** zum Prädikat des übergeordneten Satzes an (*vgl. a. die Zeitverhältnisse bei Infinitiven und Partizipien, Anhang, S. 248*). Durch die **consecutio temporum** (Zeitenfolge) wird das Tempus des konjunktivischen, innerlich abhängigen Nebensatzes festgelegt in Abhängigkeit vom Tempus des übergeordneten Satzes. Folgende Regeln gelten:

Steht im	dann erscheint im	zur Bezeichnung der
Hauptsatz Präsens, Futur I, II oder ein Imperativ	Nebensatz Konjunktiv **Präsens**	**GLEICHZEITIGKEIT** (in der Gegenwart)
Hauptsatz Perfekt, Imperfekt oder Plusquamperfekt	Nebensatz Konjunktiv **Imperfekt**	**GLEICHZEITIGKEIT** (in der Vergangenheit)
Hauptsatz Präsens, Futur I, II oder ein Imperativ	Nebensatz Konjunktiv **Perfekt**	**VORZEITIGKEIT** (in der Gegenwart)
Hauptsatz Perfekt, Imperfekt oder Plusquamperfekt	Nebensatz Konjunktiv **Plusquamperfekt**	**VORZEITIGKEIT** (in der Vergangenheit)

Beispiele: GLEICHZEITIGKEIT:

Ignoro, ubi **sis**.   Ich weiß nicht, wo du bist.
Ignorabam, ubi **esses**.   Ich wusste nicht, wo du warst.
Mucia servum rogat, ubi **sit**.   M. fragt den Sklaven, wo er ist / sei. *(Konj. I)*
M. servum rogavit, ubi **esset**.   M. fragte den Sklaven, wo er war / sei.

VORZEITIGKEIT:

Ignoro, ubi **fueris**.   Ich weiß nicht, wo du gewesen bist.
Ignorabam, ubi **fuisses**.   Ich wusste nicht, wo du gewesen warst.
M. servum rogat, ubi **fuerit**.   M. fragt den Sklaven, wo er gewesen ist / sei.
M. servum rogavit, ubi **fuisset**.   M. fragte den Sklaven, wo er gewesen war / sei.
M. servum rogavit, quid **fecisset**.   M. fragte den Sklaven, was er getan hatte / habe.
M. servos rogavit, quid **fecissent**.   M. fragte die Sklaven, was sie getan hatten / hätten.

→ Wie zu sehen, ist im Deutschen statt des Indikativs bei Verben des Sagens *usw.* mitunter der Konjunktiv I *bzw.* II (*s. letzter Satz*: „getan **hätten**") möglich, teilweise auch besser.

4) Der verschränkte Relativsatz

Erklärung:
Relativsätze können mit einer satzwertigen Konstruktion, *d. h.* mit einem AcI, NcI *(s. L. 20)*, einer Partizipialkonstruktion *(part. coni., abl. abs.)* oder einem weiteren Nebensatz verknüpft werden, so dass es sich dabei um zwei Satzeinheiten mit zwei Verbformen handelt: den Relativsatz mit seinem Prädikat und die hinzugekommene Konstruktion. Wenn das Relativpronomen Bestandteil der hinzugekommenen Konstruktion ist, also **keine** syntaktische Funktion im Relativsatz besitzt, spricht man von einem **verschränkten Relativsatz**. In diesem Fall lässt sich das Relativpronomen nicht mehr wörtlich übersetzen; denn es richtet sich in seinem **Kasus** nicht, wie bei einfachen Relativsätzen, nach dem Prädikat des Relativsatzes*, sondern ist, wie gesagt, ein Satzglied der hinzugetretenen satzwertigen Konstruktion. In **Numerus** und **Genus** bleibt die Kongruenz des Pronomens zum Bezugswort des übergeordneten Satzes bestehen *(zu den Übersetzungsmöglichkeiten s. u. S. 97)*.

* **Ausnahme:** Als Genitivattribut hängt das Relativpronomen **nicht** vom Prädikat des Relativsatzes ab, sondern beschreibt als Attribut ein Substantiv, das sich im Relativsatz befindet, z. B.:
Iustitia, **cuius** vim diligimus – die Gerechtigkeit, **deren** Macht wir schätzen (cuius: *Attribut zu* vim).

→ In diesem Buch wird nur die Verschränkung mit einem AcI behandelt *(s. aber Anhang, S. 244 f.)*.

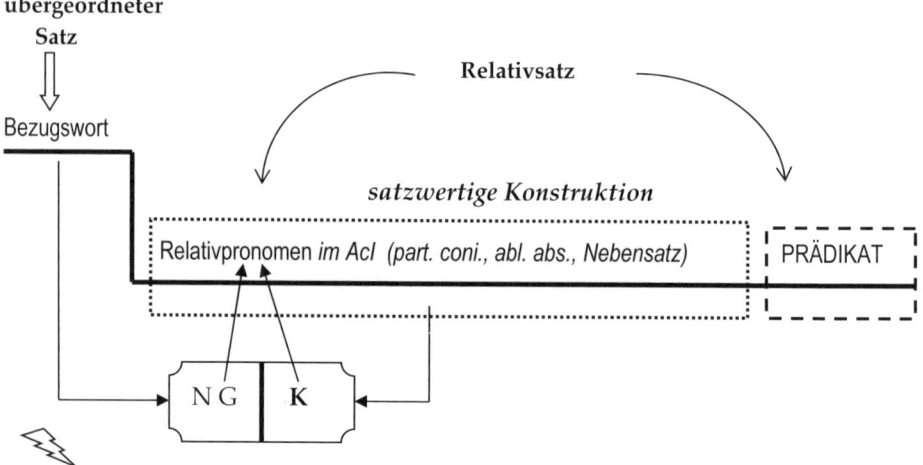

Aber: Nicht alle Relativsätze mit einem AcI sind verschränkt, z. B.: Cicero, qui dicebat se bonum consulem fuisse… – Cicero, der behauptete, dass er ein guter Konsul gewesen sei… Hier ist das Relativpronomen Satzglied des Relativsatzes und zwar das Subjekt.

Beispiel *(AcI-Verschränkung):*

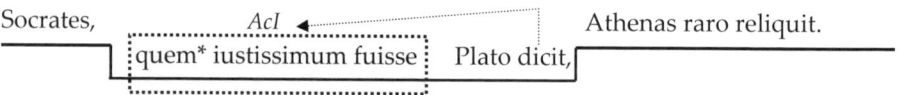

* **quem** ist als Subjektsakkusativ Teil des AcI und nicht von dicit abhängig.

Übersetzungsmöglichkeiten bei Verschränkung mit einem AcI:

→ Behelfsübersetzung mit einer den deutschen Relativsatz einleitenden Präposition, meistens mit „**von**" *bzw.* „**über**":

Sokrates, **von dem / über den** Platon sagt, dass **er** sehr gerecht gewesen sei, hat Athen selten verlassen.

→ Die Behelfsübersetzung ist in den meisten Fällen möglich und passend.

> Man sieht, dass man das Relativpronomen bei dieser Übersetzungsweise **zwei Mal** wiedergeben muss, *nämlich:*
> 1) mit „**von**" und dem **Relativpronomen**, also mit „**von dem / über den**" und
> 2) mit dem **Personalpronomen**, das der syntaktischen Funktion des Relativpronomens in der hinzugekommenen satzwertigen Konstruktion entspricht.
> Da **quem** hier Subjektsakkusativ *(m. Sing.)* ist, muss es mit dem Personalpronomen als Subjekt wiedergegeben werden, hier also mit „**er**".

→ Einschub, eingeleitet durch ein „**wie**" *oder* „**so**":
Der vom Prädikat regierte Teil des Relativsatzes wird als Einschub formuliert, der AcI wird als Relativsatz übersetzt, bei dem der Infinitiv zu dessen Prädikat wird:

Sokrates, der, **wie** Platon sagt, sehr gerecht gewesen ist, hat Athen selten verlassen.
Oder: Sokrates, der – **so** sagt Platon – sehr gerecht gewesen ist, hat Athen selten verlassen.

→ Präpositionaler Ausdruck:
Das Prädikat des Relativsatzes wird hierbei in ein entsprechendes Substantiv verwandelt und mit einer passenden Präposition verbunden:

Sokrates, der **laut / nach** Platons **Aussage / Behauptung** sehr gerecht gewesen ist, hat Athen selten verlassen *(Beispiele s. a. o. S. 90)*.

Weitere Beispiele für eine Verschränkung mit einem AcI:

1) Caesar T. Labienum, quem fortem fidumque esse cognoverat, militibus praefecit.
Caesar übergab T. Labienus, von dem er wusste, dass er tüchtig und zuverlässig war, das Kommando über die Soldaten. *(praeficere – wörtl.:* an die Spitze stellen)
2) Pueri Polydorum, quem caesum esse non sciebant, irriserunt.
Die Jungen lachten Polydorus aus, der, wie sie nicht wussten, geschlagen worden war.
3) Augustus civibus Romanis, quos regnum non probare non ignorabat, se rem publicam restituisse nuntiavit.
Augustus verkündete den römischen Bürgern, von denen er genau wusste, dass sie eine Alleinherrschaft nicht billigten, er habe die Republik wiederhergestellt.
4) Narrabo de rebus, quas vos non scire puto.
Ich werde über Ereignisse berichten, von denen ich glaube, dass ihr sie nicht kennt / die ihr, wie ich glaube, nicht kennt. *(Zu weiteren Möglichkeiten der Verschränkung s. Anhang, S. 244 f.)*

Lectio quinta decima
Aus dem Leben des M. Tullius Cicero I — 15

A   M. Tullius Cicero loco equestri natus est. A prima iuventute id studuit, ut ceteros doctrina eloquentiaque superaret. Ac profecto orationibus, quibus causas hominum multorum aut defensor aut accusator susceperat, brevi tempore clarus factus est. Quin etiam
5   clarior, cum Siculi eum patronum facerent et ab eo peterent, ut C. Verrem, illum Siciliae propraetorem, accusaret. Qui provinciam tres annos tantopere[1] vexaverat, ut non solum omnia ornamenta, omnes statuas, omnia vasa, sive aurea, sive argentea, deportaret, sed ne vestigia quidem pristini splendoris ac decoris Siciliae re-
10   linqueret. Nullus magistratus crudelior, cupidior, scelestior fuit isto propraetore. Qui prima Ciceronis oratione tam perterritus erat, ut fuga se eriperet et exul Massiliae[2] viveret.

1) tantopere *(Adv.)*   so sehr, in dem Maße
2) Massiliae *(vgl.* Romae*)*   in Massilia *(das heutige Marseille)*

Ortsangaben ohne Präposition – *Städtenamen, kleine Inseln und* **domus*** – *das Haus*

ZIEL	ORT	AUSGANGSPUNKT
Romam – nach Rom	Romae – in Rom	Roma – aus Rom
Athenas – nach Athen	Athenis – in Athen	Athenis – aus Athen
Delum – nach Delos	Delo – auf Delos	Delo – von Delos
domum – nach Hause	domi – zu Hause	domo – von zu Hause

* Zu domus s. u. L. 16, S. 105

Der Komparativ des Adjektivs gehört zur konsonantischen Deklination:

longior	longior	longius	longiores	longiores	longiora
	longioris			longiorum	
	longiori			longioribus	
longiorem	longiorem	longius	longiores	longiores	longiora
	longiore			longioribus	

Aus dem Fundus des Großvaters: Ciceros Versuche zu Verres

15 B Pueri per villam euntes in cubiculo codicillum antiquum reperiunt et haec avi verba legunt:

„Populus Romanus istum hominem – aut potius dicam: beluam – propraetorem Siciliae fecit, commisit senatus isti praedoni hanc
5 provinciam. Maximis cladibus vexata omnibusque malis victa me accusatorem delegit tota Sicilia. Cuius provinciae, iudices, diligenter rationem habere[1] debetis iustissimis de causis. Sicilia enim prima homines nostros docuit, quam honestum praeclarumque esset exteris gentibus imperare. Quid dicam de Siculis[2] ipsis[3]? Quorum
10 fidem in populum Romanum saepe spectatam[4] esse constat. Numquam, iudices, numquam invenietis provinciam, cuius incolae fideliores et nostris hominibus benevolentiores sunt Siculis[2]! Quae scelera crudeliora ac magis nefaria[5] cogitari possunt quam res in Sicilia ab isto tam praeclare gestae? Quis umquam cupidius atque
15 audacius provinciam populi Romani spoliavit isto homine? Quis umquam provinciam fertilissimam et omnibus rebus ornatam fecit vastas solitudines?

Valde, iudices, valde timeo, ne socii odio incensi in amicitia populi Romani manere desistant.
20 Itaque hoc, iudices, ne concesseritis, ut socii nationesque exterae homines nostros latrones ac praedones orbis terrarum et putare et dicere possint!"

Pueri libellum reponunt; Marcus ad Lucium: „Etiam Cicero, ille orator eloquentissimus, in verbis se exercere debuit."

---

1) rationem habere *(m. Gen.)*   Rücksicht nehmen *auf*
2) Siculī, -ōrum m.   die Sikuler *(Einwohner Siziliens)*
3) ipse, ipsa, ipsum   selbst *(s. L. 20)*
4) spectātus,- a, -um   erprobt, bewährt
5) magis nefārius   Komparativ *zu* nefārius *(zu dieser Besonderheit s. Vokabelteil, L. 15 B, S. 175; Anhang, S. 229)*

GRAMMATIK

I FORMENLEHRE

1) Der Komparativ des Adjektivs

Bildung: Wortstock des Adjektivs + **-ior** (m. / f.), **-ius** (n.)
Genitiv für alle drei Genera: **-iōris**

z. B.: long**ior**, **-ius** (*Gen.*: longiōris), celer**ior**, **-ius** (*Gen.*: celeriōris), prudent**ior**, **-ius** (*Gen.*: prudentiōris), pulchr**ior**, **-ius** (*Gen.*: pulchriōris)

→ Die Komparative der Adjektive gehören zur **konsonantischen** Deklination
  (*vgl. o. S. 98 und Übersicht im Anhang, S. 228*).
→ Der Komparativ wird bei einem direkten Vergleich angewandt, *also*:
  Verres audacior est quam ceteri propraetores (*oder ohne* quam: propraetoribus).
  Verres ist unverschämter als die übrigen Statthalter (*dazu s. a. u. S. 101*).
→ Er kann aber auch absolut, *d. h.* ohne direkte Vergleichsmöglichkeit, erscheinen:
  Verres audacior est. – Verres ist ziemlich *oder* zu unverschämt.

2) Der Komparativ des Adverbs

Dieser ist identisch mit dem Nominativ neutrum des Adjektivs, endet also auf **-ius**:

	Positiv		Komparativ		Superlativ
z. B.:	clare	→	**clarius**	→	clarissime
	celeriter	→	**celerius**	→	celerrime
	facile	→	**facilius**	→	facillime

II SYNTAX

1) Ein weiterer abl. instrumentalis: der ablativus limitationis / respectūs

Dieser Ablativ schränkt eine Aussage ein, häufig nach vergleichenden Ausdrücken wie z. B. „überlegen sein" usw. und Feststellungen, die ein Qualitätsurteil enthalten (*daher*: limitationis = Abl. der Beschränkung), *bzw.* nennt den Bereich, für den eine Aussage gilt (*daher*: respectūs = Abl. der Hinsicht). Er antwortet auf die Fragen: WORIN? IN WELCHER HINSICHT?

Supero te **doctrinā**. Ich übertreffe dich **an Gelehrsamkeit / Bildung**.
Non **tota re** erras. Du irrst dich nicht **in der gesamten Angelegenheit**.
Homines **linguā** et **moribus** inter se differunt (sich voneinander unterscheiden).
Die Menschen unterscheiden sich voneinander in Sprache und Sitten.

2) Sondergruppen des ablativus separativus

Neben den bisher vorgestellten Aspekten des ablativus separativus als Kasus zur Bezeichnung des Ausgangspunkts und der Trennung *bzw.* des Getrenntseins sind noch folgende besondere Funktionen zu erwähnen:

a) Der ablativus comparationis:

Dieser Ablativ des Vergleichs bezeichnet den **Ausgangspunkt** der Betrachtung *bzw.* des Vergleichs und stellt eine Alternative zum mit **quam** gebildeten Vergleich dar:

Verres cupidior fuit
     quam ceteri propraetores.
     ceteris propraetoribus. *(abl. comparationis)*

Verres ist gieriger **als die übrigen Statthalter** gewesen.

→ Die Zugehörigkeit des ablativus comparationis zur Großgruppe des ablativus separativus wird bei einer wörtlichen Übersetzung deutlich:
„Von den übrigen Statthaltern aus gesehen / im Vergleich zu den übrigen Statthaltern ist Verres gieriger gewesen".

Neminem maiore odio accusavi
     quam Verrem.
     Verre. *(abl. comparationis)*

Ich habe niemanden mit größerer Abneigung angeklagt **als Verres**.

Weitere Beispiele:

Nihil miserius est bello civili. – Nichts ist unseliger als ein Bürgerkrieg.
Opinione / spe celerius – Schneller als gedacht (*wörtl.*: schneller als die Erwartung)
Frater est vitā carior. – Mein Bruder ist mir teurer als mein Leben.
Marcus maior (größer, älter) est Lucio. – Marcus ist älter als Lucius.
Bello utilius est pax. – Nützlicher als der Krieg ist der Frieden.

b) Der ablativus originis:

Er bezeichnet die familiäre Herkunft einer Person oder gibt deren Stand an. Er steht ohne Präposition bei den Partizipien **natus** – geboren, abstammend von und **ortus** – abstammend von (*wörtl.*: entstanden aus):

  Cicero equestri loco ortus est. Cicero entstammte dem Ritterstand.
  Catilina, vir nobili genere* natus Catilina, ein Mann von vornehmer Abstammung
  (* genus, -eris n. – Geschlecht, Familie; Abstammung, Art)

3) Doppelter Akkusativ und Doppelter Nominativ

Der doppelte Akkusativ steht nach Verben, die in der Bedeutung „halten für, erkennen als, machen zu, wählen zu, ernennen zu, erklären zu, sich bewähren als" *usw.* den Charakter von **Hilfsverben** annehmen und deshalb neben dem Objekt einen weiteren Akkusativ als **Prädikatsnomen** benötigen, z. B.: Romani Ciceronem **consulem** creaverunt:

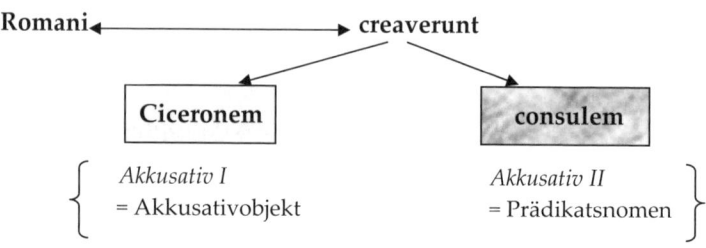

{ *Akkusativ I* = Akkusativobjekt   *Akkusativ II* = Prädikatsnomen }

Die Römer wählten Cicero **zum Konsul.**

Einige Verben in der Funktion von Hilfsverben mit doppeltem Akkusativ:

creāre – wählen zu   habēre, putāre, existimāre, ducere – halten für
facere – machen zu   dicere, nomināre, vocāre, appellāre – bezeichnen als
iudicāre – beurteilen als, erklären zu   se praebēre, se praestāre – sich erweisen als

---

Weitere Beispiele:

Romani Ciceronem optimum oratorem putabant.
Die Römer hielten Cicero für den besten / einen sehr guten Redner.
Senatores Cincinnatum dictatorem fecerunt. – Die Römer machten Cincinnatus zum Diktator.
Catilina fortem se praestitit. – Catilina erwies sich als tapfer.

→ Bei der Umwandlung dieser Verben ins Passiv wird daraus die Konstruktion des **doppelten Nominativs** *(nicht möglich bei se praebere / praestare)*:

Cicero a Romanis **consul** creatus est. *(Subjekt mit Prädikatsnomen)*
Cicero wurde von den Römern **zum Konsul** gewählt.

Übersetzen Sie bitte:

1) Senatores Catilinam hostem iudicaverunt.   Catilina a senatoribus hostis iudicatus est.
2) Tullius Polydorum semper fidum putabat.   Polydorus semper fidus putabatur*.
3) Senatus Ciceronem patrem patriae appellavit.   Cicero pater patriae appellatus est.

* Das Passiv von **putare** und **habere** kann eleganter mit „gelten als ..." übersetzt werden:
  Cicero optimus orator habebatur. – Cicero galt als ein sehr guter / der beste Redner.

4) Der relativische Satzanschluss

Das Relativpronomen leitet nicht nur Relativsätze ein, sondern kann zwei unabhängige Sätze ohne syntaktische Unterordnung inhaltlich miteinander verknüpfen. In diesem Fall beginnt der neue Satz mit einer Form des Relativpronomens **qui, quae, quod;** dieses wird dann als **Demonstrativpronomen** übersetzt, z. B.:

Siculi a Cicerone auxilium petiverunt; **qui** C. Verrem quam celerrime accusavit.
Die Einwohner Siziliens baten Cicero um Hilfe; **dieser** klagte C. Verres möglichst schnell an.

Cicero orator clarissimus erat; **a quo** Siculi auxilium petiverunt.
Cicero war ein sehr berühmter Redner; die Einwohner Siziliens baten **diesen** um Hilfe.

→ Der relativische Satzanschluss findet sich auch in einem adverbialen Nebensatz
 (oder einer Partizipialkonstruktion), z. B.:
Verres Siciliam vexabat; **quod ubi** Cicero audivit, eum accusavit.
Verres drangsalierte Sizilien; **sobald** Cicero **dies** gehört hatte, klagte er ihn an.

Quae cum ita sint – Da / obwohl sich dies so verhält
Quibus rebus cognitis – Nachdem diese Vorgänge erkannt worden sind / nach Erkenntnis dieser Vorgänge
Quae pericula cum vidissem, senatum convocavi. – Nachdem ich diese Gefahren gesehen hatte, rief ich den Senat zusammen.
Qua de causa / qua re – aus diesem Grund; quo modo – auf diese Weise

III ÜBUNGEN

Steigern Sie die Adjektive und bilden Sie jeweils die Adverbien zu diesen Formen:

ADJEKTIV	KOMPARATIV	SUPERLATIV	ADVERB
1) audax			
2) celer			
3) brevis			
4) facilis			
5) scelestus			
6) crudelis			
7) miser			
8) prudens			

Lectio sexta decima
Cicero II: Kampf gegen Catilina

Cicero orationibus suis optimus orator habitus paucis annis post etiam consul creatus est. Summum magistratum adeptus[1] sperabat se maximam gloriam sibi paraturum esse. Ac profecto eo tempore consul erat, cum Catilina, vir nobili genere natus, coniurationem fecit, ut regnum sibi pararet. Etiam Ciceroni consuli insidias parabat; sed is, homo magna prudentia ac diligentia, cum de Catilinae consiliis certior factus esset, mortem effugere potuit.

Paucis tantum horis post senatu convocato Cicero demonstravit periculum rei publicae maius esse opinione quorundam[2], qui mollioribus sententiis coniurationem factam esse negaverant.

Cum autem Catilina senatores monuisset, ne sibi, homini nobili loco, minus crederent quam Ciceroni, isti homini novo, omnes clamare coeperunt et eum hostem appellabant.

Tum ille furibundus „Si me interficere vultis, ego quidem quam plurimos vestrum omnium rapiam mecum ad interitum!" exclamavit et e curia se proripuit. Statim ad castra in Etruria collocata exercitumque suum profectus est[3] bellum patriae paraturus. Nunc apertum erat bellum futurum et cives cum civibus pugnaturos esse.

1)	adeptus sum	ich habe erlangt, erreicht; adeptus *als participium coniunctum*
2)	opīniōne quōrundam	*Übersetzen Sie frei:* ... als einige glaubten
3)	profectus est	er brach auf

GRAMMATIK

I   FORMENLEHRE

1)   Die u-Deklination

Die Substantive dieser Deklinationsgruppe, die bereits in einigen Lektionen erschienen sind, haben **-u** als Stammvokal. Dieses **-u** bleibt in allen Kasus erhalten außer im Dativ und Ablativ Plural. Dort wird **-u** zu **-i**. **Domus** (das Haus) weist Besonderheiten auf:

	Singular	Plural		Singular	Plural
Nom.	magistrātus	magistrātūs	Nom.	domus	domūs
Gen.	magistrātūs	magistrātuum	Gen.	domūs	domōrum (domuum)
Dativ	magistrātuī	magistrātibus	Dativ	domuī	domibus
Akk.	magistrātum	magistrātūs	Akk.	domum	domōs (domūs)
Ablativ	magistrātū	magistrātibus	Ablativ	domō	domibus

magistrātus – Amt; Beamter

 Die meisten Substantive der u-Deklination auf -us sind masculinum, aber **domus** – das Haus, **manus** – die Hand, Schar, **tribus** – der Stadtbezirk, **porticus** – die Säulenhalle, **Idus** – die Iden *(entweder der 13. oder 15. Tag eines Monats)* sind femininum. Substantive auf **-u** (z. B.: **cornu** – das Horn; der Heeresflügel) sind neutrum.

2)   Partizip und Infinitiv Futur Aktiv – Formen und Anwendung

Das **Partizip Futur Aktiv** wird gebildet mit dem Stamm des Partizips Perfekt Passiv und der Endung **-ūrus, -a, -um** (*wörtl. attributiv:* vocātūrus – einer, der rufen wird):

vocāt / us, -a, -um	→ **vocātūrus, -a, -um**	dict / us *etc.*	→ **dictūrus** *etc.*
miss / us *etc.*	→ **missūrus, -a, -um**	audīt/ us *etc.*	→ **audītūrus** *etc.*

→ In **Partizipialkonstruktionen** kennzeichnet das Partizip Futur Aktiv die **Nachzeitigkeit** zum Prädikat. Hierbei empfiehlt sich, neben der Übersetzung mit „werden", auch diejenige mit „im Begriff sein" oder „wollen", z. B.:

Mucia servum punitura ab amicis in triclinium vocatur.
<small>Als Mucia den Sklaven bestrafen will, wird sie von den Freunden ins triclinium gerufen.</small>
Senatores Catilinam contumelias **dicturum** hostem appellabant.
<small>Die Senatoren nannten Catilina, **als** er Schmähungen **ausstoßen wollte**, einen Staatsfeind.</small>

→ Das Partizip Futur Aktiv kann außerdem eine **finale** Sinnrichtung annehmen; z. B.:

Xerxes, rex Persarum, copias Hellespontum traduxit Graeciam **subacturus**.
<small>Xerxes, der König der Perser, führte seine Truppen über den Hellespont, **um** Griechenland **zu erobern** (= damit er Griechenland erobere).</small>

Lektion 16

Der **Infinitiv Futur Aktiv** setzt sich zusammen aus dem Partizip Futur Aktiv und **esse**. Allerdings sind die Endungen des Partizips hierbei variabel. Wie man an den folgenden Beispielen sieht, richtet sich das Partizip Futur Aktiv als Bestandteil des Infinitivs Futur Aktiv in Kongruenz nach dem Subjektsakkusativ:

> Spero Ciceron**em** Catilinam expuls**urum** esse. Ich hoffe, dass Cicero Catilina vertreiben wird.
>
> Spero senator**es** Catilinam expuls**uros** esse. Ich hoffe, dass die Senatoren Catilina vertreiben werden.
>
> Sperabam domin**am** servum non punit**uram** esse. Ich hoffte, dass die Herrin den Sklaven nicht bestrafen werde / wollte.

Der Infinitiv Futur Aktiv ist der Infinitiv der **Nachzeitigkeit***.

* Zu den Zeitverhältnissen der Infinitive im AcI vgl. Syntaxteil von Lektion 6, S. 42 f. Dort (S. 43) können Sie jetzt **aedificaturum esse** einfügen.

3) Unregelmäßige Komparation

Wie im Deutschen *(gut, besser, am besten)* weisen auch im Lateinischen manche Adjektive und Adverbien bei der Steigerung unterschiedliche Stämme auf; es seien hier genannt:

bonus, -a, -um	melior, melius	optimus, -a, -um	(gut *usw.*)
malus, -a, -um	peior, peius	pessimus, -a, -um	(schlecht *usw.*)
māgnus, -a, -um	māior, māius	maximus, -a, -um	(groß *usw.*)
parvus, -a, -um	minor, minus	minimus, -a, -um	(klein *usw.*)
multī, -ae, -a	plūrēs, plūra	plūrimī, -ae, -a	(viele *usw.*)

Dazu kommen noch einige Komparative und Superlative, die sich häufig von Adverbien ableiten. Diese Komparative werden daher manchmal auch als Grundform übersetzt *(zu diesem Komplex s. Rubenbauer / Hofmann § 49)*.

ultimus, -a, -um	der letzte	*Komp.*: ulterior, -ius	jenseitig; entfernter
suprēmus *etc.*	der oberste	*Komp.*: superior, -ius	höher gelegen, überlegen
extrēmus *etc.*	der äußerste	*Komp.*: exterior, -ius	weiter außen gelegen
postrēmus *etc.*	der letzte	*Komp.*: posterior, -ius	folgend; geringer
proximus *etc.*	der nächste	*Komp.*: propior, -ius	näher liegend

Die Grundformen der oben genannten Komparative sind Adverbien: **ultra, supra, extra, post, prope**, von denen sich ihrerseits einige Adjektive herleiten: **exterus, -a, -um** (äußerer, auswärtig); **posterus, -a, -um** (folgend, kommend, nachfolgend); postero die – am folgenden Tag.

4) velle, nōlle, mālle

Ihnen sind im Verlauf des Kurses einige Formen von **velle** (wollen) begegnet. Es werden hier die unregelmäßigen Formen des Indikativs und Konjunktivs Präsens von **velle, nōlle, mālle** vorgestellt. Alle drei Verben haben **u**-Perfekt (**voluī, nōluī, māluī**); deshalb muss auf diese Formen hier nicht eingegangen werden.

velle – wollen

Ind. Präsens: volō, vīs, vult, volumus, vultis, volunt
ich will, du willst, er, sie, es will, wir wollen, ihr wollt, sie wollen

Konj. Präsens: velim, velīs, velit, velīmus, velītis, velint
ich möge wollen *oder* ich wolle *usw.*

nōlle – nicht wollen *(nolo entstanden aus nē + volo)*

Ind. Präsens: nōlō, nōn vīs, nōn vult, nōlumus, nōn vultis, nōlunt
ich will nicht, du willst nicht, er, sie, es will nicht, wir wollen nicht *usw.*

Konj. Präsens: nōlim, nōlīs, nōlit, nōlīmus, nōlītis, nōlint
ich möge nicht wollen *oder* ich wolle nicht *usw.*

mālle – lieber wollen *(malo entstanden aus magis volo)*

Ind. Präsens: mālō, māvīs, māvult, mālumus, māvultis, mālunt
ich will lieber, du willst lieber, er, sie, es will lieber *usw.*

Konj. Präsens: mālim, mālīs, mālit, mālīmus, mālītis, mālint
ich möge lieber wollen *oder* ich wolle lieber *usw.*

Ind. Imperf: volēbam, nōlēbam, mālēbam *etc.*; **Konj. Imperf.:** vellem, nōllem, māllem *etc.*;
Fut. 1: volam, volēs, volet *etc.*; nōlam, nōlēs, nōlet *etc.*; mālam, mālēs, mālet *etc.*

Alle drei Verben, wie auch studēre und cupere, stehen mit Infinitiv *oder* AcI:

Der **Infinitiv** erscheint bei **Subjektsgleichheit**, z. B.:

Volo laborare. – (**Ich** will, dass **ich** arbeite.) = Ich will arbeiten.
Vis laborare. – (**Du** willst, dass **du** arbeitest.) = Du willst arbeiten.

Der **AcI** erscheint bei **Subjektsungleichheit**, z. B.:

Volo **te** laborare. – **Ich** will, dass **du** arbeitest.
Nolo **te** me visitare. – **Ich** will nicht, dass **du** mich besuchst.

Lektion 16

II SYNTAX

1) Nebensätze, durch cum eingeleitet

In diesem Lektionstext kommen einige Nebensätze vor, die mit der Subjunktion **cum** eingeleitet werden. **Cum** kann sowohl mit Indikativ als auch mit Konjunktiv stehen. Auch der Konjunktiv wird hierbei mit Indikativ übersetzt. Insgesamt gibt es folgende Möglichkeiten:

I cum mit Indikativ	II cum mit Konjunktiv
1) cum temporale* – *(damals)* als Zur genauen Festlegung eines Zeitpunkts durch den Nebensatz; im Hauptsatz erscheint oft ein vorausdeutendes **eo tempore, nunc** oder **tum** (zu diesem Zeitpunkt, jetzt, damals).	**1) cum narrativum** – als, nachdem Wird in der Erzählung fortlaufender Handlungen gebraucht, um Nebenumstände zu schildern. Konjunktiv Imperfekt bei Gleich- und Konjunktiv Plusquamperfekt bei Vorzeitigkeit.
2) cum iterativum – *(immer)* wenn, so oft Gibt wiederholte Vorgänge / Handlungen an.	**2) cum causale** – weil, da Leitet Begründungssätze ein (*wie* **quod** *m. Ind.*).
3) cum coincidens – dadurch dass, indem Gibt Handlungen an, die mit der Handlung des Hauptsatzes inhaltlich und zeitlich zusammenfallen.	**3) cum concessivum** – obwohl, obgleich Räumt eine Handlung ein, gibt einen Gegengrund zur Haupthandlung an.
4) cum modale – während dabei, wobei Schildert Begleitumstände der Haupthandlung.	**4) cum adversativum** – während *(doch)* Bezeichnet eine Handlung, die gleichzeitig zur Haupthandlung, aber gegensätzlich abläuft.
5) cum inversum – als *(plötzlich)* Die normale Zuordnung von Haupt- und Nebenhandlung wird umgekehrt: Im Nebensatz erscheint die Haupthandlung, während der Hauptsatz oft nur eine Zeitangabe u. ä. enthält.	→Alle konjunktivischen cum-Sätze werden im Deutschen mit **Indikativ** wiedergegeben! Sie gehören zu der auf S. 91 aufgeführten dritten Gruppe.

* **cum** mit Futur I oder II bedeutet „wenn" oder „sobald" *(vgl. Rubenbauer / Hofmann § 253, 1).*

Beispiele:

I.1   Cum Caesar in Galliam venit, ibi duae factiones erant.
      Als Caesar nach Gallien kam, gab es dort zwei Parteien.   **TEMPORALE**

      Fuit quoddam tempus, cum homines in pace vivebant.
      Es gab eine Zeit, da / in der die Menschen in Frieden lebten.

I.2   Tullius, cum domi est, otio gaudet.
      Immer wenn Tullius zu Hause ist, freut er sich über die freie Zeit.   **ITERATIVUM**

I.3   Cum tacent, clamant.   **COINCIDENS**
      Indem sie schweigen, rufen sie laut.

I.4   Verres civem Romanum caedebat, cum nullus clamor   **MODALE**
      audiebatur.
      Verres schlug einen römischen Bürger, wobei kein Aufschrei
      vernommen wurde.

I.5   Romani castra collocabant, cum subito hostes impetum fecerunt.   **INVERSUM**
      Die Römer waren gerade dabei, ein Lager aufzuschlagen, als die
      Feinde plötzlich angriffen (*wörtl.:* einen Angriff machten).

= =

II.1 Cum Romani castra collocarent, hostes subito impetum fecerunt.   *NARRATIVUM*
      Als die Römer das Lager aufschlugen, griffen die Feinde plötzlich an.

II.2 Cicero, cum Catilinam urbe expulisset, a senatu laudatus est.   *CAUSALE*
      Weil Cicero Catilina aus der Stadt vertrieben hatte, wurde er vom
      Senat gelobt.

II.3 Cum Catilina urbe expulsus esset, res publica magno in pericu-   *CONCESSIVUM*
      lo erat.
      Obwohl Catilina aus der Stadt vertrieben worden war, befand sich der
      Staat in großer Gefahr.

II.4 Homini ratio est, cum ceteris animalibus non sit.   *ADVERSATIVUM*
      Der Mensch besitzt Vernunft, während die übrigen Lebewesen
      diese nicht haben.

2)   Direkte und indirekte Reflexivität *(vgl. a. o. L. 8, S. 53)*

Die reflexiven Personalpronomina (–, **sui, sibi, sē, a sē, sēcum, sē**) und Possessivpronomina der dritten Person (**suus, -a, -um**) können sowohl direkt als auch indirekt reflexiv gebraucht werden. Hier zunächst noch einmal die **direkte Reflexivität**, zu der auch die „AcI-Reflexivität" *(s. o. S. 53)* gehört. (*Der AcI gilt im Lateinischen als Satzglied, nicht als Nebensatz!*)

1) **Cicero** saepius **se** laudabat. – **Cicero** lobte allzu oft **sich** (selbst). **(direkt reflexiv)**

    Subjekt = Objekt   *Das Reflexivpronomen weist auf das Subjekt des gleichen Satzabschnitts zurück.*

2) **Catilina** sperabat **se** Ciceronem consulem necaturum esse. **(AcI-Reflexivität)**

    Das Reflexivpronomen weist auf das Subjekt des gesamten Satzes zurück.
    Catilina hoffte, dass **er** den Konsul Cicero töten werde (*oder:* hoffte, den Konsul Cicero zu töten).

3) **Catilina** non putabat Ciceronem **se** urbe expellere posse. **(AcI-Reflexivität)**
                         s. o

    Catilina glaubte nicht, dass Cicero **ihn** aus der Stadt vertreiben könne.

Weitere Beispiele für die AcI-Reflexivität:

1) **Senatores** ignorabant **se** maximo in periculo esse.
   Die Senatoren wussten nicht, dass **sie** in größter Gefahr schwebten.
2) **Cicero** non ignorabat Catilinam **sibi** insidias paraturum esse.
   Cicero wusste genau, dass Catilina einen Anschlag **gegen ihn** vorbereiten wollte.
3) **Catilina** sperabat socios **sibi** fidos fore.
   Catilina hoffte, dass die Verbündeten **ihm** treu ergeben sein würden.

> Da der AcI ein Satzglied und nicht, wie im Deutschen, ein Nebensatz ist, spricht man auch in diesem Fall von **direkter Reflexivität**. Der Begriff „AcI-Reflexivität" wurde eingeführt, um darauf aufmerksam zu machen, dass man das Pronomen im Unterschied zur einfachen direkten Reflexivität nicht mehr mit „sich" usw., sondern in Anpassung an das Subjekt mit den entsprechenden Formen des Personalpronomens **er, sie, es** übersetzen muss.
> Allerdings ist auch innerhalb des AcI *(wie bei den konjunktivischen Nebensätzen, s. u.)* eine „direkte" Reflexivität (mit inhaltlichem Bezug des Pronomens zum Subjektsakkusativ) möglich, z. B.: Caesar scribit Ariovistum **se** laudavisse.
> <u>Entweder:</u>   C. schreibt, dass Ariovist **ihn** *(also Caesar)* <u>oder:</u> **sich** rühmte.
>   *(Hierzu s. a. folgende Seite, geschweifte Klammer)*

Die indirekte Reflexivität

Indirekte Reflexivität liegt dann vor, wenn das Pronomen eines konjunktivischen, innerlich abhängigen Nebensatzes auf das Subjekt des übergeordneten Satzes zurückweist.
Auch in diesem Fall wird das reflexive Personalpronomen mit Formen von **er, sie, es** in inhaltlicher Anpassung an das Subjekt des übergeordneten Satzes wiedergegeben.

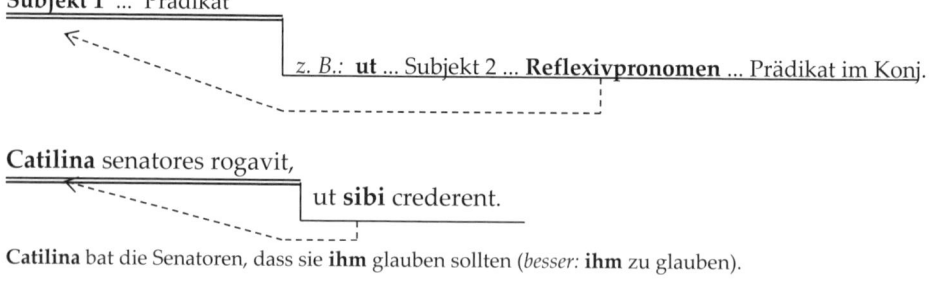

Catilina bat die Senatoren, dass sie **ihm** glauben sollten (*besser:* **ihm** zu glauben).

Weiterhin:

Amici deos oraverunt, ut **se** servarent. – **Die Freunde** beteten zu den Göttern, **sie** zu retten.

Mucia a Marco petit, ut **sibi** ignoscat. – **Mucia** bittet Marcus, **ihr** zu verzeihen.

Weitere Beispiele für die indirekte Reflexivität:

1) **Polydorus** dominam rogat / rogavit, ne **se** puniat / puniret.
   Polydorus bittet / bat die Herrin, **ihn** nicht zu bestrafen (dass sie ihn nicht bestrafe).
2) **Mucia** servo imperat / imperavit, ut filios **suos** in scholam ducat / duceret.
   Mucia befiehlt / befahl dem Sklaven, **ihre** Söhne in die Schule zu bringen.
3) **Cicero** optat / optavit, ut senatus **sua** facta laudet / laudaret.
   Cicero wünscht / wünschte, dass der Senat **seine** Taten lobt / lobte.

> Wie gerade beim letzten Beispielsatz auch im Deutschen ersichtlich wird, ist der Bezug des Reflexivpronomens *(syntaktisch u. inhaltlich)* nicht eindeutig: Sua lässt sich auch auf das Subjekt des Nebensatzes beziehen; der Senat solle also seine eigenen Taten loben. In diesem Fall läge eine **direkte Reflexivität** vor, da sich das Pronomen inhaltlich auf das Subjekt des gleichen Satzabschnitts bezöge. Es entscheidet also allein der Kontext, ob der Senat Ciceros oder seine eigenen Taten loben oder ob *(Satz 2)* der Sklave seine oder Mucias Söhne in die Schule bringen soll.
> Die gleiche Doppeldeutigkeit begegnet uns auch bei den Reflexivpronomina im AcI: Sie können sich sowohl auf das Subjekt des gesamten Satzes als auch auf den Subjektsakkusativ beziehen: Cicero sciebat Caesarem mortem **suae** filiae valde dolere.
> Cicero wusste, dass Caesar den Tod seiner Tochter sehr betrauerte.
> Es kann sich *(wie hier auch im Deutschen)* um Ciceros oder Caesars Tochter handeln.
> Cicero sciebat Caesarem magnam **sibi** gloriam paravisse.
> Cicero wusste, dass Caesar sich großen Ruhm erworben hatte.
> Ebenso doppeldeutig ist hier *(im Gegensatz zum Deutschen)* der Bezug des **sibi**: Entweder hat Caesar sich (selbst) oder Cicero großen Ruhm erworben.
> Sē als Subjektsakkusativ bezieht sich immer eindeutig auf das übergeordnete Subjekt.

3) Der ablativus mensurae

Dieser Ablativ der Maßangabe gehört zur Großgruppe **Instrumentalis** *(vgl. L. 6, Syntaxteil)* und bezeichnet Art oder Grad eines Unterschieds auf die Frage UM WIE VIEL? Er präzisiert die Aussagen von Adjektiven oder Adverbien im Komparativ oder Verben des Übertreffens bzw. Unterliegens.

decem annis maior	(um) zehn Jahre älter
paulo post	ein wenig später
multo peior	(um) viel(es) schlechter
duobus annis ante	(um) zwei Jahre früher, zwei Jahre zuvor
nihilo minus	(um) nichts weniger, nichts desto trotz

Cicero Catilinam prudentiā **multo** superavit.
Cicero übertraf Catilina **bei weitem** an Umsicht.

Außerdem kann der **ablativus mensurae** bei Ausdrücken der räumlichen und zeitlichen Distanz gebraucht werden *(s. Rubenbauer / Hofmann § 153)*.

III ÜBUNGEN

1) Bilden Sie von folgenden Verben das Partizip Futur Aktiv:

a) rogare →   b) ponere →

c) mittere →   d) facere →

e) legere →   f) addere →

g) cogere →   h) iubere →

i) frangere →   j) fallere →

2) Ergänzen Sie die fehlenden Endungen:

a) nostri exercit_____ (2)   b) nostrae man_____ (3)

c) exercitum ingent____   d) dom_____ nostr____ (Gen. Plur)

f) impet_____ celeri   g) exercit_____ magnis

h) exercit_____ magnos   i) dom_____ magn____ (Akk. Pl.)

3) Bestimmen und übersetzen Sie folgende Formen:

a) malam

b) mallem

c) malim

d) malui

e) malis

f) males

g) nolint

h) velitis

i) vultis

j) mavis

Lectio septima decima
Cicero III
17

A Uno mense post nova occasio senatum convocandi Ciceroni oblata est. Nam Catilinae socii, qui Romae remanserant, ut ibi servos sollicitando ac nobiles interficiendo omnia perturbarent, consulis diligentia prudentiaque comprehensi erant.
5 Dum igitur Cicero senatores rogat, quo modo coniurati punirentur, sententiae in consultando diversae erant. Cum enim plerique coniuratos necari vellent, C. Caesar oratione sua id studebat, ne morte vindicarentur, sed aeternis in vinculis degerent miserrimam vitam. At Catoni id non placuit; Caesarem vehementer incusan-
10 do senatoribus persuasit, ut coniuratos quam celerrime occiderent. Itaque Ciceronis iussu statim lictores eos in carcerem abduxerunt ad trucidandum; Cato autem laudibus elatus et Cicero pater patriae appellatus est.

Polydorus gewährt Verzeihung

17 B Marcus et Lucius, Marci filii, contumeliis Polydori fugati nunc eum iterum adeunt et donum secum ferunt: „Salve, Polydore, venimus donum parvum ferentes, quod dolores, quos tam fortiter fers, lenire volumus." Is: „Donum mihi fertis? Num creditis donum dan-
5 do verbaque comiter faciendo et dolores et maximos labores, quos semper aequo animo pertuli et perfero, leniri?"
Pueri: „O Polydore, quo iracundia tua ferris? Dextras nostras prehende donumque accipe!" „Auferte manus vestras, domini! Ne mihi vim attuleritis! Satis verberum accepi!" Tum Marcus: „Ita est,
10 iam Homerus fert Graecos temporum antiquorum ignoscere non potuisse. Sed, credo, tui dolores cum laboribus illorum virorum conferri non possunt."
Tandem Polydorus: „Recte id dixisti, mi Marce, vos quidem dolores mihi non attulistis. Itaque donum vestrum libenter accipio."

GRAMMATIK

I FORMENLEHRE

1) ferre und Komposita

ferre hat den Präsensstamm **fer-**. Dieses Verb gehört zur Gruppe der konsonantischen Konjugation; die Bindevokale **-e-** (*vgl.* dic-*e*-re) und **-i-** (*vgl.* dic-*i*-s) entfallen im Indikativ Präsens Aktiv und Passiv vor **r**, **s** und **t**; so erklären sich auch die Infinitive **ferre** und **ferri** und der Konjunktiv Imperfekt.

Ind. Präsens Aktiv		Ind. Präsens Passiv	
ferre	tragen, bringen	**ferri**	getragen werden; eilen
fero	ich trage	feror	ich werde getragen, ich eile
fers	du trägst	**ferris**	du wirst getragen, du eilst
fert	*usw.*	**fertur**	*usw.*
ferimus		ferimur	
fertis		ferimini	
ferunt		feruntur	

Die Imperative lauten: **fer!** – trage! (*vgl.* dic! duc! fac!)   **ferte!** – tragt!

weitere Formen: *Ind. Imperf. Akt.*:   ferēbam, ferēbas, ferēbat, ferebāmus, ferebātis, ferēbant
   Konj. Imperf. Akt.:   ferrem, ferrēs, ferret, ferrēmus, ferrētis, ferrent
   Fut. I Aktiv: feram, ferēs, feret, ferēmus, ferētis, ferent

Die Passivformen werden mit den Ihnen bekannten Personalendungen des Passivs gebildet.

→ **ferre** hat unterschiedliche Stämme: **tul-** (Perfektstamm) und **lat-** (Supinstamm):

   tul-:   An diesen Stamm treten die Ihnen bekannten Personalendungen:
   tul**i**, tul**isti**, tul**it** *etc.*; tul**eram**, tul**eras**, tul**erat** *etc.*; tul**ero**, tul**eris**, tul**erit** *etc.*

→ **lātus, -a, -um** ist das Partizip Perfekt Passiv von **ferre**.

→ Bei den Komposita ist die **Assimilation** zu beachten:

   adferre → a**f**ferre   *Perf.*: **at**tuli (adtuli)   *P.P.P.*: **al**lātus -a, -um (adlātus *etc.*)
   obferre → o**f**ferre   *Perf.*: **ob**tuli   *P.P.P.*: **ob**lātus, -a, -um
   auferre *statt* abferre   *Perf.*: **abs**tuli   *P.P.P.*: **ab**lātus, -a, -um

> Ein besonderes Kompositum ist **tollere** – aufheben, emporheben, beseitigen:
> **tollere, tollo, sustuli, sublātus, -a, -um**

II SYNTAX

1) Das Gerundium – Bildung und Verwendung *(s. a. Anhang, S. 250 f.)*

Das **Gerundium** ist ein Verbalsubstantiv, genauer: der substantivierte Infinitiv Präsens Aktiv; sein Genus ist neutrum. Es hat einen substantivischen und einen verbalen Charakter. Der substantivische Charakter wird daran deutlich, dass es dekliniert wird. Erst die deklinierte Form, also nicht der Nominativ, wird als Gerundium bezeichnet.
Die Kennsilbe des Gerundiums ist **-nd-**; deshalb spricht man von einer **-nd- Form** (wie auch vom in der folgenden Lektion behandelten Gerundivum).
Das **-nd-** tritt an den (gegebenenfalls durch Bindevokale erweiterten) Präsensstamm; dazu kommen die Endungen der o-Deklination im Singular:

> Präsensstamm (*mit Ausgang*) + **nd** + Kasusendung = **Gerundium**
> Kasusendungen: **-i; -o; -um**

(parere)	(das Gehorchen; *vgl.* Errare humanum est. – Irren ist menschlich.)
parend**i**	des Gehorchens
parend**o**	dem, zum Gehorchen, für das Gehorchen
ad parend**um**	zum Gehorchen *(im Akk. nur in Verbindung mit einer Präposition)*
parend**o**	durch das Gehorchen

Für die restlichen Konjugationen: **vocandi, audiendi, ducendi, faciendi** *etc.*

→ Seinem substantivischen Charakter entsprechend, kann das Gerundium als Genitivattribut von einem Substantiv abhängen oder als Adverbiale das Prädikat erläutern:

Ars **dicendi**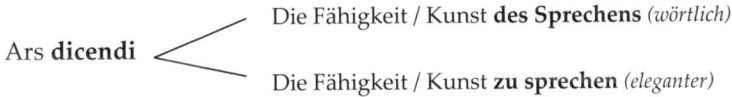
- Die Fähigkeit / Kunst **des Sprechens** *(wörtlich)*
- Die Fähigkeit / Kunst **zu sprechen** *(eleganter)*

→ Häufig ist im Deutschen die verbale Umschreibung möglich und auch eleganter:
So lässt sich der Genitiv des Gerundiums mit „zu" + **Infinitiv** wiedergeben, während sein Ablativ (ohne Präposition) einem modalen Nebensatz entspricht, z. B.:

Milites fortiter **pugnando** se periculo liberaverunt. *(Gerundium hier als Adverbiale)*

Entweder: Die Soldaten befreiten sich von der Gefahr durch tapferen Kampf (tapferes Kämpfen).
Oder: Die Soldaten befreiten sich von der Gefahr, **indem sie** tapfer **kämpften**.

→ Dem verbalen Charakter entsprechend kann das Gerundium, wie soeben gesehen, durch ein **Adverb** (*s. o.* fortiter, nie durch ein Adjektiv!) erläutert werden:

Ars **bene** dicendi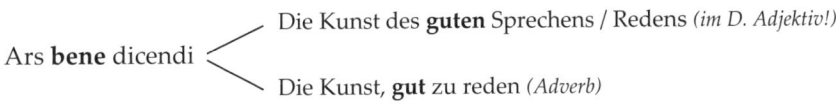
- Die Kunst des **guten** Sprechens / Redens *(im D. Adjektiv!)*
- Die Kunst, **gut** zu reden *(Adverb)*

Lektion 17

→ Weiterhin (wieder ein Kennzeichen seines verbalen Charakters) kann vom Gerundium, wenn es im Genitiv oder bloßen Ablativ erscheint, ein Objekt abhängen:

Ars **librum** celeriter scribendi – Die Fähigkeit, **ein Buch** schnell zu schreiben
Occasio de ea causa **plura** dicendi – Die Gelegenheit, **mehr** über diesen Fall zu sagen

Polydorus **officia** diligentissime praestando dominum multum adiuvit.
Polydorus half seinem Herrn sehr, dadurch dass er **seine Pflichten** sehr gewissenhaft erfüllte.

→ Ein Gerundium im Ablativ mit der Präposition in ist temporal zu verstehen, z. B.:
in legendo – beim Lesen, während des Lesens;
ad und in mit Akkusativ haben finale Bedeutung (auf die Fragen WOZU? WOFÜR?),
z. B.: ad bene vivendum – zum guten Leben *oder*: um gut zu leben.

Sätze zur Einführung des Gerundiums:

1) **Natare** pueros delectat. Itaque Marcus filios artem **natandi** docet.
   (natāre – schwimmen)
2) Nunc pueri **ad natandum** parati sunt.
3) Milites **natando** flumen transeunt. (flūmen, -inis n. – Fluss; transīre – überqueren)
4) Cicero **studendi** causā in Graeciam navigavit. (studēre – *hier*: studieren)
5) Homo et **ad intellegendum** et **ad agendum** natus est.
6) **Dormiendo** homo vires confirmare solet. (dormīre – schlafen)

III   ÜBUNGEN

1)   Bestimmen und übersetzen Sie folgende Formen:

1) fert   6) feremini
2) feret   7) ferunt
3) ferret   8) ferris
4) ferremur   9) ferentis
5) feramus   10) ferendi

2)   Bilden Sie von den Formen 1–8 die entsprechenden des Perfektstamms:

also:
Präsens → Perfekt   Imperfekt → Plusquamperfekt   Futur I → Futur II

z. B.:
ferunt → tulerunt   ferebam → tuleram   feres → tuleris

Lektion 17

Lectio duodevicesima
Polydorus ganz der Alte

A Dono puerorum benigne accepto Polydorus ad dominam se confert sui purgandi causa;[1] paenitet enim eum officium neglexisse ultroque[2] dominis suis maledixisse. „O domina, paenitet me peccati mei. Utinam veniam mihi des! Nam hoc bene scio: Boni
5 servi est officia semper praestare, at dominis non obtemperare stultitiae est. Immo vero – iussa semper facienda laboresque diligenter agenda sunt, officium autem neglegendum non est.
Ita dico dominam mihi colendam, semper mihi parendum esse, dico planius: dominis a me parendum esse."
10 Mucia: „Satis verborum de servorum officiis! Plura dicenda non sunt. Multi labores statim tibi sunt suscipiendi: Laborandi, non loquendi[3] tempus adest."

1)	suī pūrgandī causā	um sich zu entschuldigen
2)	ultrō	obendrein, darüber hinaus
3)	loquī, -or, locūtus sum *(deponens, s. L. 19)*	reden, sprechen

Zusatzbemerkungen zum Gerundivum (*s. Syntax, S. 122 ff.*):

→ Als Prädikatsnomen (*d. h.* in Verbindung mit einer Form von **esse**) steht das Gerundiv immer im **Nominativ** oder – im AcI - im **Akkusativ,** z. B.:
Cicero laudandus est. – Cicero muss gelobt werden. / Man muss Cicero loben.
Senatores laudandos esse constat. – Es steht fest, dass die Senatoren gelobt werden müssen.

→ Bei intransitiven Verben oder unpersönlichen Passivformen transitiver Verben ohne Objekt erscheint das Gerundiv im **neutrum Singular** auf **-um,** z. B.:
Dormiendum est – man muss schlafen; laudandum est (*ohne Objekt*) – man muss loben;
aber: Serva laudanda est. Servi laudandi sunt (*persönliches Passiv*). – Die Sklavin muss gelobt werden. / Man muss die Sklavin loben. Die Sklaven müssen gelobt werden. / Man muss die Sklaven loben.

Die Folgen des Erfolgs (Cicero IV)

18 B Anno proximo copiis Catilinae a senatus exercitu devictis periculum rei publicae sublatum erat. Tum Cicero ab omnibus bonis laudabatur et consulatus ei magnae gloriae erat. Quin etiam memoriam consulatus sui aeternam in animis civium collocavisset et
5 condidisset, nisi vitium quoddam ei perniciei fuisset. Populus enim senatus consultum, ex quo coniurati occidendi erant, numquam probaverat.
C. Caesar quoque, qui a popularium partibus stabat, illo tempore in senatu Ciceronem docuerat Catilinae socios sine populi iudicio
10 capitis non esse damnandos. At Cicero populum audiendum esse non existimaverat. Eodem die coniurati erant occisi.
Qua re Cicero, ille vir de patria bene meritus, inimicis populoque odio fuit; imprimis nefarios impetus P. Clodii, illius inimicissimi tribuni plebis, vitare non potuit. Ita orationibus eius adductus po-
15 pulus censuit Ciceronem urbe esse pellendum.
Maximis circumventus difficultatibus, quod nemo ei auxilio venit, hic statuit Romam sibi quam celerrime esse relinquendam. Urbe proficiscens[1] secum dixit: „O me miserum[2]! Urbe pulsus ego patria, omnibus bonis, amicis, uxore carissima, fratre dilecto carebo. Luce
20 adempta in exilio simillimus vivam mortuo. O me miserrimum, qui e summo culmine rerum in miserias cecidi miserrimus!"

1)	proficīscī *(deponens, s. L 19); Part. Präs.*: proficīscēns	aufbrechen, abreisen
2)	ō miserum!	ach ich Armer!

Das Indefinitpronomen īdem, éadem, idem – der-, die- dasselbe:

Sing.	masc.	fem.	neutr.	Plur.	masc.	fem.	neutr.
Nom.	īdem	éadem	idem	Nom.	iī(eī)dem	eaedem	éadem
Gen.		eiusdem		Gen.	eōrundem	eārundem	eōrundem
Dat.		eīdem		Dat.		iīs(eīs)dem	
Akk.	eundem	eandem	idem	Akk.	eōsdem	eāsdem	éadem
Abl.	eōdem	eādem	eōdem	Abl.		iīs(eīs)dem	

Ausblick: Cicero nach seiner Rückkehr aus der Verbannung
Rechtfertigung seiner Politik

ZUSATZTEXT *(Grammatik bis L. 17, Vokabeln bis L. 18)*

18 C Alio libello Ciceronis avi reperto Marcus ad Lucium: „Ecce, quid Cicero avus de vitae ratione post reditum suum scripserit": „Neque me fallit, patres conscripti, quosdam huius ordinis crimini mihi dare, quod ego tot turpitudinibus[1] iniuriisque acceptis Caesaris causam sus-
5 ceperim[2]. Partes bonorum me deseruisse vehementer accusatis. Itaque me defendere studebo, si hoc sinitis. Nonnulli bonorum animi inconstantis infirmique me esse putent – sed, per deos immortales, vosne estis obliti[3] me fuisse consulem illum, qui hanc rem publicam nostram bis[4] servavit? Nam nisi illis rei publicae tempestatibus consul
10 fuissem, Catilina, ille homo improbissimus, nobis omnibus interfectis funditus[5] evertisset rem publicam. Nisi tanta diligentia vigilavissem, quanta in hac re publica rarissime reperta est, quis nostrum nunc viveret? Si Catilina e curia pulso Caesarem illo tempore interfici sivissem – quis Gallos, homines barbaros atque ferocissimos, domuis-
15 set? Nemo id fecisset!
Deinde, aliquot annis post, ab omnibus bonis desertus ego Clodii vim furoremque solus sustinui. Tum mecum cogitabam: »Utrum maneam et pugnem an recipiam me et rem publicam servem sine caede, sine sanguine civium nostrorum?«
20 Nisi tribuni illius nefarii tela scelestissima vitavissem, nisi Romam reliquissem, ortum esset[6] bellum civile, quo haec omnia deleta et exstincta essent. Denique, postquam Pompeio auctore, Caesare non invito in urbem redii, putabam deberi gratiam iis, quorum labore auxilioque pristini illi honores sunt mihi redditi. Etsi Caesari inimi-
25 cissimus essem, tamen eundem imperatorem manere in Gallia oportere putarem. Nam id bellum solum gestum, nondum confectum est."

1)	turpitūdō, -inis f.	Schande, Schmach; *hier:* Gemeinheit
2)	suscēperim *(Konj. Perf.)*	Übersetzen Sie mit „angeblich" + *Indikativ*
3)	oblīviscī, -or, oblītus sum *(deponens)*	vergessen
4)	bis	zwei Mal
5)	funditus *(Adv.)*	von Grund auf, völlig
6)	orīrī, -ior, ortus sum *(deponens)*	entstehen

GRAMMATIK

I   SYNTAX

1) Der dativus commodi und der dativus finalis

A   Zum dativus commodi:

Der **dativus commodi / incommodi** steht auf die Fragen WEM? FÜR WEN? ZU WESSEN VOR- *oder* NACHTEIL? Er bezeichnet meistens eine Person, seltener eine Sache, zu deren Vor- oder Nachteil eine Handlung geschieht. Übersetzungsmöglichkeiten sind:
„für, zum Vorteil / Nachteil von; zuliebe, zu Gunsten" *u. ä.*

z. B.: Non **vitae**, sed **scholae** discimus.   Nicht **für** das Leben, sondern **für** die Schule lernen wir.
Rei publicae vivere   Für den Staat leben
Non **nobis solis** nati sumus.   Wir sind nicht nur für uns allein geboren.

a) Er kann bei Vollverben als indirektes Objekt neben dem Akk.-Objekt erscheinen:

Dis bovem immolare	Den Göttern ein Rind opfern
Agrum **patri** colere	Das Ackerland für den Vater bebauen
Vitam **rei publicae** dare	Sein Leben für den Staat opfern

b) Er erklärt sich auch bei manchen Verben, die den Dativ als direktes Objekt erfordern, z. B.: prospicere, providēre, consulere (sorgen für jmd.), metuere, timēre (Furcht haben um jmd. / etw.), z. B.: Saluti meae metuo. – Ich habe Furcht um mein Wohlergehen.
Vobis prospicio / consulo / provideo. – Ich sorge für euch.   *(s. a. Anhang, S. 241)*

B   Zum dativus finalis:

Der **dativus finalis**
steht

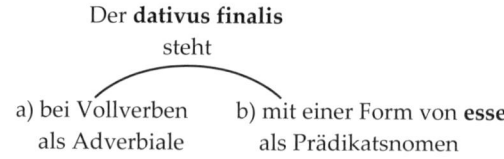

a) bei Vollverben   b) mit einer Form von **esse**
als Adverbiale   als Prädikatsnomen

a) Bei Vollverben (schicken, kommen, verlassen u. ä.) bezeichnet er als Adverbiale den **Zweck** dieser Handlung auf die Fragen: WOZU? ZU WELCHEM ZWECK? WOFÜR?

Milites **praesidio*** relinquere	Soldaten **zum Schutz** zurücklassen
Amicos **auxilio** arcessere / mittere	Freunde **zu Hilfe** holen / schicken
Locum **colloquio*** deligere	einen Platz **für ein Gespräch** aussuchen
*praesidium, -ī n. – Schutz(truppe)	*colloquium, -ī n. – Gespräch

Lektion 18

b) Mit Formen von **esse** bildet der dativus finalis als Prädikatsnomen das Prädikat. Hierbei gibt er nicht den Zweck oder die Absicht an, sondern ein **Ergebnis** oder eine **Eigenschaft**, mit der das Subjekt näher beschrieben wird.
Wenn man die Behelfsübersetzung „gereichen zu etwas" verwendet, kann man immer fragen: „Wozu?". Bei einer freieren Übersetzung – die im Deutschen besser klingt, aber Kreativität erfordert – sind die Fragen möglich: WIE BESCHAFFEN? MIT WELCHEM ERGEBNIS? WOZU? WAS?

Nomen regis **odio** fuit.	Der Titel „König" gereichte zum Hass = rief Hass hervor.
Hic magistratus **honori** est.	Dieses Amt gereicht zur Ehre = bringt Ehre / ist ehrenvoll.
Hae res **laudi** fuerunt.	Diese Taten gereichten zum Lob / Ruhm = brachten Ruhm ein.

⚡ Mit einer Form von **esse** bildet der dativus finalis in Verbindung mit dem dativus commodi häufig den so genannten **doppelten Dativ**:

Eloquentia **Ciceroni laudi** fuit.	Die Redekunst gereichte **Cicero zur Anerkennung** = verhalf ihm zur Anerkennung.
Hoc scelus **mihi usui*** erat.	Dieses Verbrechen gereichte **mir zum Nutzen** = brachte mir Nutzen.
* ūsus, -ūs m. – der Nutzen	
Tua prudentia **multis saluti** fuit.	Deine Klugheit brachte vielen die Rettung.
	(Weitere Beispiele s. S. 182)

2) Der genitivus possessivus in intensivierender Bedeutung

In Verbindung mit **est** und einem Infinitiv erhält der genitivus possessivus die besondere Bedeutung im Sinne von: „Es ist Aufgabe / Angelegenheit jemandes", „Es ist ein Zeichen von", „Es ist kennzeichnend für jemanden" usw. *(s. a. Rubenbauer/ Hofmann § 131).*

Stultitiae est – Es ist ein Zeichen von Dummheit *(etwas zu tun)*
Boni consulis est civibus suis consulere. – Es ist Aufgabe eines guten Konsuls, für seine Mitbürger zu sorgen.
Hominis est errare. – Es ist dem Menschen eigen (typisch für den M.), sich zu irren.

3) Einige unpersönlich konstruierte Verben der Empfindung

→ Bei den Verben piget – es verdrießt, paenitet – es reut, pudet – es beschämt, steht die empfindende Person im Akkusativ *(hierzu vollständig Rubenbauer / Hofmann § 137).*

Pudet me - Es beschämt mich = Ich schäme mich

Lektion 18

→ Die Person oder Sache, auf die sich die Empfindung bezieht, steht im Genitiv, der hier seinen ursprünglichen Charakter als Genitiv des Bereichs zeigt.

> Pudet me sceleris mei. – Ich schäme mich für mein Verbrechen.

→ Wird die Empfindung durch ein Pronomen ausgedrückt, erscheint dies im Nominativ:
Hoc me paenitet. – Ich bereue dies *(Dies reut mich)*.

→ Weitere Möglichkeiten der Ergänzungen sind Infinitiv, AcI und faktisches **quod**.

> Polydorum paenitet (se) officia neglexisse
> *oder:* Polydorum paenitet, quod officia neglexit.
> Polydorus bereut, seine Pflichten vernachlässigt zu haben.

4) Das Gerundivum

Das **Gerundiv(um)** ist ein passivisches Verbaladjektiv; es wird wie das Gerundium mit **-nd-** gebildet, folgt aber der vollständigen o- und a-Deklination im Singular und Plural:

> vocandus, -a, -um; monendus *etc.*; audiendus *etc.*; dicendus *etc.*; faciendus *etc.*

Wie jedes Adjektiv kann das Gerundiv in drei syntaktischen Funktionen verwendet werden; es richtet sich immer in KNG-Kongruenz nach seinem Bezugswort.

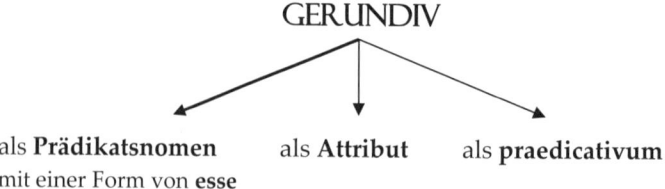

als **Prädikatsnomen**   als **Attribut**   als **praedicativum**
mit einer Form von **esse**

In dieser Lektion wird das Gerundiv als **Prädikatsnomen** behandelt *(vgl. a. o. S. 117)*. Nur in dieser Funktion hat es die Bedeutung einer **Notwendigkeit** im Passiv.

Cicero urbe pellendus est.	Cicero muss aus Rom vertrieben werden*.
Hoc vinum bibendum est.	Dieser Wein muss getrunken werden.
Patria relinquenda est.	Die Heimat muss verlassen werden.
Socii Catilinae occidendi sunt.	Die Kumpane Catilinas müssen getötet werden.

* Eleganter ist die Wiedergabe im Aktiv: Man muss Cicero aus Rom vertreiben / verbannen.

→ Das Gerundiv erscheint auch in AcI-Konstruktionen:

Ceterum censeo Carthaginem esse delendam. – Im Übrigen bin ich der Meinung, dass
(Spruch des Cato maior) Karthago zerstört werden muss.

→ In Verbindung mit **statuere** (beschließen) verliert das Gerundiv im AcI den Charakter der Notwendigkeit. Auch eine Übersetzung mit „glauben" ist möglich; dann muss die Notwendigkeit wieder ausgedrückt werden:

Caesar statuit proelium quam celerrime committendum esse.
Caesar beschloss, die Schlacht so schnell wie möglich zu beginnen.
Oder: Caesar glaubte, dass die Schlacht möglichst schnell begonnen werden **müsse**.

→ Die Person, die etwas tun muss, steht im **dativus auctoris**, im Dativ des Urhebers, an Stelle des bei den übrigen Passivkonstruktionen gebräuchlichen ablativus auctoris.

Domina **Polydoro** colenda est. – Die Herrin muss **von Polydorus** geehrt werden. /
Polydorus muss die Herrin ehren.

→ Bei **intransitiven** Verben, also solchen, die kein Akkusativ-Objekt haben können (oder kein Objekt verlangen), wird ein unpersönliches Passiv *(vgl. dazu S. 158)* gebildet:

Parendum est. – Es muss gehorcht werden, *besser:* Man* muss gehorchen.
* Die Übersetzung mit „man" + Aktiv empfiehlt sich, wenn der dativus auctoris fehlt.

→ Tritt ein Dativ hinzu, entsteht Doppeldeutigkeit:

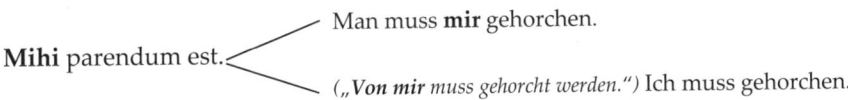

Mihi parendum est.
— Man muss **mir** gehorchen.
— *(„**Von mir** muss gehorcht werden.")* Ich muss gehorchen.

Mihi kann hier Dativ-Objekt oder dativus auctoris sein. Es entscheidet der Kontext.

→ Treten tätige Person, die ja im Dativ steht, und ein Dativ-Objekt zusammen auf, so wird der dativus auctoris meistens durch den ablativus auctoris ersetzt:

Aus **Mihi** tibi parendum est *(hier weiß man nicht, wer wem gehorchen soll)*
wird: **A me** tibi parendum est. – Ich muss dir gehorchen.

Aber auch: **Ceteris** populi Romani auctoritati parendum est.
Die übrigen müssen der Autorität des römischen Volkes gehorchen.

→ Ein durch **non** negiertes Gerundiv zeigt in der Regel ein Verbot an, selten eine verwehrte Möglichkeit *(Übersetzung mit „nicht dürfen", selten: „nicht müssen / nicht können")*.

Proelium committendum non est. – Die Schlacht darf nicht begonnen werden.
Hic dolor ferendus non est. – Dieser Schmerz darf / kann nicht ertragen werden.

Weitere Beispiele für das Gerundiv:

Hoc consilium mihi capiendum est.	Ich muss diesen Entschluss fassen.
Haec verba vobis audienda sunt.	Ihr müsst diese Worte anhören.
Hae iniuriae tolerandae non sunt.	Diese Übergriffe darf / kann man nicht erdulden.
Legibus parendum est.	Man muss den Gesetzen gehorchen.
Legibus parendum esse constat.	Es steht fest, dass man den Gesetzen gehorchen muss.

 Wie zu sehen, lässt sich das Gerundiv gut im Aktiv wiedergeben: Der dativus auctoris wird zum Subjekt, das Bezugswort des Gerundivs zum Objekt.

5) Besonderheiten des ablativus separativus

Normalerweise steht der **ablativus separativus** zur Bezeichnung des Ausgangspunkts und der Trennung mit der Präposition **a, ab** oder **e, ex** *bzw.* **de**.

1) Bei Verben des Entfernens oder Abhaltens, Abwehrens **kann** die Präposition weggelassen werden, *also*:

   Ciceronem **(ex) Italia** pellere – Cicero **aus Italien** vertreiben / verbannen

2) Verben des Befreiens, Entbehrens, Beraubens und Adjektive in diesem Sinne stehen in der Regel ohne Präposition:

   Ciceronem **honoribus** privare – Cicero **der Ehren** berauben
   timore liber – frei **von Furcht**
   populum **regno** liberare – das Volk von der Königsherrschaft befreien

Aber: Nach Ausdrücken des Freiseins und Befreiens **muss** die Präposition **a, ab** hinzutreten, wenn eine **Person** im Ablativ erscheint, *also*:

   Romam **a regibus** liberare – Rom **von den Königen** befreien *(vgl. dagegen o.)*

3) Städtenamen und kleinere Inseln erscheinen ebenfalls im bloßen Ablativ:

   Roma – aus Rom, Athenis – aus Athen, Delo – aus Delos *(vgl. o. S. 98)*

4) Bei Verben in der Bedeutung Sein, Anfangen, Hängen *usw.* herrscht im Lateinischen **separative** Anschauung vor, während im Deutschen der Blick auf dem Ort ruht:

ex arbore pendēre	**am** Baum hängen
a Pompei partibus stare	**auf** Seiten des Pompeius stehen
a tergo	**im** Rücken
a latere	**an** der Seite, Flanke (latus, -eris n.)

   (Zu dem hier behandelten Thema vollständig Rubenbauer / Hofmann § 141–143 u. 155, 3)

Lectio undevicesima — Polydorus lernt dazu 19

A Polydorus: „Iure me hortas, domina, nunc ad laborandum paratus sum." Mucia: „Istud »hortas« Latine non est, »**hortaris**« dicere debes, si his verbis uti et Latine recte loqui vis. »**Hortor**«, non »horto«, »**hortaris**«, non »hortas«". Polydorus: „Hortatur, horta-
5 mur, hortamini, hortantur – nunc iterum reminiscor; semper memoriam horum verborum depono. Sed te hortante me et adiuvante loquar Latine recte. Nunc autem ad forum proficiscor cibos empturus." „Proficiscere, proficiscere tandem! Video: Nunc his verbis recte uteris. Semper utaris his verbis recte!"

Die Warnung Caesars

19 B Cicero consul de coniuratis puniendis ad senatum rettulerat. Cum plerique eos capitis damnandos (esse) censerent, Caesar haec fere dixit: „Omnes homines in dubiis rebus consultandis ira studioque debent esse vacui. Animus enim, patres conscripti, si timore aut
5 odio captus est, in vero indagando numquam rectum utileque intellegere potest. Neque id me fallit, patres conscripti: Nonnulli adulescentes Catilina duce impetum facere in rem publicam conati sunt. Plebe agitanda ac servis convocandis, quin etiam consule interficiendo haec omnia perturbari voluerunt. At diligentia prae-
10 clarissimi consulis nostri non est passa illos se iam commovere posse ad rem publicam evertendam. Comprehensi, capti, custoditi sunt praesidiis firmissimis. Quid igitur nobis timendum est? Maiores nostri neque timore neque ira permoti perniciosis civibus condemnatis vitam eripi vetuerunt. Imitemur exemplum
15 eorum, qui et sapientia et virtute nos longe praecedunt! Itaque vos, patres conscripti, et hortor, ne animo deficiatis, et moneo, ne falso timore adducti coniuratos sine populi iudicio trucidari iubeatis. Parcere istis volo? Minime! Equidem igitur ita censeo: In vinculis aeternis tenendi sunt, nemo huius consilii mutandi causa
20 intercedat. Si quis aliud dixerit, mortem patiatur."

GRAMMATIK

I FORMENLEHRE

1) Die Deponentien

Definition:
Deponentien sind Verben, die nur Passivformen besitzen – sie haben ihre Aktivformen „abgelegt" (deponere – niederlegen, ablegen); diese Passivformen haben entweder aktive oder intransitive Bedeutung:

hortāri	ermuntern, auffordern (*nicht:* ermuntert, aufgefordert werden)
hortor	ich ermuntere (*nicht:* ich werde ermuntert)
hortātus *etc.* **sum**	ich habe ermuntert (*nicht:* ich bin ermuntert worden)

z. B.: Mucia Polydorum **hortata est**, ut labores iterum susciperet.
Mucia forderte Polydorus auf, die Arbeiten wieder aufzunehmen.
Mucia Polydori vitia non **patitur**. – Mucia erduldet Polydorus' Fehler nicht.
Patientiā meā abuteris. – Du missbrauchst meine Geduld.
Catilina Romā celeriter profectus est. – Catilina brach schnell aus Rom auf.

Deponentien sind in **allen** Konjugationsgruppen vertreten, z. B.:

a-Konj.:	imitāri	nachahmen
e-Konj.:	verēri	(sich) fürchten, scheuen
i-Konj.:	largīri	schenken
kons. Konj.:	sequi, -or	folgen
kons. i-Konj.:	pati, -ior	erleiden, erdulden, zulassen

(Liste der Deponentien mit Stammformen s. Vokabeln zu L. 19 und 20)

Abweichungen von obiger Definition: vorhandene Aktivformen *(die auch so übersetzt werden)*:

hortāns, -antis	→ Partizip Präsens Aktiv
hortatūrus, -a, -um	→ Partizip Futur Aktiv
hortatūrum *etc.* **esse**	→ Infinitiv Futur Aktiv
Achtung: **hortāre!**	→ Imperativ Singular
hortāmini!	→ Imperativ Plural (*regelmäßig*)

Passivformen in passiver Bedeutung:
hortandus, -a, -um   → Gerundiv
(einer *usw.*, der *usw.* ermuntert werden muss)

Diese Ausnahmen gelten für die Deponentien **aller** Konjugationsgruppen.

→ Als Semideponentien bezeichnet man Verben, die entweder nur im Präsens- oder nur im Perfektstamm ihre Formen wie die Deponentien bilden, z. B.:

gaudēre, -eo, gavīsus, -a, -um sum	sich freuen	Perfektstamm
solēre, -eo, solitus, -a, -um sum	gewohnt sein, pflegen	deponential
audēre, -eo, ausus, -a, -um sum	wagen	gebildet
reverti, -or, reverti	zurückkehren	Präsensstamm deponential gebildet

II SYNTAX

1) Das attributive Gerundiv (s. a. Anhang, S. 251; S. 128, Anm.)

Das attributive Gerundiv richtet sich wie ein Adjektivattribut in Kasus, Numerus und Genus nach seinem Bezugswort. In dieser Verwendung geht (außer im selten vorkommenden Nominativ) die Bedeutung einer Notwendigkeit im Passiv verloren. Ein solches Gerundiv entspricht dem Gerundium, bezeichnet also einen **Verbalvorgang**, z. B.:

Romulus et Remus **de urbe condenda** multa disputabant.
Romulus und Remus sprachen viel **über die Gründung der Stadt**.

Die attributiven Gerundive verlieren die Bedeutung der Notwendigkeit deswegen, weil es sich bei ihnen ursprünglich um Gerundium-Konstruktionen mit einem Objekt handelt, die nach bestimmten Regeln in das Gerundiv überführt werden **können** oder **müssen**:

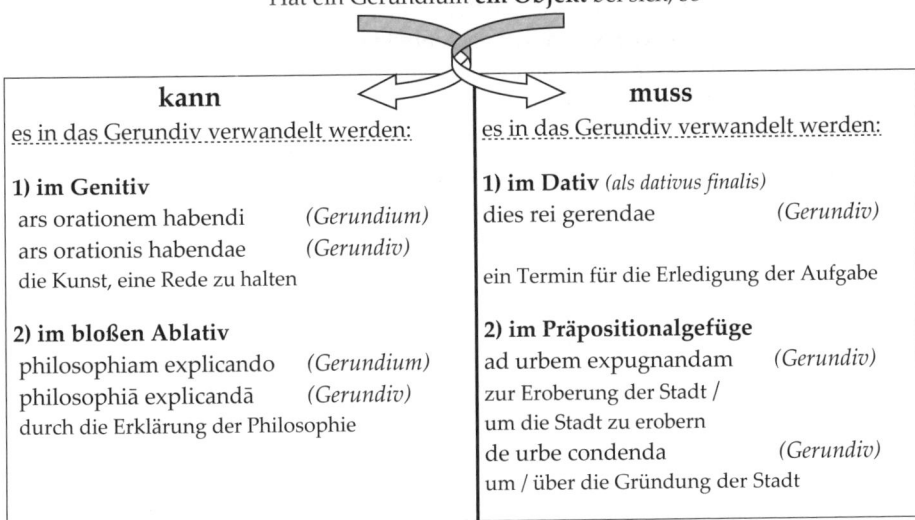

Hat ein Gerundium **ein Objekt** bei sich, so

kann	**muss**
es in das Gerundiv verwandelt werden:	es in das Gerundiv verwandelt werden:
1) im Genitiv	**1) im Dativ** (als dativus finalis)
ars orationem habendi (Gerundium)	dies rei gerendae (Gerundiv)
ars orationis habendae (Gerundiv)	
die Kunst, eine Rede zu halten	ein Termin für die Erledigung der Aufgabe
2) im bloßen Ablativ	**2) im Präpositionalgefüge**
philosophiam explicando (Gerundium)	ad urbem expugnandam (Gerundiv)
philosophiā explicandā (Gerundiv)	zur Eroberung der Stadt /
durch die Erklärung der Philosophie	um die Stadt zu erobern
	de urbe condenda (Gerundiv)
	um / über die Gründung der Stadt

Beispiele:

1) Cicero consilium patriam defendendi cepit (*oder:* patriae defendendae).
   Caesar T. Labieno[1] legato[2] diem rei gerendae dixit.
   Cicero philosophiam explicando[3] (*oder:* philosophiā explicandā) civibus suis profuit[4]. Catilina ab insidiis Ciceroni parandis non destitit[5]. Duo homines ad Ciceronem occidendum parati erant.

Angaben:
1) T. Labiēnus – T. Labienus (*Caesars fähigster General*)   2) legātus, -ī m. – Legat, General
3) explicāre – erläutern, erklären   4) prōfuī *von* prōdesse – nützen
5) dēsistere, -ō, dēstitī – ablassen von, aufhören

2) **Roms Gründungssage in -nd-Form:**
   Romulus et Remus multa de urbe condenda disputabant. Etiam certamina oritura[1] erant. Certaminis vitandi causā Romulus aves consuli voluit; nam auspicia[2] ad certamen vitandum apta[3] putabantur. In avibus observandis Romulus in Palatio, Remus in Aventino sedit[4]. Neuter enim a regno quaerendo[5] destitit[6].

Angaben:
1) orīrī, -ior, ortus sum *(dep.)* – entstehen; aufgehen   2) auspicium, -ī n. – Vogelschau
3) aptus, -a, -um – geeignet   4) sedēre, -eō, sēdī – sitzen
5) quaerere – *hier:* streben nach   6) dēsistere – s. o.

Übersetzen Sie die Sätze und bestimmen Sie die -nd-Formen:

1) Haec occasio dicendi mihi non praetermittenda[1] erat.
2) Catilina ad delenda rei publicae fundamenta Gallos auxilio arcessebat[2].
3) Quot dies ad illud negotium[3] conficiendum postulas?
4) Adulescentes natandi[4] causā ad fluminis ripam decurrerunt.
5) Caesar Helvetios bellandi[5] cupidos fuisse tradit.
6) Sulla multis rebus feliciter gerendis summam sibi gloriam paravit.
7) Coniurati omnem spem sui servandi abiecerunt[6].
8) Hunc librum[7] vobis legendum do.

Angaben:
1) praetermittere — vorübergehen lassen, sich entgehen lassen
2) arcessere — herbeiholen, kommen lassen
3) negōtium, -ī n. — Geschäft, Tätigkeit, Aufgabe
4) natāre — schwimmen
5) bellāre — Krieg führen
6) abicere, -iō, -iēcī, -iectum — *wörtl.:* wegwerfen, *hier:* aufgeben
7) liber, librī m. — Buch

Anmerkung: Der Begriff „Attribut" trifft nur auf das Gerundiv und seinen **formalen** Bezug auf ein Substantiv im gleichen Kasus zu. Betrachtet man die **gesamte** Verbindung von attributivem Gerundiv und Bezugswort, so ergeben sich Attribut (z. B. consilium **patriae defendendae**), Adverbiale (z. B. **in avibus observandis**) und manchmal Objekt als Satzglieder.

Für Interessierte:
Wie vollzieht sich die Umwandlung eines Gerundiums mit Objekt zum Gerundivum?
Sie haben in dieser Lektion erfahren, dass nach den Regeln des Lateinischen ein Gerundium mit Objekt in ein Gerundiv verwandelt werden **kann** bzw. **muss**. Hier werden die Schritte der Umwandlung eines Gerundiums im Genitiv zum Gerundiv skizziert:

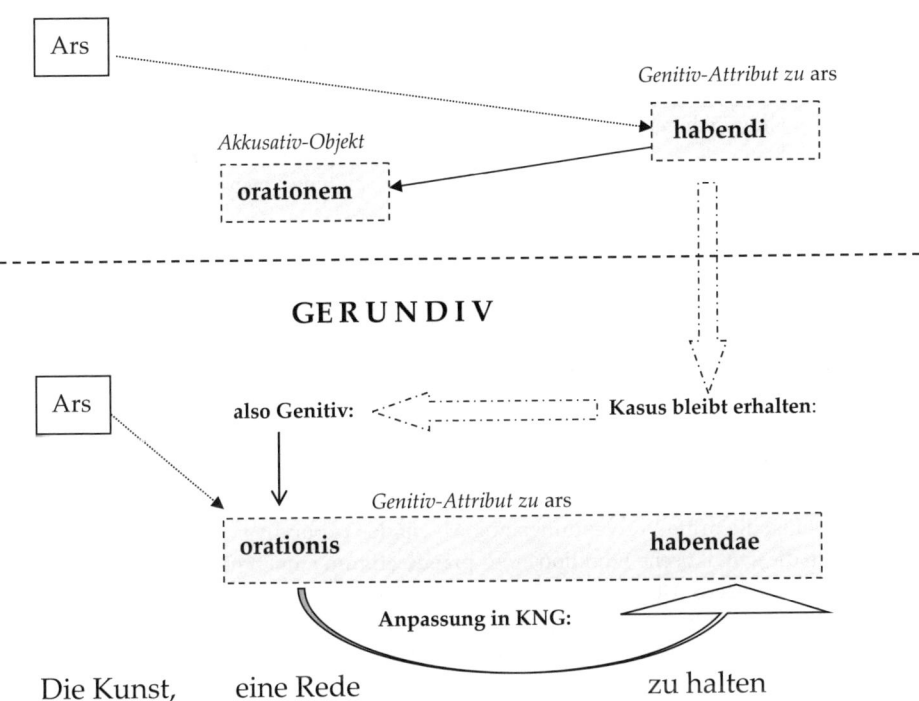

Die Kunst, eine Rede zu halten

Regeln bei der Umwandlung eines Gerundiums ins Gerundiv:

1) Man behält den Kasus des Gerundiums bei.
2) Man verwandelt das Objekt des Gerundiums in den Kasus des Gerundiums.
3) Man bildet nun in KNG-Kongruenz die -nd-Form und erhält so das Gerundiv.

Versuchen Sie es einmal selbst:

GERUNDIUM → GERUNDIV

occasio coniuratos celeriter comprehendendi
die Gelegenheit, die Verschwörer schnell zu verhaften

Gerundiv???

Lektion 19

2) Häufige Sinnrichtungen des attributiven Gerundivs

Sinnrichtung	Beispiel	Übersetzung
1) **final** (Genitiv, Dativ, präpositionaler Ausdruck)	linguae discendae causā operam dare linguae discendae paratus ad linguam discendam	um die Sprache zu lernen sich Mühe geben, die Sprache zu lernen bereit, die Sprache zu lernen
2) **temporal** (präpositionaler Ausdruck)	in linguā discendā	beim Lernen der Sprache (*oder mit adverbialem Nebensatz:* während man die Sprache lernt)
3) **modal** (abl. modi)	linguā discendā	durch das Erlernen der Sprache (*oder mit adverbialem Nebensatz:* dadurch dass *oder* indem man die Sprache lernt)

→ **Beachte:** Erscheint eine -nd-Form – mit oder ohne Präposition – in KNG-Kongruenz zu einem Bezugswort, wird diese immer als **Gerundium** übersetzt; ausgenommen ist natürlich das **Gerundiv** mit einer Form von **esse**. Das Bezugswort ist, inhaltlich gesehen, das Objekt der durch die -nd-Form ausgedrückten Handlung (*s. o. Tabelle*).

3) Das prädikative Gerundiv

Nachzutragen ist die dritte Verwendungsmöglichkeit des Gerundivs:
Es kann auch die syntaktische Funktion eines **praedicativum** einnehmen und zwar nach Verben des Gebens, Überlassens, Erlaubens, Übergebens, Sorgens *für*.
In einem solchen Fall gibt das Gerundiv **Sinn, Zweck** und **Absicht** der Handlung an, entspricht also sinngemäß einem Final- oder Begehrssatz.

Beispiele:

1) Philippus Alexandrum filium Aristoteli philosopho **educandum** tradidit.
   Philipp übergab seinen Sohn Alexander dem Philosophen Aristoteles **zur Erziehung**
   (= **damit** er ihn erziehe / damit er erzogen werde).
2) Marcellus militibus suis Syracusas **diripiendas** permisit.
   Marcellus gestattete seinen Soldaten, Syrakus zu plündern
   oder: ... überließ seinen Soldaten Syrakus zur Plünderung.
3) Caesar pontem **faciendum** curavit.
   Caesar sorgte für den Bau einer Brücke / ließ eine Brücke bauen
   (= sorgte dafür, dass eine Brücke gebaut wurde).
4) Hunc librum tibi trado **legendum**. – Ich gebe dir dieses Buch zum Lesen.
5) Consul coniuratos in carcerem **abducendos** curavit.
   Der Konsul ließ die Verschwörer in das Gefängnis abführen.

(*Zum Gerundium und Gerundiv s. a. Anhang, S. 250 ff.; Rubenbauer / Hofmann § 174–176*)

Lectio vicesima
Polydorus fasst die weitere Geschichte zusammen

A Pueri e Polydoro, qui de Ciceronis vita multa narraverit, tamen quaerunt, quae res a viris illustribus ultimis rei publicae temporibus gestae sint. Itaque Polydorus narrare pergit: „Cicero, qui inimicitias Caesaris suscepisset, a Clodio pulsus aliquamdiu
5 exul in Graecia versari coactus est. Sed duobus fere annis post auctore Pompeio Caesare non negante consensu omnium bonorum senatus consulto Romam revocatus est. Tunc autem secutae sunt rei publicae tempestates, quibus nobiles inter se dissiderent, Ciceroni autem neque potestas neque auctoritas esset. Postremo
10 bellum grave et rei publicae funestum ortum est, quo Pompeius ac Caesar de dominatu dimicarent: Caesar enim, qui consul iterum fieri voluisset, quod senatus negavisset, Rubicone transito cum exercitu Romam profectus est. Itaque totam urbem tantus terror invasit, ut Pompeius praeceps profugeret Italiamque turpiter re-
15 linqueret. Tandem pugna ad Pharsalum facta a Caesaris legionibus pulsus ac devictus est. Regem Aegyptiorum sibi auxilio futurum esse ratus paucis cum comitibus in Aegyptum fugit. At priusquam navis eius ad litus appelleretur, a satellitibus regis trucidatus est.
Caesar autem pluribus aliis bellis confectis dictaturam adeptus est.
20 Inimicorum adversariorumque multis servatis famam moderationis et clementiae sibi peperit. Cum autem nobiles, inter quos Cicero, sperarent eum ipsum rem publicam restituturum et dictatura abdicata[1] privatum victurum esse, Caesar dicebat nihil esse rem publicam, appellationem[2] modo sine corpore ac specie[3].
25 Permoti talibus et aliis verbis, quibus superbia non toleranda inesse videretur, coniurati Bruto Cassioque[4] ducibus Caesarem in senatu interfecerunt."

1) dictātūrā abdicātā *(abl. abs.)* — nach Verzicht auf die Diktatur
2) appellātiō, -ōnis f. — *hier:* Name, Bezeichnung
3) speciēs, -ēī f. — Aussehen, Gestalt
4) Brūtus, -ī m., Cassius, -ī m. — Brutus und Cassius *(s. Anhang, S. 286)*

Und wie ging die Geschichte weiter?

20 B „Caesare interfecto libertas non rediit. Novae dissensiones, nova atque atrocia bella, ut Caesar praedixerat, statum rei publicae concutiebant et labefactabant. Primum Antonius, Lepidus, Octavius triumviri in cives crudelissime animadverterunt, ut mortem Caesaris ulciscerentur. Illo tempore Cicero quoque, avus vester, qui Antonium acerrimis orationibus vehementissime offendisset, fugiens ab Antonii militibus occisus est.

Deinde, compluribus annis post, Octavius, qui tunc Caesar appellabatur, cum Cleopatra[1] Antonioque de dominatu decertavit. Pugna navali hostium classem pepulit, et Antonius et Cleopatra[1] mortem sibi consciverunt.

Tum Caesar dux reliquus nomine triumviri deposito tribunicio iure contentus rem publicam restitutam (esse) declaravit. At re vera iam diu amissa erat, quod Caesar senatus et magistratuum munera in se traxerat et princeps nomine Augusti rem publicam administrabat. Id fieri potuit, quod plebs nobilesque tantis ac gravissimis bellis gestis pacem quietemque temporibus veteribus ac periculosis praeferebant. Pauci tantum erant, qui omnia esse delata ad unum virum non laudarent; sed Augustus ipse iterum iterumque docet se potestate nemini, auctoritate omnibus praestare.

Mihi quidem certum est: Ille, si quando[2] multos annos compleverit et vitae finis aderit, moriens dicet: »Si illud spectaculum vobis placuit, nos omnes cum gaudio domum ire sinite.«"

1) Cleopatra, -ae f.   Kleopatra *(letzte Königin Ägyptens, S. Anhang, S. 287)*
2) quando = aliquando: *Nach si, nisi, ne, num u. a. entfällt die Silbe ali-.*

GRAMMATIK

I FORMENLEHRE

1) Das Futur II

Das Futur II Aktiv ist in seinen Formen identisch mit dem Konjunktiv Perfekt
(vgl. a. L. 14, S. 91; Formen des Futur II s. Anhang, S. 225).
Ausnahme ist die erste Person Singular, die auf **-erō** endet (statt **-erim**); im Passiv wird der zweite Bestandteil (vocātus **sim**) durch **ero** ersetzt,

Aktiv: vocāver**ō**   *Passiv:* vocātus, -a, -um **erō**.
wörtl.: ich werde gerufen haben   *wörtl.:* ich werde gerufen worden sein

2) Das betonende Demonstrativpronomen ipse, ipsa, ipsum

ipse, ipsa, ipsum (selbst) hat im Gen. Sg.: **-ius** und im Dat. Sg. **-i** *(s. Pronominaldeklination).*
Die restlichen Kasus folgen der o- und a-Deklination.

Dieses Pronomen dient der Hervorhebung einer Person oder Sache:
  rex ipse – der König selbst, der König persönlich, der König seinerseits

Es kann auch die Bedeutung „gerade", „ausgerechnet" annehmen:
  rex ipse – ausgerechnet der König
  eo ipso tempore – gerade in diesem Augenblick, ausgerechnet zu diesem Zeitpunkt

3) Das Passiv von facere: fieri (gemacht werden, werden, geschehen, entstehen)

Das Passiv von **facere (fierī)** ist im Präsensstamm unregelmäßig; es bildet seine Formen mit dem Stamm **fi-** und den jeweiligen **Aktiv**endungen*:

	Ind. Präs.	Konj. Präs.	Ind. Imperf.	Konj. Imperf.	Fut. I
1. Sg.	fio ich werde *usw.*	fiam	fiēbam	fierem	fiam
2. Sg.	fis	fias	fiēbās	fierēs	fīēs
3. Sg.	fit	fiat	fiēbat	fieret	fiet
1. Pl.	fimus	fiāmus	fiēbāmus	fierēmus	fīēmus
2. Pl.	fitis	fiātis	fiēbātis	fierētis	fīētis
3. Pl.	fiunt	fiant	fiēbant	fierent	fient

* Die Komposita von **facere** bilden ihr Passiv regelmäßig *(vgl. capere),* also: afficior, afficeris, afficitur *etc.*
Das Passiv der Tempora des Perfektstamms von **facere** ist ebenfalls regelmäßig, wie Sie bereits in den letzten Lektionen gemerkt haben, also: factus, -a, -um sum *etc.*

II SYNTAX

1) Das Futur II (*futurum exactum*)

Das Futur II bezeichnet *(im Gegensatz zum Futur I)* eine in der Zukunft vollendete Handlung *(deshalb*: exāctum – ausgeführt, vollendet).
Häufig erscheint es in Konditionalsätzen, um im Nebensatz die vorzeitige Voraussetzung anzugeben, für die die im Futur I formulierte Aussage des Hauptsatzes gilt:

>Si Catilina urbe expulsus erit, Roma timore libera erit.
>Wenn Catilina aus der Stadt gejagt wird / worden ist *(wörtl.*: gejagt worden sein wird), wird Rom frei von Furcht sein.

>Si Germanos vicerimus, pax erit.
>Wenn wir die Germanen besiegt haben *(wörtl.*: besiegt haben werden), wird Frieden herrschen.

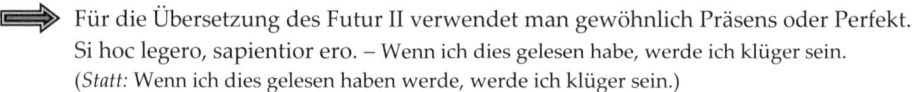 Für die Übersetzung des Futur II verwendet man gewöhnlich Präsens oder Perfekt.
Si hoc legero, sapientior ero. – Wenn ich dies gelesen habe, werde ich klüger sein.
(*Statt:* Wenn ich dies gelesen haben werde, werde ich klüger sein.)

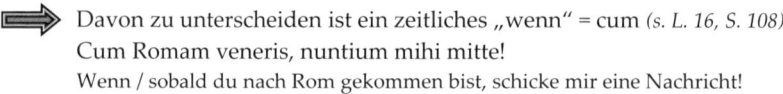 Davon zu unterscheiden ist ein zeitliches „wenn" = cum *(s. L. 16, S. 108)*
Cum Romam veneris, nuntium mihi mitte!
Wenn / sobald du nach Rom gekommen bist, schicke mir eine Nachricht!

2) Der Konjunktiv in Relativsätzen

Ein Relativsatz mit einem Prädikat im **Konjunktiv** ist nicht mehr ein Attribut, das sein Bezugswort im übergeordneten Satz beschreibt, wie es beim „normalen" Relativsatz mit Indikativ der Fall ist. Durch den Konjunktiv wird vielmehr eine inhaltliche Verbindung zum Prädikat des übergeordneten Satz hergestellt. Man spricht von Relativsätzen mit konjunktivischem oder adverbialem Nebensinn. Diese nehmen die erläuternde Funktion eines Adverbiales ein. Die Relativsätze mit adverbialem Nebensinn gehören somit zu den innerlich abhängigen Nebensätzen *(s. Anhang, S. 247, Nr. 2e und S. 249)*.

Die fünf Möglichkeiten des adverbialen Nebensinns:

- ➢ finaler Nebensinn *(bzw.* Begehren)   *(im Deutschen mit Hilfsverb* **sollen***)*
- ➢ kausaler Nebensinn   *(im Deutschen mit Indikativ)*
- ➢ konsekutiver Nebensinn   *(s. o.)*
- ➢ konzessiver Nebensinn   *(s. o.)*
- ➢ *seltener:* konditionaler Nebensinn   *(den Arten des Konditionalsatzes entsprechend)*

Beispiele:

1) Helvetii legatos ad Caesarem miserunt, qui pacem **peterent**.
   Die Helvetier schickten Gesandte zu Caesar, die um Frieden bitten **sollten**. > *final*
2) Catilina, qui vir fortis **esset**, de salute non desperavit, sed proelium commisit.
   Catilina, der ja (= weil er) ein tapferer Mann war, gab (deswegen) die Hoffnung auf Rettung nicht auf, sondern eröffnete die Schlacht. > *kausal*
3) Nemo tam stultus est, qui non **intellegat** coniurationem esse factam.
   Niemand ist so dumm, der nicht (= dass er nicht) erkennt, dass eine Verschwörung gemacht worden ist. > *konsekutiv* (Weitere Beispiele s. Anhang, S. 247, Nr. 2e und S. 249)

→ Konsekutiver Nebensinn auch nach Ausdrücken wie: Nonnulli sunt, qui – Es gibt einige, die *u. ä.*

3) Nominativus cum Infinitivo (NcI) *(vgl. a. Vokabeln 20 A)*

Bei Verben des Sagens und Meinens, die einen AcI regieren, ist eine Verwandlung ins Passiv möglich. Dabei wird der Subjektsakkusativ zum Subjekt des Satzes und bildet mit dem ins Passiv verwandelten Prädikat eine **persönliche** Konstruktion, an die sich der Infinitiv „anhängt". (Ein Prädikatsnomen in Verbindung mit **esse** steht im Nominativ, s. u. Kasten.)

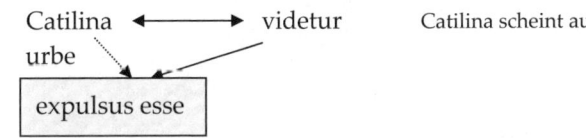

Catilina scheint aus der Stadt getrieben worden zu sein.

Man muss nicht auf das unpersönliche „**Es** scheint, dass Catilina ... vertrieben worden ist" zurückgreifen. Zu den einen NcI regierenden Verben zählen auch solche des Veranlassens und Verhinderns, z. B.: Ira cogor id facere. – Vom Zorn werde ich gezwungen, dies zu tun.

Weitere Beispiele:

Plerique principatum Augusti laudavisse videntur.	Die meisten scheinen die Herrschaft des Augustus gelobt zu haben.
Videris multa didicisse.	Du scheinst viel gelernt zu haben.
Hoc opus perfectum esse videtur.	Dieses Werk scheint vollendet worden zu sein.

Bei anderen Verben wie **dici, putari, tradi, iuberi, existimari** *u. ä.* ist man auf die Übersetzung mit einem unpersönlichen Passiv oder auf eine freie Wiedergabe angewiesen:

Socrates iustissimus fuisse dicitur.	Es wird gesagt, dass Sokrates sehr gerecht gewesen sei (*oder:* Man sagt, dass Sokrates ...).
Milites pontem facere iussi sunt.	Den Soldaten wurde befohlen, eine Brücke zu bauen.
Catilina fortiter pugnavisse traditur.	Es wird berichtet, dass C. tapfer gekämpft hat.
Polydorus semper fidus esse putatur.	Es wird geglaubt, dass P. immer zuverlässig ist.

Blick vom Palatin auf das Forum Romanum: Im Vordergrund der Rest des Rundtempels der Vesta. Unmittelbar daneben die Reste des Amtsitzes des pontifex maximus, des obersten Priesters, der für die Ausübung der Kulte in Rom und auch die Vestalinnen verantwortlich war. Im Anschluss daran (mit dem runden Dach) der Tempel des Divus Iulius, der an der Stelle errichtet wurde, an der man Caesars Leiche verbrannt hatte. Das gut erhaltene Ziegelgebäude (renoviert von Kaiser Diokletian, 300) ist die Kurie, in der der Senat zu tagen pflegte.

Vokabeln

Vokabeln zu den Lektionstexten

Hinweise

Auf den kommenden Seiten sind die Vokabeln zu den einzelnen Lektionen in der Reihenfolge ihres Vorkommens im Text aufgeführt. Um sich das Lernen zu erleichtern, beachten Sie bitte Folgendes:

1) Neben den jeweiligen Lektionsvokabeln werden manchmal einige stammverwandte Wörter hinzugefügt, die nicht im Text erscheinen. Dies soll den Blick für Wortfamilien schärfen: So lässt sich etwa **pius** (fromm) im Verbund der „Familie" leichter lernen, wenn das dazu gehörige Substantiv **pietās** (Frömmigkeit) aufgeführt wird. Es entgeht Ihnen dabei vielleicht auch nicht, dass die Endung -**tās** ein Substantiv kennzeichnet, das unseren Begriffen auf -heit und -keit *etc.* entspricht. Dieses Prinzip wird, um eine Überfrachtung zu vermeiden, nur gelegentlich angewandt.

2) **Substantive** werden mit dem Nominativ, dem Genitiv und dem grammatischen Geschlecht genannt, *z. B.*: **avus**, (av)-**ī, m.**(asculinum) – Großvater.
Bei Nur-Plural-Wörtern erscheinen entsprechend Nominativ und Genitiv Plural.
Da es im Lateinischen verschiedene Deklinationsgruppen gibt, ist es unumgänglich, Genitiv und Geschlecht sofort mitzulernen *(wie oben aufgeführt)*.
Das Fehlen des Artikels im Lateinischen hat zur Folge, dass *z. B.* **servus** „der", „ein Sklave" oder nur „Sklave" heißen kann. Diese Tatsache ist in Lektion 1 bei den deutschen Substantiven berücksichtigt, danach werden die Artikel weggelassen.

3) **Adjektive** richten sich im Lateinischen immer in Kasus, Numerus und Genus (Fall, Zahl und Geschlecht) nach ihrem Bezugswort, das sie beschreiben. Viele Adjektive haben für jedes Genus eine eigene Endung; deshalb lernen Sie *z. B.*: **māgnus** (masculinum), (māgn)-**a** (femininum) und (māgn)-**um** (neutrum).

4) **Verben** erscheinen zunächst nur im Infinitiv Präsens Aktiv und der 1. Person Singular, *z. B.*: **vocāre**, (voc)-**ō** – rufen. Im weiteren Verlauf werden diese mit den vollständigen **Stammformen** aufgeführt, *z. B.*: **dīcere** = Infinitiv Präsens Aktiv, (dīc)-**ō** = 1. Person Singular Indikativ Präsens Aktiv, **dīxī** = 1. Pers. Sing. Indikativ Perfekt Aktiv, **dictus, -a, -um** = Partizip Perfekt Passiv *(s. aber dazu auch den Hinweis auf S. 142)*.
Bei der a-Konjugation erscheinen Perfekt und Partizip nur, wenn das betreffende Verb ausnahmsweise **kein** v-Perfekt hat, *z. B.*: dare, dō, dedī datum, *aber:* vocāre, -ō.
Im alphabetischen Verzeichnis finden Sie alle Stammformen der Verben, die in Lektion 4 noch nicht vollständig genannt sind.

5) Häufig sind nur die für die Aussprache *bzw.* Betonung wichtigen Silben durch Längenzeichen (*z. B.*: -ā) gekennzeichnet, im Vokabelteil zu den Lektionen hingegen werden alle langen Vokale (außer den Diphthongen) markiert. Für die Betonung ist immer die **vorletzte** Silbe maßgeblich (Paenultima-Gesetz): Ist diese lang, wird sie betont, *z. B.*: **vocāmus**; das -ā ist lang, deshalb wird es betont (Naturlänge). Ist sie kurz, wird die drittletzte Silbe betont, *z. B.*: **vocábimus**; dieses -i ist kurz, also wird die vorhergehende Silbe betont. Folgen aber auf eine kurze, vorletzte Silbe zwei Konsonanten, wird diese meist dennoch betont, *z. B.*: **prōmíttō** (Positionslänge).

6) Am Ende jedes Lektionsvokabulars finden Sie einige Verweise auf andere Sprachen und Fremdwörter im Deutschen; diese „Vernetzung" soll den Einfluss des Lateinischen auf andere europäische Sprachen verdeutlichen.

Der allmählichen Ausdehnung des römischen Reiches bis hin zur Weltmacht, die den gesamten Mittelmeerraum und große Gebiete darüber hinaus umfasste, folgte eine religiöse, kulturelle, zivilisatorische und sprachliche Durchdringung der unterworfenen Gebiete. Dieser Prozess der Romanisierung hatte die Bildung eines einheitlichen Kulturraums zur Folge, in dem neben dem Griechischen das Lateinische zur „Weltsprache" aufstieg.

Im Laufe der Zeit entwickelten sich in Italien und den Provinzen Gallien, Hispanien u. a., durch die Einflüsse der lokalen Sprachen und Dialekte bedingt, die modernen Sprachen Italienisch, Französisch, Spanisch, Portugiesisch und Rumänisch. Auch Englisch und Deutsch verdanken dem Lateinischen einiges. So sind z. B. die Wörter *Straße, Mauer, Fenster, Keller, Zelle usw.* ohne die Anwesenheit der Römer in Germanien undenkbar.

Der lautgeschichtliche Wandel, dem die lateinischen Wörter im Laufe der Zeit unterworfen waren, kann in diesem Rahmen nicht weiter verfolgt werden. Es sei auf das anregende und lehrreiche Buch in der Reihe Auxilia, Band 41, *Latein – Brücke zu den romanischen Sprachen* (W. Nagel u. a.), C. C. Buchners Verlag, Bamberg 1997, hingewiesen.

Erwähnt werden soll hier nur, dass man neben dem lautlichen Wandel des Öfteren auch mit einer Veränderung der ursprünglichen Bedeutung rechnen muss. Etliche lateinische Wörter haben zudem keinen Eingang in die modernen Sprachen gefunden. Sie wurden durch andere ersetzt, so z. B. uxor (Gattin), das von mulier (Weib, Frau) verdrängt wurde. Auch hier bietet das soeben zitierte Buch zahlreiche Beispiele. Insgesamt lassen sich folgende mögliche Veränderungen festhalten *(s. Nagel u. a., S. 21–23)*:

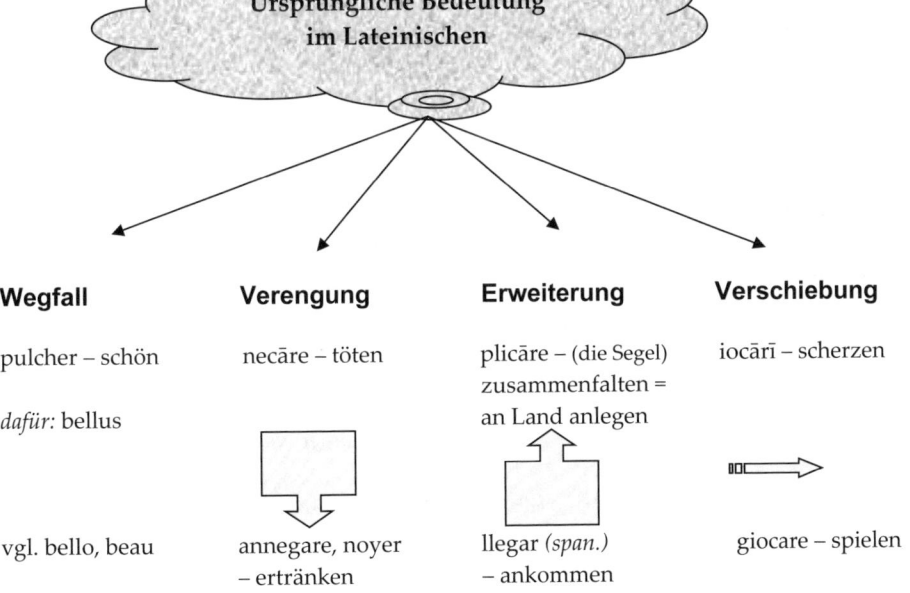

Lektion 1

	Polydōrus, -ī m.	Polydorus *(griechischer Eigenname)*
	Graecus, -ī m.	(der / ein) Grieche
	Graecus, -a, -um *(Adjektiv)*	griechisch
	esse *(Infinitiv)*	sein
5	est *(3. Pers. Sg.)*	er, sie, es ist
	et *(Konjunktion)*	und, auch
	Rōma, -ae f.	Rom
	Rōmae *(Lokativ)*	in Rom
	multī, -ae, -a	viele
10	servus, -ī m.	(der / ein) Sklave
	sunt	sie sind
	Marcus Tullius, -ī m.	Marcus Tullius *(Sohn des berühmten Cicero)*
	serva, -ae f.	(die / eine) Sklavin
	habēre *(Infinitiv)*, (hab)-eō *(1. Pers. Sg.)*	haben, besitzen, halten
15	vīlla, -ae f.	(das / ein) Landhaus
	-que	*angehängt:* und (tu ego**que** – du **und** ich)
	vīlla urbāna	(das / ein) Haus in der Stadt, Stadthaus
	in *(Präposition m. Ablativ)*	in, an, auf *(auf die Frage: Wo?)*
	labōrāre *(Infinitiv)*, (labōr)-ō *(1. Pers. Sg.)*	arbeiten
20	Mūcia, -ae f.	Mucia *(Frau des Tullius, fiktiv)*
	domina, -ae f.	(die / eine) (Haus)herrin
	dominus, -ī m.	(der / ein) (Haus)herr, Herr(scher)
	familia, -ae f.	(die / eine) Familie
	advocāre, -ō *(s. o.)*	herbeirufen
25	venīre *(Infinitiv)*, (ven)-iō *(1. Pers. Sg.)*	kommen
	citō *(Adverb)*	schnell
	ubī?	wo?
	iam *(Adv.)*	schon
	diū *(Adv.)*	lange, lange Zeit
30	tē *(Personalpronomen im Akkusativ)*	dich
	exspectāre, -ō *(1. Pers. Sg.)*	erwarten, warten auf
	clāmāre, -ō *(s. o)*	rufen, schreien
	statim *(Adv.)*	sofort, auf der Stelle
	ecce	schau, sieh da
35	adesse, adsum *(1. Pers. Sg.)*	da sein, anwesend sein; helfen
	semper *(Adv.)*	immer
	appārēre, -eō *(s. o)*	erscheinen
	cum *(Subjunktion)*	sooft, immer wenn, sobald
	mē *(Personalpronomen im Akk.)*	mich
40	vocāre, -ō *(s. o)*	rufen; nennen
	nam *(Konjunktion)*	denn
	libenter *(Adv.)*	gerne, bereitwillig
	meus, -a, -um *(Possessivpronomen)*	mein
	pārēre, -eō *(s. o.)*	gehorchen

45	nōn	nicht
	īgnōrāre, -ō (s. o)	nicht wissen, nicht kennen
	īgnōtus, -a, -um	unbekannt
	vōs (Personalpronomen im Nom. u. Akk.)	ihr; euch
	bonus, -a, -um	gut; tüchtig
50	Rōmānus, -a, -um	römisch
	Rōmānus, -ī m.	(der / ein) Römer
	autem (nachgestellt)	aber; ferner, nämlich (tu **autem** – **aber** du)
	cūnctī, -ae, -a	alle
	populus, -ī m.	(das / ein) Volk
55	itaque	daher, deshalb; und so
	mundus, -ī m.	(die / eine) Welt
	neque ... neque	weder ... noch
	philósophus, -ī m.	(der / ein) Philosoph
	sed (Konjunktion)	aber, sondern
60	tacēre, -eō (s. o.)	schweigen
	proinde	daher, deshalb
	audīre, -iō (s. o.)	hören, zuhören
	monēre, -eō (s. o.)	mahnen, ermahnen
	egō	ich
65	tū	du
	quid? (Interrogativpronomen)	was?
	mihī (Personalpronomen im Dativ)	mir; für mich
	tibī (Personalpronomen im Dativ)	dir; für dich
	imperāre, -ō (s. o)	befehlen; herrschen *über*
70	respondēre, -eō (s. o.)	antworten
	nōn iam	nicht mehr
	scīre, -iō (s. o.)	wissen; kennen
	nunc	jetzt, nun
	paedagōgus, -ī m.	(der / ein) „Pädagoge"
75	properāre, -ō (s. o.)	eilen; sich beeilen (etw. zu tun)
	cum (Präposition m. Abl.)	(zusammen) mit
	fīlius, -ī m.	(der / ein) Sohn
	fīlia, -ae f.	(die / eine) Tochter
	in (Präposition m. Akk.)	in, zu, in ... hinein (auf die Frage: Wohin?)
80	schola, -ae f.	(die / eine) Schule
	magister, -trī m.	(der / ein) Lehrer
	saepe (Adv.)	oft
	nōs (Personalpronomen im Nom. u. Akk.)	wir; uns
	quod (Subjunktion)	weil, da
85	tuus, -a, -um (Possessivpronomen)	dein
	tam	so
	puer, -ī m.	(der / ein) Junge
	tum	da, dann, damals, darauf
	tandem	endlich, schließlich

Führen Sie die in den jeweiligen Tabellen verzeichneten Wörter auf das lateinische Original zurück und vervollständigen Sie, wo es möglich ist und insofern Sie die betreffende Sprache beherrschen, die Tabellen. Hierbei spielt die Wortart keine Rolle; das Erkennen der etymologischen Verwandtschaft ist das Ziel dieser Lernimpulse.

Hier nun die Tabelle, die zu den Vokabeln der ersten Lektion gehört. Weitere folgen am Ende eines jeden Vokabulars. Es wird empfohlen, sich dieser Übung nach dem Erlernen der jeweiligen Lektionsvokabeln zu widmen, gewissermaßen in einem zweiten „Gang". Auf diese Weise könnte das Erlernte stärker haften bleiben.

Fremdwort	Englisch	Italienisch	Spanisch	Französisch
multiplizieren		molto	mucho	
Advokat				avocat
	to appear			apparence
		mio		
Bonität		buono	bueno	
	to expect			
Ignoranz	to ignore			ignorer
	is	è	es	
		noi	nosotros	nous
		mondo		monde
Populist	people			peuple
		scuola	escuela	école
	to have			
Meister				maître
Egoist	I	io		
	science			
			hijo	fils
		sempre	siempre	
		voi		vous

Für Portugiesisch-Lernende: Bilden Sie die entsprechenden Vokabeln im Portugiesischen.

Ab **Lektion 5** wird bei den Verben als vierte Stammform das Partizip Perfekt Passiv aufgeführt (in Klammern, die ab Lektion 7 wegfallen); seine Endungen folgen der o- und a-Deklination.
Aus Gründen der Platzersparnis erscheint die Form aber nur im neutrum, *also z. B.* statt conditus, -a, -um; dīvīsus, -a, -um *etc.* → **conditum; dīvīsum.**

Bei der **a-Konjugation** werden die 1. Person Singular Perfekt Aktiv und das Partizip Perfekt Passiv nur genannt, wenn das betreffende Verb ausnahmsweise kein v-Perfekt hat, z. B.: vocāre, -ō, *aber:* vetāre, -ō, vetuī, vetitum.

Lektion 2

	imperium, -ī n.	Befehl(sgewalt); Herrschaft; Reich
	prōvincia, -ae f.	Provinz
	tabula, -ae f.	Tafel; Gemälde
	māgnus, -a, -um	groß; bedeutend
5	mōnstrāre, -ō	zeigen
	studēre, -eō *(m. Infinitiv)*	sich bemühen *(etw. zu tun)*
	hīc *(Adv.)*	hier
	Italia, -ae f.	Italien
	ibī *(Adv.)*	dort
10	Sicilia, -ae f.	Sizilien
	vidēre, -eō	sehen, erblicken
	patria, -ae f.	Heimat, Vaterland
	noster, -tra, -trum	unser
	īnsula, -ae f.	Insel
15	maximus, -a, -um	der, die, das größte; sehr groß
	cōpiōsus, -a, -um	reich
	frūmentum, -ī n.	Getreide
	Rōmam *(Akk. der Richtung)*	nach Rom
	importāre, -ō	hineintragen, einführen
20	portāre, -ō	tragen, bringen
	solēre, -eo *(m. Inf.)*	gewohnt sein *(etw. zu tun)*
	prīmus, -a, -um	der *usw.* erste
	ante *(m. Akk.)*	vor
	saeculum, -ī n.	Jahrhundert
25	Poenī, -ōrum m.	die Punier, Karthager
	habitāre, -ō	wohnen; bewohnen
	adversārius, -a, -um	feindlich; *substantiviert:* Feind
	dē *(m. Abl.)*	von ... herab; über; um; in Bezug auf
	pūgnāre, -ō	kämpfen
30	ad *(m. Akk.)*	zu, an, bei
	Gallia, -ae f.	Gallien
	gaudēre, -eō	sich freuen
	attentus, -a, -um	aufmerksam
	ut *(Subjunktion)*	wie
35	Dīvus Iūlius	der vergöttlichte Iulius Caesar
	terra, -ae f.	Land, Erde
	barbaricus / barbarus, -a, -um	fremd, barbarisch
	annus, -ī m.	Jahr
	oppūgnāre, -ō	bestürmen; belagern; bekämpfen
40	proelium, -ī n.	Kampf, Schlacht
	paenīnsula, -ae f.	Halbinsel
	Germānia, -ae f.	Germanien
	vōbīs *(Dat.)*	euch; für euch
	Germānī, -ōrum m.	die Germanen

45	ā, ab *(m. Abl.)*		von, von ... weg; seit
	initium, -ī n.		Anfang, Beginn
	adhūc		bis jetzt; jetzt noch
	quoque *(nachgestellt, meist nach Nomina)*		auch (tu **quoque** – **auch** du)
	timēre, -eō		fürchten; sich fürchten
50	vir, -ī m.		Mann
	ferus, -a, -um		wild; grausam
	cōpiae, -ārum f.		Truppen; Vorräte
	iterum		wieder(um), zum zweiten Mal
	iterum atque iterum		immer wieder
55	superāre, -ō		übertreffen; besiegen
	Rhēnus, -ī m.		der Rhein
	fluvius, -ī m.		Fluss
	rīpa, -ae f.		Ufer
	castellum, -ī n.		(kleines) Lager
60	firmāre, -ō		stärken; befestigen, sichern
	ita		so, auf diese Weise
	posse, possum		können
	quam *(bei Adjektiven u. Adverbien)*		wie
	etiam		auch; sogar
65	Asia, -ae f.		Kleinasien
	perīculum, -ī n.		Gefahr
	perīculōsus, -a, -um		gefährlich
	cum *(m. Abl.)*		(zusammen) mit
	bellum, -ī n.		Krieg
70	cēterī, -ae, -a		die übrigen
	ēnumerāre, -ō		aufzählen
	vōs *(Nom. u. Akk.)*		ihr; euch
	fatīgāre, -ō		jmd. ermüden, plagen
	cōgitāre, -ō *(m. Inf.)*		beabsichtigen *(zu tun)*; überlegen, denken

Verfahren Sie wie bei Lektion 1:

Fremdwort	Englisch	Italienisch	Spanisch	Französisch
Imperialismus	empire			
		tavola		table
Student	to study			
Video			ver	
		nostro		nôtre
		attenzione		attention
			tierra	terre
	castle	castello		château
		pericoloso		
Potential	possibility			
Annalen		anno		
		secolo		siècle
maximal		massimo		

Lektion 3

	hōra, -ae f.	Stunde
	finīre, -iō	beenden, begrenzen
	laetus, -a, -um	froh, fröhlich
	verbum, -ī n.	Wort; Ausspruch
5	suus, -a, -um *(reflexives Possessivpronomen)*	sein, ihr
	via, -ae f.	Weg, Straße
	domum *(Akk. der Richtung)*	nach Hause
	īre, eō	gehen
	at *(Betonung des Gegensatzes)*	aber
10	mihī in animō est / in animō habeō	ich habe im Sinn, beabsichtige *(zu tun)*
	animus, -ī m.	Sinn, Geist, Verstand; innere Haltung
	forum, -ī n.	Marktplatz
	vīsitāre, -ō	besuchen
	ubī *(zur Einleitung eines Relativsatzes)*	wo
15	māgnificus, -a, -um	großartig, prächtig
	aedificium, -ī n.	Gebäude
	quō?	wohin?
	rogāre, -ō	fragen; bitten
	nōbīscum	mit uns
20	mīrus, -a, -um	seltsam, sonderbar; wunderbar
	monumentum, -ī n. *(vgl. monēre)*	Denkmal, Monument
	ac profectō	und wirklich, und in der Tat
	appropinquāre, -ō	sich nähern
	nārrāre, -ō	erzählen, berichten
25	summus, -a, -um	der *usw.* oberste, höchste, wichtigste
	administrāre, -ō	verwalten, lenken
	cōnsultāre, -ō	sich beraten, beratschlagen
	satis	genug, ausreichend
	bene *(Adv. zu bonus)*	gut
30	explicāre, -ō	erklären, erläutern
	-ne *(angehängt, bei neutralen Fragen)*	*bleibt unübersetzt*
	nōnne *(bei erwarteter positiver Antwort)*	denn nicht, etwa nicht
	quis? *(Interrogativpronomen)*	wer?
	prīmō, prīmum *(Adv.)*	anfangs, zunächst, zuerst
35	dubitāre, -ō	zweifeln; *mit Inf.:* zögern *(etw. zu tun)*
	deinde	sodann, darauf, dann
	certē	sicherlich, gewiss
	inquit *(eingeschoben in eine direkte Rede)*	sagt(e) er, sie, es
	quandō?	wann?
40	pulcher, -chra, -chrum	schön
	templum, -ī n.	heiliger Bezirk, Tempel
	aedificāre, -ō *(vgl. aedificium)*	(er)bauen, errichten
	num *(bei erwarteter negativer Antwort)*	etwa
	nōnnūllī, -ae, -a	einige, manche

45	(per)antīquus, -a, -um	(sehr) alt, (ur)alt
	Augustus, -ī m.	(Kaiser) Augustus
	velut	wie, wie zum Beispiel
	Palātium, -ī n.	der Palatin *(einer der sieben Hügel Roms)*
	situs, -a, -um	gelegen, liegend, befindlich
50	alius, alia, aliud	ein *usw.* anderer
	deus, -ī m.	Gott
	dea, -ae f.	Göttin
	-que *(angehängt)*	und (z. *B.*: ego tuque – ich und du)
	dēbēre, -eō *(m. Inf.)*	sollen, müssen; *als Vollverb:* verdanken, schulden

Fremdwort	Englisch	Italienisch	Spanisch	Französisch
	hour			heure
Finale	to finish			
		lieto		
			ir	
	to visit			
		edificio	edificio	
antik	ancient	antico		ancien
Summe				
Administration				
konsultieren				
	to doubt			
Situation		(site)		
			cuándo	
Debit		dovere		devoir

Die Personalpronomina der ersten und zweiten Person Singular und Plural:

Nominativ	**egō**	**tū**	**nōs**	**vōs**
Genitiv	meī (meiner)	tuī (deiner)	nostrī, nostrum*	vestrī, vestrum*
Dativ	mihī	tibī	nōbīs	vōbīs
Akkusativ	mē	tē	nōs	vōs
Ablativ	ā mē, mēcum, mē	ā tē, tēcum, tē	ā nōbīs, nōbīscum, nōbīs	ā vōbis, vōbīscum, vōbīs

* Die Formen **nostrum** und **vestrum** (= *genitivus partitivus*) erscheinen in bestimmten Verbindungen,

z. *B*.: Quis nostrum? — Wer von uns?   Nemo vestrum – Niemand von euch

Die Possessivpronomina der ersten und zweiten Person Singular und Plural:

meus, -a, -um – mein   tuus, -a, -um – dein   noster, -tra, -trum – unser   vester, -tra, -trum – euer

Diese Pronomina gehören zur o- *bzw.* a-Deklination.

Lektion 4

	valdē	sehr
	placet, placuit *(m. Dat. d. Person)*	es gefällt, man beschließt
	dīcere, -ō, dīxī *(s-Perf.)*	sagen, sprechen, erklären, erzählen
	relinquere, -ō, relīquī *(Dehnung)*	zurücklassen, verlassen
5	redīre, -eō, -iī	zurückkehren
	cupere, -iō, cupīvī	begehren, wünschen, wollen
	cūr?	warum?
	manēre, -eō, mānsī *(s-Perf.)*	bleiben, verweilen; fortbestehen
	fortasse	vielleicht
10	aliquis; aliquid	irgendjemand; irgendetwas
	prīncipium, -ī n.	Beginn, Ursprung, Anfang
	tempus, témporis n.	Zeit(punkt), Gelegenheit
	paulum *(Adv.)*	wenig, ein wenig, etwas
	ūnus, -a, -um	ein *usw.* einziger
15	minimē *(Adv.)*	am wenigsten, keineswegs
	iūcundus, -a, -um	angenehm, erfreulich
	asper, -a, -um	rau, hart, schwierig
	oppidum, -ī n.	Stadt
	vester, -tra, -trum	euer
20	parvus, -a, -um	klein, gering
	nōn sōlum ..., sed (vērum) etiam	nicht nur ..., sondern auch
	fīdus, -a, -um	zuverlässig, treu
	scelus, scéleris n.	Verbrechen
	varius, -a, -um	vielfältig, verschieden
25	mittere, -ō, mīsī *(s-Perf.)*	schicken
	committere, -ō, -mīsī *(s-Perf.)*	beginnen; begehen; anvertrauen
	Rōmulus, -ī m.	Romulus *(Gründer u. erster König Roms)*
	posteā *(Adv.)*	nachher, später
	fīnitimus, -a, -um	benachbart; *substantivisch:* Nachbar
30	sī *(Subjunktion bei Konditionalsätzen)*	wenn, falls
	līberī, -ōrum m.	Kinder
	discere, -ō, dídicī *(Reduplikationsperf.)*	lernen
	reprehendere, -ō, -prehendī *(ohne Veränd.)*	tadeln
	facere, -iō, fēcī *(Dehnungsperf.)*	tun, machen; herstellen
35	fugere, -iō, fūgī *(Dehnungsperf.)*	fliehen, die Flucht ergreifen
	nōnnumquam	manchmal
	enim *(nachgestellt)*	denn, nämlich
	interdum	manchmal, bisweilen
	caedere, -ō, cecīdī *(Reduplikationsperf.)*	schlagen; niederhauen; töten
40	quīn etiam	ja sogar
	necāre, -ō, necāvi*	töten
	peccāre, -ō	einen Fehler begehen; sündigen

* **Bei der a-Konjugation wird regelmäßiges v-Perfekt nicht mehr aufgeführt** *(s. o. S. 142)*.

	facinus, facinoris n.	Tat, Untat, Vergehen
	vel ... vel	(entweder) ... oder
45	miser, -a, -um	elend, unglücklich
	misericordia, -ae f.	Mitleid, Barmherzigkeit
	fortūna, -ae f.	Schicksal; Zufall; Glück
	priusquam *(Subjunktion)*	bevor, ehe
	clārus, -a, -um	hell, klar, deutlich; berühmt
50	rīdēre, -eō, rīsī *(s-Perf.)*	lachen, lächeln; auslachen
	numquam *(vgl. nōnnumquam, Nr. 36)*	niemals
	vexāre, -ō	quälen; heimsuchen
	aut	oder
	aut ... aut	entweder ... oder
55	dōnum, -ī n.	Geschenk, Gabe
	dōnāre, -ō	schenken, beschenken
	dēlectāre, -ō	*jmd.* erfreuen
	dēsinere, -ō, dēsiī *(m. Inf.)*	aufhören *(etw. zu tun)*
	querella, -ae f.	Klage, Gejammer

Verfahren Sie wie bei den vorigen Lektionen:

Fremdwort	Englisch	Italienisch	Spanisch	Französisch
Plazet		piacere		plaisir
Relikt				
		tempo		
Kommission	to commit			
	various			
			hacer	faire
		chiaro		
Querele				
Fuge				fuir
Misere				misère
		giocondo		
	one			
minimal				
		dire		dire

Wortbildung: die Präfixe (Vorsilben)*

Das Präfix **ad-** bedeutet „an-", „heran-", „hinzu-", herbei-",
also: vocāre – rufen, **ad**vocāre – herbeirufen.
Der Konsonant kann sich bei entsprechender Formation verändern *bzw.* angleichen,
also: **ad**propinquāre → **ap**propinquāre.
Dieser Vorgang der Konsonantenangleichung heißt **Assimilation**.
In diesem Sinne bedeutet das Präfix **ob-** „entgegen".
obpugnāre *(wörtl.: dagegen kämpfen)* wird zu **op**pugnāre – bestürmen, belagern.
ex- bedeutet „aus-", „heraus-", „bis zum Ende",
also: **ex**pūgnāre *(wörtl.: bis zum Ende kämpfen)* – erobern,
ēvocāre – herausrufen, hervorrufen, verlocken.

* *Liste der Präfixe s. Anhang, S. 253 f.*

Lektion 5

	fräter, frätris m.	Bruder
	postquam *(Subjunktion m. Ind. Perf.)*	nachdem *(im D. mit Plusquamperf.)*
	avus, -ī m.	Großvater
	redūcere, -ō, -dūxī, (-ductum) *(vgl. dūcere)*	zurückführen
5	novus, -a, -um	neu; nie dagewesen, unerhört
	condere, -ō, cóndidī, (cónditum, *s. S. 142*)	gründen, bergen
	contrōversia, -ae f.	Streit, Auseinandersetzung
	certāre, -ō	streiten, kämpfen
	quis nostrum?	wer von uns? (nostrum: *gen. partit. von* nōs)
10	rēx, rēgis m.	König
	rēgnum, -ī n.	Königsherrschaft; (König)reich
	fundāmentum, -ī n.	Grundlage; Grund(mauer)
	licet, licuit *(m. Inf.)*	es ist erlaubt *(etw. zu tun)*
	nōmen, nōminis n.	Name; Begriff, Bezeichnung
15	adiuvāre, -ō, **-iūvī, (-iūtum)** *(m. Akk.)*	unterstützen, helfen
	dīvidere, -ō, dīvīsī, (dīvīsum)	teilen, trennen; aufteilen
	perniciōsus, -a, -um	unheilvoll, Verderben bringend
	neque, nec	und nicht, auch nicht, aber nicht
	cōnsilium, -ī n.	Rat; Absicht, Plan; Ent-, Beschluss
20	cōnsilium capere	einen Entschluss fassen
	cōnsulere, -ō, cōnsuluī, (cōnsultum)	*m. Akk.:* um Rat fragen; *m. Dat.:* sorgen für
	Aventīnus, -ī m. / -um, -ī n.	der Aventin *(einer der sieben Hügel Roms)*
	collis, -is m.	Hügel
	ascendere, -ō, ascendī, (ascēnsum)	hinaufsteigen, besteigen
25	caelum, -ī n.	Himmel
	observāre, -ō	beobachten
	avis, -is f.	Vogel; Weissagevogel
	subitō	plötzlich
	sex	sechs
30	vidēre, -eō, vīdī, (vīsum)	sehen, erblicken
	duodecim	zwölf
	duo, duae, duo	zwei
	decem	zehn
	certāmen, -inis n. *(vgl. certāre)*	(Wett)streit, Auseinandersetzung
35	iūdicāre, -ō	Recht sprechen, (be)urteilen, entscheiden
	quamquam	obwohl
	tamen	dennoch
	negāre, -ō	ablehnen; verweigern; leugnen
	invidēre, -eō, -vīdī, (-vīsum) *(m. Dat.)*	beneiden; missgünstig sein
40	tibī invideō	ich beneide dich
	invidia, -ae f.	Neid; Missgunst
	arātrum, -ī n.	Pflug
	dēsīgnāre, -ō *(vgl. sīgnum)*	bezeichnen, festlegen, bestimmen
	cum *(Subjunktion)*	als (plötzlich)

Vokabeln zu den Lektionstexten

45	irrīdēre, -eō, -rīsī, (-rīsum) (vgl. rīdēre)	aus-, verlachen, verspotten
	mūrus, -ī m.	Mauer
	arcēre, -eō, arcuī	abwehren, abhalten
	servāre, -ō	retten, bewahren
	fossa, -ae f.	Graben
50	īrātus, -a, -um	erzürnt, zornig
	gladius, -ī m.	Schwert
	capere, -iō, cēpī, (captum)	fassen, fangen, ergreifen; erobern
	post (m. Akk.)	nach; hinter
	mors, mortis f.	Tod
55	sōlus, -a, -um	allein, einzig
	dare, dō, **dedī, (datum)**	geben

Fremdwort	Englisch	Italienisch	Spanisch	Französisch
		fratello		frère
	to reduce			réduire
	new	nuovo		nouveau
Kontroverse				controverse
	royal	re		
Adjutant		aiutare		
		colle	colina	
		ascensore		ascenseur
	six			six
negativ				négatif
konservieren				conserver
			dar	
Solist				
		giudicare		

Können Sie bis Zehn zählen? – Hier die Kardinalzahlen*:

Latein	Italienisch	Spanisch	Französisch	Englisch	Deutsch
ūnus, -a, -um	uno	uno	un	one	eins
duo, duae, duo	due	dos	deux	two	zwei
trēs, tria	tre	tres	trois	three	drei
quattuor	quattro	cuatro	quatre	four	vier
quīnque	cinque	cinco	cinq	five	fünf
sex	sei	seis	six	six	sechs
septem	sette	siete	sept	seven	sieben
octo	otto	ocho	huit	eight	acht
novem	nove	nueve	neuf	nine	neun
decem	dieci	diez	dix	ten	zehn

centum – 100   mīlle – 1000 (vgl. Prozent, Promille)

Zu den Zahlen vollständig: Systemgrammatik § 26 u. Rubenbauer / Hofmann § 63

Lektion 6

	casa, -ae f.	Hütte, Haus
	undique	von allen Seiten, von überall her
	turba, -ae f.	Schar, Menge
	homō, hóminis m.	Mensch
5	mōs, mōris m.	Sitte, Brauch; *im Plur. auch:* Charakter
	lēx, lēgis f.	Gesetz; Bedingung
	dīversus, -a, -um	unterschiedlich, verschieden
	concurrere, -ō, -currī, (-cursum)	zusammenströmen
	igitur *(nachgestellt)*	also, daher
10	urbs, urbis f.	Stadt
	crēscere, -ō, crēvī	wachsen, größer werden
	paulātim	allmählich
	incola, -ae **m.**	Einwohner, Bewohner
	intellegere, -ō, intellēxī, (intellēctum)	einsehen, erkennen, verstehen
15	rēs, reī f.	Sache, Ding, Angelegenheit, Besitz
	rēs *(Plur.)*, rērum f.	*auch:* Lage, Verhältnisse; Taten
	vīta, -ae f.	Leben
	beātus, -a, -um	glücklich
	dēesse, dēsum, dēfuī	fehlen
20	plērīque, plēraeque, plēraque	die meisten
	plērumque	meistens
	fēmina, -ae f.	Frau
	tālis, -is, -e	so beschaffen, solch
	vītam agere	ein Leben führen
25	parātus, -a, -um sum *(m. Inf.)*	ich bin bereit *(etw. zu tun)*
	cīvis, cīvis m.	Bürger
	cīvitās, cīvitātis f.	Bürgerschaft, (Stadt)staat; Bürgerrecht
	adīre, -eō, -iī	herantreten, aufsuchen; sich wenden an
	quidem	zwar; gewiss; jedenfalls; wenigstens
30	gerere, -ō, gessī, (gestum)	ausführen, verrichten; tragen
	rēs gerere	Taten vollbringen
	prūdentia, -ae f.	Klugheit
	auxilium, -ī n.	Hilfe
	egēre, -eō, eguī *(m. abl. separ.)*	nötig haben, bedürfen
35	contentus, -a, -um *(m. Abl.)*	zufrieden *(mit etw.)*
	sine *(m. Abl.)*	ohne
	spēs, speī f.	Hoffnung, Erwartung
	spērāre, -ō	hoffen, erwarten
	vīvere, -ō, vīxī	leben, sein Leben verbringen
40	cōnsīderāre, -ō	erwägen, überlegen
	quī, quae, quod? *(adjektiv. Interrogativpron.)*	welcher, welche, welches?
	fīnis, -is m.	Grenze, Ende; Zweck, Ziel
	fīnēs, -ium m.	*auch:* Gebiet
	perniciēs, perniciēī f.	Verderben, Unheil

45	parāre, -ō	(vor)bereiten; beschaffen, erwerben
	nōtus, -a, -um	bekannt
	pēnūria, -ae f.	Not, Mangel *(an etw.)*
	labōrāre, -ō	arbeiten; leiden *(an etw.)*
	dolus, -ī m.	List
50	cūra, -ae f.	Kummer; Sorge; Fürsorge
	cūrāre, -ō	pflegen; (be)sorgen, sich kümmern
	līberāre, -ō	befreien
	iubēre, -eō, iussī, (iussum)	befehlen; auffordern, anordnen
	lūdus, -ī m.	Spiel
55	invītāre, -ō	einladen
	dēbēre, -eō, dēbuī, (dēbitum)	sollen, müssen; schulden, verdanken
	diēs, diēī **m.**	Tag; *femin.:* Termin
	uxor, uxōris f.	Gattin, Ehefrau
	omnis, -is, -e	jeder, ganz; *Plur.:* alle
60	hospes, hóspitis m.	Gast, Gastfreund; Gastgeber
	gaudium, -ī n. *(vgl. gaudēre)*	Freude, Vergnügen
	spectāre, -ō	betrachten
	iuvenis, -is m.	Jüngling, junger Mann
	accurrere, -ō, -currī, (-cursum)	herbeieilen
65	virgō, vírginis f.	junges Mädchen; Jungfrau
	abdūcere, -ō, -dūxī, (-ductum)	wegführen, entführen
	īra, -ae f.	Zorn, Wut
	implēre, -eō, -plēvī, (-plētum)	anfüllen; erfüllen
	redīre, -eō, -iī	zurückkehren, wiederkommen
70	arma, -ōrum n.	Waffen; Ausrüstung

Fremdwort	Englisch	Italienisch	Spanisch	Französisch
			hombre	homme
Moral				morale
Legalität		legge		
Konkurrent				concurrence
	urban			urbain
	to *in*crease			
Intelligenz		intelligente		
		realtà		réalité
				femme
Zivilist		civico	civil	
	content			
			sin	sans
laborieren				
	virgin			vierge
Armatur				
		giovane		jeune
			invitar	inviter
Hospital		ospite		hôpital
			vivir	

Vokabeln zu den Lektionstexten

Lektion 7

	dīligenter *(Adv.)*	sorgfältig, aufmerksam
	pergere, -ō, perrēxi, perrēctum	fortfahren, weitermachen
	iūs, iūris n.	Recht
	hospitium, -ī n.	Gastrecht, Gastfreundschaft
5	ā, ab	*örtl. / zeitl.*: von; von … weg; seit; *m. Abl. der beim Passiv tätigen Person*: von
	laedere, -ō, laesī, laesum	verletzen, beschädigen
	aliquot	einige
	mēnsis, -is m.	Monat
	post *(als Adverb / als Präposition mit Akk.)*	später / nach; hinter
10	ubī *(Subjunktion m. Ind. Perf.)*	sobald
	accēdere, -ō, -cessī, -cessum	herantreten, anrücken
	postulāre, -ō	fordern, verlangen
	negāre, -ō	ablehnen, verweigern; abstreiten, leugnen
	ingēns, ingentis	ungeheuer, gewaltig
15	inter *(m. Akk.)*	zwischen, unter
	īnstāre, -ō, īnstitī	drohen; bevorstehen
	hostis, -is m.	Feind
	aciēs, -ēī f.	Schärfe; Schlachtreihe; Schlacht
	īnstruere, -ō, -strūxī, -strūctum	aufstellen; ausrüsten; unterweisen
20	sīgnum, -ī n.	Zeichen
	adamāre, -ō *(vgl. amāre – lieben)*	lieb gewinnen
	prōvolāre, -ō	hervorstürzen
	atque, ac	und
	pater, patris m.	Vater
25	marītus, -ī m.	Ehemann
	nātus, -a, -um	geboren; *substantiv.*: Kind
	ostendere, -ō, ostendī, ostentum	entgegenstrecken; zeigen, erklären
	vōx, vōcis f.	Stimme
	exclāmāre, -ō	ausrufen, schreien
30	impius, -a, -um	unfromm, ruchlos, gottlos
	pius, -a, -um	fromm, pflichtbewusst, gewissenhaft
	pietās, -ātis f.	Frömmigkeit, Pflichtbewusstsein
	et … et	sowohl … als auch
	socer, -ī m.	Schwiegervater
35	gener, -ī m.	Schwiegersohn
	permovēre, -eō, -mōvī, -mōtum	heftig bewegen; stark beeindrucken
	coniungere, -ō, -iūnxī, -iūnctum	verbinden, vereinigen
	coniūnx, coniugis m. / f.	Ehemann, Ehefrau
	coniugium, -ī n.	Ehe
40	rēgnum, -ī n.	Königsherrschaft; Königreich
	rēgnāre, -ō	(als König) herrschen

Fremdwort	Englisch	Italienisch	Spanisch	Französisch
Menstruation		mese		mois
	access			accéder
Regierung	reign	regno		régner
Instruktion				instruire
Signal	sign			signaler
	to move	muovere		
ostentativ		ostentare		
			padre	père
Pietät			piedad	
Vokabel, Vokal	voice		voz	voix
	to marry		marido	

Wortbildung:

Das Simplex (Grundwort) zu accēdere (herangehen, -kommen) lautet: **cēdere – gehen, weichen.**

Weitere Komposita von cēdere, -ō, cessī, cessum:

concēdere	gestatten, erlauben *(vgl. Konzession)*; mit AcI: zugeben, einräumen
dēcēdere	weggehen (de vita decedere – sterben)
discēdere	auseinandergehen, sich trennen, weggehen (**dis-** = auseinander-, entzwei-)
excēdere	herausgehen; überschreiten *(vgl. Exzess)*
intercēdere	dazwischengehen, einschreiten *(das Interzessionsrecht des Volkstribunen)*
praecēdere	vorangehen; übertreffen
prōcēdere	vonstattengehen, voranschreiten, fortschreiten *(vgl. Prozess, Prozession)*

Komposita von habēre folgen dem Gesetz der Stammvokalabschwächung (aus -a- wird -i-):

adhibēre, -eō, -hibuī, -hibitum	anwenden, hinzuziehen	cohibēre	zusammenhalten
dēbēre (aus dē-hibēre)	schulden, verdanken, müssen	praebēre	gewähren, geben
prohibēre	ab- / fernhalten, (ver)hindern	(habēre, s. Vok. 8B, Nr. 39)	

Weitere Zahlen – die Ordinalzahlen (Ordnungszahlen):

Latein	Italienisch	Spanisch	Französisch	Englisch	Deutsch
prīmus, -a, -um	primo	primero	premier, -e	first	(d.) Erste
secundus *etc.*	secondo	segundo	second, -e	second	Zweite
tertius *etc.*	terzo	tercero	troisième	third	Dritte
quartus *etc.*	quarto	cuarto	quatrième	fourth	Vierte
quintus *etc.*	quinto	quinto	cinquième	fifth	Fünfte
sextus *etc.*	sesto	sexto	sixième	sixth	Sechste
septimus *etc.*	settimo	sé(p)timo	septième	seventh	Sieb(en)te
octāvus *etc.*	ottavo	octavo	huitième	eighth	Achte
nōnus *etc.*	nono	noveno	neuvième	ninth	Neunte
decimus *etc.*	decimo	décimo	dixième	tenth	Zehnte

Die weiteren Dezimalen enden immer auf -ēsimus, -a, -um, z. B.: vicēsimus, -a,- um (der Zwanzigste), tricēsimus *etc.* (der Dreißigste), centēsimus *etc.* (der Hundertste), millēsimus *etc.* (der Tausendste).

(Zu den Zahlen vollständig s. Systemgrammatik § 26)

Lektion 8 A

	nārrātiō, -ōnis f. (*vgl.* nārrāre)	Erzählung
	iūre (*abl. modi zu* iūs, iūris)	zu Recht, mit Recht
	commemorāre, -ō	erwähnen, an etw. erinnern
	māiōrēs, -um m.	(„die Größeren"), die Vorfahren
5	docēre, -eō, -uī, doctum	lehren, belehren, aufklären
	doctus, -a, -um (*vgl.* docēre)	gelehrt, gebildet
	cēterum	übrigens; aber
	cōnstat (*m. AcI*)	es steht fest (dass ...)
	crēdere, -ō, crēdidī, crēditum	glauben
10	oportet (*m. AcI*)	es ist nötig, gehört sich (dass ...)
	profectō	in der Tat, wirklich, sicherlich
	sapiēns, -entis	weise, klug, vernünftig; geschickt
	sapientia, -ae f.	Weisheit, Klugheit
	quī, quae, quod (*Relativpronomen*)	der, die, das; welcher, welche, welches
15	tamquam	gleichsam, wie
	ē, ex (*m. Abl.*)	aus, heraus; in Folge von
	ōrāculum, -ī n.	Götterspruch; Orakel
	fābula, -ae f.	Geschichte, Fabel
	nōmināre, -ō (*vgl.* nōmen, -inis n.)	nennen, bezeichnen
20	is, ea, id	er, sie, es; dieser, diese, dieses
	laudāre, -ō	loben, gutheißen
	Eurōpa, -ae f.	Europa
	puella, -ae f.	Mädchen
	odium, -ī n.	Hass; Abneigung, Widerwille

Lektion 8 B

25	aliquandō	einmal, einst, irgendwann einmal
	Iuppiter, Iovis m.	Iuppiter (*der oberste Gott*)
	Olympus, -ī m.	der Olymp (*Berg in Griechenland*)
	mōns, montis m.	Berg
	cōnspicere, -iō, -spexī, -spectum	erblicken
30	forma, -ae f.	Form, Gestalt; Schönheit
	pulchritūdō, -inis f.	Schönheit
	movēre, -eō, mōvī, mōtum	bewegen, erregen
	amor, -ōris m.	Liebe
	capere, -iō, cēpī, captum	ergreifen, erfassen; einnehmen, erobern
35	atque, ac	und
	incendere, -ō, -cendī, -cēnsum	anzünden, entflammen
	sēcum	bei sich, mit sich
	habēre, -eō, habuī, habitum	haben, besitzen, halten

	dēbēre, -eō, dēbuī, dēbitum *(vgl. habēre)*	schulden; verdanken; *m. Inf.:* müssen
40	amāre, -ō	lieben
	nūllus, -a, -um *(Gen.:* nūllīus, *Dat.:* nūllī)	niemand, kein
	nōn iam	nicht mehr
	dīligere, -ō, dīlēxī, dīlēctum	lieben, schätzen
	modus, -ī m.	Maß; Art und Weise
45	quō modō?	wie? auf welche Weise?
	facile *(Adv.)*	leicht; ohne weiteres
	terrēre, -eō, terruī, territum	*jmd.* erschrecken, in Schrecken versetzen
	praetereā	außerdem
	Iūnō, Iūnōnis f.	Iuno *(Gemahlin Iuppiters)*
50	grātus, -a, -um	angenehm, willkommen; dankbar
	grātia, -ae f.	Gefallen; Dankbarkeit; Beliebtheit
	dētegere, -ō, -tēxī, -tēctum	aufdecken, entdecken
	mēns, mentis f.	Sinn, Verstand, Gemüt, Einstellung
	mūtāre, -ō	tauschen, verwandeln, ändern
55	necessārius, -a, -um	unausweichlich, notwendig; nahestehend
	necesse est *(m. AcI)*	es ist nötig, es ist unausweichlich
	facere, -iō, fēcī, factum	tun, handeln, machen; herstellen
	taurus, -ī m.	Stier
	per *(m. Akk.)*	durch ... (hindurch); über ... (hin)
60	aura, -ae f.	Luft
	celeriter *(Adv.)*	schnell
	petere, -ō, petīvī, petītum	anstreben, zu erreichen suchen; bitten
	ōra, -ae f.	Küste
	pervenīre, -iō, -vēnī, -ventum	erreichen, hinkommen, gelangen zu
65	lītus, -oris n.	Strand, Küste
	lūdere, -ō, lūsī, lūsum	spielen; scherzen
	pāstor, ōris m.	Hirte
	pāscere, -ō, pāvī, pāstum	weiden, hüten
	candidus, -a, -um	glänzend, weiß
70	eximius, -a, -um	herausragend, hervorragend
	grex, gregis m.	Herde
	omnis, -is, -e	jeder, ganz; *Plural:* alle
	animal, -ālis n.	Lebewesen, Tier
	cōnfugere, -iō, -fūgī	flüchten, Zuflucht nehmen
75	manēre, -eō, mānsī, mānsum	bleiben, verharren
	putāre, -ō	glauben; halten für
	nocēre, -eō, nocuī, nocitum	schaden, schädigen
	placidus, -a, -um	sanft, friedlich
	tergum, -ī n.	Rücken
80	audēre, -eō	wagen
	contendere, -ō, -tendī, -tentum	eilen; *m. Inf.:* sich anstrengen, sich beeilen
	incipere, -iō, **coepī**, inceptum	anfangen, beginnen
	mare, -is n.	Meer
	rapere, -iō, rapuī, raptum	rauben, an sich reißen, raffen

Vokabeln zu den Lektionstexten

85 frūstrā — vergeblich
lacrima, -ae f. — Träne
fundere, -ō, fūdī, fūsum — gießen; vergießen
gemere, -ō, gemuī, gemitum — stöhnen, seufzen
nēmō (nūllīus, nēminī, nēminem, ā nūllō) — niemand
90 nihil (nūllīus reī, nūllī reī, nihil, nūllā rē) — nichts
abdūcere, -ō, -dūxī, -ductum — entführen, wegführen
dēpōnere, -ō, -posuī, -positum — ab-, niederlegen; hinterlegen
māter, mātris f. — Mutter
gēns, gentis f. — Volk; Geschlecht
95 exsistere, -ō, exstitī (vgl. sistere) — hervorgehen; erscheinen

Fremdwort	Englisch	Italienisch	Spanisch	Französisch
Kredit		credere	creer	
		sapere		savoir
	mountain			
kapieren		capire		
			amor	amour
			fácil	
	to have	avere		avoir
Terror				terreur
Detektiv				
		mental		
	necessary		necesario	nécessité
		lido		
Pastor				
		ogni		
	to remain			
			gente	
Marine			mar	mer

Wortbildung:

Das Präfix **per-** hat entweder verstärkende Bedeutung (**per**terrēre – sehr erschrecken) oder bedeutet „bis zum Ende", „hin-", z. B.: **per**ficere – vollenden; **per**venīre – hinkommen, erreichen.

Weitere Komposita von venīre – kommen:

advenīre — ankommen (vgl. Advent)
convenīre — zusammenkommen (vgl. Konvent)
ēvenīre — herauskommen, sich ereignen (vgl. engl. event)
invenīre — stoßen auf, finden; erfinden (vgl. engl. invention)
praevenīre — zuvorkommen (vgl. präventiv)

Das Präfix **dē-** bedeutet „herab-", „ab-", „hin-", „über-", „weg-", z. B.:
dēpōnere – ab-, niederlegen; **dē**dūcere – herab-, hinführen; **dē**portāre – wegschaffen, -bringen; **dē**ferre – herabbringen; hinbringen, melden; übertagen (z. B.: ein Kommando)

Vokabeln zu den Lektionstexten

Weitere Komposita von ponere, -ō, posuī, positum – setzen, stellen, legen:

appōnere	beifügen, hinzufügen *(vgl. Apposition)*
compōnere	zusammenstellen, -setzen *(vgl. Komposition)*
expōnere	aussetzen; ausstellen *(vgl. Exponat)*; erklären
impōnere	auferlegen
oppōnere	entgegenstellen *(vgl. Opposition)*
prōpōnere	vor Augen, in Aussicht stellen; vornehmen

TRANSITIV – INTRANSITIV

1) Transitive Verben

a) Sie können ein **Akkusativobjekt** mit sich führen: **Te** voco, **nos** vocat – Ich rufe **dich**, er, sie, es ruft **uns**.

b) Von diesen Verben kann neben einem unpersönlichen *(s. u. Beispiel unter Nr. 2 b)* auch ein **persönliches*** Passiv gebildet werden:
(Tu) voca**ris**, (nos) voca**mur** – **Du** wirst gerufen, **wir** werden gerufen *usw.*

* Von einem **persönlichen** Passiv spricht man, wenn das Verb im Passiv in <u>allen</u> Personen konjugiert werden kann.

2) Intransitive Verben

a) Sie können **kein** Akkusativobjekt mit sich führen, sondern höchstens ein Dativobjekt.

b) Von ihnen kann **kein** persönliches, sondern nur ein **unpersönliches*** Passiv gebildet werden.
z. B. im Deutschen: Ich glaube dir. → *Passiv:* **Es** wird dir geglaubt, dir wird geglaubt.
oder: **Man** glaubt dir. (= *unpersönliches Aktiv*)

* Von einem **unpersönlichen** Passiv spricht man, wenn das Verb nur in der dritten Person Singular im Neutrum gebildet wird, z. B.: vocatur – **es** wird gerufen; **man** ruft *(s. o.)*
vocatum est – **es** wurde gerufen; **man** rief *(s. o.)*

**Ein unpersönliches Passiv besteht immer aus der dritten Person Singular im neutrum!
Die von der Handlung betroffene Person oder Sache bleibt im Dativ!**

Intransitive Verben im Lateinischen, deren deutsche Bedeutung transitiv ist:

invidēre – beneiden: **tibi** invideo – ich beneide **dich**; tibi invidetur – du wirst beneidet;

maledicere – beleidigen; persuadēre – überreden, überzeugen; favēre – begünstigen;
parcere – schonen, sparen; nubere – heiraten; studēre – eifrig betreiben, sich bemühen um.

Weitere Beispiele:

Nobis invidetur. – Wir werden beneidet.
Vobis maledictum est. – Ihr seid beleidigt worden.
Hostibus subiectis parcitur. – Die unterworfenen Feinde werden geschont.
Mihi persuasum est – Ich bin überzeugt worden / ich bin überzeugt.

Lektion 9 A

	implēre, -eō, -plēvī, -plētum	anfüllen, erfüllen
	clāmāre, -ō	rufen, ausrufen
	trahere, -ō, trāxī, tractum	ziehen, schleppen; erhalten, annehmen
	iūstus, -a, -um	gerecht, gerechtfertigt, triftig; richtig
5	iūstē *(Adv. zu iūstus)*	gerecht, auf gerechte Weise
	iūstitia, -ae f.	Gerechtigkeit
	prosper, -a, -um	günstig, glücklich, gedeihlich
	ēvenīre, -iō, -vēnī, -ventum	herauskommen; entstehen, geschehen
	rēctē *(Adv. zu rēctus)*	richtig
10	Mīnōs, -ōis m.	Minos *(sagenhafter König von Kreta)*
	nātiō, -ōnis f.	Nation, Volk, Stamm
	Athēniēnses, -ium m.	die Athener
	subigere, -ō, subēgī, subāctum	unterwerfen
	vectīgal, vectīgālis n.	Tribut, Steuer
15	vehere, -ō, vēxī, vectum	fortbewegen, bringen, ziehen, führen
	tribuere, -ō, tribuī, tribūtum	zuteilen, geben; zahlen
	Mīnōtaurus, -ī m.	Minotaurus *(Mischwesen aus Mensch u. Stier)*
	mōnstrum, -ī n.	Ungeheuer
	pōnere, -ō, posuī, positum	legen, stellen, setzen
20	compōnere, -ō, -posuī, -positum	zusammensetzen, -stellen, bilden
	atrōx, atrōcis	schlimm, grässlich
	crūdēlis, -is, -e	grausam
	crūdēlitās, -ātis f.	Grausamkeit

Lektion 9 B

	obscūrus, -a, -um	dunkel, unverständlich, undeutlich
25	negāre, -ō *(m. AcI)*	sagen, *dass nicht*; abstreiten, leugnen
	nimis	zu, allzu, zu sehr
	appāret *(m. AcI)*	es ist offenbar, offenkundig
	scīre, -iō, scīvī, scītum	wissen, kennen
	turris, -is f.	Turm
30	cōnstruere, -ō, -strūxī, -strūctum	aufschichten; erbauen, errichten
	prūdēns, -entis *(vgl. prūdentia)*	klug, vorausschauend
	errāre, -ō	irren; sich irren
	error, -ōris m.	Irrtum, Fehler
	labyrinthus, -ī m.	das Labyrinth *(Gebäude mit vielen Irrgängen)*
35	Daedalus, -ī m.	Daidalos, Daedalus *(griechischer Künstler)*
	ōrdō, -inis m.	Reihe, Ordnung; (gesellschaftlicher) Stand
	ōrdine *(abl. modi)*	der Reihe nach

Fremdwort	Englisch	Italienisch	Spanisch	Französisch
Traktor, traktieren	to treat (*tractare*)		traer	
		giustizia		justice
prosperieren			próspero	
eventuell	event			
„richtig"	right			
Komponist	to compose			
	cruel	cruel		cruel
negieren				négatif
		torre		tour
„Ordnung"		ordine		
	error			

Wortbildung:

1) Substantive auf **-sor** oder **-tor** bezeichnen eine handelnde Person. Diese Substantive, die immer masculinum sind, leiten sich jeweils vom Stamm des Partizip Perfekt Passiv eines Verbs ab, z. B.:
   victus, -a, -um → vic**tor**, -ōris m.   dēfēnsus, -a, -um → dēfēn**sor**, -ōris m.
   Sieger   Verteidiger

2) Substantive (fem.) auf **-iō**, (-tiō, -siō) bezeichnen eine Handlung oder einen Vorgang, z. B.:
   laudā**tiō**, -ōnis f. – Lob   āc**tiō**, -ōnis f. – Handlung; Verhandlung, Prozess

3) Substantive (fem.) auf **-ia, -itia -tās, -tūs, -tūdō** bezeichnen meist Eigenschaften und abstrakte Begriffe, z. B.:
   super**bia**, -ae f. – Hochmut, Stolz   iūs**titia**, -ae f. – Gerechtigkeit
   līber**tās**, -ātis f. – Freiheit   vir**tūs**, -ūtis f. – Tapferkeit, Tüchtigkeit, Tugend
   māgni**tūdō**, -inis f. – Größe   multi**tūdō**, -inis f. – Vielzahl, Menge

4) Adjektive auf **-ōsus, -a, -um** und **-olentus** *etc.* bezeichnen, abgeleitet von einem Substantiv, eine Fülle, z. B.:
   periculōsus, -a, -um – (*voller Gefahr*) gefährlich
   perniciōsus, -a, -um – (*voller Verhängnis, Verderben*) verhängnisvoll, Verderben bringend
   violentus, -a, -um – gewalttätig (*vgl.* vīs – Kraft, Gewalt)

Die Adjektive der i-Deklination:

Adjektive dieser Gruppe kamen schon seit Lektion 7 immer wieder vor; sie richten sich nach der i-Deklination, mit Ausnahme des Akk. Sing. masc. u. fem. (*Erläuterungen s. a. Lektion. 9, S. 58 f. und Lektion 10, S. 64*).
Hier die Deklination am Beispiel des dreiendigen Adjektivs **celer, celeris, celere**:

	Sg. masc.	Sg. fem.	Sg. neutr.	Pl. masc.	Pl. fem.	Pl. neutr.
NOM.	celer	celeris	celere	celerēs	celerēs	celeria
GEN.	celeris	celeris	celeris	celerium	celerium	celerium
DAT.	celerī	celerī	celerī	celeribus	celeribus	celeribus
AKK.	celerem	celerem	celere	celerēs	celerēs	celeria
ABL.	celerī	celerī	celerī	celeribus	celeribus	celeribus

Lektion 10 A

	saeculum, -ī n.	Jahrhundert; Zeitalter
	occupāre, -ō	besetzen; ergreifen
	fātālis, -is, -e	verhängnisvoll; schicksalsbestimmt
	fātum, -ī n.	Götterspruch; Schicksal; Verhängnis
5	artifex, -icis m.	Künstler
	hīc, haec, hoc	dieser, diese, dieses
	velle, volō, voluī	wollen *(Konjugation s. L. 16)*
	rēgīna, -ae f.	Königin
	fēlīx, *Gen.:* fēlīcis	glücklich, erfolgreich
10	īnfēlīx, -īcis *(Präfix* in- *negierend)*	unglücklich
	Venus, -eris f.	Venus *(Göttin der Liebe)*
	neglegere, -ō, neglēxī, neglēctum	nicht beachten, vernachlässigen
	poena, -ae f.	Strafe, Bestrafung
	pūnīre, -iō, pūnīvī, pūnītum	bestrafen
15	nefārius, -a, -um	frevelhaft, gottlos, ruchlos
	ūrere, -ō, ussī, ustum	(ver)brennen, anzünden
	nūllo modō	auf keine Weise
	īgnis, -is m.	Feuer
	exstinguere, -ō, -stīnxī, -stīnctum	(aus)löschen; vernichten
20	sī	wenn, falls
	āctum est dē mē	es ist um mich geschehen
	amīcus, -ī m. *(vgl.* amāre)	Freund
	ōrāre, -ō	bitten, flehen; beten
	petō ab eō auxilium	ich bitte ihn um Hilfe
25	ars, artis f.	Kunst; Kunstfertigkeit, Technik
	morbus, -ī m.	Krankheit
	furor, -ōris m.	Leidenschaft, Raserei, Wahn(sinn)
	sānāre, -ō	heilen
	sānus, -a, -um	heil, gesund, vernünftig
30	permovēre, -eō, -mōvī, -mōtum	sehr / stark beeindrucken, bewegen
	cōnstituere, -ō, -stituī, -stitūtum	festsetzen, -legen; *m. Inf.:* beschließen
	corpus, -oris n.	Leib, Körper
	iungere, -ō, iūnxī, iūnctum	verbinden, vereinigen
	ille, illa, illud	jener, jene, jenes
35	suprā *(Adv.)*	oben, oberhalb; vorher, früher
	memorāre, -ō	erinnern, erwähnen
	bēstia, -ae f.	wildes Tier; Ungeheuer
	occultāre, -ō	verbergen, verstecken
	cōgere, -ō, coēgī, coāctum *(vgl.* agere)	zusammenziehen; zwingen
40	famēs, -is f.	Hunger
	carō, carnis f.	Fleisch
	sanguis, sánguinis m.	Blut
	sitis, -is f.	Durst
	vexāre, -ō	quälen, misshandeln; heimsuchen

45	septem		sieben	
	quotannīs		jährlich	
	trādere, -ō, trādidī, trāditum (vgl. dare)		übergeben, ausliefern; m. AcI: berichten	
	modō (nachgestellt)		eben, soeben, erst; nur	
	incrēdibilis, -is, -e (vgl. crēdere)		unglaublich	
50	exclāmāre (vgl. clāmāre)		ausrufen	

Fremdwort	Englisch	Italienisch	Spanisch	Französisch
		secolo		siècle
okkupieren	to occupy		ocupar	
fatal				
	voluntary	volere		vouloir
			feliz	
	to neglect			négliger
	to punish			punir
		igni*fugo*	ígneo	
	to extinguish			
		se		
		amico	amigo	ami
Oratorium	oral		orar, oral	
konstitutiv	constitution			
Iunktim	junction		juntar, junto	
Bestie				bête
Tradition	to trade			
		incredibile		incroyable

Lektion 10 B

	nōndum	noch nicht
	fīnīre, -iō, fīnīvī, fīnītum	beenden; begrenzen
	lēx, lēgis f.	Gesetz, Bedingung
	impōnere, -ō, -posuī, -positum	hineinlegen; auferlegen
55	dolēre, -eō, doluī	Schmerz empfinden, bedauern, leiden
	dolor, -ōris m.	Schmerz, Leid
	immolāre, -ō	opfern
	pāx, pācis f. (vgl. pacāre)	Frieden
	servāre, -ō	retten; bewahren, erhalten
60	spēs, -eī f. (vgl. spērāre)	Hoffnung, Erwartung
	salūs, -ūtis f.	Rettung; Wohlergehen; Gesundheit
	dēicere, -iō, -iēcī, -iectum (vgl. iacere)	herabwerfen
	tōtus, -a, -um (Gen.: tōtīus, Dat.: tōtī)	ganz, gesamt
	complēre, -eō, -plēvī, -plētum	erfüllen, anfüllen, auffüllen
65	Thēseus, -ī m.	Theseus (mythischer Held)
	Athēnae, -ārum f.	Athen

	ferē *(nachgestellt)*	fast; ungefähr
	quot	wie viel(e)
	tolerāre, -ō	erdulden, ertragen
70	dēspērāre, -ō	verzweifeln, die Hoffnung aufgeben
	nōlī, nōlīte + Inf. Präs. Akt.	*verneinte Imperative Sg. u. Pl.*
	agere, -ō, ēgī, āctum	tun, treiben, handeln; verhandeln
	sinere, -ō, sīvī, situm	lassen, zulassen, erlauben *(m. AcI)*
	nāvigāre, -ō	segeln, zur See fahren
75	necāre, -ō	töten
	līberāre, -ō	befreien
	līber, -a, -m	frei
	lībertās, -ātis f.	Freiheit
	timor, -ōris m. *(vgl. timēre)*	Furcht
80	ōrātiō, -ōnis f.	Rede
	accipere, -iō, -cēpī, -ceptum	annehmen, empfangen, erhalten; hören
	nāvis, -is f. *(vgl. nāvigāre)*	Schiff
	iuvenis, -is m.	junger Mann, Jüngling
	dēligere, -ō, -lēgī, -lēctum	auswählen, erwählen
85	mare, -is n. *(i-Dekl.)*	Meer
	intrāre, -ō	betreten, eintreten, hineingehen
	occīdere, -ō, -cīdī, -cīsum	niederhauen, töten
	invenīre, -iō, -vēnī, -ventum	auf etwas stoßen, finden; erfinden
	incólumis, -is, -e	wohlbehalten, gesund
90	relinquere, -ō, relīquī, relictum	zurücklassen, verlassen; übriglassen

Fremdwort	Englisch	Italienisch	Spanisch	Französisch
Finale	to finish			finir
legal				légaliser
		pace	paz	
		salute		
komplett				
tolerieren				tolérance
	to despair			
Aktion				
Navigation				
			libertad	
delegieren				
maritim				
	to enter			entrer
	to invent			inventer
Relikt				

Lektion 11 A

	auris, -is f.	Ohr; Gehör
	praebēre, -eō, praebuī, praebitum	gewähren, schenken, geben
	praetereā	außerdem, abgesehen von
	certē (*Adv. zu* certus)	sicher, gewiss
5	celeriter (*Adv. zu* celer)	schnell
	advenīre, -iō, -vēnī, -ventum	ankommen
	salūtāre, -ō	grüßen, begrüßen
	iussum, -ī n. (*vgl.* iubēre)	Befehl
	sextus, -a, -um	der sechste
10	impedīre, -iō, -īvī, -ītum	hindern, behindern
	impedīmentum, -ī n.	Hindernis; (schweres) Gepäck
	intellegere, -ō, intellēxī, intellēctum	erkennen, einsehen, verstehen
	retinēre, -eō, -tinuī, -tentum	zurückhalten, abhalten, festhalten
	perdere, -ō, -didī, -ditum	vernichten, verderben; vergeuden
15	malus, -a, -um	schlecht, schlimm, übel
	addere, -ō, addidī, -ditum	hinzufügen, anfügen
	parāre, -ō (*m. Inf.*)	sich vorbereiten, im Begriff sein
	ūnus, -a, -um (*Gen.:* ūnīus, *Dat.:* ūnī)	ein (einziger)
	concēdere, -ō, -cessī, -cessum (*vgl.* cēdere)	*m. AcI:* zugeben, einräumen; *m. ut + Konjunktiv:* erlauben, gestatten
20	officium, -ī n.	Pflicht(gefühl); Dienstleistung
	(ex)optāre, -ō	(dringend) wünschen
	ambulāre, -ō	herumgehen, spazieren gehen
	paucī, -ae, -a	wenige, *neutr. Pl.:* weniges, wenig
	excōgitāre, -ō (*vgl.* cōgitāre)	erdenken, ausdenken
25	parātus, -a, -um sum	ich bin bereit (*etw. zu tun*)
	audācia, -ae f.	Kühnheit, Verwegenheit; Frechheit

Fremdwort	Englisch	Italienisch	Spanisch	Französisch
		orecchio		oreille
	certain			certain
Advent				
salutieren				
		sesto		
addieren				addition
Konzession		concedere		
offiziell	office			
Option				
ambulant				
		poco		

Wortbildung – Einige Komposita von dare, dō, dedī, datum – geben:

Die Komposita von **dare** (*außer* circúmdare – umgeben, umzingeln) gehören der konsonantischen Konjugation an, z. B.: addere, -ō, addidī, additum – hinzufügen. Weiterhin:

abdere – verbergen	condere – gründen, bergen	dēdere – übergeben
ēdere – herausgeben	perdere – vernichten, verderben	reddere – zurückgeben
prōdere – verraten	trādere – überliefern	

Lektion 11 B

	numquam	niemals
	anteā	vorher, früher, zuvor
	virga, -ae f.	Rute
30	caedere, -ō, cecīdī, caesum	schlagen; niederschlagen, töten
	sevērus, -a, -um	streng
	lēniter *(Adv.)*	sanft, mild
	invītus, -a, -um	unfreiwillig, unwillig, gegen den Willen
	piger, pigra, pigrum	faul, träge
35	molestia, -ae f.	Last, Belästigung; Ärger
	difficultās, -ātis f.	Schwierigkeit; schwierige Lage
	difficilis, -is, -e *(vgl.* facilis)	schwierig *(etw. zu tun)*
	nihil (nūllīus reī, nūllī reī, nihil, nūllā rē)	nichts
	prōcēdere, -ō, -cessī, -cessum	Fortschritte machen, vorankommen
40	labor, -ōris m. *(vgl.* labōrāre)	Arbeit; Mühe; Leid
	porrō	weiter(hin), ferner
	ante *(Adv.)*	früher, zuvor
	multīs annīs ante	viele Jahre zuvor
	sē habēre	sich verhalten, beschaffen sein
45	dux, ducis m.	Anführer, Feldherr
	mīles, -itis m.	Soldat
	contrā *(m. Akk.)*	gegen
	pūgnāre, -ō	kämpfen
	pūgna, -ae f.	Schlacht, Kampf
50	sevērē *(Adv. zu* sevērus)	streng
	dūcere, -ō, dūxī, ductum	führen, leiten
	intermittere, -ō, -mīsī, -missum	unterbrechen
	succēdere, -ō, -cessī, -cessum	nachfolgen; gelingen
	imperātor, -ōris m. *(vgl.* imperāre)	(siegreicher) Feldherr; *nach 27 v. Chr.:* Kaiser
55	Pompeius, -ī m.	Pompeius *(Politiker des 1. Jahrh. v. Chr.)*
	disciplīna, -ae f.	Unterricht; Kenntnis; Disziplin, Zucht
	vīvus, -a, -um	lebend, lebendig, zu Lebzeiten
	exterus, -a, -um	auswärtig
	timēre, -eō, timuī *(vgl.* timor)	fürchten; sich fürchten
60	virtūs, -ūtis f. *(vgl.* vir)	Tapferkeit; Tüchtigkeit; Tugend

orbis -is m. terrārum
regere, -ō, rēxī, rēctum (*vgl.* rēx, rēgnum)
cēna, -ae f.

Erdkreis, Erde, Welt
lenken, leiten, (be)herrschen, regieren
(Abend)essen, Gastmahl

Fremdwort	Englisch	Italienisch	Spanisch	Französisch
				sévère
			dificultad	difficulté
		difficile		
Prozess	to proceed			
		duce		
Militär, Miliz				
Intermezzo				
	to succeed	succedere		succession
extern		estero		
			molestia, molestar	

Die Deklination des Partizips Präsens Aktiv am Beispiel von vocare (*vgl. Anhang, S. 227*)

	Sing. m.	Sing. f.	Sing. n.	Plur. m.	Plur. f.	Plur. n.
Nom.	vocāns	vocāns	vocāns	vocantēs	vocantēs	vocantia
Gen.	vocantis	vocantis	vocantis	vocantium	vocantium	vocantium
Dat.	vocantī	vocantī	vocantī	vocantibus	vocantibus	vocantibus
Akk.	vocantem	vocantem	vocāns	vocantēs	vocantēs	vocantia
Abl.	vocante	vocante	vocante	vocantibus	vocantibus	vocantibus

Wortbildung:

Die Verben **cadere** (fallen) und **caedere** (fällen, schlagen, töten) sind leicht zu verwechseln, zumal ihre Stammformen ähnlich lauten; achten Sie hierbei auch auf die Betonung!

cadere, cadō cécidī ←→ caedere, caedō, cecīdī, caesum

Die unterschiedliche Betonung erfolgt auf Grund der unterschiedlichen Quantität. Der Stammlaut -a- von cadere ist kurz, während der Diphthong -ae- lang ist.
Diesen Unterschied bemerkt man beim Lesen nicht.

Komposita von cadere:

accidere, -ō, áccidī – sich ereignen
concidere *etc.* – zusammenbrechen
incidere *etc.* – hineinfallen, geraten in
occidere *etc.* – untergehen

Komposita von caedere:

accīdere, -ō, accīdī, accīsum – anschneiden
concīdere *etc.* – zusammenschlagen
incīdere *etc.* – einschneiden
occīdere *etc.* – töten

Lektion 12 A

	quam *(m. Superlativ)*	möglichst *(m. Positiv)*
	quam celerrimē	möglichst schnell
	triclīnium, -ī n.	das Triklinium *(Speiseraum mit drei Liegen)*
	convīvium, -ī n.	Gastmahl
5	convīva, -ae **m.**	Gast; Teilnehmer an einem Gastmahl
	adesse, adsum, affuī	anwesend sein, da sein; helfen, beistehen
	rēs pūblica, reī pūblicae f.	Staat; Gemeinwesen, Republik
	disputāre, -ō	sprechen über, diskutieren
	venia, -ae f.	Gnade, Verzeihung, Nachsicht; Gunst
10	veniam dare	Gnade / Nachsicht gewähren, verzeihen
	cārus, -a, -um	lieb, teuer, wertvoll
	īgnōscere, -ō, īgnōvī, īgnōtum	*("nicht zur Kenntnis nehmen")* verzeihen
	occupāre, -ō	besetzen; ergreifen; in Anspruch nehmen
	quīdam, quaedam, quoddam *(adjektivisch)*	ein gewisser, bestimmter *(s. Syntax)*
15	porrō	weiter(hin)
	aut *(vgl. aut ... aut – entweder ... oder)*	oder
	potius	eher, lieber
	interitus, -ūs m. *(u-Dekl., s. L. 16)*	Untergang, Verderben
	parāre, -ō	*etw.* (vor)bereiten, beschaffen
20	parāre, -o *(m. Inf.)*	sich vorbereiten, im Begriff sein *(zu tun)*
	mulier, -eris f.	Weib, Frau
	dīmittere, -ō, -mīsī, -missum	entlassen, fortschicken
	vīnum, -ī n.	Wein
	sermō, -ōnis m.	Gespräch, Rede
25	dī	*statt* dei: Götter
	prosper, -a, -um	glücklich, gedeihlich, günstig
	nē *(zur Einleitung eines Wunschsatzes)*	nicht, dass doch nicht
	dūrus, -a, -um	hart, schlimm
	accidere, -ō, áccidī *(vgl. cadere)*	zustoßen, sich ereignen
30	imperātor, -ōris m.	Feldherr; *ab 27. v. Chr.:* Kaiser
	valēre, -eō, -uī	stark, gesund sein; Einfluss haben
	validus, -a, -um	stark, kräftig, gesund
	ut *(m. Indikativ)*	wie
	cūstōdīre, -iō, -īvī, -ītum	bewachen, schützen
35	cūstōs, -ōdis m.	Wächter, Beschützer

Fremdwort	Englisch	Italienisch	Spanisch	Französisch
		caro		cher
		moglie	mujer	
		vino	vino	vin
		Dio		Dieu
Imperialismus	emperor			Empire
	accident			
*In*valide	to value			

Lektion 12 B

	ut *(mit einem Nomen)*	als, wie
	ēloquēns, -entis	rede-, wortgewandt, beredt
	ōrātor, -ōris m. *(vgl. ōrātio)*	Redner
	dēfendere, -ō, dēfendī, dēfēnsum	verteidigen
40	dēfēnsor, -ōris m.	Verteidiger
	ācer, ācris, ācre	hart, heftig, bitter, erbittert
	sententia, -ae f.	Satz; Ausspruch, Meinung; Antrag
	longus, -a, -um	lang
	longē *(Adv. zu longus)*	weit, bei weitem
45	abhorrēre, -eō, -horruī	zurückschrecken vor; abweichen von
	quam *(bei Vergleichen)*	als; wie
	tam ... quam	so ... wie
	dominātiō, -ōnis f. *(vgl. dominus)*	Herrschaft, Alleinherrschaft
	velle, volō, voluī	wollen, wünschen
50	quod *(faktisches quod)*	*(die Tatsache)* dass; wenn
	iste, -a, istu**d**	dieser (da)
	*(Deklination vgl. ille, illa, illu**d**)*	

Fremdwort	Englisch	Italienisch	Spanisch	Französisch
Eloquenz				éloquent
		difendere		défense
Sentenz	sentence		sentencia	
	long	lungo		
Dominanz				
		volere		vouloir
			esto	

Wortbildung:

Bei den Komposita von **mittere, ō, mīsī, missum** (schicken) ist die Kenntnis der Präfixe nicht unmittelbar hilfreich, da sich die Bedeutungen dieser Verben oft weiterentwickelt haben:

āmittere	verlieren, aufgeben
admittere	zulassen
committere	beginnen; begehen; anvertrauen, überlassen
dēmittere	herabschicken, sinken lassen
dīmittere	entlassen, wegschicken
ēmittere	herausschicken *(vgl. Emission)*
immittere	hineinschicken *(vgl. Immission)*
intermittere	unterbrechen
omittere	fallen lassen; aufgeben; unterlassen; übergehen
permittere	gestatten, erlauben *(vgl. engl. to permit; permission)*
praemittere	vorausschicken *(vgl. Prämisse)*
praetermittere	verstreichen / vorübergehen lassen; übergehen; auslassen
prōmittere	versprechen *(vgl. engl. to promise)*

Lektion 13

	ferre, ferō, tulī, lātum	tragen, bringen; ertragen; *m. AcI:* melden, berichten
	aegrē ferre	schwer ertragen, sich ärgern über
	nisī *(vgl. u. Nr. 28: sī)*	wenn ... nicht
	inquit	*eingeschoben:* sagt(e) er, sie, es
5	amīcus, -a, -um *(m. Dat.)*	befreundet
	dīligenter *(Adv.)*	sorgsam, sorgfältig
	plācāre, -ō	besänftigen; glätten
	domus, -ūs f. *(u-Dekl. s. L. 16)*	Haus
	utinam *(zur Einleitung von Wunschsätzen)*	o dass doch, o wenn doch *(weglassbar)*
10	lītigāre, -ō	streiten, zanken
	gravis, -is, -e	schwer(wiegend), schlimm, ernst
	compōnere, -ō, -posuī, -positum	zusammenstellen, -fügen; beilegen
	auctōritās, -ātis f.	Ansehen, Einfluss, (Macht)
	augēre, -eō, auxī, auctum	vermehren, vergrößern
15	potestās, -ātis f.	Macht *(kraft eines Amtes)*, Amtsgewalt
	maximus, -a, -um	der größte, sehr groß
	clādēs, -is f.	Niederlage, Unglück, Katastrophe
	succurrere, -ō, -currī, -cursum	herbeieilen, zu Hilfe kommen
	exstinguere, -ō, -stīnxī, -stīnctum	auslöschen, vernichten
20	barbarus, -a, -um	fremdländisch, barbarisch
	barbarus, -ī m.	Fremder; Barbar
	ruīna, -ae f.	Sturz, Fall; Trümmer
	victor, -ōris m.	Sieger; *adjektivisch:* siegreich
	victōria, -ae f. *(vgl. u. vincere)*	Sieg
25	ruere, -ō, ruī, rutum *(vgl. ruīna)*	sich stürzen, eilen; *etw.* niederstürzen
	exsultāre, -ō	aufspringen; frohlocken, sich freuen über
	sī *(vgl. o. Nr. 3: nisī)*	wenn
	Marcus Antōnius	Mark Anton *(Gegner Oktavians)*
	vincere, -ō, vīcī, victum *(vgl. victor)*	siegen, besiegen; übertreffen
30	rēgīna, -ae f. *(vgl. rēx, rēgnāre)*	Königin
	Aegyptus, -ī f.	Ägypten
	mōnstrum, -ī n.	Ungeheuer
	fātālis, -is, -e *(vgl. fātum)*	verhängnisvoll, schicksalhaft
	humus, -ī f.	(Erd)boden
35	humī *(Lokativ)*	am Boden
	iacēre, -eō, -uī	liegen
	iacere, -iō, iēcī, iactum	werfen, schleudern
	tollere, -ō, sustulī, sublātum	aufheben, emporheben; beseitigen; entfernen, stehlen
	restituere, -ō, -stituī, -stitūtum	zurückerstatten; wiederherstellen
40	lībertās, -ātis f. *(vgl. līber)*	Freiheit
	prīstinus, -a, -um	alt; ehemalig, früher

āmittere, -ō, -mīsī, -missum *(vgl. mittere)*	verlieren; aufgeben
prō *(m. Abl.)*	für, anstatt von; vor; im Verhältnis zu
concordia, -ae f.	Eintracht, Zusammenhalt, Einigkeit
45 postrēmō / postrēmum *(Adv.)*	endlich, zuletzt, schließlich
cōnsentīre, -iō, -sēnsī, -sēnsum	einer Meinung sein, übereinstimmen
obsequium, -ī n.	Gehorsam
ōtium, -ī n.	freie Zeit, Muße
praeferre, -ferō, -tulī, -lātum	vorantragen; vorziehen
50 discordia, -ae f. *(vgl. concordia*	Zwietracht, Uneinigkeit
bellum cīvīle, bellī cīvīlis n. *(vgl. cīvis)*	Bürgerkrieg

Fremdwort	Englisch	Italienisch	Spanisch	Französisch
plakativ	placid*			
„Dom"		duomo		
Autorität, Autor		autorizzare	autoridad	autorité
		potere *(über posse)*	poderío *(s. Ital.)*	
virtuell		virtù		
			socorro	
				concorde
Konsens			consenso	
	to prefer			préférer

* placid *und seine Entsprechungen in den anderen Sprachen leiten sich von* placēre (gefallen) *ab. Allerdings sind* placēre *und* plācāre (besänftigen) *stammverwandt.*

Wortbildung:

Tritt zum Simplex ein Präfix hinzu, so verliert der Stammvokal, in diesem Fall das -a-, seine Kraft, er wird zu -i- „abgeschwächt" → **Vokalabschwächung,** z. B. agere: subigere; facere: perficere.

Hier einige Komposita von iacere, -iō, iēcī, iactum – werfen, schleudern:

adicere, adiciō, adiēcī, adiectum	hinzufügen *(vgl. Adjektiv)*
abicere	wegwerfen
conicere	(heftig) schleudern
dēicere	herabwerfen
ēicere	herauswerfen *(vgl. engl. to eject)*
inicere	hineinwerfen; einflössen *(vgl. Injektion, injizieren)*
obicere	entgegenschleudern; vorwerfen *(vgl. engl. to object)*
prōicere	vorwerfen; hinauswerfen *(vgl. projizieren)*
subicere	von unten an etw. werfen; anbringen; unterwerfen

Lektion 14 A

	tālis, -is, -e	so beschaffen, solch
	quālis, -is, -e	wie beschaffen, welch
	tālis ... quālis	so beschaffen ... wie (beschaffen)
	cum *(m. Konj.)*	als; weil; obwohl *(m. Indik. zu übersetzen!)*
5	subīre, -eō, -iī, -itum	auf sich nehmen; erleiden
	ferōx, -ōcis	wild, trotzig, heftig
	obsistere, -ō, -stitī *(vgl. sistere)*	entgegentreten, Widerstand leisten
	turpis, -is, -e	hässlich, schändlich
	prohibēre, -eō, -hibuī, -hibitum *(+ **nē**)*	daran hindern, **dass**
10	adulēscēns, -entis m.	Jüngling, junger Mann
	honor (/-ōs), -ōris m.	Ehre, Ehrung; Ehrenamt
	afficere, -iō, -fēcī, -fectum *(vgl. facere)*	versehen mit, erfüllen mit, antun
	honōribus afficere	Ehrungen zukommen lassen
	ut *(m. Konj.)*	dass; so dass; damit *(s. Syntax)*
15	nē *(m. Konj.)*	dass nicht, damit nicht
	beneficium, -ī n.	Wohltat, gute Tat, Gefälligkeit
	memoria, -ae f.	Erinnerung; Gedächtnis
	vetus, -eris *(Adj. der konsonant. Dekl.)*	alt
	iniūria, -ae f. *(vgl. iūs)*	Gewalttat; Unrecht
20	dēpōnere, -ō, -posuī, -positum	ablegen, niederlegen; hinterlegen
	fallere, -ō, féfellī, dēceptum	täuschen, hintergehen
	fallit mē *(m. AcI)*	es entgeht mir
	dīligere, -ō, dīlēxī, dīlēctum *(vgl. dīligentia)*	schätzen, lieben
	extrēmus, -a, -um	der äußerste, letzte
25	trēs virī *(vgl. trēs, tria – drei)*	die drei Männer; Triumvirn
	mors, mortis f.	Tod, *hier:* Ermordung
	vindicāre, -ō	rächen, bestrafen
	crūdēliter *(Adv. zu crūdēlis)*	grausam, auf grausame Weise
	sē gerere (gerō, gessī, gestum)	sich aufführen, benehmen, verhalten
30	optāre, -ō	wünschen
	cōnficere, -iō, -fēcī, -fectum *(vgl. facere)*	beenden, erledigen; erschöpfen; töten
	praeterīre, -eō, -iī, -itum *(vgl. īre)*	vorübergehen, vorbeigehen; vergehen
	vīvere, -ō, vīxī	leben

Fremdwort	Englisch	Italienisch	Spanisch	Französisch
Qualität		quale		qualité
	hono(u)r			honneur
Benefiz			beneficio	bénéfice
	memory			mémoire
Veteran			viejo	
		deporre		
		morte		mort
		dolore		douleur

Lektion 14 B

	intereā	inzwischen, unterdessen
35	virga, -ae f.	Rute
	ātrium, -ī n.	Vorhalle, Empfangshalle, Atrium
	interrogāre, -ō *(vgl. rogāre)*	fragen, befragen
	plānius *(Adv. im Komparativ)*	klarer, deutlicher
	parentēs, -um m.	Eltern
40	tam	so
	propter *(m. Akk.)*	wegen
	tergum, -ī n.	Rücken
	sentīre, -iō, sēnsī, sēnsum	fühlen; bemerken; erkennen
	sub *(m. Abl.)*	unter; unterhalb von; unten an
45	vinculum, -ī n.	Band, Fessel, Strick
	rumpere, -ō, rūpī, ruptum	(zer)brechen, (zer)reißen
	catēna, -ae f.	Kette
	frangere, -ō, frēgī, frāctum	brechen, zerbrechen
	convocāre, -ō	zusammenrufen, versammeln
50	plēbs, plēbis f.	(niederes) Volk
	urbānus, -a, -um	städtisch; gebildet
	plēbs urbāna	Stadtvolk
	sollicitāre, -ō	aufwiegeln, aufhetzen, anstacheln
	incendium, -ī n. *(vgl. incendere)*	Brand(stiftung), Feuer
55	iniūstus, -a, -um *(vgl. iūstus)*	ungerecht
	orbis (-is m.) terrārum	Erdkreis, Erde, Welt
	obtinēre, -eō, -tinuī, -tentum	innehaben, besitzen, behaupten
	impetus, -ūs m. *(u-Dekl. s. L. 16)*	Ansturm, Andrang, Angriff
	sustinēre, -eō, -tinuī, -tentum	aushalten, auf sich nehmen
60	fuga, -ae f. *(vgl. fugere)*	Flucht; Verbannung
	fugā salūtem petere	sein Heil in der Flucht suchen

Fremdwort	Englisch	Italienisch	Spanisch	Französisch
			rogar	
	plain			
	parents			parents
sensibel			sentir	
		vincolo		
*kor*rupt, *ab*rupt				
	chain	catena		
Fraktur				
			incendio	incendie
	to obtain			obtenir
	to sustain	sostenere		

Lektion 15 A

	locus, -ī m.	Ort, Platz, Stelle; Gelegenheit
	loca, -ōrum n.	Gegend
	locus equestris	Ritterstand
	locō equestrī nātus	dem Ritterstand entstammend
5	nātus, -a, -um sum	ich bin geboren
	iuventūs, -ūtis f. (*vgl.* iuvenis)	Jugend
	id studēre, ut (*m. Konj.*)	sich darum bemühen, dass
	doctrīna, -ae f. (*vgl.* docēre)	Gelehrsamkeit, Bildung
	ēloquentia, -ae f. (*vgl.* ēloquēns, -entis)	Beredsamkeit, Redekunst
10	brevī (tempore)	innerhalb kurzer Zeit
	causa, -ae f.	Grund, Ursache; Sache, Angelegenheit; Rechtsstreit, Prozess
	accūsātor, -ōris m.	Ankläger
	accūsāre, -ō	anklagen
	suscipere, -iō, -cēpī, -ceptum	auf sich nehmen; übernehmen
15	factus, -a, -um sum (*s. Text, Zeile 4*)	*hier*: ich bin geworden
	Siculī, -ōrum m.	Sikuler (*Einwohner Siziliens*)
	patrōnus, -ī m.	Schutzherr, Patron; Anwalt
	petere, -ō, petīvī, petītum	bitten (*m. a, ab + Ablativ der Person*)
	C. Verrēs, Verris m.	Gaius Verres (*Statthalter auf Sizilien*)
20	prōpraetor, -ōris m.	Proprätor (*Statthalter einer Provinz*)
	nōn modō / sōlum ..., vērum / sed etiam	nicht nur ..., sondern auch
	ōrnāmentum, -ī n.	Schmuck(stück), Zierde
	statua, -ae f. (*vgl.* stāre)	Standbild, Statue
	vās, vāsis n. (*Pl.* vāsa, vāsōrum)	Vase, Gefäß
25	sīve ... sīve	sei es ... sei es
	aureus, -a, -um	golden
	aurum, -ī n.	Gold
	argenteus, -a, -um	silbern
	argentum, -ī n.	Silber
30	dēportāre, -ō (*vgl.* portāre)	wegbringen; verschleppen
	nē ... quidem	nicht einmal
	vestīgium, -ī n.	Spur
	splendor, -ōris m.	Glanz, Pracht
	decus, -oris n.	Schmuck, Zierde
35	magistrātus, -ūs m. (*u-Dekl.*)	Beamter; Amt, Behörde
	cupidus, -a, -um (*vgl.* cupere)	gierig
	cupiditās, -ātis f.	Gier, Begierde
	scelestus, -a, -um (*vgl.* scelus)	verbrecherisch
	perterrēre, -eō, -terruī, -territum	(heftig) erschrecken
40	ēripere, -iō, -ripuī, -reptum (*vgl.* rapere)	entreißen, rauben
	sē ēripere	sich losreißen, sich entziehen
	exul, -ulis m.	Verbannter
	exilium, -ī n.	Verbannung

Fremdwort	Englisch	Italienisch	Spanisch	Französisch
lokal	local	luogo		lieu
			nato	
		gioventù		
	to study			étudier
kausal	cause	causa; cosa (*Sache*)		cause
	to accuse			accuser
Patron		padrone		patron
		oro		
	to *in*vestigate			
	splendid			
Dekor				décor
Magistrat				

Lektion 15 B

	cubiculum, -ī n.	Schlafzimmer
45	cōdicillus, -ī m.	Schreibtafel, Notizbuch
	reperīre, -iō, repperī, repertum	auffinden, (wieder)finden
	avus, -ī m.	Großvater
	legere, -ō, lēgī, lēctum	lesen; sammeln
	bēlua, -ae f.	Ungeheuer
50	committere, -ō, -mīsī, -missum	beginnen; begehen; anvertrauen
	senātus, -ūs m. (*u-Dekl., s. L. 16*)	Senat
	praeda, -ae f.	Beute
	praedō, -ōnis m. / praedātor, -ōris m.	Räuber, Plünderer
	ratiō, -ōnis f.	Berechnung; Art und Weise; Vernunft
55	honestus, -a, -um (*vgl.* honōs, ōris)	ehrenvoll; geehrt; ehrenhaft
	praeclārus, -a, -um (*vgl.* clārus)	ausgezeichnet; hell; berühmt
	iūdex, -icis m. (*vgl.* iūdicāre)	Richter
	fidēlis, -is, -e	treu, zuverlässig
	fidēs, -eī f. (*vgl.* fīdus)	Treue; Zuverlässigkeit
60	benévolus, -a, -um (*Komp.:* -volentior, -ius)	geneigt, wohlwollend, ergeben
	nefārius, -a, -um (*Komp.:* magis nefārius)	frevelhaft, verbrecherisch
	magis (*Adv.*)	mehr
	nefās (*indeklinabel*)	Vergehen, Frevel (*gegen die Götter*)
	cōgitāre, -ō	*hier:* erdenken, ausdenken, sich vorstellen
65	umquam (*vgl.* numquam)	jemals
	audāx, -ācis (*vgl.* audācia)	kühn, verwegen, frech, unverschämt
	spoliāre, -ō	berauben, plündern
	fertilis, -is, -e	fruchtbar, ergiebig
	ōrnāre, -ō	schmücken; ausstatten
70	vāstāre, -ō	verwüsten
	vāstus, -a, -um	leer, öde, verwüstet
	sōlitūdō, -inis f. (*vgl.* sōlus)	Einsamkeit; Einöde, Wüste

	nē *(zur Einleitung des verneinten Imperativs m. Konjunktiv Perfekt)*	nicht
	nē timueris *(verneinter Imperativ)*	fürchte (dich) nicht!
75	timēre, **nē** *(m. Konjunkt.) (vgl. timor)*	fürchten, **dass** *(dazu s. Syntax)*
	socius, -ī m.	Bündnispartner, Bundesgenosse, Gefährte
	odium, -ī n.	Abneigung, Unzufriedenheit; Hass
	amīcitia, -ae f. *(vgl. amīcus; inimīcitiae)*	Freundschaft; Bündnis
	dēsistere, -ō, dēstitī, -stitum *(vgl. sistere)*	aufhören; ablassen *von*
80	latrō, -ōnis m.	Räuber
	libellus, -ī m. (liber, librī m. – Buch)	Büchlein, kleine Schrift
	repōnere, -ō, -posuī, -positum	zurücklegen
	exercēre, -eō, -uī, -itum	üben, ausüben

Fremdwort	Englisch	Italienisch	Spanisch	Französisch
*In*kubations*zeit*			cubículo	
	judge			juge
	to spoil			
	to waste			
			soledad	
sozial				
		ladrone		
exerzieren	to exercise			exercice

Wortbildung:

Komposita von legere, -ō, lēgī, lēctum – lesen, sammeln

Dehnungsperfekt

colligere, -ō, -lēgī, collēctum	sammeln
dēligere, -ō, -lēgī, dēlēctum	auswählen
ēligere, -ō, -lēgī, ēlēctum	auswählen

s-Perfekt

intellegere, -ō, -lēxī, -lēctum	erkennen
dīligere, -ō, dilēxī, dīlēctum	lieben
neglegere, -ō, -lēxī, -lēctum	vernachlässigen

Besonderheiten bei der Steigerung der Adjektive *(vgl. a. Anhang, S. 229)*:

Mit **magis** (im Komparativ) und **maximē** (im Superlativ) werden Adjektive gesteigert, vor deren Nominativendung auf **-us, -a, -um** noch ein Vokal steht, z. B.:

ard**u**us (steil, schwierig)	→ magis arduus	→ maxime arduus
p**i**us (fromm)	→ magis pius	→ maxime pius
idōn**e**us (geeignet)	→ magis idōneus	→ maxime idōneus

Vokabeln zu den Lektionstexten

Lektion 16

	habēre *(m. doppeltem Akk.)*	halten für; *Passiv auch:* gelten als
	cōnsul, -is m.	Konsul
	creāre, -ō *(m. doppeltem Akk.)*	wählen zu; *als Vollverb:* erschaffen
	glōria, -ae f.	Ruhm, Anerkennung
5	cum *(Subjunktion)*	s. *Syntaxteil zu dieser Lektion*
	Catilīna, -ae m.	L. Sergius Catilina *(Gegner Ciceros)*
	genus, -eris n.	Art, Gattung; Geschlecht, Abstammung
	nōbilis, -is, -e	adlig, edel, berühmt
	coniūrātiō, -ōnis f. *(vgl. coniūrāre)*	Verschwörung
10	dīligentia, -ae f. *(vgl. dīligere, dīligenter)*	Sorgfalt
	īnsidiae, -ārum f.	Hinterhalt; Anschlag; Falle
	īnsidiās parāre	einen Anschlag vorbereiten
	aliquem certiōrem facere *(doppelt. Akk.)*	jmd. benachrichtigen
	effugere, -iō, -fūgī *(vgl. fugere, fuga)*	entkommen, entrinnen
15	hōra, -ae f.	Stunde
	tantum *(nachgestellt)*	nur
	tantus, -a, -um	so groß
	quantus, -a, -um	wie groß
	convocāre, -ō *(vgl. vocāre)*	zusammenrufen, versammeln
20	dēmōnstrāre, -ō *(vgl. mōnstrāre)*	aufzeigen, beweisen, genau zeigen
	rēs pūblica, reī pūblicae f.	Staat *(wörtl.:* öffentliche Angelegenheit*)*
	opīniō, -ōnis f.	Meinung, Ansicht
	mollis, -is, -e	schlaff, weich(lich), lasch
	nōbilī locō	von vornehmer Herkunft
25	minus *(Adv.)*	weniger
	crēdere, -ō, crēdidī, crēditum	glauben, vertrauen
	homō, hominis m.	Mensch
	humānus, -a, -um	menschlich; gebildet
	homō novus, hominis novī m.	Aufsteiger, Emporkömmling
30	incipere, -iō, **coepī**, inceptum	anfangen, beginnen
	hostis, -is m.	(äußerer) Feind; Staatsfeind
	appellāre, -ō	*m. doppeltem Akk.:* bezeichnen als, nennen; *m. Akk.:* ansprechen
	furibundus, -a, -um *(vgl. furor)*	rasend (vor Zorn), wütend
	interficere, -iō, -fēcī, -fectum *(vgl. facere)*	töten
35	quam *(m. Superlativ)*	möglichst
	quam plūrimī	möglichst viele
	vestrum *(gen. partitivus)*	von euch
	interitus, -ūs m. *(vgl. interīre)*	Untergang, Verderben
	cūria, -ae f.	Senatsgebäude
40	prōripere, -iō, -ripuī, -reptum *(vgl. rapere)*	hervor-, fortreißen
	sē prōripere	herausstürzen, davoneilen
	castra, -ōrum n. *(Pluralwort)*	Lager
	collocāre, -ō *(vgl. locus)*	aufstellen; errichten

45	exercitus, -ūs m. (*vgl.* exercēre)	Heer
	Etrūria, -ae f.	Etrurien (*ungefähr heutige Toscana*)
	apertus, -a, -um	offen, offenkundig
	aperīre, -iō, aperuī, apertum	öffnen; aufdecken
	futūrus, -a, -um	(zu)künftig
	futūrum esse *oder:* fore	Infinitiv Futur von esse

Fremdwort	Englisch	Italienisch	Spanisch	Französisch
kreieren	to create			créer
Genre				
nobel				
demonstrieren	to demonstrate			
Minus		meno	minus*valía*	
mollig			(molicie)	
	hostility			hostilité
appellieren		appellare		
furios	furious			furieux
		aperto	abierto	
		aprire		ouvrir

Wortbildung:

Bei den Komposita von **facere** ist ebenfalls (wie bei agere, iacere, habēre u. a.) die Abschwächung des Stammvokals zu beobachten (-a- wird zu -i-). Hier einige Komposita:

afficere, -iō, affēcī, affectum	antun, versehen mit, erfüllen (*vgl. Affekt*)
cōnficere	zu Ende bringen, erledigen; erschöpfen
dēficere	fehlen; abtrünnig werden (*vgl. Defekt*)
efficere	zu Stande bringen, bewirken (*vgl. Effekt*)
īnficere	färben; vergiften (*vgl. infizieren*)
interficere	töten
perficere	zu Ende bringen, vollenden (*vgl. perfekt*)
praeficere	an die Spitze stellen, mit der Führung beauftragen

---

Hüten Sie sich vor „falschen Freunden"!

vīta, -ae f.	Leben	vītis, -is f.	Rebe, Weinstock
vītare	vermeiden	vitium, -ī n.	Fehler, Laster
invītare	einladen	invītus, -a, -um	ungern, unwillig

Zu nōlle – nicht wollen:

Die Imperative sind: **nōlī! nōlīte!**
Mit diesen Formen wird der verneinte Imperativ gebildet (in Konkurrenz zum coniunctivus prohibitivus), *entweder:* **noli / nolite dicere** *oder:* **ne dixeris / dixeritis** (Konj. Perf.) – sprich / sprecht nicht!

Vokabeln zu den Lektionstexten

Lektion 17 A

	post *(Adv.)*; post *(Präp. m. Akk.)*	später; nach *(zeitl.)*; hinter *(örtl.)*
	occāsiō, -ōnis f.	Gelegenheit
	offerre, -ō, obtulī, oblātum	entgegenbringen; anbieten
	socius, -ī m. *(vgl. Vok. L. 15)*	Gefährte; Kumpan; Bundesgenosse
5	remanēre, -eō, -mānsī, -mānsum	(zurück)bleiben
	perturbāre *(vgl.* turbāre; turba)	(völlig) verwirren, durcheinanderbringen
	comprehendere, -ō, -prehendī, -hēnsum	fassen, ergreifen
	dum *(m. Ind. Präsens)*	während
	senātor, -ōris m.	Senator *(Mitglied des Senats)*
10	coniūrātus, -a, -um / -ī m. *(vgl.* coniūrāre)	verschworen / Verschwörer
	cōnsultāre, -ō *(vgl.* cōnsulere)	beratschlagen, sich beraten
	dīversus, -a, -um	unterschiedlich, verschieden
	C. Caesar, Caesaris m.	Gaius Iulius Caesar
	id studēre, ut *(m. Konj.) (vgl.* studium)	sich darum bemühen, dass ...
15	aeternus, -a, -um	ewig, auf Dauer
	vinculum, -ī n.	Band, Fessel
	vincula, -ōrum n.	Fesseln; Gefängnis, Haft
	vincīre, -iō, vinxī, vinctum	fesseln
	vītam dēgere, -ō	sein Leben verbringen
20	Catō, -ōnis m.	M. Porcius Cato *(Urenkel des Cato maior)*
	placēre, -eō, placuī, placitum	gefallen (placet mihi – ich beschließe)
	vehemēns, -entis *(Adv.:* vehementer)	leidenschaftlich, heftig, energisch
	incūsāre, -ō *(vgl.* accusāre)	beschuldigen, anklagen
	persuādēre, -eō, -suāsī, -suāsum *(m. Dat.)*	m. ut: überreden; m. AcI: überzeugen
25	iussū	auf Befehl, im Auftrag
	līctor, -ōris m.	Liktor, Amtsdiener
	carcer, -eris m.	Gefängnis, Kerker
	ad *(m. Akk.)*	zu, bei, an; zum Zwecke
	trucīdāre, -ō	töten, umbringen
30	laus, laudis f. *(vgl.* laudāre)	Lob, Anerkennung, Ruhm
	efferre, -ō, extulī, ēlātum	heraustragen, -bringen; erheben, rühmen

Fremdwort	Englisch	Italienisch	Spanisch	Französisch
okkasionell	occasion		ocasión	
Offerte	to offer	offrire		offrir
				société
	to remain			
	to *disturb*			
	comprehension		comprender	comprendre
divers		diverso		
	eternal			éternité
	to persuade			persuader
Kerker				

Lektion 17 B

	contumēlia, -ae f.	Schmähung, Beschimpfung
	fugāre (*vgl.* fuga, fugere)	vertreiben, verjagen
	iterum	wiederum, zum zweiten Mal
35	ferre, ferō, tulī, lātum	tragen, bringen; ertragen; berichten
	ferrī (*Inf. Präs. Pass.*)	*auch:* eilen; sich hinreißen lassen
	salvē! salvēte!	sei gegrüßt! seid gegrüßt!
	salvus, -a, -um	heil, gesund
	fortis, -is, -e (*Adv.:* fortiter)	tapfer, tüchtig
40	lenīre, -iō, -īvī, -ītum	besänftigen, mildern
	cōmis, -is, -e (*Adv.:* cōmiter)	freundlich
	aequō animō	mit Gleichmut, gleichmütig
	aequus, -a, -um	gleich(mäßig), eben; gerecht
	perferre, -ō, -tulī, -lātum	hinbringen; ertragen, erdulden
45	īrācundia, -ae f. (*vgl.* īra)	Zorn, Jähzorn
	dexter, dext(e)ra, dext(e)rum	rechts; günstig
	prehendere, -ō, prehendī, prehēnsum	fassen, ergreifen
	auferre, -ō, abstulī, ablātum	wegbringen, wegschaffen, rauben
	manus, -ūs f.	Hand; Schar
50	dextra (manus)	die rechte Hand, die Rechte
	vīs, vim, vī (*Pl.* vīrēs, vīrium f.)	Kraft; Gewalt; *Pl.:* Kräfte
	afferre, -ō, attulī, allātum	herbeitragen, -schaffen; bereiten, zufügen
	verbera, -um n.	Schläge, Peitschenhiebe
	Homērus, -ī m.	Homer (*Dichter der Ilias und Odyssee*)
55	nōscere, -ō, nōvī, nōtum	erkennen, erfahren
	īgnōscere, -ō, īgnōvī, īgnōtum	(*„nicht zur Kenntnis nehmen"*) verzeihen
	cōgnōscere, -ō, cōgnōvī, cōgnitum	erkennen, erfahren, kennenlernen
	cōnferre, -ō, -tulī, collātum	zusammentragen; vergleichen

Fremdwort	Englisch	Italienisch	Spanisch	Französisch
		forte, forza		fort
	equal		igual	
		destro		
		prendere		prendre
		mano		main
	to know		conocer	

Einige weitere Komposita von ferre – tragen, bringen; ertragen; melden, berichten:

dēferre, -ō, dētulī, dēlātum	wegbringen; hinbringen; überbringen; übertragen
	imperium deferre – ein Kommando übertragen
īnferre, -ō, intulī, illātum	hineinbringen, -tragen
	bellum inferre – „Krieg hineintragen", mit Krieg überziehen
prōferre	nach vorne bringen, heraustragen, -bringen
trānsferre	hinübertragen, übertragen

Lektion 18 A

	benīgnus, -a, -um	gnädig, gewogen, freundlich
	sē cōnferre	sich begeben
	pūrgāre, -ō	reinigen; entschuldigen
	pūrus, -a, -um	rein, klar; anständig
5	causā *(Postposition m. Gen.)*	wegen, um ... willen; *verbal:* um ... zu
	dīcendī causā	um zu sprechen, sagen
	paenitet, -uit *(s. Syntax zur Lektion)*	es reut
	maledīcere, -ō, -dīxī, -dictum *(m. Dat.)*	beschimpfen, schlecht reden über
	peccātum, -ī n. *(vgl. peccāre)*	Fehler, Vergehen
10	praestāre, -ō, praestitī *(m. Akk.)*	erfüllen, leisten, gewähren
	officia praestāre	die Pflichten erfüllen
	fortem sē praestāre	sich tapfer erweisen
	stultitia, -ae f.	Dummheit, Torheit
	stultus, -a, -um	dumm, töricht
15	obtemperāre, -ō	gehorchen, willfährig sein
	immō vērō	im Gegenteil
	colere, -ō, coluī, cultum	bebauen; pflegen; verehren
	plānē *(Adv.)*	deutlich, klar
	plūrēs, -a *(Gen.:* plūrium;*)*	mehrere *(Komparativ zu* multī*)*
20	plūrimī, -ae, -a *(Superlativ zu* multī*)*	die meisten

Lektion 18 B

	proximus, -a, -um	der nächste, letzte
	dēvincere, -ō, -vīcī, -victum *(vgl.* vincere*)*	völlig besiegen
	tollere, -ō, sustulī, sublātum	aufheben; emporheben; beseitigen
	bonī, -ōrum m.	die Guten *(politischer Begriff Ciceros)*
25	cōnsulātus, -ūs m.	das Amt des Konsuls, der Konsulat
	vitium, -ī n.	Fehler, Laster
	malum, -ī n.	Übel
	cōnsultum, -ī n.	Beschluss
	probāre, -ō	prüfen; billigen, gutheißen
30	probus, -a, -um	erprobt, gut, tüchtig, anständig
	populārēs, -ium m.	die Popularen *(„Volkspartei" in Rom)*
	pars, partis f.	Teil; Seite; Richtung
	partēs, -ium f.	Partei
	stāre, stō, **stetī**	stehen
35	stāre ā *(m. Abl.)*	auf Seiten ... stehen
	stāre ā Pompeiō	auf Seiten des Pompeius stehen
	iūdicium, -ī n. *(vgl.* iūdicāre, iūdex*)*	Rechtsspruch, Urteil; Gericht, Prozess
	caput, cápitis n.	Haupt, Kopf
	damnāre, condemnāre, -ō	verurteilen

40	capitis damnāre	zum Tode verurteilen
	exīstimāre, -ō	glauben, meinen; halten für
	īdem, éadem, idem	der-, die-, dasselbe
	quā rē	deshalb; weshalb
	merēre, -eō, -uī, -itum	verdienen, erwerben, gewinnen
45	merērī dē, mereor, meritus sum	sich um etwas verdient machen
	inimīcus, -a, -um / -ī m.	verfeindet; *(persönlicher)* Feind
	odium, -ī n. *(vgl. Vok. L. 15, Nr. 77)*	Hass, Feindseligkeit
	ōdisse, ōdī *(Perf. mit Präsensbedeutung)*	hassen
	imprīmīs	besonders
50	P. Clōdius, -ī m.	Publius Clodius *(Volkstribun 59/58 v. Chr.)*
	tribūnus (-ī m.) plēbis	Volkstribun
	vītāre, -ō *(m. Akk.)*	meiden, vermeiden; aus dem Weg gehen
	addūcere, -ō, -dūxī, -ductum	heranführen; veranlassen
	cēnsēre, -eō, cēnsuī, cēnsum	schätzen; meinen; beschließen
55	pellere, -ō, pépulī, pulsum	schlagen, stoßen; vertreiben
	impellere, -ō, impulī, -pulsum	anstoßen; niederwerfen; antreiben
	circumvenīre, -iō, -vēnī, -ventum	umzingeln, umgeben, umkreisen
	statuere, -ō, statuī, statūtum	feststellen; festlegen; beschließen
	cōnstituere, -ō, -stituī, -stitūtum	festlegen; beschließen
60	cārus, -a, -um	lieb, teuer, wertvoll
	carēre, -eō, caruī *(m. abl. sep.)*	entbehren; nicht haben
	lūx, lūcis f.	Licht
	lūmen, -inis n.	Licht
	adimere, -ō, -ēmī, -emptum	an sich nehmen; wegnehmen, rauben
65	similis, -is, -e *(m. Dat.)*	ähnlich
	mortuus, -a, -um	tot
	culmen, -inis n.	höchster Punkt, Gipfel
	miseria, -ae f.	Elend, Unglück, Leid
	cadere, -ō, cécidī	fallen; zu Grunde gehen

Fremdwort	Englisch	Italienisch	Spanisch	Französisch
		prossimo		
			vicio	
Probe, probieren				
populär				populaire
		part	parte	
			estar	être
Kapital...	capital	capo		
	to damn	dannare		*con*damner
	to estimate		estimar	
	enemy		enemigo	
		odio		
Impuls				
			luz	
	similar			similaire
Misere				misère

Vokabeln zu den Lektionstexten

Lektion 18 C — Zusatztext

	ratiō, -ōnis f.	Vernunft; Art und Weise; Berechnung
	reditus, -ūs m. *(vgl. redīre)*	Rückkehr
	scrībere, -ō, scrīpsī, scrīptum	schreiben
	patrēs cōnscrīptī	Senatoren
5	crīminī dare	zum Vorwurf machen, vorwerfen
	tot *(indekl.)*	so viele
	causa, -ae f. *(vgl. Vok. 15)*	*hier:* Sache, Angelegenheit
	dēserere, -ō, -seruī, -sertum	verlassen, im Stich lassen
	cōnstantia, -ae f.	Standhaftigkeit, feste Haltung, Ruhe
10	cōnstāns, -antis	standhaft, fest, stark
	incōnstāns, -antis	schwach, wankelmütig
	infirmus, -a, -um *(vgl. firmus, L. 19)*	schwach
	immortālis, -is, -e	unsterblich
	per deōs immortālēs	bei den unsterblichen Göttern *(Ausruf)*
15	tempestās, -ātis f.	Sturm, Unwetter; stürmische Zeit
	improbus, -a, -um *(vgl. probus)*	schlimm, böse, unrechtschaffen
	ēvertere, -ō, -vertī, -versum	umkehren, vernichten, zerstören
	vigilāre, -ō	wachsam sein, Wache halten
	rārō *(Adv.)*	selten
20	domāre, -ō, dom**uī**, dom**itum**	zähmen, bezwingen, besiegen
	utrum ... an	(ob) ... oder
	sē recipere, -iō, -cēpī, -ceptum	sich zurückziehen
	caedēs, -is f.	Gemetzel, Blutbad, Mord
	tēlum, -ī n.	Wurfgeschoss, Pfeil
25	dēlēre, -eō, dēlēvī, dēlētum	zerstören, vernichten
	dēnique	schließlich, zuletzt
	auctor, -ōris m. *(vgl. auctōritās)*	Urheber, Veranlasser, Förderer
	reddere, -ō, reddidī, -ditum	zurückgeben, zurückerstatten; machen zu
	etsī	auch wenn
30	bellum gerere	Krieg führen

Weitere Beispiele für den dativus finalis als Prädikatsnomen:

Die wörtliche Übersetzung der Form von **esse** (gereichen zu etw.) kann variiert werden, z. B.:

salūtī esse	zur Rettung / zum Wohl verhelfen
dētrimentō esse	zum Nachteil gereichen, nachteilig sein
impedimentō esse	hinderlich sein
odiō esse	verhasst sein, sich verhasst machen, Hass hervorrufen
honōrī esse	zu Ehre verhelfen, ehrenvoll sein
māgnae cūrae esse	große Sorge bereiten, ein großes Anliegen sein
laudī esse	Anerkennung einbringen, verschaffen
māgnō ūsuī esse	von großem Nutzen sein, sehr nützlich sein
praesidiō esse	als Schutz dienen
invidiae esse	(„zum Neid gereichen") beneidet werden

Lektion 19 A

	hortārī, -or, hortātus *etc.* sum *(deponens)*	ermuntern, auffordern
	co-, adhortārī, -or *(dep.)*	ermuntern, auffordern
	Latīnē	lateinisch
	ūtī, -or, ūsus *etc.* sum *(dep. m. Abl.)*	gebrauchen, verwenden, nutzen
5	abūtī, -ūtor, -ūsus *etc.* sum *(dep. m. Abl.)*	missbrauchen
	loquī, -or, locūtus *etc.* sum *(dep.)*	reden, sprechen
	colloquī, -or, -locūtus *etc.* sum *(dep.)*	unterreden, sich besprechen
	reminīscī, -or, **recordātus** *etc.* **sum** *(dep. m. Gen.)*	sich erinnern *an etw.*
	oblivīscī, -or, oblītus *etc.* sum *(dep. m. Gen.)*	vergessen
10	proficīscī, -or, profectus *etc.* sum *(dep.)*	aufbrechen; reisen; losmarschieren
	cibus, -ī m.	Speise, Nahrung
	emere, -ō, ēmī, emptum *(vgl.* adimere)	nehmen; kaufen

Fremdwort	Englisch	Italienisch	Spanisch	Französisch
	to use			utiliser
	to abuse			abuser
Kolloquium				
Reminiszenz				
	oblivion			

Hier einige weitere Deponentien:

a-Konjugation

arbitrārī, -or, arbitrātus, -a, -um sum	glauben, meinen
aspernārī	verschmähen
auxiliārī	helfen
comitārī	begleiten *(vgl.* comes, -itis m. / f. – Begleiter/in)
cōnārī	versuchen *(vgl. konatives* Imperfekt)
cōnsōlārī	trösten
mīrārī	sich wundern; bewundern
morārī	sich aufhalten, verweilen *(vgl. Moratorium)*

e-Konjugation

verērī, -eor, veritus, -a, -um sum	fürchten, sich scheuen
miserērī	sich erbarmen *(vgl.* miseria, miser*)*
pollicērī	versprechen
rērī, reor, ratus, -a, -um sum	glauben, halten für
fatērī, -eor, fassus, -a, -um sum	gestehen, bekennen *(auch:* confitērī, profitērī*)*

i-Konjugation

blandīrī, -ior, blandītus, -a, -um sum	schmeicheln *(vgl. blenden)*
largīrī	schenken, spenden
mōlīrī	ins Werk setzen *(vgl.* molestus; mōlēs, -is f. – Masse*)*
potīrī *(m. Abl.)*	sich bemächtigen *(aber:* rērum potīrī – sich der Herrschaft bemächtigen*)*
orīrī, -ior, ortus, -a, -um sum	aufgehen, entstehen *(vgl. Orient)*

Lektion 19 B

	referre, -ferō, rettulī, relātum	zurückbringen; melden
15	ad senātum referre	dem Senat berichten, vorlegen,
	dubius, -a,- um	zweifelhaft, schwankend, unklar
	dubium, -ī n.	Zweifel
	dubitāre, -ō	zweifeln; *m. Inf.:* zögern
	nōn dubitāre, quīn *(m. Konjunktiv)*	nicht daran zweifeln, dass ...
20	studium, -ī n.	Eifer, Bemühung; Leidenschaft
	vacuus, -a, -um *(m. abl. sep.)*	frei von
	vacāre, -ō *(m. abl. sep.)*	frei sein von
	patrēs cōnscriptī m.	Väter, Senatoren
	vērus, -a, -um	wahr, echt
25	vērum, -ī n.	das Wahre, die Wahrheit
	indāgāre, -ō	forschen, untersuchen
	rēctum, -ī n.	das Richtige
	ūtilis, -is, -e	nützlich
	ūtile, -is n.	das Nützliche
30	adulēscēns, -entis m.	Jüngling, junger Mann
	rēs pūblica, rei pūblicae f.	Staat
	rēs secundae, rērum secundārum f.	Glück, günstige Verhältnisse
	rēs adversae, rērum adversārum f.	Unglück, widrige Umstände
	cōnārī, -or *(dep.)*	versuchen
35	agitāre, -ō	heftig betreiben, jagen; anstacheln
	patī, -ior, passus *etc.* sum *(dep.)*	erleiden, erdulden; zulassen
	patientia, -ae f.	Geduld; Duldsamkeit
	commovēre, -eō, -mōvī, -mōtum	(stark) bewegen; beeindrucken
	ēvertere, -ō, evertī, eversum	umstürzen; zerstören, vernichten
40	praesidium, -ī n.	Wache, Schutztruppe
	firmus, -a, -um *(vgl.* firmāre)	stark, fest
	cōnfirmāre, -ō	stärken, befestigen; versichern
	perniciōsus, -a, -um *(vgl.* perniciēs)	unheilvoll, Verderben bringend
	vetāre, -ō, **vetuī, vetitum** *(m. AcI)*	verbieten
45	imitārī, -or *(dep.)*	nachahmen, nacheifern
	exemplum, -ī n.	Beispiel, Vorbild
	praecēdere, -ō, -cessī, -cessum	vorangehen; übertreffen *(m. Akk.)*
	dēficere, -iō, -fēcī, -fectum	abtrünnig werden, fehlen
	animō dēficere	den Mut sinken lassen
50	falsus, -a, -um	falsch
	trucīdāre, -ō	umbringen, töten
	iubēre, -eō, iussī, iussum *(m. Akk. oder AcI)*	befehlen, auffordern
	parcere, -ō, pepercī *(m. Dat.)*	schonen; sparen
	minimē *(Adv.)*	am wenigsten; keineswegs
55	equidem	(ich) jedenfalls, wenigstens
	tenēre, -eō, tenuī, tentum	festhalten, halten
	continēre, -eō, -tinuī, -tentum	zusammenhalten, umfassen

	abstinēre, -eō, -tinuī, -tentum	ab-, fernhalten; sich enthalten
	retinēre, -eō, -tinuī, -tentum	zurückhalten, festhalten
60	intercēdere, -ō, -cessī, -cessum	dazwischentreten; Einspruch erheben
	cēdere, -ō, cessī, cessum	gehen, weichen; nachgeben
	(Komposita s. o. S. 154)	

Fremdwort	Englisch	Italienisch	Spanisch	Französisch
Referat				
	to study		estudio	études
Vakuum, vakant	vacant		vacaciones	
		vero		
Utensilien			utilizar	
Adoleszenz			adolescente	adolescent
agitieren				
	patience	pazienza		
Präsidium				
	to confirm	confermare		confirmer
Veto				
imitieren	to imitate			imitation
	example		ejemplo	
		falso		faux

Wortbildung:

Die Verba intensiva oder frequentativa:

Diese Verben, die der a-Konjugation angehören, drücken die Intensität oder Häufigkeit einer Handlung im Vergleich zu ihren stammverwandten Verben aus; zu erkennen sind sie an der Endung **-itāre, -tāre** oder **-sāre**.

agere → agitāre – (heftig) treiben, handeln
iacere → iactāre – (heftig) schleudern

dīcere → dictāre – (oft) sagen
canere → cantāre – (laut) singen

Achtung, nicht verwechseln!

uter, utra, utrum	wer von beiden
uterque, utraque, utrumque	jeder von beiden
neuter, -tra, -trum	keiner von beiden
quīdam, quiddam	ein gewisser, jemand *usw.*
quisquam, quicquam	irgendeiner *usw.*
quidem	zwar, gewiss, jedenfalls, wenigstens

(Zu den Indefinitpronomina s. Anhang, S. 237)

Einige weitere Deponentien:

konsonantische Konjugation

adipīscī, -or, adeptus, -a, -um sum	erlangen, erreichen
fungī, -or, fūnctus *etc.* sum *(m. Abl.)*	verrichten, verwalten *(vgl. Funktion)*
fruī, -or, (frūctus / fruitus *etc.* sum) *(m. Abl.)*	genießen, nutzen
īrāscī, -or, **suscēnsuī**	zürnen, zornig werden
nāscī, -or, nātus *etc.* sum	geboren werden
proficīsci, -or, profectus *etc.* sum	aufbrechen, reisen; marschieren
querī, -or questus *etc.* sum	sich beklagen, klagen

konsonantische Konjugation mit -i-Erweiterung

gradī, -ior, gressus, -a, -um sum	gehen, schreiten *(vgl. Grad)*
aggredī, -ior, aggressus *etc.* sum	angreifen *(vgl. Aggression)*
congredī	zusammentreffen *(vgl. Kongress)*
ēgredī	hinausgehen; überschreiten
ingredī	eintreten; beginnen *(vgl. ital. ingresso)*
prōgredī	vorrücken; fortschreiten *(vgl. Progression)*
morī, -ior, mortuus *etc.* sum	sterben (*Part. Fut.:* moritūrus, -a, -um)
patī, -ior, passus *etc.* sum	(er)leiden, dulden; zulassen *(vgl. Patient, passiv)*

Der deutsche Infinitiv und seine Entsprechungen im Lateinischen:

	KONSTRUKTION IM LATEINISCHEN	ÜBERSETZUNG
	nach Modalverben *wie* posse, debēre, velle: Te Romae visitare volo.	**mit bloßem Infinitiv:** Ich will dich in Rom **besuchen**.
a)	**nach Modalverben** *wie* dubitare, cogitare, studēre, properare: Te Romae visitare cogito.	**mit „zu" + Infinitiv:** Ich beabsichtige, dich in Rom **zu besuchen**.
b)	**bei Begehrssätzen** (*ut m. Konj.*): A me petis, ut Romae te visitem.	Du bittest mich, dich in Rom **zu besuchen**.
c)	**beim Gerundium (Gerundiv) im Genitiv oder mit Präposition im Akkusativ:** Occasionem te Romae visitandi non praetermittam. Paratus ad veniendum sum.	Die Gelegenheit, dich in Rom **zu besuchen**, werde ich nicht verstreichen lassen. Ich bin bereit **zu kommen**.
a)	**bei Finalsätzen** (*ut m. Konj.*): Equo vehar, ut celeriter Romam veniam.	**mit „um .... zu" + Infinitiv:** Ich werde (auf dem Pferd) reiten, **um** schnell nach Rom **zu kommen**.
b)	**beim Partizip Futur Aktiv:** Romam propero te visitaturus.	Ich eile nach Rom, **um** dich **zu besuchen**.
c)	**beim Supinum I:** Romam venio te visitatum.	Ich komme nach Rom, **um** dich **zu besuchen**.
d)	**beim Gerundium / Gerundiv mit causā:** Romam venio studendi causā.	Ich komme nach Rom, **um zu** studieren.

Lektion 20 A

	quaerere, -ō, quaesīvī, quaesītum	suchen; fragen *(m. ex + Abl. der Person)*
	illūstris, -is, -e	klar, hell; berühmt
	illūstrāre, -ō	erhellen, klar machen, beleuchten
	inimīcitiae, -ārum f.	Feindschaft
5	suscipere, -iō, -cēpī, -ceptum	unter- / übernehmen; auf sich nehmen
	aliquamdiu	eine Zeit lang
	exul, exulis (m.)	verbannt; *subst.:* Verbannter
	versārī, -or *(dep.)*	sich aufhalten; sich beschäftigen mit
	Pompeius, -ī m.	Pompeius *(römischer Politiker u. Feldherr)*
10	cōnsēnsus, -ūs m.	Übereinstimmung
	cōnsultum, -ī n.	Beschluss
	omnēs bonī *(politischer Terminus Ciceros)*	alle Guten *(Optimaten und ihre Anhänger)*
	tunc	dann, sodann, damals, alsdann
	sequī, -or, secūtus *etc.* sum *(dep. m. Akk.)*	folgen; verfolgen
15	tempestās, -ātis f.	Sturm; Zeit
	dissidēre, -eō, dissēdī	uneinig sein, sich streiten
	fūnestus, -a, -um	verhängnisvoll, unheilvoll
	fūnus, -eris n.	Begräbnis, Bestattung
	orirī, orior, ortus *etc.* sum	*(dep.)* aufgehen; entstehen
20	dominātus, -ūs m.	Herrschaft *(eines dominus)*
	dīmicāre, -ō	streiten, kämpfen
	Rubicō, -ōnis m.	der Rubikon *(Grenzfluss in Mittelitalien)*
	terror, -ōris m. *(vgl. terrēre)*	Schrecken, Entsetzen
	invādere, -o, -vāsī, -vāsum	eindringen; befallen
25	vādere, -ō, vāsī, vāsum	gehen, schreiten
	evādere, -ō, -vāsī, -vāsum	herausgehen, entkommen
	praeceps, -cipitis	kopfüber; blindlings, Hals über Kopf
	profugere, -iō, -fūgī	flüchten, das Weite suchen
	turpis, -is, -e	hässlich; schändlich
30	Pharsālus, -ī **f.**	Pharsalos *(Stadt in Thessalien)*
	legiō, -ōnis f.	Legion *(max. 6000 Soldaten)*
	dēvincere, -ō, -vīcī, -victum *(vgl. vincere)*	völlig besiegen
	rērī, reor, ratus *etc.* sum *(dep.)*	glauben, meinen; berechnen
	comes, -itis m. / f.	Begleiter(in)
35	appellere, -ō, -pulī, -pulsum *(vgl. pellere)*	herantreiben, heranbewegen
	nāvem appellere	anlegen, landen
	satelles, -itis m.	Begleiter, Diener, Leibwächter
	adipīscī, -or, adeptus *etc.* sum *(dep.)*	erlangen, erreichen
	dictatūra, -ae f.	Diktatur *(Amt in Notzeiten des Staates)*
40	fāma, -ae f.	Gerede; Gerücht; Ruf; Ruhm
	moderātiō, -ōnis f. *(vgl. modus)*	Zurückhaltung, Beherrschung
	modestia, -ae f.	Bescheidenheit; Mäßigung
	modestus, -a, -um	bescheiden, maßvoll, zuückhaltend
	clēmentia, -ae f.	Milde, Güte, Gnade

45	clēmēns, -entis		mild, sanft	
	parere, -iō, peperī, partum		erzeugen, hervorbringen; verschaffen	
	ipse, ipsa, ipsum		selbst, persönlich	
	prīvāre, -ō		rauben, berauben	
	Rōmānōs lībertāte prīvāre		die Römer der Freiheit berauben	
50	prīvātus, -ī m.		Privatmann *(ohne politische Ämter)*	
	vīvere, -ō, vīxī, (vīctūrus, -a, -um)		leben	
	superbia, -ae f.		Stolz; Hochmut, Arroganz	
	superbus, -a, -um		stolz; hochmütig, arrogant	
	tolerandus, -a, -um		erträglich	
55	inesse		enthalten sein, innewohnen	
	vidērī, videor, vīsus *etc.* sum *(m. NcI)*		scheinen; den Eindruck erwecken	

Fremdwort	Englisch	Italienisch	Spanisch	Französisch
	question	chiedere		
Illustrierte		illustrare		illustrer
versiert				versé
Konsens				
*Kon*sequenz			seguir	
	tempest			tempête
Dissident				
	funeral			
	to invade			invasion
	fame		famoso	fameux
		modesto	modesto	modeste
	parents			
	to abdicate			
privat		privato		privé

Bemerkung zur Übersetzung von vidērī in Verbindung mit dem NcI:

vidērī (scheinen, den Eindruck erwecken) bildet ein **persönliches** Passiv und kann als solches immer so übersetzt werden.

Videor id fecisse. – Ich scheine dies getan zu haben (*umständlich:* es scheint, dass ich dies getan habe).
Videmini nobis magnam iniuriam fecisse. – Ihr scheint uns ein großes Unrecht angetan zu haben.

Weitere Verben, mit deren Passiv ein NCI gebildet werden kann:

1) Verben des Veranlassens und Verhinderns (cogere, iubēre, vetāre, prohibēre – zwingen, befehlen, verbieten, hindern: Senatores sententiam dicere vetantur. – Den Senatoren wird verboten, ihre Meinung zu sagen.   (→ *im Deutschen unpersönliches Passiv!*)

2) Verba dicendi und sentiendi (putāre, iudicāre, existimāre, tradere, ferre, audīre), z. B.: Cicero optimus consul esse iudicabatur. – Man urteilte, dass C. ein sehr guter Konsul war.
         (→ *im Deutschen unpersönliches Passiv*)

Lektion 20 B

	dissēnsiō, -ōnis f.	Streit, Meinungsverschiedenheit
	dissentīre, -iō, -sēnsī, -sēnsum	unterschiedlicher Meinung, uneins sein
	praedīcere, -ō, -dīxī, -dictum	vorhersagen
60	status, -ūs m. (*vgl.* stāre)	Zustand
	concutere, -iō, -cussī, -cussum	erschüttern, schlagen
	labefactāre, -ō	ins Wanken bringen, erschüttern
	lābi, -or, lāpsus *etc.* sum (*dep.*)	fallen, gleiten, wanken
	Octāvius, -ī m.	Oktavian (*der spätere Kaiser Augustus*)
65	Lepidus, -ī m.	Lepidus (*Caesarianer und Triumvir*)
	triumvir / trēsvir, -ī m.	Triumvir
	animadvertere, -ō, -vertī, -versum	bemerken; vorgehen gegen
	in (*m. Akk. bei Personen*)	gegenüber, gegen; an, auf
	ulcīscī, -or, ultus *etc.* sum (*dep.*)	rächen, bestrafen
70	offendere, -ō, offendī, offēnsum	anstoßen; kränken, beleidigen
	dēcertāre, -ō	eine Entscheidungsschlacht liefern
	pūgna nāvālis	Seeschlacht
	classis, -is f.	Flotte; Abteilung
	mors, mortis f.	Tod
75	sibī mortem cōnscīscere, -ō, -scīvī, -scītum	Selbstmord begehen
	reliquus, -a, -um	übrig; zurückbleibend
	iūs tribūnicium, iūris tribūniciī n.	die Befugnis eines Volkstribunen
	dēclarāre	klar aussprechen; verkünden
	rē vērā	in Wirklichkeit
80	mūnus, -eris n.	Amt, Würde; Geschenk
	prīnceps, prīncipis m.	der Erste, Führende; der Prinzeps
	Augustus, -ī m.	Augustus (*Oktavian verliehener Ehrentitel*)
	fierī, fīō, factus *etc.* sum (*Passiv von* facere)	(gemacht) werden, geschehen, entstehen
	quiēs, quiētis f.	Ruhe; Untätigkeit; Frieden
85	quiētus, -a, -um	ruhig, still, friedlich
	dēferre, -ō, -tulī, -lātum	überbringen, melden; (*ein Amt*) übertragen
	praestāre, -ō, praestitī (*m. Dat.*)	übertreffen
	morī, -ior, mortuus *etc.* sum (*dep.*)	sterben
	spectāculum, -ī n. (*vgl.* spectāre)	Schauspiel

Fremdwort	Englisch	Italienisch	Spanisch	Französisch
	to predict			
Status, Staat	state	stato	estado	état
		*per*cussion		
labil				
deklarieren	to declare	dichiarare		déclarer
Prinz				
		quiet		quieto
				spectacle

Vokabeln zu den Lektionstexten

Einige Konjunktionen:

et, atque, ac, -que	und
et … et	sowohl … als auch
aut	oder
aut … aut; vel … vel	entweder … oder; (entweder) … oder
nec, neque	und nicht, auch nicht, aber nicht
neque … neque	weder … noch
at, sed, autem	aber
nōn sōlum / modō … sed / vērum etiam	nicht nur … sondern auch
cum … tum	einerseits … andererseits
contrā	aber, dagegen

Einige Präpositionen:

1)   mit Akkusativ:

ad – zu … hin; an, bei; im Hinblick auf, zum Zweck; ante – vor (örtl. u. zeitl.); apud – bei, vor; adversus – gegen; circum, circa – um … herum; bei; ergā – gegen, gegenüber (freundl.); contrā – gegen (feindl.); gegenüber (örtl.); extrā – außerhalb; intrā – innerhalb; īnfrā – unterhalb; inter – zwischen (örtl.); während (zeitl.); untereinander
iuxtā – neben, bei; ob – wegen; super, suprā – oberhalb, über; über … hinaus
post – hinter; nach; seit; praeter – an … vorbei; entlang; außer; wider (praeter spem – wider Erwarten); prope – nahe bei; propter – wegen; per – durch … hindurch, über … hin (örtl.); durch … hindurch (zeitl.: per totam vitam – das ganze Leben hindurch); durch, bei (übertr.: per servum nuntium ferre – durch einen Sklaven eine Nachricht überbringen; per deos – bei den Göttern); trāns – über … hinaus; jenseits; ultrā – über … hinaus; jenseits

→ Adverbien sind zugleich u. a.: ante – zuvor, vorher; extrā – außen; intrā – innen; post – später, nachher; prope – beinahe, fast; super, suprā – oben, oberhalb.

2)   mit Akkusativ und Ablativ:

in (m. Akk.) – in … hinein (in die Stadt); auf, nach; gegen, gegenüber (freundl. u. feindl.)
in (m. Abl.) – in, an, auf (in der Stadt); während (zeitl.); unter (in his – unter diesen); bei, trotz (in hōc mortis perīculō arma cēpī – trotz dieser Todesgefahr griff ich zu den Waffen).

3)   mit Ablativ:

ā, ab – von (weg); von an (zeitl.); cum – mit; unter (māgnō cum clāmōre – unter großem Geschrei); zu, mit (cum tuā perniciē – zu deinem Verderben);
dē – von … herab; über, wegen (dē pāce agere – über den Frieden verhandeln); in Bezug auf;
ē, ex – aus … heraus; seit; in Folge von, gemäß; prae – vor (örtl.); vor (übertr.: prae dolōre – vor lauter Kummer); prō – vor (örtl.); für, statt, anstatt; im Verhältnis zu (s. drei Prozent - drei im Verhältnis zu hundert); sine – ohne.

(Zu den Präpositionen vollständig s. Systemgrammatik § 67 f.)

Stilbeobachtung als Übersetzungshilfe *(am Beispiel von Cic. Catil. I 9)*:

Cicero empört sich während einer Senatssitzung über seine Standesgenossen, die mit dem Verschwörer Catilina sympathisieren:

Hic, hic sunt,
in nostro numero, patres conscripti,
in hoc *orbis terrae* sanctissimo gravissimoque consilio,

I | qui | de *nostro omnium* **interitu**, *(Prädikat wird noch nicht genannt: Verzögerung)*

II | qui | de *huius urbis* **?** atque adeo de *orbis terrarum* **exitio** | cogitent.

Übersetzung:

Hier, ja hier unter uns, ihr Senatoren, in dieser heiligsten und bedeutendsten Versammlung der Welt, gibt es Leute, die über unser aller Untergang und über die Vernichtung dieser Stadt und sogar der Welt nachdenken.

Kennzeichnend für diesen Satzbau ist das Prinzip der sowohl quantitativ als auch qualitativ steigernden Aufzählung („*Gesetz der wachsenden Glieder*" + *Klimax*); hierbei werden die einzelnen Satzabschnitte länger und meist auch inhaltlich bedeutender. *(Besonders beliebt ist eine dreigliedrige, manchmal auch viergliedrige Aufzählung.)* Dies lässt sich schon im Hauptsatz beobachten, dessen zweites Kolon durch das Genitivattribut *orbis terrae* und durch die beiden Adjektivattribute im Superlativ (zu **consilio**) nicht nur quantitativ erweitert, sondern auch qualitativ gesteigert wird.

Mit diesem Prinzip geht das allmähliche Enthüllen der Aussage einher: Das Prädikat des Relativsatzes **cogitent** erscheint, verzögert durch die Wiederaufnahme des **qui**, als Abschluss am Ende des Satzes und macht diesen erst verständlich. Das bedeutet für den Prozess des Übersetzens, dass man sich nicht immer einfach abschnittsweise, bis zum nächsten Komma, durcharbeiten und die Einzelteile übersetzen kann *(bis interitu ergibt der Satz noch keinen Sinn)*, sondern auch auf das Satzende achten muss: **cogitent** bezieht sich sowohl auf Kolon I als auch auf Kolon II des Relativsatzes.

Bei diesem Beispiel lässt sich das gleiche Prinzip auch bei der kleineren Einheit beobachten: In Kolon II ist **de** *huius urbis* für sich genommen syntaktisch unverständlich; man muss über **atque** „hinausgehen" und den nächsten Block analysieren, bis man auf **exitio** stößt, das auch, wie im Großen **cogitent**, zum ersten Block gehört: **de** *huius urbis* (**exitio**) atque **de** *orbis terrarum* **exitio**.

Die drei Genitivattribute des Relativsatzes enthalten eine qualitative Klimax:

nostro omnium – wir alle
  huius urbis – diese Stadt
    orbis terrarum – die ganze Welt

Vokabeln zu den Lektionstexten

Blick vom Kapitol auf das forum Romanum. Im Mittelgrund: das lang gestreckte Gebäude, von dem zumeist nur die Säulenstümpfe übrig sind, die Basilica Iulia – ein Gerichtsgebäude, das Caesar in Auftrag gegeben hatte und dessen Bau Cicero in der Zeit der politischen Freundschaft zu Caesar beaufsichtigte. Im Hintergrund: der Palatin.

Vokabeln in alphabetischer Reihenfolge

Vokabeln in alphabetischer Reihenfolge

Bemerkung:
In dieser Liste sind die Vokabeln alphabetisch aufgeführt. Die Ziffer in Klammern zeigt die betreffende Lektion an. Ein kursives Z mit einer kursiven Ziffer weist auf **zusätzliche** Wörter hin, die im Grammatik- oder Vokabelteil der jeweils bezeichneten Lektion zu finden und zumindest zum Teil für die spätere Cicero-Lektüre nicht belanglos sind. Auf die Angabe von Längen ist verzichtet worden außer beim Infinitiv der e-Konjugation und einigen Wörtern, die ohne Längenmarkierung zu verwechseln wären (z. B.: occidere – occīdere).

A

a, ab (*m. Abl.*) (2)	von, von ... weg; seit
a, ab (*m. Abl. beim Passiv*) (7)	von
abdere, -o, abdidi, abditum *(Z. 11)*	verbergen
abducere, -o, abduxi, abductum (6)	wegführen, entführen
abhorrēre, -eo, -horrui (12)	zurückschrecken vor; abweichen von
abicere, -io, -ieci, -iectum *(Z. 13 u. 19)*	wegwerfen
abstinēre, -eo, -tinui, -tentum (19)	abhalten, fernhalten; sich enthalten
abuti, -or, -usus sum *(m. Abl.)* (19)	missbrauchen
ac profecto (3)	und wirklich, und in der Tat
accedere, -o, accessi, accessum (7)	herantreten, anrücken
accidere, -o, accidi *(Z. 11 /12)*	zustoßen, sich ereignen
accipere, -io, -cepi, -ceptum (10)	annehmen, empfangen, erhalten; hören
accurrere, -o, -curri, -cursum (6)	herbeieilen
accusare (15)	anklagen
accusator, -oris m. (15)	Ankläger
acer, acris, acre (12)	hart, heftig, bitter, erbittert
acies, -ei f. (7)	Schlachtreihe; Schlacht (Schärfe)
actum est de me (10)	es ist um mich geschehen
ad (*m. Akk.*) (2)	zu, an, bei; zum Zweck
adamare (7)	lieb gewinnen
addere, -o, -didi, -ditum *(11)*	hinzufügen
adducere, -o, -duxi, -ductum (18)	heranführen; veranlassen
adesse, adsum, affui (1)	anwesend sein, da sein; helfen, beistehen
adhuc (2)	bis jetzt; jetzt noch
adicere, -io, -ieci, -iectum *(Z. 13)*	hinzufügen
adimere, -o, -emi, -emptum (18)	an sich nehmen, rauben
adipisci, -or, adeptus sum *(Z. 19 / 20)*	erlangen, erreichen
adire, -eo, -ii (6)	herantreten, aufsuchen
adiuvare, -o, -iuvi, -iutum *(m. Akk.)* (5)	unterstützen, helfen
administrare (3)	verwalten, lenken
admittere, -o, -misi, -missum *(Z. 12)*	zulassen
ad senatum referre (19)	dem Senat zur Abstimmung vorlegen
adulescens, -entis m. (14)	Jüngling, junger Mann
advenire, -io, -veni, -ventum *(Z. 8 /11)*	ankommen
adversarius, -a, -um (3)	feindlich; *substantiviert:* Feind
advocare (1)	herbeirufen
aedificare (3)	(er)bauen, errichten

aedificium, -i n. (3)	Gebäude
aegre ferre (13)	schwer ertragen, sich ärgern über
Aegyptus, -i f. (3)	Ägypten
aequo animo (17)	mit Gleichmut, gleichmütig
aequus, -a, -um (17)	gleich(mäßig), eben; gerecht
aeternus, -a, -um (17)	ewig, auf Dauer
afferre, affero, attuli, allatum (17)	herbeitragen, -schaffen; bereiten, zufügen
afficere, -io, -feci, -fectum (14)	versehen mit, erfüllen mit, antun
agere, -o, egi, āctum (10)	tun, treiben, handeln
aggredi, -ior, -gressus sum *(Z. 19)*	angreifen
agitare (19)	heftig betreiben, jagen; anstacheln
aliquamdiu (20)	eine Zeit lang
aliquando (8)	irgendwann einmal, einst
aliquis, aliquid (4)	irgendjemand; irgendetwas
aliquot (7)	einige
alius, alia, aliud (3)	ein anderer
alter, -a, -um *(Gen.:* alterius) *(Z. 12)*	der eine; der andere
amare (8)	lieben
ambulare (11)	herumgehen, spazieren gehen
amicus, -a, -um *(m. Dat.);* amicus, -i m. (13)	befreundet; Freund
amicitia, -ae f. (15)	Freundschaft; Bündnis
amittere, -o, -misi, -missum (13)	verlieren; aufgeben
amor, -oris m. (8)	Liebe
animadvertere, -o, -verti, -versum (20)	bemerken; vorgehen gegen
animal, -alis n. (8)	Lebewesen, Tier
animo deficere (19)	den Mut sinken lassen
animus, -i m. (3)	Sinn, Gemüt, Verstand, innere Einstellung
annus, -i m. (2)	Jahr
ante *(Adv.)* (11)	früher, zuvor
ante *(m. Akk.)* (2)	vor
antea *(Adv.)* (11)	vorher, früher, zuvor
antiquus, -a, -um (3)	alt
aperire, -io, aperui, apertum (16)	öffnen; aufdecken
apertus, -a, -um *(Z. 12 /16)*	offen, offenkundig
apparēre, -eo, -ui (1)	erscheinen
apparet *(m. AcI)* (9)	es ist offenbar, offenkundig
appellare *(m. doppeltem Akk.)* (16)	bezeichnen als
appellere, -o, -puli, -pulsum (20)	herantreiben, heranbewegen
apportare *(Z. 11)*	herbeibringen, -tragen
appropinquare (3)	sich nähern
aptus, -a, -um *(Z. 19)*	geeignet, passend
aratrum, -i n. (5)	Pflug
arbitrari *(Z. 19)*	glauben, meinen
arbor, -oris f. *(Z. 18)*	Baum
arcēre, -eo, arcui (5)	abwehren, abhalten
arcessere, -o, arcessivi, -itum *(Z. 18)*	herbeiholen, kommen lassen
argenteus, -a, -um (15)	silbern
argentum, -i n. (15)	Silber
Ariadna, -ae f. *oder* Ariadne (10)	Ariadne *(Tochter des Minos)*
arma, -orum n. (6)	Waffen
ars, artis f. (10)	Kunst, Kunstfertigkeit, Technik

artifex, -icis m. (10)	Künstler
ascendere, -o, ascendi, ascensum (5)	hinaufsteigen, besteigen
Asia, -ae f. (3)	Kleinasien
asper, -a, -um (4)	rau, hart, schwierig
aspernari *(Z. 19)*	verschmähen
at (3)	aber
Athenae, -arum f. (10)	Athen
Athenienses, -ium m. (10)	die Athener
atque, ac (7)	und
atrium, -i n. (14)	Vorhalle, Empfangshalle, Atrium
atrox, -ocis (9)	schlimm, grässlich
attentus, -a, -um (2)	aufmerksam
auctor, -oris m. (*Z. 11;* 18 C)	Förderer, Urheber; Verfasser
auctoritas, -atis f. (13)	Ansehen, Einfluss, (Macht)
audacia, -ae f. (11)	Verwegenheit, Kühnheit; Frechheit
audax, -acis (*Z. 12* /15)	kühn, verwegen, frech, unverschämt
audēre, -eo, ausus sum (8)	wagen
audire, -io, -ivi, -itum (1)	hören, zuhören
auferre, aufero, abstuli, ablatum (17)	wegbringen, wegschaffen
augere, -eo, auxi, auctum (13)	vermehren, vergrößern
Augustus, -i m. (3)	(Kaiser) Augustus
aura, ae f. (8)	Luft
aureus, -a, -um (15)	golden, aus Gold
auris, -is f. (11)	Ohr; Gehör
auspicium, -i n. *(Z. 19)*	Vogelschau; Vorzeichen; Macht, Recht
aurum, -i n. (15)	Gold
aut (12)	oder (aut ... aut – entweder ... oder)
autem *(nachgestellt)* (1)	aber; ferner, nämlich
auxiliari *(Z. 19)*	helfen
auxilium, -i n. (6)	Hilfe
Aventinus, -i m. / -um, -i n. (5)	der Aventin *(einer der sieben Hügel Roms)*
avis, -is f. (5)	Vogel
avus, -i m. (5)	Großvater

B

barbaricus / barbarus, -a, -um (2)	fremd, barbarisch
barbarus, -i m. (13)	Fremder; Barbar
barbarus,- a, -um (13)	fremdländisch, barbarisch
beatus, -a, -um (6)	glücklich
bellare *(Z. 19)*	bekriegen, Krieg führen
bellum civile, belli civilis n. (13)	Bürgerkrieg
bellum, -i n. (2)	Krieg
bellum gerere (18 C)	Krieg führen
belua, -ae f. (15)	Ungeheuer
bene *(Adv.)* (3)	gut
beneficium, -i n. (14)	Wohltat, gute Tat, Gefälligkeit
benevolus,- a, -um (15)	wohlwollend, geneigt, ergeben
benignus, -a, -um (18)	gnädig, gewogen, freundlich
bestia, -ae f. (10)	wildes Tier; Ungeheuer

blandiri, -ior, blanditus sum *(Z. 19)*	schmeicheln
boni, -orum m. (18)	die Guten *(politischer Begriff Ciceros)*
bonus, -a, -um (1)	gut; tüchtig
brevis, -is, -e *(Z. 12)*	kurz
brevi (tempore) (15)	innerhalb kurzer Zeit
Brutus, -i m. *und* Cassius, -i m. (20)	Brutus und Cassius *(Caesarmörder)*

C

C. Caesar (17)	Gaius Iulius Caesar
C. Verres, Verris m. (15)	Gaius Verres *(Statthalter in Sizilien)*
cadere, -o, cécidi (18)	fallen; zu Grunde gehen
caedere, -o, cecīdi, caesum (11)	schlagen; niederschlagen, töten
caedes, -is f. (18 C)	Blutbad, Gemetzel, Mord
caelum, -i n. (5)	Himmel
candidus, -a, -um (8)	glänzend, weiß
canis, -is m. *(Z. 6)*	Hund
capere, -io, cepi, captum (5)	ergreifen, fangen, erfassen; einnehmen
capitis damnare (18)	zum Tode verurteilen
caput, -itis n. (18)	Haupt, Kopf
carcer, -eris m. (17)	Gefängnis, Kerker
carēre, -eo, -ui *(m. abl. sep.)* (18)	entbehren; nicht haben
caro, carnis f. (9)	Fleisch
carus, -a, -um *(Z. 17 /18)*	lieb, teuer, wertvoll
casa, -ae f. (6)	Hütte, Haus
castellum, -i n. (2)	(kleines) Lager
castra, -orum n. (16)	das Lager
catena, -ae f. (14)	Kette
Catilina, -ae **m**. (16)	Lucius Sergius Catilina
Cato, -onis m. (17)	M. Porcius Cato *(Urenkel des Cato maior)*
causā *(Postposition m. Gen.)* *(Z. 17 /18)*	wegen, um … willen; *verbal:* um … zu
causa, -ae f. (15; 18 C)	Grund; Rechtsstreit, Prozess; Sache
cedere, -o, cessi, cessum *(Z. 7 / 19)*	gehen, weichen
celer, celeris, celere *(Z. 10)*	schnell
celeriter *(Adv. zu celer)* (8)	schnell
cena, ae f. (11)	(Abend)essen, Gastmahl
censēre, -eo, censui, censum (18)	schätzen, meinen; beschließen
certamen, -inis n. (5)	(Wett)streit, Auseinandersetzung
certare (5)	streiten, kämpfen
(aliquem) certiorem facere (16)	(jemanden) benachrichtigen
certe *(Adv. zu certus)* (11)	sicherlich, gewiss
ceteri, -ae, -a (2)	die übrigen
ceterum (8)	übrigens; aber
cibus, -i m. *(Z. 11 /19)*	Speise, Nahrung
circumvenire, -io, -veni, -ventum (18)	umzingeln, umgeben, umkreisen
cito *(Adv.)* (1)	schnell
civis, -is m. (6)	Bürger
civitas, -atis f. (6)	Bürgerschaft, Gemeinde; Bürgerrecht
clades, -is f. (13)	Niederlage, Unglück, Katastrophe
clamare (1)	rufen, ausrufen

clarus, -a, -um (4)	hell, deutlich; berühmt
classis, -is f. (20)	Flotte; Abteilung
clemens, -entis (19)	mild, sanft, gnädig
clementia, -ae f. (19)	Milde, Güte, Gnade
Cleopatra, -ae f. (20)	Kleopatra *(letzte Pharaonin Ägyptens)*
co-, adhortari (19)	ermuntern, auffordern
codicillus, -i m. (15)	Schreibtafel, Notizbuch
cogere, -o, coegi, coactum (10)	zusammenziehen; zwingen *(m. Inf.)*
cogitare (2; 15)	denken, nachdenken; *m. Inf.:* beabsichtigen
cognoscere, -o, cognovi, cognitum (Z. 14 /17)	erkennen, erfahren, kennenlernen
colere, -o, colui, cultum (18)	bebauen; pflegen; verehren
colligere, -o, collegi, collectum *(Z. 15)*	sammeln, versammeln
collis, -is m. (5)	Hügel
collocare (16)	errichten, aufstellen
colloqui, -or, -locutus sum (19)	unterreden, sich besprechen
colloquium, -i n. *(Z. 18)*	Unterhaltung, Gespräch
comes, -itis m. / f. (20)	Begleiter (in)
comis, -is, -e *(Adv.:* comiter) (17)	freundlich
comitari *(Z. 19)*	begleiten
commemorare (8)	erwähnen, an etw. erinnern
committere, -o, -misi, -missum (4)	beginnen; begehen; anvertrauen
commovēre, -eo, -movi, -motum (19)	(stark) bewegen; beeindrucken
complēre, -eo, -plevi, -pletum (10)	erfüllen, anfüllen, auffüllen
componere, -o, -posui,-positum *(Z. 8 /12)*	zusammensetzen, -stellen, bilden; beilegen
comprehendere, -o, -hendi, -hensum (17)	fassen, ergreifen
conari (19)	versuchen
concedere, -o, concessi, concessum (11)	zugeben; gestatten, erlauben
concidere, -o, concidi *(Z. 11)*	zusammenbrechen
concidere, -o, concidi, concisum *(Z. 11)*	niederschlagen
concordia, -ae f. (13)	Eintracht, Zusammenhalt, Einigkeit
concurrere, -o, concurri, -cursum (6)	zusammenströmen
concutere, -io, -cussi, -cussum (20)	erschüttern, schlagen
condemnāre (19)	verurteilen
condere, -o, condidi, conditum (5)	gründen
conferre, confero, -tuli, collatum (17)	zusammentragen; vergleichen
conficere, -io, -feci, -fectum (14)	beenden, erledigen; erschöpfen; töten
confirmare (Z. 17 /19)	stärken, befestigen; versichern
confugere, -io, confugi (8)	flüchten; Zuflucht nehmen
congredi, -ior, congressus sum *(Z. 19)*	zusammentreffen
coniugium, -i n. (7)	Ehe
coniungere, -o, coniunxi, coniunctum (7)	verbinden, vereinigen
coniunx, coniugis m. / f. (7)	Ehemann, Ehefrau
coniuratio, -onis f. (16)	Verschwörung
coniuratus, -a, -um / -i m. (17)	verschworen / Verschwörer
consensus, -us m. (20)	Übereinstimmung
consentire, -io, -sensi, -sensum (13)	einer Meinung sein, übereinstimmen
considerare (6)	erwägen, überlegen
consilium capere (5)	einen Entschluss fassen
consilium, -i n. (5)	Rat; Absicht, Plan; Ent-, Beschluss
consolari *(Z. 19)*	trösten
conspicere, -io, conspexi, conspectum (8)	erblicken

constans, -antis (18 C)	standhaft, beständig, fest
constantia, -ae f. (18 C)	Standhaftigkeit, Festigkeit
constat *(m. AcI)* (8)	es steht fest *(dass)*
constituere, -o, constitui, constitutum (10)	festsetzen, -legen; beschließen *(m. Inf.)*
construere, -o, construxi, constructum (9)	aufschichten; erbauen, errichten
consul, -is m. (Z. 11 /16)	Konsul
consulatus, -us m. (19)	das *(eigentl.:* der) Konsulat
consulere, -o, -sului, -sultum (5)	*mit Akk.:* um Rat fragen; *m. Dat.:* sorgen für
consultare (17)	sich beraten, beratschlagen
consultum, -i n. (18)	Beschluss
contendere, -o, contendi, contentum (8)	eilen; kämpfen; *m. Inf.:* sich anstrengen
contentus, -a, -um *(m. Abl.)* (6)	zufrieden *(mit etw.)*
continēre, -eo, -tinui, -tentum (19)	zusammenhalten, umfassen
contra *(m. Akk.)* (11)	gegen
controversia, -ae f. (5)	Streit, Auseinandersetzung
contumelia, -ae f. (17)	Schmähung, Beschimpfung
convenire, -io, -veni, -ventum *(Z. 8)*	zusammenkommen
conviva, -ae **m.** (12)	Gast; Teilnehmer an einem Gastmahl
convivium, -i n. (12)	Gastmahl
convocare (16)	zusammenrufen
copiae, -ārum f. (2)	Truppen; Vorräte
copiosus, -a, -um (2)	reich
corpus, -oris n. (10)	Leib, Körper
creare *(m. dopp. Akk.)* (16)	wählen zu; *als Vollverb:* erschaffen
credere, -o, credidi, creditum (8)	glauben, vertrauen
crescere, -o, crevi (cretum) (6)	wachsen, größer werden
crimini dare (18 C)	zum Vorwurf machen, vorwerfen
crudelis, -is, -e (9)	grausam
crudelitas, -atis f. (9)	Grausamkeit
crudeliter *(Adv.)* 14)	grausam
cubiculum, -i n. (15)	Schlafzimmer
culmen, -inis n. (18)	höchster Punkt, Gipfel
cum *(m. Abl.)* (1)	(zusammen) mit
cum *(m. Konj.)* (16)	als; weil; obwohl
cum *(m. Ind.)* (1; 5)	sooft, immer wenn, sobald; als (plötzlich)
cuncti, -ae, -a (1)	alle
cupere, -io, -ivi, -itum (4)	begehren, wünschen, wollen
cupiditas, -atis f. (15)	Gier, Begierde
cupidus, -a, -um (15)	gierig
cur (4)	warum
cura, -ae f. (6)	Kummer; Sorge; Fürsorge
curare (6)	sorgen (für); besorgen; sich kümmern um
curia, -ae f. (16)	Senatsgebäude
custodire, -io, -ivi, -itum (12)	bewachen, schützen
custos, custodis m. (12)	Wächter

D

Daedalus, -i m. (9)	Daidalos, Daedalus *(griechischer Künstler)*
damnare (18)	verurteilen
dare, do, dedi, datum (5)	geben

de *(m. Abl.)* (2)	von ... herab; in Bezug auf, über, um
dea, -ae f. (3)	Göttin
debēre, -eo, debui, debitum (6)	schulden, verdanken; *m. Inf.:* müssen, sollen
decedere, -o, -cessi, -cessum *(Z. 7)*	weggehen
decem (5)	zehn
decertare (20)	um die Entscheidung kämpfen
declarare (20)	klar aussprechen; verkünden
decus, -oris n. (15)	Schmuck, Zierde
dedere, -o, dedidi, deditum *(Z. 11)*	übergeben, ausliefern
deesse, desum, defui (6)	fehlen
defendere, -o, defendi, defensum (12)	verteidigen
defensor, -oris m. (12)	Verteidiger
deferre, -o, detuli, delatum *(Z. 17 /20)*	überbringen, melden; übertragen *(ein Amt)*
deficere, -io, -feci, -fectum *(Z. 16 /19)*	abtrünnig werden, fehlen
deicere, -io, deieci, deiectum (10)	herabwerfen
deinde (3)	sodann, darauf, dann
delectare (4)	*jmd.* erfreuen
delēre, -eo, delevi, -etum (18 C)	zerstören, vernichten
deligere, -o, delegi, delectum (10)	auswählen, erwählen
demittere, -o, -misi, -missum *(Z. 12)*	herabschicken; sinken lassen
demonstrare (16)	aufzeigen, beweisen, zeigen
denique (18 C)	zuletzt, schließlich
dens, dentis m. *(Z. 6)*	Zahn
deponere, -o, -posui, -positum (14)	ab-, niederlegen; hinterlegen
deportare (15)	wegbringen; verschleppen
deserere, -o, -ui, -tum (18 C)	im Stich lassen, verlassen
designare (5)	bezeichnen, festlegen, bestimmen
desinere, -o, desii, desitum *(m. Inf.)* (4)	aufhören *(etw. zu tun)*; ablassen *von etw.*
desistere, -o, destiti (15 / Z. 19)	aufhören; Abstand nehmen von etw.
desperare (10)	verzweifeln, die Hoffnung aufgeben
detegere, -o, -texi, -tectum (8)	aufdecken, entdecken
deus, -i m. (3)	Gott
devincere, -o, -vici, -victum *(Z. 11 /18)*	völlig besiegen
dexter, dext(e)ra, dext(e)rum (17)	rechts; günstig
dextra (manus) (17)	die rechte (Hand), die Rechte
di (12)	*statt* dei – Götter
dicendi causā (18)	um zu sprechen
dicere, -o, dixi, dictum (4)	sagen, sprechen
dicere *(m. dopp. Akk.) (Z. 15)*	bezeichnen als, nennen
dictare *(Z. 19)*	oft, nachdrücklich sagen
dictatura, -ae f. (20)	Diktatur
dies, diei **m.** (6)	Tag
difficilis, -is, -e (11)	schwierig (zu tun)
difficultas, -atis f. (11)	Schwierigkeit; schwierige Lage
diligenter *(Adv. zu* diligens*)* (7)	sorgfältig, aufmerksam
diligentissime *(Adv.) (Z. 17)*	am sorgfältigsten, sehr sorgfältig
diligentia, -ae f. (16)	Sorgfalt
diligere, -o, -lexi, -lectum (8)	lieben, schätzen
dimicare (20)	streiten, kämpfen
dimittere, -o, -misi, -missum (12)	entlassen, fortschicken
diripere, -io, -ripui, -reptum *(Z. 19)*	ausrauben, plündern

discedere, -o, -cessi, -cessum *(Z. 7)*	auseinander gehen, sich trennen
discere, -o, didici (4)	lernen
disciplina, -ae f. (11)	Unterricht; Kenntnis; Disziplin, Zucht
discordia, -ae f. (13)	Zwietracht, Uneinigkeit
disputare (12)	sprechen über, diskutieren
dissensio, -onis f. (20)	Streit, Meinungsverschiedenheit
dissentire, -io, -sensi, -sensum (20)	uneinig sein, streiten
dissidere, -eo, -sedi (20)	uneinig sein, sich streiten
diu (1)	lange, lange Zeit
diversus, -a, -um (6)	unterschiedlich, verschieden
dividere, -o, divisi, divisum (5)	teilen; verteilen; aufteilen
divus, -a, -um (2)	göttlich, vergöttlicht
Divus Iūlius (2)	der vergöttlichte Iulius Caesar
docēre, -eo, -ui, doctum (8)	lehren, belehren, aufklären
doctrina, -ae f. (15)	Gelehrsamkeit, Bildung
doctus, -a, -um (8)	gelehrt, gebildet
dolēre, -eo, dolui (10)	Schmerz empfinden, bedauern, leiden
dolor, -oris m. (10)	Schmerz, Leid
dolus, -i m. (6)	List
domare, -o, **-ui, -itum** (18 C)	zähmen, bezwingen, besiegen
domina, -ae f. (1)	(Haus)herrin
dominatio, -onis f. (12)	Herrschaft, Alleinherrschaft
dominatus, -us m. (20)	Herrschaft
dominus, -i m. (1)	Herr(scher); Hausherr
domum *(Akk. der Richtung)* (3)	nach Hause
domus, -us **f.** (13)	Haus
donare (4)	schenken
donum, -i n. (4)	Geschenk, Gabe
dormire, -io, -ivi *(Z. 17)*	schlafen
dubitare *(m. Inf.)* (3)	zögern, *etw. zu tun*
non dubito, quin *(m. Konj.)* (19)	nicht daran zweifeln, dass ...
dubium, -i n. (19)	Zweifel
dubius, -a, -um (19)	zweifelhaft, unklar
ducere, -o, duxi, ductum (11)	führen, leiten
ducere *(m. dopp. Akk.)* *(Z. 15)*	halten für
dum *(m. Ind. Präs.)* (17)	während
duo, duae, duo (5)	zwei
duodecim (5)	zwölf
durus, -a, -um (12)	hart, schlimm
dux, ducis m. (11)	Anführer, Feldherr

E

e, ex *(m. Abl.)* (8)	aus, heraus; in Folge von
ecce (1)	schau, sieh da
edere, -o, edidi, editum *(Z. 11)*	herausgeben
educare *(Z. 19)*	ausbilden, erziehen
efferre, -o, extuli, ēlātum (17)	heraustragen, -bringen; erheben, rühmen
efficere, -io, -feci, -fectum *(Z. 16)*	bewirken, zu Stande bringen
effugere, -o, -fugi (16)	entkommen, entrinnen

egere, -eo, egui *(m. abl. sep.)* (6)	nötig haben, bedürfen
ego (1)	ich
egredi, -ior, -gressus sum *(Z. 19)*	hinausgehen; überschreiten
eicere, -io, -ieci, -iectum *(Z. 13)*	herauswerfen, -schleudern
eligere, -o, -legi, -lectum *(Z. 15)*	(aus)wählen
eloquens, -entis (13)	redegewandt, beredt
eloquentia, -ae f. (15)	Beredsamkeit, Redekunst
emere, -o, emi, emptum (19)	nehmen; kaufen
emittere, -o, -misi, -missum *(Z. 12)*	heraus-, wegschicken
enim *(nachgestellt)* (4)	denn, nämlich
enumerare (2)	aufzählen
epistula, -ae f. *(Z. 17)*	Brief
equidem (19)	(ich) jedenfalls, (ich) wenigstens, allerdings
eripere, -io, -ripui, -reptum (15)	entreißen, rauben
errare (9)	irren; sich irren
error, -oris m. (9)	Irrtum, Fehler
esse, sum, fui (1)	sein
et (1)	und; auch
et … et (7)	sowohl … als auch
etiam (2)	auch; sogar
etsi (18 C)	auch wenn, wenn auch
Etruria, -ae f. (16)	Etrurien
Europa, -ae f. (8)	Europa
evadere, -o, -vasi, -vasum (20)	herausgehen, entkommen
evenire, -io, -veni, -ventum *(Z. 8; 9)*	herauskommen, entstehen, geschehen
evertere, -o, -verti, -versum (18 C)	umstürzen; zerstören
evocare *(Z. 3)*	herausrufen, hervorrufen; verlocken
excedere, -o, -cessi, -cessum *(Z. 7)*	herausgehen; überschreiten
exclamare (7)	ausrufen, schreien
excogitare (11)	erdenken, ausdenken
exemplum, -i n. (19)	Beispiel, Vorbild
exercere, -eo, -ui, -itum (15)	üben
exercitus, -us m. (16)	Heer
exilium, -i n. (15)	Verbannung
eximius, -a, -um (8)	herausragend, hervorragend
existimare (18)	glauben; meinen; halten für
existimare *(m. dopp. Akk.) (Z. 15)*	halten für
(ex)optare (11)	(dringend) wünschen
explicare (3)	erklären, erläutern
expellere, -o, -puli, -pulsum *(Z. 16)*	austreiben, vertreiben
exponere, -o, -posui, -positum *(Z. 8)*	aussetzen; ausstellen; erklären
expugnare *(Z. 4)*	erobern
exsistere, -o, exstiti (8)	hervorgehen; erscheinen
exspectare (1)	erwarten, warten auf
exstinguere, -o, -stinxi, -stinctum (13)	(aus)löschen; vernichten
exsultare (13)	aufspringen; frohlocken, sich freuen über
exterus, -a, -um (11)	auswärtig
extremus, -a, -um (14)	der äußerste, letzte
exul, exulis (15)	verbannt; Verbannter

F

fabula, -ae f. (8)	Geschichte, Fabel
facere, -io, feci, factum (8)	tun, handeln, machen; herstellen
facere *(m. dopp. Akk.) (Z. 15)*	machen zu
facile *(Adv. zu facilis)* (8)	leicht; ohne weiteres
facilis, -is, -e (Z. 12)	leicht
facinus, -oris n. (4)	Tat, Untat, Vergehen
factio, -onis f. (Z. 16)	Partei
facultas, -atis f. (Z. 17)	Fähigkeit; Möglichkeit
fallere, -o, fefelli, deceptum (14)	täuschen, hintergehen
fallit me *(m. AcI)* (14)	es entgeht mir
falsus, -a, -um (19)	falsch
fama, -ae f. (20)	Gerede; Gerücht; Ruf; Ruhm
fames, -is f. (10)	Hunger
familia, ae f. (1)	Familie
fascis, -is m. (Z. 6)	Rutenbündel
fatalis, -is, -e (10)	verhängnisvoll, schicksalhaft
fatēri, -eor, fassus sum (Z. 19)	bekennen, gestehen, sagen
fatigare (2)	*jmd.* ermüden
fatum, -i n. (10)	Götterspruch; Schicksal; Verhängnis
febris, -is f. (Z. 9)	Fieber
felix, -icis (10)	glücklich, erfolgreich
femina, -ae f. (6)	Frau
fere *(nachgestellt)* (10)	fast; ungefähr
ferox, -ocis (Z. 12 /14)	wild, trotzig
ferre, fero, tuli, latum (13; 17)	tragen, bringen; ertragen; berichten
ferri (17)	*auch:* eilen; sich hinreißen lassen
fertilis, -is, -e (15)	fruchtbar
ferus, -a, -um (2)	wild; grausam
fidelis, -is, -e (15)	treu, zuverlässig
fides, -ei f. (15)	Treue, Zuverlässigkeit
fidus, -a, -um (4)	zuverlässig, treu
fieri, fio, factus, -a, -um sum (20)	(gemacht) werden, geschehen, entstehen
filia, -ae f. (1)	Tochter
filius, -i m. (1)	Sohn
finire, -io, finivi, finitum (3; 10)	beenden; begrenzen
finis, -is m. (6)	Grenze, Ende; Zweck, Ziel
fines, -ium m. (6)	Grenzen; Gebiet
finitimus, -a, -um (4)	benachbart; *substantivisch:* Nachbar
firmare (2)	stärken; befestigen, sichern
firmus, -a, -um (18 C; 19)	stark, fest
fluvius, -i m. (2)	Fluss
fons, fontis, m. (Z. 6)	Quelle
forma, -ae f. (8)	Form, Gestalt; Schönheit
fortasse (4)	vielleicht
fortis, -is,- e *(Adv.:* fortiter) (Z. 14 /17)	tapfer, tüchtig
fortuna, -ae f. (4)	Schicksal; Zufall; Glück
forum, -i n. (3)	Marktplatz
fossa, -ae f. (5)	Graben
frangere, -o, fregi, fractum (14)	brechen, zerbrechen

frater, fratris m. (5)	Bruder
frui, -or, usus sum *(m. Abl.) (Z. 19)*	nutzen, genießen
frumentum, -i n. (2)	Getreide
frustra (8)	vergeblich
fuga, -ae f. (14)	Flucht; Verbannung
fuga salutem petere (14)	sein Heil in der Flucht suchen
fugare (11)	vertreiben, verjagen
fugere, -io, fugi (4)	fliehen, die Flucht ergreifen
fundamentum, -i n. (5)	Grundlage; Grund(mauer)
fundere, -o, fudi, fusum (8)	gießen; vergießen
funestus, -a, -um (20)	verhängnisvoll, unheilvoll
fungi, -or, functus sum *(m. Abl.) (Z. 19)*	verrichten, verwalten
funus, -eris n. (20)	Bestattung, Leichenbegängnis
furibundus, -a, -um (16)	rasend (vor Zorn)
furor, -oris m. (10)	Raserei, Wahnsinn
futurus, -a, -um (16)	(zu)künftig
futurum *etc.* esse / fore (16)	*Infinitiv Futur von* esse: sein werden

G

Gallia, -ae f. (2)	Gallien
gaudēre, -eo, gavisus sum (2)	sich freuen
gaudium, -i n. (6)	Freude, Vergnügen
gemere, -o, gemui, gemitum (8)	stöhnen, seufzen
gener, -i m. (7)	Schwiegersohn
gens, gentis f. (8)	Volk; Geschlecht; Familie
genus, -eris n. *(Z. 15 /16)*	Art, Gattung; Geschlecht, Abstammung
gerere, -o, gessi, gestum (6)	ausführen, verrichten; tragen
Germani, -orum m. (2)	die Germanen
Germania, -ae f. (2)	Germanien
gladiator, -oris m. *(Z. 12)*	Gladiator
gladius, -i m. (5)	Schwert
gloria, -ae f. (16)	Ruhm, Anerkennung
gradi, -ior, grassus sum *(Z. 19)*	gehen, schreiten
Graecus, -a, -um (1)	griechisch
Graecus, -i m. (1)	Grieche
gratia, -ae f. (8)	Gefallen; Dank; Beliebtheit
gratus, -a, -um (8)	angenehm, willkommen; dankbar
gravis, -is, -e (13)	schwer(wiegend), schlimm, ernst
grex, gregis m. (8)	Herde

H

habēre *(m. dopp. Akk.)* (16)	halten für; *Passiv:* gelten als
habēre, -eo, habui, habitum (1)	haben, besitzen; halten
habitare (2)	wohnen; bewohnen
hic, haec, hoc (10)	dieser, diese, dieses
hic *(Adv.)* (2)	hier
Hispania, -ae f. (2)	Hispanien, Spanien
Homerus, -i m. (17)	Homer

homo, hominis m. (16)	Mensch
homo novus, hominis novi m. (16)	Aufsteiger, Emporkömmling
honestus, -a, -um (15)	ehrenvoll; geehrt; ehrenhaft
honor (/s), -oris m. (14)	Ehre, Ehrung; Ehrenamt
honoribus afficere (14)	Ehrungen zukommen lassen
hora, -ae f. (3)	Stunde
hortari *(dep.)* (19)	ermuntern, auffordern
hospes, hospitis m. (6)	Gast, Gastfreund
hospitium, -i n. (7)	Gastrecht, Gastfreundschaft
hostis, -is m. (7)	(äußerer) Feind; Staatsfeind
humanus, -a, -um (16)	menschlich; gebildet
humi *(Lokativ)* (13)	am Boden
humilis, -is, -e (Z. 12)	niedrig, unbedeutend
humus, -i **f.** (13)	(Erd)boden

I

iacēre,- eo, -ui (13)	liegen
iacere, -io, ieci, iactum (13)	werfen, schleudern
iactare *(Z. 19)*	(heftig) werfen, schleudern
iam (1)	schon
ibi (1)	dort
id studēre, ut *(m. Konj.)* (14)	sich darum bemühen, dass ...
idem, eadem, idem (18)	der-, die-, dasselbe
igitur *(nachgestellt)* (6)	also, daher
ignis, -is m. (10)	Feuer
ignorare (1)	nicht wissen, nicht kennen
ignoscere, -o, -novi, -notum (12)	verzeihen
ignotus, -a, -um (1)	unbekannt
ille, illa, illu**d** (10)	jener, jene, jenes
illustrāre (20)	erleuchten, erhellen; ans Licht bringen
illustris, -is, -e (20)	klar, hell; berühmt
imitari (19)	nachahmen, nacheifern
immittere, -o, -misi, -missum *(Z. 12)*	hineinschicken
immo vero (18)	im Gegenteil
immolare (10)	opfern
immortalis, -is, -e (18)	unsterblich
impedimentum, -i n. (11)	Hindernis; (schweres) Gepäck
impedire, -io, -ivi, -itum (11)	hindern; behindern
impellere, -o, -puli, -pulsum (18)	anstoßen; niederwerfen; antreiben
imperare (1)	befehlen; herrschen über
imperator, -oris m. (11)	Feldherr; Kaiser
imperium, -i n. (2)	Befehl(sgewalt); Herrschaft; Reich
impetus, -us m. (14)	Ansturm, Andrang, Angriff
impius, -a, -um (7)	unfromm, ruchlos, gottlos
implēre, -eo, -plevi, -pletum (6)	anfüllen, erfüllen
imponere, -o, -posui, -positum (Z. 8 / 10)	hineinlegen; auferlegen
importare (2)	hineintragen, einführen
imprimis (18)	besonders
in *(m. Abl.)* (1)	in, an, auf
in *(m. Akk.)* (1; 20)	zu, in ... (hinein); *bei Personen:* gegen(über)

incendere, -o, -cendi, -censum (8)	anzünden, entflammen
incendium, -i n. (14)	Brand(stiftung), Feuer
incidere, -o, -cidi *(Z. 11)*	hineinfallen; geraten in *etw.*
incipere, -io, **coepi**, inceptum (8)	anfangen, beginnen
incola, -ae **m.** (6)	Einwohner, Bewohner
incolumis, -is, -e (10)	wohlbehalten, gesund
inconstans, -antis (18 C)	unbeständig, wankelmütig
incredibilis, -is, -e (9)	unglaublich
incusare (17)	beschuldigen, anklagen
indagare (19)	forschen, untersuchen
inesse (20)	enthalten sein, innewohnen
infelix, icis (10)	unglücklich
inferre, -o, -tuli, -latum *(Z. 17)*	hineinbringen, -tragen
inficere, -io, -feci, -fectum *(Z. 16)*	färben; vergiften
infirmus, -a, -um (18 C)	schwach, wankelmütig
ingens, ingentis (7)	ungeheuer, gewaltig
inicere, -io, -ieci, -iectum *(Z. 13)*	hineinwerfen; einflössen
inimicitiae, -arum f. (20)	Feindschaft
inimicus, -a, -um / -i m. (18)	verfeindet; *(persönlicher)* Feind
inire, -eo, -ii, -itum (3)	hineingehen; anfangen, beginnen
initium, -i n. (2)	Anfang, Beginn
iniuria, -ae f. (14)	Gewalttat; Unrecht
iniustus, -a, -um (14)	ungerecht
inquit *(eingeschoben in eine direkte Rede)* (3)	sagt(e) er, sie, es
insidiae, -arum f. (16)	Hinterhalt; Anschlag; Falle
insidias parare (16)	einen Anschlag vorbereiten
instare, -o, -stiti (7)	drohen, bevorstehen
instruere, -o, -struxi, -structum (7)	aufstellen; ausrüsten; unterweisen
insula, -ae f. (2)	Insel
intellegere, -o, -lexi, -lectum (6)	einsehen, erkennen, verstehen
inter *(m. Akk.)* (7)	zwischen, unter
intercedere, -o, -cessi, -cessum *(Z.7 /19)*	dazwischen treten; Einspruch erheben
interdum (4)	manchmal, bisweilen
interea (14)	inzwischen, unterdessen
interficere, -io, -feci, -fectum (16)	töten
interitus, -us m. (12)	Untergang, Verderben
intermittere, -o, -misi, -missum (11)	unterbrechen
interrogare (14)	fragen, befragen
intrare (10)	betreten, eintreten
invadere, -o, -vasi, -vasum (20)	eindringen; befallen
invenire, -io, -veni, -ventum *(Z. 8 /10)*	auf etwas stoßen, finden; erfinden
invidēre, -eo, -vidi, -visum *(m. Dat.)* (5)	jemanden beneiden, missgünstig sein
invidia, -ae f. (5)	Neid, Missgunst
invitare (6 / Z. 18)	einladen
invitus, -a, -um (11 / Z. 18)	unfreiwillig, unwillig, gegen den Willen
ipse, ipsa, ipsum (20)	selbst, persönlich
ira, -ae f. (6)	Zorn, Wut
iracundia, -ae f. (17)	Zorn, Jähzorn
irasci, -or, **suscensui** *(Z. 19)*	zornig werden, zürnen
iratus, -a, -um (5)	erzürnt, zornig
ire, eo, ii, itum (3)	gehen

irridēre, -eo, -risi, -risum (5)	verlachen, verspotten
is, ea, id (8)	er, sie, es; dieser, diese, dieses
iste, -a, istud (12)	dieser (da)
ita (2)	so, auf diese Weise
Italia, -ae f. (2)	Italien
itaque (1)	daher, deshalb; und so
iterum atque iterum (2)	immer wieder
iterum (2)	wiederum, zum zweiten Mal
iubēre, -eo, iussi, iussum (6)	befehlen, auffordern
iucundus, -a, -um (4)	angenehm, erfreulich
iudex, -icis m. (15)	Richter
iudicare (5)	Recht sprechen, urteilen, entscheiden
iudicare *(m. dopp. Akk.) (Z. 15)*	erklären zu, halten für
iudicium, -i n. (18)	Rechtsspruch, Urteil; Gericht, Prozess
iungere, -o, iunxi, iunctum (10)	verbinden, vereinigen
Iuno, -onis f. (8)	Iuno
Iuppiter, Iovis m. (8)	Iuppiter
iure (8)	zu Recht, mit Recht
ius, iuris n. (7)	Recht
ius tribunicium, iuris tribunicii n. (20)	die Befugnis eines Volkstribunen
iussu (17)	auf Befehl
iussum, -i n. (11)	Befehl
iuste (9)	gerecht, auf gerechte Weise
iustitia, -ae f. (9)	Gerechtigkeit
iustus, -a, -um (9)	gerecht; triftig; richtig
iuvenis, -is m. (6)	Jüngling, junger Mann
iuventus, -utis f. (15)	Jugend

L

labefactare (20)	ins Wanken bringen
labi, labor, lapsus sum (20)	fallen, gleiten, wanken
labor, -oris m. (11)	Arbeit; Mühe
laborare (1)	arbeiten; leiden *(an etw.)*
labyrinthus, -i m. (9)	das Labyrinth
lacrima, -ae f. (8)	Träne
laedere, -o, laesi, laesum (3)	verletzen, beschädigen
laetus, -a, -um (3)	froh, fröhlich
largiri, -ior, largitus sum *(Z. 19)*	schenken, spenden
Latine (19)	lateinisch
latro, -onis m. (15)	Räuber
laudare (8)	loben, gutheißen
laus, laudis f. (17)	Lob, Anerkennung, Ruhm
legatus, -i m. *(Z. 19)*	Gesandter; General
legere, -o, legi, lectum (15)	lesen; sammeln
legio, -onis f. *(Z. 18 /20)*	Legion
lenire, -io, -ivi, -itum (17)	besänftigen, mildern
leniter *(Adv. zu lenis)* (11)	sanft, mild
Lepidus, -i m. (20)	Lepidus *(Caesarianer und Triumvir)*
lex, legis f. (6)	Gesetz
libellus, -i m. (15)	Büchlein, kleine Schrift

libenter (1)	gerne, bereitwillig
liber, -a, -um (10)	frei
liberare (6)	befreien
liberi, -orum m. (4)	Kinder
libertas, -atis f. (13)	Freiheit
licet *(m. Inf.)* (5)	es ist erlaubt
lictor, -oris m. (17)	Liktor; Amtsdiener
litigare (13)	streiten, zanken
litus, -oris n. (8)	Strand, Küste
loca, -orum n. (15)	Gegend
locus, -i m. (15)	Ort, Platz, Stelle; Gelegenheit
loco equestri natus (15)	dem Ritterstand entstammend
locus equestris (15)	Ritterstand
longe *(Adv. zu longus)* (12)	weit, bei weitem
longus, -a, -um (12)	lang, ausgedehnt
loqui, -or, locutus sum (19)	reden, sprechen
Lucullus, -i m. (11)	Lucullus *(Politiker des 1. Jahrh. v. Chr.)*
ludus, -i m. (6)	Spiel
ludere, -o, lusi, lusum (8)	spielen; scherzen
lumen, -inis n. (18)	Licht
lux, lucis f. (18)	Licht

M

magis *(Adv.)* (15)	mehr
magister, -tri m. (1)	Lehrer
magistratus, -ūs m. (15)	Beamter; Amt, Behörde
magnificus, -a, -um (3)	großartig, prächtig
magnus, -a, -um (2)	groß; bedeutend
maior, maius *(Z. 16)*	größer
maiores, -um m. (19)	Vorfahren
maledicere, -o, -dixi, -dictum *(m. Dat.)* (18)	beschimpfen, schlecht reden über
malum, -i n. (18)	Übel
malum dare (11)	Schläge geben
malus, -a, -um (11)	schlecht, schlimm, übel
manēre, -eo, mansi, mansum (4; 8)	bleiben
manus, -us **f.** (17)	Hand; Schar
Marcus Antonius (13)	Mark Anton *(Gegner des Octavian)*
Marcus Tullius, -i m. (1)	Marcus Tullius *(Sohn des berühmten Cicero)*
mare, -is n. (8)	Meer
maritus, -i m. (7)	Ehemann
Massilia, -ae f. (15)	Massilia *(heute Marseille)*
māter, -tris f. (8)	Mutter
maximus, -a, -um (2)	der größte; sehr groß
me (1)	mich
melior, melius *(Z. 16)*	besser
memorare (10)	erinnern, erwähnen
memoria, -ae f. (14)	Erinnerung; Gedächtnis
mens, mentis f. (8)	Sinn, Verstand, Gemüt, innere Haltung
mensis, -is m. (7)	Monat
merēre, -eo, -ui, -itum (18)	verdienen, erwerben, gewinnen

merēri de (18)	sich um etwas verdient machen
metuere, -o, metui *(Z. 18)*	fürchten; *m. Dat.:* fürchten *um*
meus, -a, -um (1)	mein
mihi (1)	mir; für mich
mihi in animo est *(m. Inf.)* (3)	ich habe im Sinn, ich beabsichtige *(zu tun)*
miles, -itis m. (11)	Soldat
minime (4)	am wenigsten, keineswegs
minor, minus; minimus, -a, -um *(Z. 16)*	*Komparativ und Superlativ von* parvus, -a, -um
Minos, -ois m. (9)	Minos *(König von Kreta)*
Minotaurus, -i m. (9)	Minotaurus *(Mischwesen aus Mensch und Stier)*
minus (16)	weniger
mirari *(Z. 19)*	sich wundern; bewundern
mirus, -a, -um (3)	seltsam, wunderlich; wunderbar
miser, -a, -um (4)	elend, unglücklich
miserēri, -eor, miseritus sum *(Z. 19)*	bemitleiden, sich erbarmen
miseria, -ae f. (18)	Elend, Unglück
misericordia, -ae f. (4)	Mitleid, Barmherzigkeit
mittere, -o, misi, missum (4)	schicken
moderatio, -onis f. (20)	Zurückhaltung, Beherrschung
modestia, -ae f. (20)	Bescheidenheit, Zurückhaltung, Mäßigung
modestus, -a, -um (20)	bescheiden, maßvoll zurückhaltend
modo *(nachgestellt)* (10)	eben, so eben, erst; nur
modus, -i m. (8)	Maß; Art und Weise
molestia, -ae f. (11)	Last, Belästigung; Ärger
moliri, -ior, -itus sum *(Z. 19)*	ins Werk setzen, unternehmen, planen
mollis, -is, -e (16)	schlaff, weich(lich), lasch
monēre, -eo, -ui, -itum (1)	mahnen, ermahnen
mons, montis m. (8)	Berg
monstrare (2)	zeigen
monstrum, -i n. (9)	Ungeheuer
monumentum, -i n. (3)	Denkmal, Monument
morari *(Z. 19)*	sich aufhalten
morbus, -i m. (10)	Krankheit
mori, -ior, mortuus sum *(Z. 19 / 20)*	sterben
mors, mortis f. (5)	Tod
mortuus, -a, -um (18)	tot
mos, moris m. (6)	Sitte, Brauch
movēre, -eo, movi, motum (8)	bewegen, erregen
mulier, -eris f. (12)	Weib, Frau
multi, -ae, -a (1)	viele
multis annis ante (11)	viele Jahre zuvor
mundus, -i m. (1)	Welt
munus, -eris n. (20)	Amt, Würde; Geschenk
murus, -i m. (5)	Mauer
mutare (8)	tauschen, verwandeln, ändern

N

nam (1)	denn
narrare (3)	erzählen, berichten
narratio, -onis f. (8)	Erzählung

nasci, -or, natus sum *(Z. 19)*	geboren werden
natio, -onis f. (9)	Nation, Volk, Stamm
natus, -a, -um (7)	geboren; *substant.*: Kind
navem appellere (20)	anlegen, landen
navigare (10)	segeln, zur See fahren
navis, -is f. (10)	Schiff
-ne *(angehängt, bei neutralen Fragen)* (12)	*wird nicht übersetzt*
nē *(m. Konj.)* (14)	dass nicht, damit nicht
nē *(zur Einleitung eines Wunschsatzes)* (12)	nicht, dass doch nicht
nē *(m. Konj. Perf.)*	*verneinter Imperativ*
nē ... quidem (15)	nicht einmal
necare (4)	töten
necessarius, -a, -um (8)	nötig, notwendig
necesse est *(m. AcI)* (8)	es ist nötig, es ist unausweichlich
nefarius, -a, -um (10)	frevelhaft, verbrecherisch, gottlos, ruchlos
nefas *(indekl.)* (15)	Vergehen, Frevel *(gegen die Götter)*
negare (5)	ablehnen, verweigern
negare *(m. AcI)* (9)	sagen, dass nicht; abstreiten, leugnen
neglegere, -o, -lexi, -lectum (8)	nicht beachten, vernachlässigen
negotium, -i n. *(Z. 19)*	Tätigkeit, Aufgabe; Geschäft
nemo (8)	niemand
neque, nec (5)	und nicht, auch nicht, aber nicht
neque ... neque (1)	weder ... noch
neuter, -tra, -trum *(Gen.: neutīus)* *(Z. 12)*	keiner (von beiden)
nihil (8)	nichts
nimis (9)	zu, allzu, zu sehr
nisi (13)	wenn ... nicht
nobili loco (16)	von vornehmer Herkunft
nobilis, -is, -e *(Z. 12 /16)*	adlig, edel, berühmt
nobiscum (3)	mit uns
nocēre, -eo, -ui, -itum (8)	schaden, schädigen
noli desperare, nolite desperare (10)	*verneinte Imperative (Sg. u. Pl.)*
nomen, -inis n. (5)	Name; Begriff
nominare (8)	nennen, bezeichnen
nominare *(m. dopp. Akk.)* *(Z. 15)*	nennen, bezeichnen als
non (1)	nicht
non iam (8)	nicht mehr
non solum ..., sed (verum) etiam (4)	nicht nur ..., sondern auch
nondum (10)	noch nicht
nonne (3)	denn nicht, etwa nicht
nonnulli, -ae, -a (3)	einige
nonnumquam (4)	manchmal
nos (1)	wir; uns
noscere, -o, novi, notum (17)	kennen lernen; *Perf.:* kennen, wissen
noster, -tra, -trum (2)	unser
notus, -a, -um (6)	bekannt
novus, -a, -um (5)	neu; nie dagewesen, unerhört
nullus, -a, -um *(Gen.: nullius)* (8)	niemand, kein
nullo modo (10)	auf keine Weise
num (3)	etwa
numquam (4)	niemals

nunc (1)	jetzt
nuntiare *(Z. 14)*	verkünden, melden

O

obicere, -io, -ieci, -iectum *(Z. 13)*	entgegenwerfen; vorwerfen
oblivisci, -or, oblitus sum *(m. Gen.)* (19)	*etw.* vergessen
obscurus, -a, -um (9)	dunkel, unverständlich, undeutlich
obsequium, -i n. (13)	Gehorsam
observare (5)	beobachten; beachten
obsistere, -o, -stiti (14)	entgegentreten, Widerstand leisten
obtemperare (18)	gehorchen, willfährig sein
obtinēre, -eo, -tinui, -tentum (14)	innehaben, besitzen, behaupten
occasio, -onis f. (17)	Gelegenheit
occidere, -o, óccidi *(Z. 11)*	untergehen
occīdere, -o, occīdi, occīsum (10)	niederhauen, töten
occultare (10)	verbergen, verstecken
occupare (10)	besetzen; ergreifen; in Anspruch nehmen
Octavius, -i m. (20)	Oktavian *(der spätere Kaiser Augustus)*
odium, -i n. (8; 15)	Hass; Abneigung, Unzufriedenheit
odisse (18)	hassen
offendere, -o, offendi, offensum (20)	anstoßen; kränken, beleidigen
offerre, -o, obtuli, oblatum (17)	entgegenbringen; anbieten
officia praestare (18)	die Pflichten erfüllen
officium, -i n. (11)	Pflicht; Dienstleistung
Olympus, -i m. (8)	der Olymp *(Berg in Griechenland)*
omnes boni (20)	alle Guten *(Optimaten und ihre Anhänger)*
omnis, -is, -e (8)	jeder, ganz; *Plur.*: alle
opinio, -onis f. (16)	Meinung, Ansicht
oportet *(m. AcI)* (8)	es ist nötig, notwendig *(dass ...)*
oppidum, -i n. (4)	Stadt
opponere, -o, -posui, -positum *(Z. 8)*	entgegenstellen
oppugnare (2)	bestürmen; belagern; bekämpfen
optare (11)	wünschen
optimus, -a, -um *(Z. 16)*	der beste
ora, -ae f. (8)	Küste
oraculum, -i n. (8)	Götterspruch; Orakel
orare (10)	bitten, flehen; beten
oratio, -onis f. (10)	Rede
orator, -oris m. (12)	Redner
orbis, -is m. *(Z. 6)*	Kreis(lauf)
orbis terrarum (11)	Erdkreis, Erde, Welt
ordine *(Abl. modi)* (9)	der Reihe nach
ordo, -inis m. (9)	Reihe, Ordnung; (gesellschaftlicher) Stand
oriri, -ior, ortus sum *(Z. 19 /20)*	aufgehen; entstehen
ornamentum, -i n. (15)	Schmuck(stück), Zierde
ornare (15)	schmücken, ausstatten
ortus, -a, -um *(Z. 15)*	abstammend von, entstanden
ostendere, -o, ostendi, ostentum (7)	entgegen strecken, zeigen
otium, -i n. (13)	freie Zeit, Muße

P

P. Clodius, -i m. (18)	P. Clodius *(Volkstribun 59/58 v. Chr.)*
paedagogus, -i m. (1)	„Pädagoge"
paeninsula, -ae f. (2)	Halbinsel
paenitet, -uit (18)	es reut
Palatium, -i n. (3)	der Palatin *(einer der sieben Hügel Roms)*
parare (6)	etw. (vor)bereiten, beschaffen, erwerben
parare *(m. Inf.)* (11)	sich vorbereiten, im Begriff sein *(etw. zu tun)*
paratus, -a, -um sum (11)	ich bin (vor)bereit(et) *(etw. zu tun)*
parcere, -o, peperci *(m. Dat.) (Z. 18/ 19)*	schonen; sparen
parentes, -um m. (14)	Eltern
parēre, -eo, parui (1)	gehorchen
parere, -io, peperi, partum (20)	erzeugen, hervorbringen; sich verschaffen
pars, partis f. (18)	Teil; Seite; Richtung
partes, -ium f. (18)	Partei
parvus, -a, -um (4)	klein, gering
pascere, -o, pavi, pastum (8)	weiden, hüten
pastor, -oris m. (8)	Hirte
pater, patris m. (7)	Vater
pati, -ior, passus sum (19)	erleiden, erdulden; zulassen
patientia, -ae f. (19)	Geduld; Duldsamkeit
patres conscripti m. (18 C; 19)	Väter, Senatoren
patria, -ae f. (2)	Heimat, Vaterland
patronus, -i m. (15)	Schutzherr, Patron; Anwalt
pauci, -ae, -a (11)	wenige
paulatim (6)	allmählich
paulum *(Adv.)* (4)	wenig, ein wenig, etwas
pax, pacis f. (10)	Frieden
peccare (4)	einen Fehler begehen; sündigen
peccatum, -i n. (18)	Fehler, Vergehen
peior, peius *(Z. 16)*	schlechter
pellere, -o, pepuli, pulsum (18)	schlagen, stoßen; (ver)treiben
penuria, -ae f. (6)	Not, Mangel *(an etw.)*
per *(m. Akk.)* (8)	durch ... hindurch; über ... hin
perantiquus, -a, -um (3)	sehr alt, uralt
perdere, -o, -didi, -ditum (11)	vernichten, verderben; vergeuden
perferre, -o, -tuli, -latum (17)	ertragen, erdulden
perficere, -io, -feci, -fectum *(Z. 16)*	vollenden
pergere, -o, perrexi, -rectum (7)	fortfahren, weitermachen
periculosus, -a, -um (2)	gefährlich
periculum, -i n. (2)	Gefahr
perire, -eo, -ii *(Z. 13)*	zu Grunde gehen, sterben
permittere, -o, -misi, -missum *(Z. 12 u. 19)*	erlauben, gestatten
permovēre, -eo, -movi, -motum (7)	heftig bewegen; stark beeindrucken
pernicies, -ei f. (5)	Verderben, Untergang
perniciosus, -a, -um (6)	Verderben bringend, unheilvoll
persuadēre, -eo, -suasi, -suasum *(m. Dat.)* (17)	*m. ut:* überreden; *m. AcI:* überzeugen
perterrēre, -eo, -terrui, -territum (15)	(heftig) erschrecken
perturbare (17)	(völlig) verwirren, durcheinander bringen
pervenire, -io, -veni, -ventum (8)	erreichen, hinkommen, gelangen zu
pessimus, -a, -um *(Z. 16)*	der schlechteste

petere, -o, -ivi, -itum (8)	anstreben, zu erreichen suchen; bitten
peto ab eo auxilium (10)	ich bitte ihn um Hilfe
Pharsalus, -i f. (20)	Pharsalos *(Stadt in Thessalien, Griechenland)*
philosophus, -i m. (1)	Philosoph
pietas, -atis f. (7)	Frömmigkeit; Pflichtbewusstsein
piger, pigra, pigrum (11)	faul, träge
piget me *(Z. 18)*	es bereitet mir Verdruss
pius, -a, -um (7)	fromm, pflichtbewusst
pila ludere (8)	Ball spielen
piscis, -is m. *(Z. 6)*	Fisch
placare (13)	besänftigen; glätten
placēre, -eo, -ui, -itum (17)	gefallen
placet mihi (17)	es gefällt mir, ich beschließe
placidus, -a, -um (8)	sanft, friedlich
plane *(Adv.)* (18)	deutlich, klar
planius *(Adv.)* (14)	klarer, deutlicher
plebs, plebis f. (14)	(niederes) Volk
plebs urbana (14)	Stadtvolk
plerique, pleraeque, pleraque (6)	die meisten
plerumque (6)	meistens
plures, -a *(Gen.: plurium)* *(Z. 16 /18)*	mehrere
plurimi, -ae, -a *(Z. 16 /18)*	die meisten
poena, -ae f. (10)	Strafe, Bestrafung
Poeni, -ōrum m. (2)	die Punier, Karthager
pollicēri, -eor, pollicitus sum *(Z. 19)*	versprechen
Polydorus, -i m. (1)	Polydorus *(griechischer Eigenname)*
Pompeius, -i m. (11)	Pompeius *(römischer Politiker u. Feldherr)*
ponere, -o, posui, positum (9)	stellen, legen, setzen
pons, pontis m. *(Z. 6)*	Brücke
populares, -ium m. (18)	die Popularen *(„Volkspartei" in Rom)*
populus, -i m. (1)	Volk
porro (11)	weiter(hin), ferner
portare (2)	tragen, bringen
posse, possum, potui (2)	können
possidēre, -eo, possedi, possessum *(Z. 4)*	besitzen
post *(m. Akk.)* (5)	nach; hinter
post *(Adv.)* (7)	später
postea (4)	nachher, später
posterior, -ius *(Z. 16)*	der folgende
posterus, -a, -um *(Z. 16)*	(nach)folgend
postquam *(m. Ind. Perf.)* (5)	nachdem *(im D. mit Plusquamperfekt)*
postremo / postremum *(Adv.)* (13)	endlich, zuletzt, schließlich
postremus, -a, -um *(Z. 16)*	der letzte
postulare (7)	fordern, verlangen
potestas, -atis f. (13)	Macht *(kraft eines Amtes)*, Amtsgewalt
potiri, -ior, -itus sum *(m. Abl.)* *(Z. 19)*	sich bemächtigen
potius (12)	eher, lieber
praebēre, -eo,-ui,-itum (11)	gewähren, schenken, geben
se praebēre *(Z. 15)*	sich erweisen (als)
praecedere, -o, -cessi, -cessum (19)	vorangehen; übertreffen *(m. Akk.)*
praeceps, -cipitis (20)	kopfüber; blindlings, Hals über Kopf

praeclarus, -a, -um (15)	ausgezeichnet; hell; berühmt
praeda, -ae f. (15)	Beute
praedo, -onis m. / praedātor, -ōris m. (15)	Räuber, Plünderer
praedicere, -o, -dixi, -dictum (20)	vorhersagen
praeferre, -fero, -tuli, -latum (13)	vorziehen; vorantragen
praeficere, -io, -feci, -fectum (Z. 14 u. 16)	an die Spitze stellen
praemittere, -o, -misi, -missum (Z. 12)	vorausschicken
praesidium, -i n. (Z. 18 /19)	Wache, Schutztruppe, Schutz
praestare *(m. Akk.)* (18)	erfüllen; verleihen, gewähren
praestare, -o, -stiti *(m. Dat.)* (20)	übertreffen
se praestare (Z. 15)	sich erweisen (als)
praeterea (8)	außerdem, abgesehen von
praeterire, -eo, -ii, -itum (14)	vorübergehen, vorbeigehen; vergehen
praetermittere, -o, -misi, -missum (Z. 19)	vorübergehen lassen, sich entgehen lassen
praevenire, -io, -veni, -ventum (Z. 8)	zuvorkommen
prehendere, -o, prehendi, prehensum (17)	fassen, ergreifen
primo, primum *(Adv.)* (3)	zunächst, zuerst
primus, -a, -um (2)	der erste
princeps, -cipis m. (20)	der Erste; der Prinzeps (= Kaiser)
principium, -i n. (4)	Beginn, Ursprung, Anfang
pristinus, -a, -um (13)	alt, ehemalig
priusquam (4)	bevor, ehe
privare (20)	rauben, berauben
privatus, -i m. (20)	Privatmann
pro *(m. Abl.)* (13)	für, anstatt von; vor; im Verhältnis zu
probare (18)	prüfen; billigen, gutheißen
probus, -a, -um (18)	erprobt, gut, tüchtig, anständig
procedere, -o, -cessi, -cessum (Z. 7 /11)	Fortschritte machen, vorankommen
prodere, -o, prōdidi, -ditum (Z. 11)	verraten
prodesse, prosum, profui (Z. 19)	nützen
proelium, -i n. (2)	Kampf, Schlacht
profecto (3)	in der Tat, wirklich
proficisci, -or, profectus sum (19)	aufbrechen; reisen; losmarschieren
profugere, -io, -fugi (20)	flüchten, das Weite suchen
progredi, -ior, -gressus sum (Z. 19)	fortschreiten; vorrücken
prohibēre, -eo, -hibui, -hibitum (14)	*mit ne + Konj.:* hindern daran, **dass**
proinde (1)	daher, deshalb
promittere, -o, -misi, -missum (Z. 12)	versprechen
properare (1)	eilen; *m. Inf.:* sich beeilen
propior, propius (Z. 16)	näher liegend, näher gelegen
proponere, -o, -posui, -positum (Z. 8)	vor Augen, in Aussicht stellen; vornehmen
propraetor, -oris m. (15)	Proprätor *(Statthalter einer Provinz)*
propter *(m. Akk.)* (14)	wegen
proripere, -io, -ripui, -reptum (16)	hervor-, fortreißen
prosper, -a, -um (9)	glücklich, gedeihlich, günstig
prospicere, -io, -spexi, -spectum (Z. 18)	*m. Dat.:* sorgen für; *m. Akk.:* voraussehen
providēre *(Z. 18)*	*m. Dat.:* sorgen für; *m. Akk.:* voraussehen
provincia, -ae f. (2)	Provinz
provolare (7)	hervorstürzen
proximus, -a, -um (Z. 16 /18)	der nächste, letzte
prudens, -entis (9)	klug, vorausschauend

prudentia, -ae f. (6)	Klugheit
pudet me *(Z. 18)*	ich schäme mich
puella, -ae f. (8)	Mädchen
puer, -i m. (1)	Junge
pugna, -ae f. (11)	Schlacht, Kampf
pugna Actiaca (14)	Schlacht bei Aktium
pugna navalis (20)	Seeschlacht
pugnare (11)	kämpfen
pulcher, -chra, -chrum (3)	schön
pulchritudo, -inis f. (8)	Schönheit
punire, -io, -ivi, -itum (10)	bestrafen
purgare (18)	reinigen; entschuldigen
purus, -a, -um (18)	rein, klar
putare (8, Z 15)	glauben; *mit dopp. Akk.:* halten für

Q

qua re (18)	deshalb; weshalb
quaerere, -o, quaesivi, quaesitum (20)	suchen; fragen
quaeso (13)	(ich) bitte
qualis, -is, -e (14)	wie beschaffen, welch
quam *(bei Adjektiven u. Adverbien)* (2)	wie
quam *(bei Vergleichen)* (12)	als, wie
quam *(m. Superlativ)* (16)	möglichst
quam celerrime (12)	möglichst schnell
quam plurimi (16)	möglichst viele
quamquam (5)	obwohl, obgleich
quando (3)	wann?
quantus, -a, -um (16)	wie groß
-que *(angehängt)* (3)	und
querella, -ae f. (4)	Klage, Gejammer
queri, -or, questus sum *(Z. 19)*	klagen, sich beklagen
qui, quae, quod *(adjekt. Interrogativpr.)* (6)	welcher, welche, welches
qui, quae, quod *(Relativpr.)* (8)	der, die, das; welcher, welche, welches
quidam, quaedam, quoddam *(adjekt.)* (12)	ein gewisser, bestimmter *etc.*
quidem (6)	zwar; gewiss; jedenfalls, wenigstens
quies, quietis f. (20)	Ruhe; Untätigkeit; Frieden
quietus, -a, -um (20)	ruhig, still, friedlich
quin etiam (4)	ja sogar
quis; quid (3; 1)	wer?; was?
quis nostrum (5)	wer von uns?
quo (3)	wohin?
quo modo? (8)	wie?, auf welche Weise?
quod (12)	(die Tatsache) dass; wenn
quod (1)	weil, da
quoque *(nachgestellt)* (2)	auch
quot (10)	wie viel(e)
quotannis (10)	jährlich

Vokabeln in alphabetischer Reihenfolge

R

rapere, -io, rapui, raptum (8)	rauben, an sich reißen, raffen
raro (Z. 14; 18 C)	selten
ratio, -onis f. (15)	Vernunft; Berechnung; Art u. Weise
re vera (20)	in Wirklichkeit
recte (*Adv. zu* rēctus) (9)	richtig
rectum, -i n. (19)	das Richtige
reddere, -o, reddidi, redditum (18 C; 20)	zurückgeben, wiedergeben; machen zu
redire, -eo, redii, itum (4; 20)	zurückkehren, wiederkommen
reditus, -us m. (18 C)	Rückkehr
reducere (5)	zurückführen
referre, -fero, rettuli, relatum (19)	zurückbringen; melden
regere, -o, rexi, rectum (11)	lenken, herrschen, regieren
regina, -ae f. (10)	Königin
regnare (7)	(als König) herrrschen
regnum, -i n. (5)	Königsherrschaft; Königreich
relinquere, -o, reliqui, relictum (10)	zurücklassen, verlassen; übriglassen
reliquus, -a, -um (20)	übrig; zurückbleibend
remanere, -eo, -mansi, -mansum (17)	(zurück)bleiben
reminisci, -or, **recordatus sum** (*m. Gen.*) (19)	sich erinnern an etw.
Remus, -i m. (4)	Remus
reperire, -io, repperi, repertum (15)	auffinden, finden
reponere, -o, -posui, -positum (15)	zurücklegen
reprehendere, -o, -prehendi, -prehensum (4)	tadeln
rēri, reor, ratus sum (Z. 19 / 20)	glauben, meinen; berechnen
res, rei f. (6)	Sache, Ding, Angelegenheit
res, rerum f. (*Plur.*) (6)	Lage, Verhältnisse
res adversae, rerum adversarum f. (19)	Unglück, widrige Umstände
res gerere (6)	Taten vollbringen
res publica, rei publicae f. (12)	Staat, Gemeinwesen; Republik
res secundae, rerum secundārum f. (19)	Glück, günstige Verhältnisse
respondēre, -eo, respondi, responsum (1)	antworten
restituere, -o, -stitui, -stitutum (13)	wiedergeben; wiederherstellen
retinēre, -eo, -tinui, -tentum (11)	zurückhalten, abhalten
reverti, -or, reverti (Z. 19)	zurückkehren
rex, regis m. (5)	König
Rhenus, -i m. (2)	Rhein
ridēre, -eo, risi, risum (4)	lachen; auslachen
ripa, -ae f. (2)	Ufer
rogare (3)	fragen; bitten
Roma, -ae f. (1)	Rom
Romae (*Lokativ*) (1)	in Rom
Romam (*Akk. der Richtung*) (2)	nach Rom
Romanus, -a, -um (1)	römisch
Romanus, -i m. (1)	Römer
Romulus, i m. (4)	Romulus
Rubico, -onis m. (20)	der Rubikon (*Grenzfluss in Mittelitalien*)
ruina, -ae f. (13)	Sturz, Fall; Trümmer
ruere, -o, rui, rutum (13)	sich stürzen, eilen; niederstürzen
rumpere, -o, rupi, ruptum (14)	(zer)brechen, (zer)reißen

S

saeculum, -i n. (2)	Jahrhundert; Zeitalter
saepe *(Adv.)* (1)	oft
salus, -utis f. (10)	Rettung; Wohlergehen
salutare (11)	grüßen, begrüßen
salve! salvete! (17)	sei gegrüßt! seid gegrüßt!
salvus, -a, -um *(Z. 13 /17)*	heil, gesund
sanare (10)	heilen, gesund machen
sanguis, sanguinis m. (10)	Blut
sanus, -a, -um (10)	heil, gesund, vernünftig
sapiens, -entis (8)	weise, klug; geschickt
sapientia, -ae f. (8)	Weisheit, Klugheit
satelles, -itis m. (20)	Begleiter, Diener, Leibwächter
satis verberum (17)	genug (der) Schläge
satis (3)	genug, ausreichend
scelestus, -a, -um (15)	verbrecherisch
scelus, -eris n. (4)	Verbrechen
schola, -ae f. (1)	Schule
scilicet (1)	natürlich, gewiss
scire, -io, scivi, scitum (1)	wissen, kennen
scribere, -o, scripsi, scriptum *(Z. 17; 18 C)*	schreiben
se conferre (18)	sich begeben
se eripere (15)	sich losreißen, sich entziehen
se gerere (14)	sich aufführen, benehmen, verhalten
se habēre (11)	sich verhalten, beschaffen sein
se proripere (16)	herausstürzen, davoneilen
se recipere (18 C)	sich zurückziehen
secum (8)	bei sich, mit sich
sed (1)	aber, sondern
sedēre, -eo, sedi, sessum *(Z. 19)*	sitzen
sedes, -is f. *(Z. 6)*	(Wohn)sitz
semper *(Adv.)* (1)	immer
senator, -oris m. (17)	Senator
senatus, -us m. (15)	Senat
senex, senis *(Z. 6)*	alter Mann, Greis
sententia, -ae f. (12)	Satz; Meinung; Antrag
sentire, -io, sensi, sensum (14)	fühlen; bemerken; meinen; erkennen
septem (10)	sieben
sequi, -or, secutus sum *(m. Akk.) (Z. 19 /20)*	folgen; verfolgen
sermo, -onis m. (12)	Gespräch, Rede
serva, -ae f. (1)	Sklavin
servare (5)	retten; bewahren, erhalten
servus, -i m. (1)	Sklave
severe *(Adv.)* (11)	streng
severus, -a, -um (11)	streng
sex (5)	sechs
sextus, -a, -um (11)	der, die, das sechste
si (4)	wenn, falls
sibi (8)	sich, für sich
sibi mortem consciscere, -o, -scivi, -scitum (20)	Selbstmord begehen

Sicilia, -ae f. (2)	Sizilien
Siculi, -orum m. (15)	Sikuler *(Einwohner Siziliens)*
signum, -i n. (7)	Zeichen
similis, -is, -e (18)	ähnlich
sine *(m. Abl.)* (10)	ohne
sinere, -o, sivi, situm (10)	lassen, zulassen, erlauben *(m. AcI)*
sitis, -is f. (10)	Durst
situs, -a, -um (3)	gelegen, liegend, befindlich
sive ... sive (15)	sei es ... sei es
socer, -i m. (7)	Schwiegervater
socius, -i m. (15)	Gefährte; Kumpan; Bundesgenosse
solēre, -eo, solitus sum (2)	gewohnt sein *(etw. zu tun)*
solitudo, -inis f. (15)	Einsamkeit; Einöde, Wüste
sollicitare (14)	aufwiegeln, aufhetzen, anstacheln
solus, -a, -um *(Gen.:* solius) (5)	allein, einzig
spectaculum, -i n. (20)	Schauspiel
spectare (6)	betrachten
spes, spei f. (6)	Hoffnung
sperare (6)	hoffen; erhoffen
splendor, -oris m. (15)	Glanz, Pracht
spoliare (15)	berauben, plündern
stare, sto, steti (18)	stehen
stare a *(m. Abl.)* (18)	auf Seiten ... stehen
stare a Pompeio (18)	auf Seiten des Pompeius stehen
statim (1)	sofort, auf der Stelle
statua, -ae f. (15)	Standbild, Statue
statuere, -o, statui, statutum (18)	feststellen; festlegen; beschließen
status, -us m. *(vgl. stare)* (20)	Zustand
studēre, -eo, studui (2)	sich bemühen
studium, -i n. (19)	Eifer, Bemühung; Leidenschaft, Sympathie
stultitia, -ae f. (18)	Dummheit, Torheit
stultus, -a, -um (18)	dumm, töricht
sub *(m. Abl.)* (14)	unter; unterhalb von; unten an
subigere, -o, -egi, -actum (9)	unterwerfen
subire, -eo, -ii, -itum (9)	auf sich nehmen, erleiden
subito (5)	plötzlich
succedere, -o, -cessi, -cessum (11)	nachfolgen; gelingen
succurrere, -o, succurri, succursum (13)	herbeieilen, zu Hilfe kommen
summus, -a, -um (3)	der oberste, höchste, wichtigste
sunt (1)	sie sind
superare (2)	übertreffen; besiegen
superbia, -ae f. (20)	Stolz; Hochmut, Arroganz
superbus, -a, -um (20)	stolz; hochmütig, arrogant
superior, -ius *(Z. 16)*	höher gelegen; überlegen
supra (10)	oben, oberhalb
supremus, -a, -um *(Z. 16)*	der, die, das höchste, oberste, letzte
suscipere, -io, -cepi, -ceptum (15)	unternehmen, auf sich nehmen; übernehmen
sustinēre, -eo, -tinui, -tentum (14)	aushalten, auf sich nehmen
suus, -a, -um (3)	sein, ihr

T

tabula, -ae f. (2)	Tafel; Gemälde
tacēre, -eo, tacui, tacitum (1)	schweigen
talis, -is, -e (6)	so beschaffen, solch
talis ... qualis (14)	so beschaffen ... wie
tam (1)	so
tamen (5)	dennoch
tamquam (8)	gleichsam, wie
tam ... quam (12)	so ... wie
tandem (1)	endlich, schließlich
tantum (16)	nur
tantus, -a, -um (16)	so groß
taurus, -i m. (8)	Stier
te (1)	dich
telum, -i n. (18 C)	Wurfgeschoss; Pfeil
tempestas, -atis f. (18 C; 20)	Sturm, Unwetter; stürmische Zeit
templum, -i n. (3)	heiliger Bezirk, Tempel
tempus, -oris n. (4)	Zeit, Gelegenheit
tenēre, -eo, tenui, tentum (19)	festhalten, halten
tergum, -i n. (8)	Rücken
terra, -ae f. (2)	Land, Erde
terrēre, -eo, terrui, territum (8)	*jmd.* erschrecken
terror, -oris m. (20)	Schrecken, Entsetzen
Theseus, -i m. (10)	Theseus
tibi (1)	dir; für dich
timēre, -eo, timui (2)	fürchten; sich fürchten
timēre, **ne** (15)	fürchten, **dass**
timor, -oris m. (10)	Furcht
tolerandus, -a, -um (20)	erträglich
tolerare (10)	ertragen
tollere, -o, sustuli, sublatum (13)	aufheben, emporheben; beseitigen
tot (18 C)	so viele
totus, -a, -um (*Gen.:* totius) (10)	ganz, gesamt
tradere, -o, tradidi, traditum (10)	übergeben, ausliefern; berichten *(m. AcI)*
traducere, -o, -duxi, -ductum *(Z. 16)*	hinüberführen
trahere, -o, traxi, tractum (9)	ziehen, schleppen; erhalten, herleiten
transferre, -o, -tuli, -latum *(Z. 17)*	hinübertragen; übertragen
tres, tria (14)	drei
tres viri (14)	die Triumvirn
tribuere, -o, tribui, tributum (9)	zuteilen, geben; zahlen
tribunus, -i m. (18)	(Volks)tribun
triclinium, -i n. (12)	Triklinium, Speisezimmer
triumvir / tresvir, -i m. (20)	Triumvir
trucidare (17)	töten, umbringen
tu (1)	du
tum (1)	da, dann, damals, darauf
tunc (20)	dann, sodann, da
turba, -ae f. (6)	Schar, Menge
turpis, -is, -e (14)	hässlich; schändlich
turris, -is f. (9)	Turm
tuus, -a, -um (1)	dein

U

ubi (1)	wo?
ubi *(Einleitung eines Relativsatzes)* (3)	wo
ubi *(m. Ind. Perf.)* (7)	sobald, nachdem
ulcisci, -or, ultus sum (20)	rächen, bestrafen
ullus, -a, -um *(Gen.:* ullius*)* (Z. 12)	irgendein
ulterior, -ius *(Z. 16)*	entfernter, jenseitig
ultimus, -a, -um *(Z. 16)*	der letzte
umquam (15)	jemals
undique (6)	von allen Seiten, von überall her
unus, -a, -um *(Gen.:* unius*)* (4)	ein (einziger)
urbanus, -a, -um (14)	städtisch; gebildet
urbs, urbis f. (6)	Stadt
urere, -o, ussi, ustum (10)	(ver)brennen, anzünden
ut *(m. Konj.)* (14)	dass; so dass; damit
ut *(m. Nomen)* (12)	als, wie
ut *(m. Ind.)* (12)	wie
uter, utra, utrum *(Gen.:* utrius*)* (Z. 12)	wer (von beiden)
uterque, utraque, utrumque *(Z. 12)*	jeder (von beiden), beide
utrum ... an (18 C)	(ob) ... oder
uti, -or, usus sum *(m. Abl.)* (19)	gebrauchen, verwenden, nutzen
utile n. (19)	das Nützliche
utilis, -is, -e (19)	nützlich
utinam (13)	o dass doch, o wenn doch
uxor, -oris f. (6)	Gattin

V

vacare *(m. abl. sep.)* (19)	frei sein von
vacuus, -a, -um *(m. abl. sep.)* (19)	frei von
vadere, -o, vasi, vasum (20)	gehen, schreiten
valde (4)	sehr
valēre, -eo, valui (12)	stark, gesund, kräftig sein, gelten
validus, -a, -um (12)	stark, gesund, kräftig
varius, -a, -um (4)	vielfältig, verschieden
vas, vasis n. (*Pl.:* vasa, vasorum) (15)	Vase, Gefäß
vastare (15)	verwüsten
vastus, -a, -um (15)	leer, öde, verwüstet
vectigal, vectigalis n. (9)	Tribut, Steuer
vehemens, -entis (*Adv.:* vehementer) (17)	leidenschaftlich, heftig
vehere, -o, vexi, vectum (9)	fahren, bringen, transportieren
vel ... vel (4)	(entweder) ... oder
velle, volo, volui (10)	wollen, wünschen
velut (3)	wie, wie zum Beispiel
veniam dare (12)	Verzeihung gewähren
venia, -ae f. (12)	Gnade, Verzeihung
venire, -io, veni, ventum (1)	kommen
Venus, -eris f. (10)	Venus *(Göttin der Liebe)*
verbera, -um n. (17)	Schläge, Peitschenhiebe
verbum, -i n. (3)	Wort; Ausspruch

verēri, -eor, veritus sum *(Z. 19)*	(sich) fürchten, scheuen
versari (20)	sich aufhalten; sich beschäftigen mit
verum, -i n. (19)	das Wahre, die Wahrheit
verus, -a, -um (19)	wahr, echt
vester, -tra, -trum (4)	euer
vestigium, -i n. (15)	Spur
vestrum *(gen. part.)* (16)	von euch
vetare, -o, vetui, vetitum (19)	verbieten
vetus, -eris (14)	alt
vexare (4)	quälen; heimsuchen
via, -ae f. (3)	Weg, Straße
victor, -oris m. (13)	Sieger
victoria, -ae f. (13)	Sieg
vidēre, -eo, vidi, visum (2)	sehen, erblicken
vidēri, videor, visus sum (20)	scheinen, den Eindruck erwecken
vigilare (18 C)	Wache halten, wachsam sein
villa, -ae f. (1)	Landhaus
villa urbana (1)	Haus in der Stadt, Stadthaus
vincere, -o, vici, victum (13)	siegen, besiegen; übertreffen
vincire, -io, vinxi, vinctum (17)	fesseln, binden
vincula, -orum n. (17)	Gefängnis, Haft
vinculum, -i n. (14)	Band, Fessel
vindicare (14)	rächen, bestrafen
vinum, -i n. (12)	Wein
vir, -i m. (2)	Mann
virga, -ae f. (11)	Rute
virgo, -inis f. (6)	junges Mädchen; Jungfrau
virtus, -utis f. (11)	Tapferkeit, Tüchtigkeit, Tugend
vis, vim, vi *(Pl.:* vires, -ium) f. *(17)*	Kraft, Gewalt
visitare (3)	besuchen
vita, -ae f. (6)	Leben
vitam agere (6)	ein Leben führen
vitam degere, -o (17)	sein Leben verbringen
vitare *(m. Akk.)* *(Z. 12 u. 18;* 18 C)	(ver)meiden, aus dem Weg gehen
vitium, -i n. (18)	Fehler, Laster
vivere, -o, vixi, victurus, -a, -um (14)	leben, sein Leben verbringen
vivus, -a, -um (11)	lebend, lebendig, zu Lebzeiten
vobis *(Dat.)* (2)	euch; für euch
vocare (1)	rufen; nennen
vos (1)	ihr; euch
vox, vocis f. (7)	Stimme

Die Rostra („Schiffsschnäbel", benannt nach Beutestücken aus den Latinerkriegen (4. Jh. v. Chr.), die hier als Trophäen angebracht waren. An diesem Ort wurden feurige Reden gehalten; auch Cicero mag hier gestanden haben. Allerdings sind die republikanischen Rostra nicht mehr erhalten; sie fielen der Neugestaltung durch Caesar zum Opfer. Dahinter die Säulen des Saturntempels und die Wand des Tabulariums, des Staatsarchivs.

Vokabeln in alphabetischer Reihenfolge

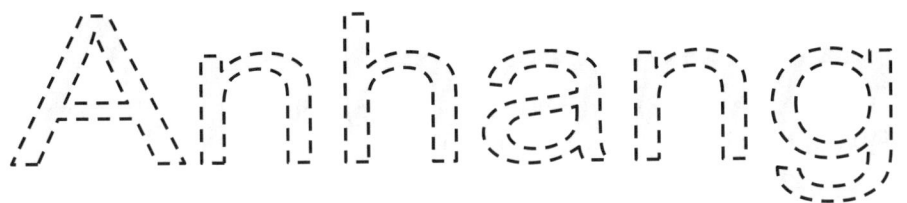

INHALT

1)	Tafel der Konjugationen	224
2)	Infinitive und Partizipien – Überblick	226
3)	Tafel der Deklinationen	227
4)	Übersicht über die dritte Deklination	228
5)	Steigerung der Adjektive – der Superlativ	229
6)	Die Verwendungsmöglichkeiten des Adjektivs	230
7)	Prädikatsnomen als notwendige Ergänzung zu esse	232
8)	Die Attribute	233
9)	Das praedicativum – ein Mischwesen	234
11)	Partizipialkonstruktionen – Übungssätze	235
12)	Das Adverbiale	236
13)	Wichtige Indefinitpronomina	237
14)	Kasusfunktionen: Genitiv, Dativ, Ablativ	238
15)	Verschränkte Relativsätze – weitere Möglichkeiten	244
16)	Konjunktiv in Haupt- und Nebensätzen	246
17)	Verbformen, die Zeitverhältnisse anzeigen	248
19)	Relativsätze mit adverbialem Nebensinn	249
20)	Gerundium / Gerundivum und Überblick....................	250
21)	Die Präfixe	253
22)	Einige Proben aus Ciceros Reden	255
23)	Historischer Hintergrund zu wichtigen Reden Ciceros	261
24)	Lösungen zu den Übungen	267
25)	Übungsklausuren zu den Lektionen (mit Übersetzung)	281
26)	Register (Eigennamen; Formenlehre und Syntax	285

TAFEL DER KONJUGATIONEN I

PRÄSENSSTAMM: INDIKATIV, a- und e-Konjgation

STÄMME	PRÄSENS		IMPERFEKT		FUTUR I	
	Aktiv	Passiv	Aktiv	Passiv	Aktiv	Passiv
vocā* +	-ō	-or	-ba-m	-ba-r	-b-ō	-b-or
monē* +	-s	-ris	-bā-s	-bā-ris	-bi-s	-be-ris
	-t	-tur	-ba-t	-bā-tur	-bi-t	-bi-tur
* Die Stamm-	-mus	-mur	-bā-mus	-bā-mur	-bi-mus	-bi-mur
auslaute -ā, -ē,	-tis	-minī	-bā-tis	-bā-minī	-bi-tis	-bi-minī
-ī sind nicht immer lang.	-nt	-ntur	-ba-nt	-ba-ntur	-bu-nt	-bu-ntur

* Bei der ersten Person Singular Präsens Aktiv und Passiv wird das **-a-** verschluckt, *also*: voco, vocor. In der e-Konjugation bleibt das -e- erhalten, *also* moneo, moneor.

PRÄSENSSTAMM: INDIKATIV, die übrigen Konjugationen

STÄMME	PRÄSENS		IMPERFEKT		FUTUR I	
	Aktiv	Passiv	Aktiv	Passiv	Aktiv	Passiv
audī +	-ō	-or	-ēba-m	-ēba-r	-a-m	-a-r
dīc (i)* +	-s	-ris	-ēbā-s	-ēbā-ris	-ē-s	-ē-ris
capi +	-t	-tur	-ēba-t	-ēbā-tur	-e-t	-ē-tur
	-mus	-mur	-ēbā-mus	-ēbā-mur	-ē-mus	-ē-mur
*dīcere nur im Präsens mit Bindevokal -i-	-tis	-minī	-ēbā-tis	-ēbā-minī	-ē-tis	-ē-minī
außer: dīcō, dīcunt, dīceris, s. a.: caperis.	-unt	-untur	-ēba-nt	-ēba-ntur	-e-nt	-e-ntur

PRÄSENSSTAMM: KONJUNKTIV, alle Konjugationen

STÄMME	PRÄSENS		IMPERFEKT		Besondere Formen
	Aktiv	Passiv	Aktiv	Passiv	
vocā[1] + e[1] +	-m	-r	-re-m	-re-r	
monē + a[2] +	-s	-ris	-rē-s	-rē-ris	
audī + a +	-t	-tur	-re-t	-rē-tur	
dīc(e)[3] + a +	-mus	-mur	-rē-mus	-rē-mur	
cap(i)[4] + a +	-tis	-mini	-rē-tis	-rē-mini	[3] im Imperfekt der kons. Konjugation tritt kurzes
	-nt	-ntur	-re-nt	-re-ntur	**-e-** als Bindevokal hinzu: dīcerem / -r, dīcerēs *etc.*
[1] -a- entfällt im Präsens der a-Konjugation: vocem / -ēs, vocer / -ēris *etc.*	[2] -a- gilt für alle Konjugationen außer der a-Konjugation: dort tritt -e- ein.				[4] **-e-** statt **-i-** bei der kurzvokal. Konjugation im Imperf.: caperem / -er *etc.*

Anhang, Grammatik

TAFEL DER KONJUGATIONEN II

PERFEKTSTAMM					
AKTIV					
STÄMME	PERFEKT		PLUSQUAMPERFEKT		FUTUR II
	Indikativ	Konjunktiv	Indikativ	Konjunktiv	*(Indikativ)*
vocāv +	-ī	-eri-m	-era-m	-isse-m	-er-ō
monu +	-istī	-eri-s	-erā-s	-issē-s	-eri-s
audīv +	-it	-eri-t	-era-t	-isse-t	-eri-t
dīx +	-imus	-eri-mus	-erā-mus	-issē-mus	-eri-mus
cēp +	-istis	-eri-tis	-erā-tis	-issē-tis	-eri-tis
pepul +	-ērunt	-eri-nt	-era-nt	-isse-nt	-eri-nt
comprehend +					

PERFEKT(SUPIN)STAMM					
PASSIV					
	PERFEKT		PLUSQUAMPERFEKT		FUTUR II
Part. Perf. Pass.	Indikativ	Konjunktiv	Indikativ	Konjunktiv	*(Indikativ)*
vocātus, -a, -um; monitus; audītus dictus; captus *etc.*	sum es est	sim sīs sit	eram erās erat	essem essēs esset	erō eris erit
vocāti, -ae, -a; moniti; audīti; dicti; capti *etc.*	sumus estis sunt	sīmus sītis sint	erāmus erātis erant	essēmus essētis essent	erimus eritis erunt

→ P.P.P. + Form von esse = Passivformen des Perfekts, Plusquamperfekts und Futur II

Die Imperative Singular und Plural Aktiv:

vocāre	monēre	audīre	relinquere	capere
vocā!	monē!	audī!	relinque*!	cape!
vocāte!	monēte!	audīte!	relinquite!	capite!

*Ausnahme ist der Imperativ Singular von dicere, ducere, facere, ferre: **dīc! dūc! fac! fer!**

Die Imperative der Deponentien:

hortārī	fatērī	partīrī	sequī	patī
(auffordern)	(bekennen, sagen)	(teilen)	(folgen)	(erdulden)
hortāre!	fatēre!	partīre!	sequere!	patere!
hortāminī!	fatēminī!	partīminī!	sequiminī!	patiminī!

Anhang, Grammatik

Infinitive und Partizipien – Überblick

Infinitiv Präsens		Infinitiv Perfekt		Infinitiv Futur	
Aktiv	Passiv	Aktiv	Passiv	Aktiv	Passiv
vocāre	vocārī	vocavisse	vocātum esse	vocātūrum esse	vocātum īrī
monēre	monērī	monuisse	monitum esse	monitūrum esse	monitum īrī
audīre	audīrī	audivisse	audītum esse	audītūrum esse	audītum īrī
dīcere	dīcī	dīxisse	dictum esse	dictūrum esse	dictum īrī
capere	capī	cēpisse	captum esse	captūrum esse	captum īrī

Partizip Präsens	Partizip Perfekt	Partizip Futur
Aktiv	Passiv	Aktiv
vocāns, -antis	vocātus, -a, -um	vocātūrus, -a, -um
monēns, -entis	monitus, -a, -um	monitūrus, -a, -um
audiēns, -entis	audītus, -a, -um	audītūrus, -a, -um
dīcēns, -entis	dictus, -a, -um	dictūrus, -a, -um
capiēns, -entis	captus, -a, -um	captūrus, -a, -um

→ Der Infinitiv Futur Passiv bleibt unverändert. Er setzt sich zusammen aus dem im Buch nicht behandelten Supinum 1 (z. B.: vocātum – um zu rufen) und īrī (Passiv von īre).
→ Bei den Infinitiven Perfekt Passiv und Futur Aktiv richtet sich das Partizip nach dem Subjekt bzw. Subjektsakkusativ in KNG, z. B:

> Notum est fili**as** Sabinorum a Romanis rapt**as** esse. *(AcI)*
> Es ist bekannt, dass die Töchter der Sabiner von den Römern geraubt worden sind.
> Pueri Polydor**um** caes**um** esse non sciverunt. *(AcI)*
> Die Jungen wussten nicht, dass Polydorus geschlagen worden war.
> Polydor**us** caes**us** esse videtur. *(NcI)*
> Polydorus scheint geschlagen worden zu sein.
> Apparuit Catilin**am** coniurationem fact**urum** esse. *(AcI)*
> Es war offensichtlich, dass Catilina eine Verschwörung anzetteln wollte.
> Apparuit civ**es** cum civibus pugnatur**os** esse. *(AcI)*
> Es war offensichtlich, dass Bürger mit Bürgern kämpfen würden.
> Serva scivit se laudatum iri. – Die Sklavin wusste, dass sie gelobt werden würde. *(AcI)*

TAFEL DER DEKLINATIONEN

a-Deklination	o-Deklination		e-Deklination	u-Deklination
	masculina	neutra		
SINGULAR	**SINGULAR**	**SINGULAR**	**SINGULAR**	**SINGULAR**
serva	servus	oppidum	rēs	cāsus
servae	servī	oppidī	reī	cāsūs
servae	servō	oppidō	reī	cāsuī
servam	servum	oppidum	rem	cāsum
ā servā	ā servō	in oppidō	rē	cāsū
wie Nominativ	serve	*wie Nominativ*	*wie Nominativ*	*wie Nominativ*
PLURAL	**PLURAL**	**PLURAL**	**PLURAL**	**PLURAL**
servae	servī	oppida	rēs	cāsūs
servārum	servōrum	oppidōrum	rērum	cāsuum
servīs	servīs	oppidīs	rēbus	cāsibus
servās	servōs	oppida	rēs	cāsūs
ā servīs	ā servīs	in oppidīs	rēbus	cāsibus
wie Nominativ	*wie Nominativ*	*wie Nominativ*	*wie Nominativ*	*wie Nominativ*

DRITTE DEKLINATION					
konsonantische Deklination		Mischgruppe		i-Deklination	
masc. / fem.	neutra	auf -ēs / -is	ungleichsilbig	masc. / fem.	neutra
SING.	**SING.**	**SING.**	**SING.**	**SING.**	**SING.**
rēx	corpus	nāvis	mōns	turris	mare
rēgis	corporis	nāvis	montis	turris	maris
rēgī	corporī	nāvī	montī	turrī	marī
rēgem	corpus	nāvem	montem	turrim	mare
ā rēge	corpore	nāve	in monte	in turrī	in marī
PLUR.	**PLUR.**	**PLUR.**	**PLUR.**	**PLUR.**	**PLUR.**
rēgēs	corpora	nāvēs	montēs	turrēs	maria
rēgum	corporum	nāvium	montium	turrium	marium
rēgibus	corporibus	nāvibus	montibus	turribus	maribus
rēgēs	corpora	nāvēs	montēs	turrīs (-ēs)	maria
ā rēgibus	corporibus	nāvibus	in montibus	in turribus	in maribus

Part. Präs. Aktiv von facere *(als weiteres Beispiel für die Mischgruppe, vgl. S. 166)*					
Sing. m.	Sing. f.	Sing. n.	Plur. m.	Plur. f.	Plur. n.
faciēns	faciēns	faciēns	facientēs	facientēs	facientia
facientis	facientis	facientis	facientium	facientium	facientium
facientī	facientī	facientī	facientibus	facientibus	facientibus
facientem	facientem	faciēns	facientēs	facientēs	facientia
faciente	faciente	faciente	facientibus	facientibus	facientibus

→ Auch in der dritten Deklination sind Nominativ und Vokativ jeweils identisch.

Übersicht über die dritte Deklination

I Die konsonantische Gruppe

> **-e -a -um**

1) SUBSTANTIVE

a) masc. u. fem.:   imperator, -ōris; rēx, rēgis; cōnsul, -is; aetās,- ātis; virtūs,- ūtis
b) neutrum: corpus, -oris; scelus, -eris; carmen, -inis

2) ADJEKTIVE

a) **einendige**:   dīves, -itis; -pauper,- eris; vetus, -eris
b) Komparativ: longior, longius; māior, māius

II Die Mischgruppe

> **-e -ia (-a*) -ium**

1) SUBSTANTIVE

a) gleichsilbige auf **-ēs** und **-is**:   clādēs, -is; hostis, -is; nāvis, -is
b) ungleichsilbige: ars, artis; mōns, montis; nox, noctis
   (deren Stamm auf zwei Konsonanten endet)

* Die wenigen Neutra mit **-a** u. **-ium** im Plural (z. B. os, ossis – Knochen) bleiben unberücksichtigt.

2) PARTIZIPIEN

a) Partizip Präsens Aktiv: vocāns, -antis; monēns, -entis; audiēns, -entis;
                             dīcēns, -entis; capiēns, -entis

III Die i-Stämme

> **-i -ia -ium**

1) REINE i-STÄMME

a) Substantive, femininum: turris, sitis, vīs, febris, secūris ⟹ Akkus.: **-im**
   (aber: Tiberis, -is m. – der Tiber)
b) Substantive, neutrum: exemplar, mare, animal, moenia

2) ADJEKTIVE

a) **drei**endig: celer, celeris, celere
b) **zwei**endig: brevis, -is, -e; nōbilis *etc.*   } Akkus.: **-em**
c) **ein**endig: audāx, *Gen.:* audācis; sapiēns, -entis

Steigerung der Adjektive – der Superlativ

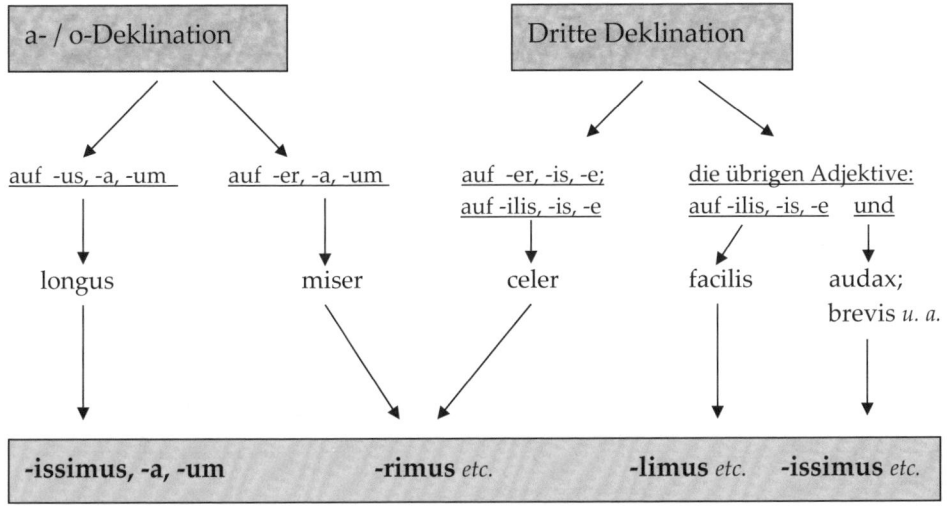

→ Die meisten Adjektive haben als Superlativendung **-issimus, -a, -um**.

→ Wenige Adjektive auf -ilis, -is, -e enden im Superlativ auf **-limus, -a, -um**:

   humilis -is, -e (niedrig); similis *etc.* (ähnlich); dissimilis *etc.* (unähnlich); facilis *etc.* (leicht); difficilis *etc.* (schwierig).
   Also: simil**limus** *etc.*; *dagegen:* nobilis *etc.* > nobil**issimus** *etc.*

→ Adjektive mit der Endung **-er** im Nominativ Singular masculinum haben für den Superlativ **-rimus, -a, -um**, *z. B.:* celerrimus *etc.*; pulcherrimus *etc.*

→ Adjektive der **o**- und **a**-Deklination, deren Stamm einen Vokal vor dem Nominativausgang -us, -a, -um besitzt, *z. B.:* ard**u**us *etc.* (steil, schwierig); idon**e**us *etc.* (geeignet), werden unter Beibehaltung der Grundform mit **magis** und **maxime** gesteigert, *z. B.:* arduus → magis arduus *(Komparativ)* → maxime arduus *(Superlativ), also:*

   Locus **magis** idoneus deligitur. – Ein geeigneterer Platz wird ausgewählt.
   iter **maxime** arduum facere – eine sehr anstrengende Reise unternehmen

- vetus, -eris (alt) wird vetustior, -ior, -ius und vetustissimus, -a, -um gesteigert.
- benévolus *etc.* (wohlwollend): benevolentior *etc.* und benevolentissimus *etc.*
- Darüber hinaus gibt es Adjektive, deren Steigerungsformen unterschiedliche Stämme besitzen, *z. B.:* bonus *etc.* – melior, -ius – optimus *etc.* (*s. dazu Lektion 16, S. 106*).

Die Verwendungsmöglichkeiten des Adjektivs

1) Als Attribut

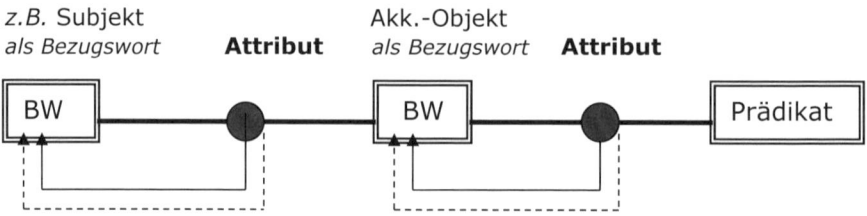

KNG-Kongruenz + Beschreibung des Bezugsworts

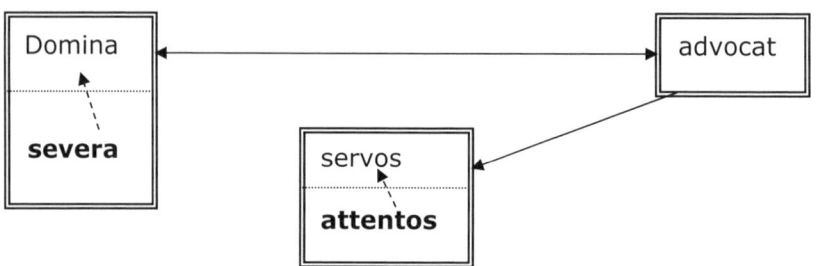

Übersetzung: Die **strenge** Herrin ruft die **aufmerksamen** Sklaven herbei.

2) Als praedicativum *(Zum praedicativum s. weiterhin S. 234)*

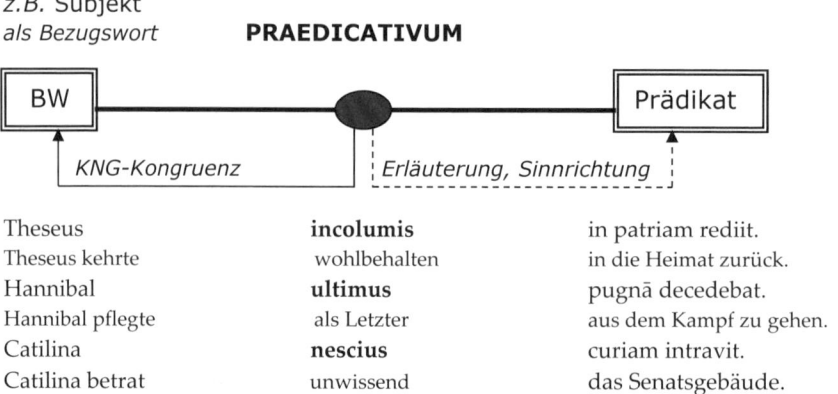

Theseus	**incolumis**	in patriam rediit.
Theseus kehrte	wohlbehalten	in die Heimat zurück.
Hannibal	**ultimus**	pugnā decedebat.
Hannibal pflegte	als Letzter	aus dem Kampf zu gehen.
Catilina	**nescius**	curiam intravit.
Catilina betrat	unwissend	das Senatsgebäude.

→ Adjektive, die eine Gemütsbewegung ausdrücken, und Ordinalzahlen (primus *etc.*), sowie solus *etc.* und unus *etc.* werden oft als praedicativum verwendet.
Übersetzung mit einem Adverb möglich.

3) Als Prädikatsnomen

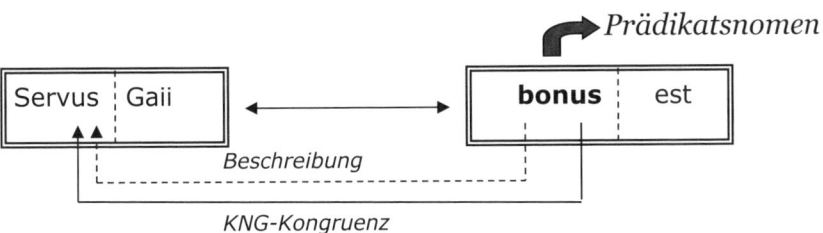

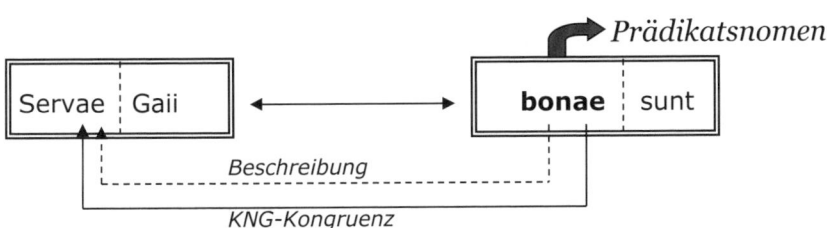

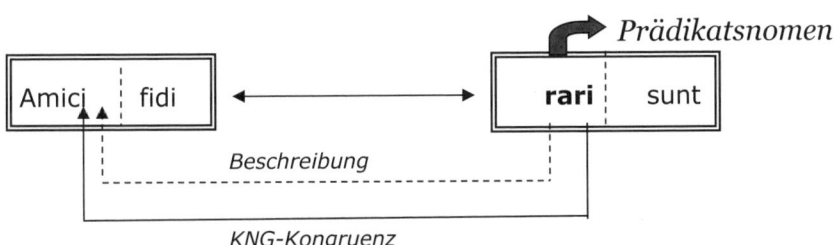

Übersetzungen: Der Sklave des Gaius ist **gut / tüchtig**.
Gaius' Sklavinnen sind **gut / tüchtig**.
Treue Freunde sind **selten**.

→ Das Adjektiv als Prädikatsnomen in Verbindung mit esse richtet sich in KNG-Kongruenz in der Regel nach dem Subjekt *(s. aber unten*)* und beschreibt es gleichzeitig.

  * Die KNG-Kongruenz unterbleibt dann, wenn das Adjektiv substantiviert wird:
  z. B.: Libertas **summum** omnium bonorum est. – Die Freiheit ist das höchste aller Güter.

→ Das Prädikatsnomen kann natürlich auch von einem Substantiv gestellt werden:
  Mucia **uxor** Marci est. – Mucia ist **die Frau** des Marcus / Marcus' Frau.

→ Verbindungen von Adjektiv und Substantiv als Prädikatsnomina stimmen nicht immer in KNG-Kongruenz mit ihrem Bezugswort, d. h. dem Subjekt, überein.
Sie können in **allen** Kasus erscheinen, je nach ihrer semantischen Funktion.
Beispiele finden Sie auf der folgenden Seite:

Prädikatsnomen als notwendige Ergänzung zu esse

Prädikatsnomina als Ergänzungen zum Hilfsverb **esse** sind immer syntaktisch notwendig. Sie können in jedem Kasus erscheinen.

1) **Im Nominativ** *bzw.* **Akkusativ**

Marcus **mercator** est.	Marcus ist ein Kaufmann.
Nonnullae arbores **altae** sunt.	Manche Bäume sind hoch.
Flumen **transitum** erat.	Der Fluss war überschritten worden.
Marcum **mercatorem** esse scio.	Ich weiß, dass Marcus Kaufmann ist.

2) **Im Genitiv**

a) als gen. possessivus:

Res publica **omnium civium** sit!	Der Staat soll allen Bürgern gehören!
Magistratuum est saluti civium consulere.	Es ist Pflicht / Aufgabe der Beamten, für das Wohlergehen der Bürger zu sorgen.

b) als gen. qualitatis:

Nonnulli philosophi non solum **maximi ingenii**, sed etiam **summae pietatis** erant.	Einige Philosophen waren nicht nur äußerst geistvoll, sondern auch sehr fromm (*wörtl.*: von größter Begabung, … Frömmig.).

c) als gen. pretii:

Vita servorum **parvi** erat.	Das Leben der Sklaven war wenig wert.

3) **Im Dativ**

a) als dat. possessivus:

Homini soli ratio est.	Einzig der Mensch besitzt Vernunft.

b) als dat. finalis:

Consulatus Ciceroni **magnae laudi** fuit.	Das Amt des Konsuln verhalf Cicero zu großer Anerkennung (*wörtl.*: gereichte zu …).

4) **Im Ablativ**

a) als abl. qualitatis:

Milites **summa virtute** erant.	Die Soldaten waren äußerst tapfer (*wörtl*: von höchster Tapferkeit).

Die Attribute

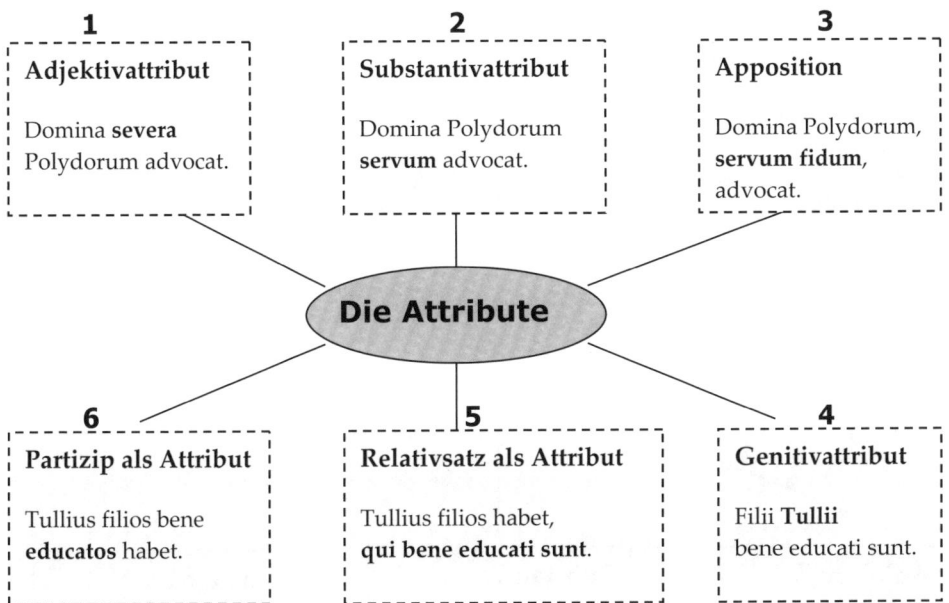

Übersetzung:

1) Die **strenge** Herrin ruft Polydorus herbei. < Adjektiv >
2) Die Herrin ruft **den Sklaven** Polydorus herbei. < Substantiv >
3) Die Herrin ruft Polydorus, **einen treuen Sklaven**, herbei. < Apposition >
4) Die Söhne **des Tullius** sind gut erzogen. < Genitiv >
5) Tullius hat Söhne, **die gut erzogen sind**. < Relativsatz >
6) Tullius besitzt gut **erzogene** Söhne (*oder:* Söhne, die gut erzogen sind). < Partizip >

> Attribute beschreiben ihr Bezugswort näher. Man erfährt durch sie etwas über die Beschaffenheit, die Eigenart oder den Zustand des Bezugswortes. Gerade Adjektivattribute können Gefühle beim Leser erzeugen, z. B.:
> Ein Junge geht durch den Wald (*bloße, ungefärbte Information*).
> *Dagegen:* Ein **kleiner** Junge geht durch den **finsteren** Wald.

(Zum Gerundivum als Attribut s. Lektion 19, S. 127 f. u. Anhang, S. 251)

Das praedicativum – ein „Mischwesen"

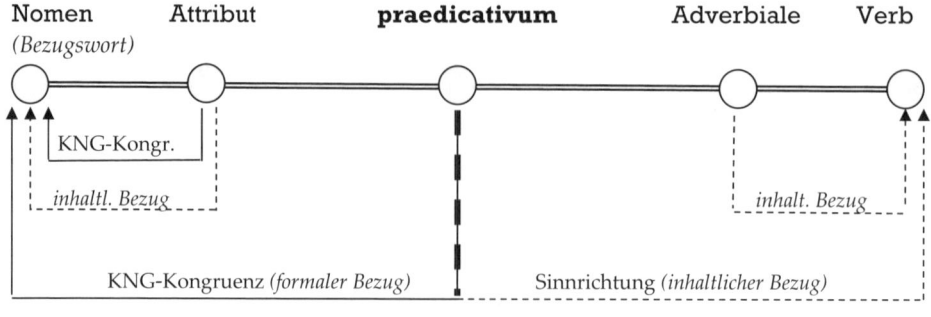

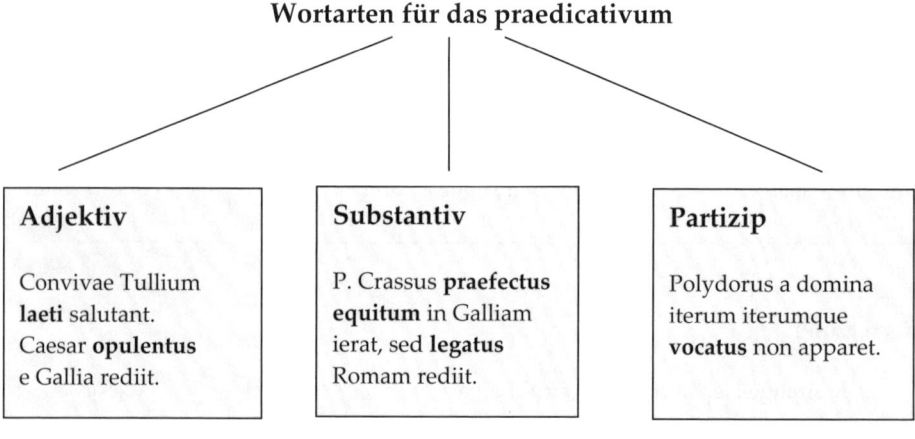

Die Gäste begrüßen Tullius **fröhlich.**
Caesar kehrte aus Gallien **reich** zurück.

P. Crassus war **als Reiteroberst** nach Gallien gegangen, aber er kehrte **als Legat** nach Rom zurück.

Obwohl Polydorus immer wieder von seiner Herrin **gerufen wurde**, erscheint er nicht.

Das praedicativum hat die **formalen** Eigenschaften eines Attributs und die **inhaltlichen** eines Adverbiales; es ist somit ein „Mischwesen" aus Attribut und Adverbiale.

Formal richtet sich das praedicativum nach seinem Bezugswort; die KNG-Kongruenz gibt keinen Aufschluss darüber, ob es sich um ein Attribut oder ein praedicativum handelt. Entscheidend ist der inhaltliche Zusammenhang.

Inhaltlich erfüllt das praedicativum die Funktion eines Adverbiales: Durch das praedicativum erfahren wir etwas über die Art und Weise, **wie** sich die durch das Verb ausgedrückte Handlung abspielt. Auch Pronomina und Ordinalzahlen können ein praedicativum sein. Wird ein **Partizip** als praedicativum (= participium coniunctum) verwendet, dann bietet sich ein adverbialer Nebensatz als Übersetzung an *(vgl. folgende Seite)*.

Die Partizipialkonstruktionen

Definition: Partizipialkonstruktionen sind **nominale** Wendungen, die eine nebensächliche oder begleitende Handlung ausdrücken. Sie sind Alternativen zu einem **adverbialen Nebensatz** und werden im Deutschen am besten deshalb ebenfalls mit einem Nebensatz wiedergegeben. *(Weitere Möglichkeiten s. u. Tabelle.)*

Form des Partizips bestimmen → Bezugswort des Partizips suchen (KNG!) → Partizip- und Prädikatsbezirk abtrennen → Prädikatsbezirk übersetzen → Partizipbezirk übersetzen als Nebensatz unter Beachtung des Zeit- und Sinnverhältnisses *(oder auf weitere Möglichkeiten zurückgreifen, s. u.).*

Übersicht über die Übersetzungsmöglichkeiten

I	unterordnend	II	beiordnend	III	präpositional
1)	**temporal** als, nachdem, während, immer wenn		und dabei, und dann		bei, mit, unter, während, nach
2)	**kausal** da, weil		und daher, und deshalb		wegen, infolge, aus
3)	**konzessiv** obwohl, wenn auch, während doch		und dennoch, und trotzdem		trotz
4)	**modal** indem, dadurch dass; wobei; ohne dass *(neg.)*		und so; aber nicht *(neg.)*		durch, unter; ohne *(neg.)*
5)	**konditional** wenn, falls		und in diesem Fall		bei, im Falle von

Übungssätze:

1) Lucius nihil **dicens** nos reliquit.
2) Caesar quinque legionibus in Gallia **relictis** in Italiam revertit.
3) Scientiam **petentes** magnas divitias nobis parabimus.
4) Pace **facta** hostes subito castra Romanorum oppugnare coeperunt, sed ea paucis nostris **defendentibus** expugnare non potuerunt.
5) Multorum oculi te non **sentientem**, Catilina, observabunt.
6) Hannibal a suis in patriam **revocatus** Italiam relinquere debuit.
7) Romani Hannibalem a Scipione **devictum** timere non desierunt.
8) Coniurati Caesare **necato** libertatem rei publicae restituere non potuerunt.
9) Hostes oppidum nullo **resistente** celeriter occupaverunt.   *(Lösungen s. S. 277)*

Das Adverbiale

Adverbialia sind Satzglieder, die eine Verbform, besonders das Prädikat, näher erläutern. Sie enthalten Umstands-, Orts- oder Zeitangaben.
Es gibt folgende Füllungsarten dieses Satzglieds:

1) Adverb

2) Substantiv im Ablativ (seltener Akkusativ)

3) Substantiv mit Präposition

4) Gerundium / Gerundiv (bes. im Ablativ)

5) Ablativus absolutus (auch nominaler abl. abs.)

6) adverbiale Nebensätze, *z. B.:*

- Temporalsätze   *Zeit*
- Kausalsätze   *Grund*
- Konzessivsätze   *Gegengrund*
- Modalsätze   *Art und Weise; Begleitumstand*
- Konditionalsätze   *Bedingung*
- Finalsätze   *Zweck, Absicht*
- Konsekutivsätze   *Folge*

Beispiele:

1) Tres viri **crudeliter** Caesaris mortem ulti sunt.
   Die Triumvirn rächten sich **grausam** für den Mord an Caesar.
2 a) Caesar adversarios **clementiā** sibi conciliabat.
   Caesar versuchte, seine Gegner **durch Milde** für sich zu gewinnen.
2 b) Imperator Augustus **multos annos** regnavit.
   Kaiser Augustus herrschte viele Jahre lang *(Akk. der zeitl. Ausdehnung)*.
3) Cicero **magno cum dolore** in Graeciam profectus est.
   Cicero reiste **unter großem Kummer** nach Griechenland *(Begleitumstand)*.
4) Sulla **inimicis occidendis** dominationem obtinuit.
   Sulla behauptete die Herrschaft **dadurch, dass er seine Gegner töten ließ** *(Gerundiv)*.
   Docendo discimus. – **Indem wir lehren,** lernen wir *(Gerundium)*.
5) **Oratione consulis habita** senatores Catilinam hostem appellabant.
   Nachdem die Rede des Konsuls gehalten worden war, nannten die Senatoren Catilina einen Staatsfeind *(ablativus absolutus)*.
6) **Postquam Catilina Romā fugit,** Cicero pater patriae appellatus est.
   Nachdem Catilina aus Rom geflohen war, wurde Cicero „Vater des Vaterlands" genannt *(temporaler Adverbialsatz)*.

Übersicht über wichtige Indefinitpronomina

1) irgendjemand, irgendetwas; irgendein, irgendeine, irgendein

a) aliquis, aliquid   *(substantivisch)*
b) aliqui, aliqua, aliquod   *(adjektivisch)*

> Stehen meist in Sätzen mit bejahendem Sinn.

→ Nach si, nisi, ne, Relativ- und Interrogativpronomina und num entfällt die Silbe **ali-**: si <u>quis</u> dicat – falls jemand sagen sollte *(statt:* <u>aliquis</u>*)*.

c) quisquam, quic- *oder* quidquam   *(substantivisch)*
d) ūllus, a, um *(Gen.:* ūllīus, *Dat.:* ūlli)   *(adjektivisch)*

> Stehen in verneinenden Sätzen.

→ Vix quisquam id putabit. – Kaum jemand wird dies glauben.

2) ein (gewisser), eine (gewisse), ein (gewisses)

a) quidam, quiddam   *(substantivisch)*
b) quidam, quaedam, quoddam   *(adjektivisch)*

→ *Im Plural heißt* quidam *auch „einige".*

3) jeder, jede, jedes; insgesamt, alle

a) quisque, quidque   *(substantivisch)*
b) quisque, quaeque, quodque   *(adjektivisch)*

> Stehen enklitisch nach Relativ-, Reflexivpronomina, Superlativen und Ordinalzahlen.

→ z. B.: optimus quisque – alle Guten
       suum cuique – jedem das Seine
       quinto quōque anno – in jedem fünften Jahr

4) niemand, nichts; kein, keine, kein

a) nemo, nihil   *(substantivisch)*
b) nūllus, nūlla, nūllum *(Gen.:* nūllīus, *Dat.:* nūllī)   *(adjektivisch)*

5) keiner *usw.* (von beiden)

neuter, neutra, neutrum *(Gen.:* neutrīus, *Dat.:* neutrī)

6) wer, welcher *usw.* (von beiden)

uter, utra, utrum *(Gen.:* utrīus, *Dat.:* utrī)

7) jeder *usw.* (von beiden); der eine ... der andere *usw.*

uterque, utraque, utrumque *(Gen.:* utrīusque, *Dat.:* utrīque)
alter, altera, alterum   **Aber:** alius, alia, aliud – <u>ein</u> anderer! *(Gen.:* alterīus, *Dat.:* aliī)

Der Genitiv, semantische und syntaktische Funktionen

Eigenart		Frage	semantische F.	syntaktische F.
I	**Zugehörigkeit**			
1)	Eigentümer (*prägnant:* es ist Aufgabe, Pflicht, Angelegenheit, ein Zeichen von + Infinitiv)	Wessen?	**possessivus**	Attribut, Prädikatsnomen
2)	nähere Bestimmung (nomen dictaturae)		**explicativus / definitivus**	Attribut
3)	tätige Person	Wessen?	**subiectivus**	Attribut
4)	Person oder Sache, auf die sich eine Handlung *(durch ein Nomen ausgedrückt)* bezieht	Zu, vor wem? Auf, über, gegen wen *oder* was?	**obiectivus**	Attribut
II	**Bewertung**			
1)	spezielle oder gleich bleibende Eigenschaft	Wie beschaffen?	**qualitatis**	Attribut, Prädikatsnomen
2)	Wert / Preis	Zu welchem Preis?	**pretii**	Attribut, Adverbiale, Prädikatsnomen
III	**Teilung**			
1)	Gesamtmenge, von der ein Teil genommen wird	Von welcher Menge?	**partitivus**	Attribut
2)	genaue Bezeichnung (montes auri)	Aus was bestehend?	**materiae**	Attribut
IV	**Bereich**	*(Wozu gehörig?)*		
1)	nach Ausdrücken des Erinnerns und Vergessens	Wessen? Wen? Was?	**(obiectivus, partitivus)**	Attribut, Objekt
2)	nach unpersönlichen Verben (paenitet, pudet ...)		**(respectus)**	Objekt
3)	Gerichtswesen	Weswegen? In welcher Hinsicht?	**criminis**	Objekt, (Adverbiale)
4)	bei interest, refert (Romanorum interest, *aber:* suā interest)	In wessen Interesse liegt es?		Prädikatsnomen

Übungssätze zum Genitiv

1) Villa **Marci Tullii** magna est.
2) Monumenta **Romae urbis** nobis adhuc admirationi sunt.
3) Virtute **paucorum virorum** imperium Romanorum magnum factum est.
4) **Boni oratoris** est cives suos recta veraque docere.
5) **Boni consulis** est rei publicae bene consulere.
6) **Stultitiae est** in eadem causa iterum peccare.
7) Templum in Palatio situm **Apollinis** erat.
8) Nomen **dictaturae** Romanis odio fuit.
9) Metus **hostium** tam magnus erat, ut quam celerrime fugerent.
10) Metus **Germanorum** Romanis semper fuit.
11) Spes **salutis** nulla erat.
12) Catilina cupidus **regni** erat.
13) Cicero orator **eloquentiae ingentis** fuit.
14) Ad Sequanos iter erat **paucorum dierum**.
15) Quid **consilii** nunc capiamus?
16) Quis **vestrum** bonum consilium capere potest?
17) Copia **frumenti** paucos dies suppeditabat.
18) Milites relicti castris satis **praesidii** erant.
19) Catilinam **scelerum** non paenituit.
20) Socii Catilinae **coniurationis** accusati et **capitis** damnati sunt.
21) **Ciceronis consulis** interfuit Catilinam urbe expellere.
22) *Aber:* Meā, tuā, suā, nostrā, vestrā maxime interest pacem esse.

Aufgabe:

Übersetzen Sie diese Sätze und bestimmen Sie die semantische Funktion der fett gedruckten Wörter. Verfahren Sie bei den Übungssätzen zum Dativ und Ablativ (S. 241 und 243) ebenso.
Die Lösungen zu diesen Sätzen finden Sie ab S. 277.

(Zum Genitiv insgesamt vgl. Systemgrammatik § 62–66; Rubenbauer / Hofmann § 130–140)

Der Dativ, semantische und syntaktische Funktionen

Charakter	Frage	semant. Funkt.	syntakt. Funkt.
1) im engeren Sinn			
a) bei transitiven Verben	Wem?		indirektes Objekt
b) bei intransit. Verben (favēre, invidēre, studēre, persuadēre, parcere)	Wen *oder* Was? *(bei Verben, deren deutsche Bedeutung transitiv ist)*		direktes Objekt
c) bei intrans. Komposita von esse, stare, venire			direktes Objekt
2) Dativ des Interesses			
a) Person oder Sache, zu deren Vor- oder Nachteil eine Handlung geschieht	Für wen? Zu wessen (Un)gunsten?	**commodi**	indirektes Objekt
b) Besitzer	Wem gehört...?	**possessivus**	Prädikatsnomen
c) innere Anteilnahme	Wem?	**ethicus**	indirektes Objekt
d) örtl. u. geistiger Ausgangspunkt einer Betrachtung	Von wo *oder* wem aus gesehen?	**iudicantis**	Adverbiale
e) handelnde Person *(nur beim Gerundiv!)*	Von wem?	**auctoris**	
3) Dativ des Zwecks*			
a) Zweck, Absicht *(oft in Verbindung mit einem dativus commodi!)*	Wozu? Zu welchem Zweck?	**finalis**	Adverbiale, Prädikatsnomen

* **Merke besonders** *(statt des wörtlichen „gereichen zu etwas")*:

    odio esse – verhasst sein, sich Hass zuziehen   saluti esse – zur Rettung verhelfen
    admirationi esse – bewundert werden   curae esse – Sorge bereiten
    invidiae esse – beneidet werden   impedimento esse – hinderlich sein

(Zum Dativ insgesamt vgl. Systemgrammatik § 49–52; Rubenbauer / Hofmann § 123–129)

Übungssätze zum Dativ

1) Catilina id studuit, ut **rei publicae** noceret.
2) Romani parcere **gentibus victis** volebant.
3) Orgetorix **Helvetiis** persuasit, ut finibus suis egrederentur.
4) Bonus gubernator rei publicae **omnibus civibus saluti** esse debet.
5) Res a Caesare gestae **Romanis magnae admirationi** fuerunt.
6) Caesar T. Labienum **castris praesidio** reliquit.
7) **Orgetorigi** magna inter Helvetios auctoritas erat.
8) **Militibus Romanis** pons faciendus erat.
9) Vercingetorix locum idoneum **castris** delegit.
10) **Laborantibus suis** Caesar equitatum **auxilio** misit.
11) **Mercatoribus** nullus erat aditus ad Nervios.
12) Clytaemnestra **Agamemnoni crimini** dedit, quod filiam immolavisset.
13) Romani **Tarquinio** inviti paruerunt. *(Lösungen auf S. 278)*

BESONDERHEITEN

1) Verben mit Dativobjekt, denen im Deutschen Transitiva entsprechen:

studēre – eifrig betreiben
maledicere – beschimpfen
parcere – schonen (sparen)
nubere (viro) – heiraten

favēre – begünstigen, fördern
persuadēre – überreden, überzeugen
invidēre – beneiden
medēri – heilen

2) Transitive Verben, die, intransitiv verwendet, ihre Bedeutung änden:

cavēre – für sich sorgen
prospicere – *wie* providere
timēre, metuere – besorgt sein um etw. / jmd.

providēre – sorgen für
consulere – sich kümmern um, sorgen für
temperare, moderari – zügeln, mäßigen

3) Dativ bei Komposita von esse, venire, stare:

prodesse – nützlich sein
adesse – helfen
superesse – übrig sein, jmd. überleben
praestare – übertreffen

obesse – behindern, hinderlich sein
interesse – teilnehmen
praeesse – an der Spitze stehen, leiten
subvenire – zu Hilfe kommen

4) Dativ bei Adjektiven:

perniciōsus, -a, -um – Verderben bringend
idōneus, -a, -um – passend, geeignet
ūtilis, -is, -e – nützlich
periculōsus, -a, -um – gefährlich

salutāris, -is, -e – heilsam
iucundus, -a, -um – erfreulich, angenehm
infestus, -a, -um – feindlich
aptus, -a, -um – geeignet, passend

Anhang, Grammatik

Der Ablativ, semantische und syntaktische Funktionen

I INSTRUMENTALIS			
Charakter	Frage	semantische F.	syntaktische F.
1) Werkzeug, Mittel	Womit? Wodurch?	**instrumenti**	Adverbiale, (Objekt)
2) begleitende Person, Gemeinschaft	Mit wem?	**sociativus**	Adverbiale
3) Art u. Weise; Begleitumstände; Folge	Wie? Auf welche Weise? Unter welchen Umständen? Mit welchem Ergebnis?	**modi**	Adverbiale
4) Beweggrund, Ursache, Anlass	Warum? Worüber? Worauf? Woran?	**causae**	Adverbiale, (Objekt, Attribut)
5) Bewertung einer Person oder Sache	Wie beschaffen?	**qualitatis**	Attribut, Prädikatsnomen
6) Hinsicht, nähere Bestimmung, Einschränkung	In welcher Hinsicht? Worin?	**limitationis, respectus**	Adverbiale, Attribut
7) Maß u. Grad eines Unterschieds	Um wie viel? Wie viel?	**mensurae, differentiae**	Adverbiale, Attribut
8) Wert- u. Preisangabe *bei Verben des Kaufens etc.*	Für wie viel?	**pretii**	Adverbiale
II LOCI / TEMPORIS			
1) Ort (urspr. Lokativ auf -i: *s. domi*)	Wo?	**loci**	Adverbiale
2) Zeit(raum)	Wann? Innerhalb welcher Zeit?	**temporis**	Adverbiale
III SEPARATIVUS			
1) Ausgangspunkt *(konkret)* a) örtlich b) zeitlich	Woher? Seit wann?		Adverbiale
Im erweiterten Sinn: 1) Abstammung, Herkunft a) eigentl. Abstammung b) Urheber 2) Vergleichspunkt	Woher abstammend? Von wem? Von wo aus gesehen?	**originis auctoris comparationis**	Attribut, Prädikatsnomen; Adverbiale Adverbiale
2) Trennung, Getrenntsein a) privare, egere, liberare, carere b) re- amovere, abstinere c) Komposita mit de-, dis-, se-	Von wo / was getrennt? Wovon?	**separativus** im engeren Sinn	Attribut, Adverbiale, (Objekt)

Übungssätze zum Ablativ

1) Miles **gladio** se fortiter defendit, sed **hasta** vulneratus est.
2) Imperator **magno dolore** afficiebatur, quod milites **summo cum studio** pugnantes **proelio acerrimo** vincebantur.
3) Zama oppidum quinque dierum iter **a Carthagine** abest.
4) L. Sulla <u>rerum potitus</u> multos inimicos non modo **honoribus** et **bonis**, sed etiam **vita** privavit.
5) I. Brutus rem publicam **regno** Tarquinii Superbi liberavit; at populus Romanus numquam **timore** regum liber erat.
6) Ciceroni nemo perniciosior fuit **M. Antonio**.
7) Catilina, vir **nobili genere** natus, **magna audacia maloque <u>ingenio</u>** erat.
8) Caesar omnibus ducibus **audacia** et **celeritate** praestitit.
9) Non **iure**, sed sua <u>culpa</u> Cicero a Clodio **Roma** in exilium pulsus erat.
10) Quamquam <u>Scaeva</u> **multis vulneribus** laborabat, omnes socios <u>tantum</u> **fortitudine** praecessit, ut solus fere hostes **muris** castrorum prohiberet.
11) **Antiquis temporibus** Romae servi **parvo** emebantur, sed Graeci servi <u>dimidio</u> cariores erant **ceteris**, cum hos **doctrina** superarent.
12) Praedones praedae **cupiditate** impulsi e <u>latebris</u> **suis** veniebant, ut oppida Asiae diriperent.
13) **Prima luce** Caesar **<u>idoneo</u> loco** aciem instruxit.
14) **Ex <u>arbore</u> vetere** saepe pulcherrima <u>poma</u> pendent.
15) Rhenus flumen **ex Alpibus montibus** <u>effluit</u>.
16) Multi senatores **initio** belli civilis **a** Pompeii **partibus** stabant.
17) Caesar **memoria** tenebat <u>Helvetios</u> **multis annis** ante **iniuriis** non <u>abstinuisse</u>.
18) Piratae **fuga celerrima** salutem petiverunt.
19) Incolae oppidi oppugnati **fame** <u>debilitati</u> atque **metu** coacti a duce hostium pacem petiverunt.

(Lösungen auf S. 278 f.)

Angaben zu den unterstrichenen Wörtern:

1) hasta, -ae f.	Lanze	9) latebra, -ae f.	Versteck
2) vulnerāre	verwunden	10) idoneus *etc.*	geeignet
3) rerum potīri	sich der Herrschaft bemächtigen	11) arbor, -oris f.	Baum
4) ingenium, -i n.	Charakter, Geisteskraft	12) pomum, -i n.	Frucht
5) culpa, -ae f.	Schuld	13) effluere	entspringen
6) Scaeva, -ae m.	Scaeva, Offizier in Caesars Heer	14) Helvetii, -orum *(gallischer Stamm)*	
7) tantum	so sehr	15) abstinēre	sich enthalten
8) dimidium, -i n.	Hälfte	16) debilitāre	schwächen

Zum Ablativ insgesamt vgl. Systemgrammatik § 53 – 61; Rubenbauer / Hofmann § 141–156

Verschränkte Relativsätze – weitere Möglichkeiten

1) Mit einer Partizipialkonstruktion:

1) Magna est vis iustitiae, **quā sublatā** omnia humana iacent.
2) Scientia, **quam tenentes** beati estis, ab hominibus doctis laudatur.

→ Noch deutlicher als bei der Verschränkung mit einem AcI sieht man hier, dass das Relativpronomen Teil (= Satzglied) der Konstruktion ist, mit der der Relativsatz verschränkt ist. Es hat keine syntaktische Beziehung zum Prädikat des Relativsatzes:
qua (S. 1) ist Subjekt des ablativus absolutus,
quam (S. 2) ist Objekt des participium coniunctum **tenentes**.

Übersetzung:

a) Relativischer Satzanschluss

1) Groß ist die Macht der Gerechtigkeit; wenn **diese** beseitigt (worden) ist, liegen alle menschlichen Angelegenheiten darnieder.

2) Die Kenntnis wird von gelehrten Menschen gelobt; wenn ihr **diese** besitzt, seid ihr glücklich.

b) Präpositionaler Ausdruck *(unter Bewahrung des Relativsatzes)*

1) Groß ist die Macht der Gerechtigkeit, **nach deren Beseitigung** alle menschlichen Angelegenheiten darniederliegen.

2) Die Kenntnis, **bei deren Besitz** ihr glücklich seid, wird von gelehrten Menschen gelobt.

c) Behelfsübersetzung

2) Die Kenntnis, **durch die** ihr, **wenn** ihr sie besitzt, glücklich seid, wird von gelehrten Menschen gelobt

Weitere Beispiele:

1) Caesar naves, quibus amissis Britanniam adire non posset, bene custodiri iussit.
2) Non ea sunt habenda bona, quibus abundantem licet esse miserrimum.

Übersetzung:

1) Caesar ließ die Schiffe gut bewachen, nach deren Verlust er Britannien nicht betreten könnte.
2) Nicht diejenigen Dinge soll man für Güter halten, trotz deren Besitz man sehr unglücklich sein kann (*wörtl.*: an denen Überfluss habend man sehr unglücklich sein kann *oder*: an denen man Überfluss haben und trotzdem sehr unglücklich sein kann).

2) Mit einem adverbialen Nebensatz:

> Tritt zu dem Relativsatz ein weiterer, diesem untergeordneter Nebensatz hinzu, so muss das Relativpronomen **zweifach** übersetzt werden (abgesehen von einer Übersetzung mit einem relativischen Satzanschluss; dies ist ohnehin nicht immer möglich):
>
> 1) Als **Relativpronomen** mit dem Kasus, der von dem Prädikat des Relativsatzes benötigt wird (in der Skizze: dubitavit, dem das Subjekt fehlt) und
> 2) Als **Personalpronomen** in dem hinzu gekommenen Nebensatz mit dem Kasus, in dem das lateinische Relativpronomen steht (*hier:* cui, also mit dem Dativ):

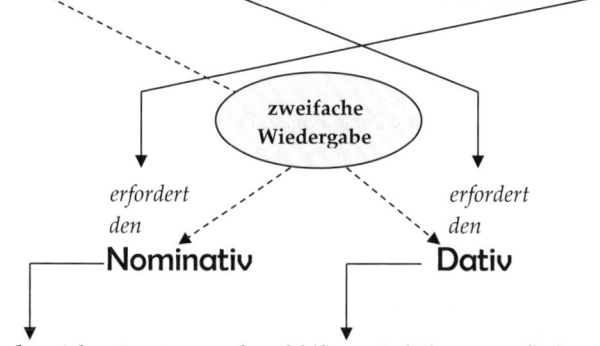

Catilina, **der** nicht **zögerte**, ..., **obwohl ihm** möglich war zu fliehen, starb tapfer kämpfend.

Übersetzungsmöglichkeiten:

a) Wie oben beschrieben: zweifache Wiedergabe des Relativpronomens
b) Als relativischer Satzanschluss* (...; **dieser** zögerte nicht, die Schlacht zu beginnen, obwohl es **ihm** möglich war zu fliehen.
* Diese Übersetzung ist nicht immer möglich!

Weitere Beispiele:

1) Admiramur Alexandrum magnum, **cui si** vita longior contigisset totum orbem terrarum subegisset. – Wir bewundern Alexander den Großen, **der** die gesamte Welt unterworfen hätte, **wenn ihm** ein längeres Leben zu Teil geworden wäre.
2) Oedipus, **qui si** interfectus esset dei non tam acerbum fatum dedissent, patrem occidit et Thebas venit et matrem in matrimonium duxit. – Oedipus, **dem, wenn er** getötet worden wäre, die Götter nicht ein so bitteres Schicksal gegeben hätten, tötete seinen Vater, kam nach Theben und heiratete seine Mutter.
3) Hodie abest omnis dolor, **qui si** adesset vix ferre possem. – Heute fehlt jeder Schmerz, den ich, wäre er da, kaum ertragen könnte (*oder:* ...wäre er da, könnte ich diesen kaum ertragen).

Der Konjunktiv im Hauptsatz

1) **Als Modus des Wunsches** — *Optativ*

   a) **Erfüllbar gedachte Wünsche** der Gegenwart und der Vergangenheit
   (mit Präsens bzw. Perfekt, Neg. **ne***):*
   Valeas! – Mögest du doch gesund sein!
   Utinam id concedant! – Mögen sie es doch zugeben!
   Utinam vere auguraverim! – Möge ich doch richtig vorhergesagt haben!

   b) **Unerfüllbar gedachte Wünsche** der Gegenwart und Vergangenheit
   (mit Imperfekt bzw. Plusquamperfekt, Neg. **ne***):*
   Utinam mater valeret! – Wäre Mutter doch gesund!
   Utinam res publica stetisset! – Hätte der Staat doch Bestand gehabt!

2) **Als Modus der Aufforderung** (an die erste Pers. Plural) — *Hortativ*
   (Neg. **ne**):
   Eamus! – Lasst uns gehen! / Wir wollen gehen!
   Etiam in rebus secundis superbiam fugiamus!
   Lasst uns auch im Glück den Übermut meiden!

3) **Als Modus des Befehls** (an die dritte Person Sg. u. Pl.) — *Iussiv*
   (Neg. **ne**):
   Se quisque noscat! – Jeder lerne sich selbst kennen!
   Alter alteri ne invideat! – Einer soll den anderen nicht beneiden!
   Videant consules, ne quid res publica detrimenti capiat!
   Die Konsuln sollen darauf achten, dass der Staat keinen Schaden erleide!

4) **Als Modus des Verbots** (an die zweite Person Sg. u. Pl.) — *Prohibitiv*
   (mit **ne** und Perfekt oder noli / nolite und Infinitiv):
   Ne id feceris *oder* noli id facere! – Tue das nicht!

5) **Als Modus des Zweifels oder der Überlegung** — *Dubitativ*
   (Präsens für die Gegenwart, Imperfekt für die Vergangenheit,
   Neg. **non**)
   Quid faciam? – Was soll ich tun?
   Quid facerem? – Was hätte ich tun sollen?

6) **Als Modus des Zugestehens, Einräumens** — *Concessiv*
   (Präsens und Perfekt; Prädikat steht meistens am Anfang des Satzes.
   Neg. **ne**):
   Sit fur, tamen amicus meus est.
   Mag er auch ein Dieb sein, dennoch ist er mein Freund.

7) **Als Modus der Vorstellung** — *Potential / Irreal*
   (Neg. **non**):

   a) **Potentialis d. Gegenwart** *(Präs. oder Perf.)* u. **Vergangenheit** *(mit Imperf.)*:
   Dicat / dixerit quis – Jemand könnte sagen
   Diceres – Man hätte sagen können

   b) **Irrealis d. Gegenwart** *(Imperfekt)* u. **Vergangenheit** *(mit Plusquamperfekt)*:
   Nos non adiuvares. – Du würdest uns nicht helfen.
   Nos non adiuvisses. – Du hättest uns nicht geholfen.

Der Konjunktiv im Nebensatz

1) In Konditionalsätzen
a) Potentialis der Gegenwart: Präsens oder Perfekt
b) Irrealis: a) der Gegenwart: Imperfekt; b) der Vergangenheit: Plusquamperfekt

2) In innerlich abhängigen Nebensätzen
a) Begehrssätze (**ut / ne**), abhängig von Verben des Begehrens, Wünschens *usw.*; verneinte Begehrssätze nach verba timendi et impediendi, positiv zu übersetzen
b) Finalsätze (**ut / ne**) und Temporalsätze mit finalem Nebensinn (**dum** – damit unterdessen; **priusquam, antequam** – damit nicht erst, bevor)
c) Indirekte Fragesätze und solche mit **quin**
d) Nebensätze mit obliquem Konjunktiv *(statt des Indikativs; besonders Kausalsätze, mit quod oder quia eingeleitet)* und solche der oratio obliqua *(der indirekten Rede)*
e) Relativsätze mit adverbialem Nebensinn (Begehren / final – kausal – konzessiv – konsekutiv)

3) Erweiterter Gebrauch *(Nebensätze, in die der Konjunktiv später eindrang)*
a) Temporalsätze (mit **cum** – als, nachdem)
b) Kausalsätze (mit **cum** – weil, da)
c) Konzessivsätze (mit **cum** – obwohl, obgleich)
d) Konsekutivsätze (mit **ut, ut non** – so dass, so dass nicht)

 In den Sätzen dieser Gruppe wird der Konjunktiv entgegen seiner Natur als Modus des Gedachten *usw.* immer mit **Indikativ** übersetzt.

Beispielsätze:

1a) Si quid dictum sit obscure, de re dubites.
1b) Si auxilia venirent, hostes vinceremus. Nisi auxilia venissent, hostes nos vicissent.
2a) Optamus, ut vos quam celerrime ad nos veniatis. Timemus, ne serius veniatis.
2b) Helvetii obsides Sequanis dant, ut sine maleficio transeant. Caesar diem ad deliberandum sumpsit, dum milites, quos imperaverat, convenirent. Caesar impetum in hostes fecit, priusquam aciem instruere possent.
2c) Dic mihi, quid facias / feceris. Ignorabam, quid faceres / fecisses. Non dubito, quin miseris adesse deceat.
2d) Naturam accusamus, quod nobis exiguam vitam det. Homines semper naturam accusabant, quod sibi exiguam vitam daret. Te accuso, quod mihi iniurias feceris. Te accusavi, quod magnam mihi iniuriam fecisses.
2e) Medicum tibi mitto, qui te adiuvet *(fin.)*. Germani, qui suos interfici viderent *(kaus.)*, se e castris eiecerunt. Caesar Marcello, qui inimicissimus sibi fuisset *(konzess.)*, Romam redire permisit. Fuerunt, qui negarent *(konsek.)* coniurationem esse factam. Reperti sunt duo equites, qui Ciceronem interficere parati essent *(konsek.)*. Verres nuntium misit, qui pulcherrima vasa rogaret *(fin.)*. Antiochus rex, qui dolum Verris non perspiceret *(kaus.)*, vasa pulcherrima libentissime ei dedit. *(Lösungen auf S. 279 f.)*

Verbformen, die Zeitverhältnisse anzeigen

Gleichzeitigkeit	Vorzeitigkeit	Nachzeitigkeit
Infinitiv Präsens Aktiv u. Passiv (im AcI)	Infinitiv Perfekt Aktiv und Passiv (im AcI)	Infinitiv Futur Aktiv und Passiv (im AcI)
Partizip Präsens Aktiv (part. coni. / abl. abs.)	Partizip Perfekt Passiv (part. coni. / abl. abs.)	Partizip Futur Aktiv (part. coni. / abl. abs.)
Konjunktiv Präsens und Imperfekt (in innerlich abhängigen Nebensätzen*)	Konjunktiv Perfekt und Plusquamperfekt (in innerlich abhängigen Nebensätzen)	-ūrus, -a, -um sim; -ūrus *etc.* essem (coniugatio periphrastica) (in innerlich abhängigen Nebensätzen)

* Auch Nebensätze der indirekten Rede zählen zu den innerlich abhängigen Nebensätzen; die indirekte Rede wird in diesem Buch nicht behandelt. Dennoch hier ein Beispiel:
Cicero dixit se rem publicam servavisse, **quod** Catilinae coniurationem **aperuisset**.
C. behauptete, den Staat gerettet zu haben, **weil** er die Verschwörung Catilinas aufgedeckt **habe**.
Hauptsätze der direkten Rede treten bei der Umwandlung in die indirekte Rede in den AcI, während die Prädikate der Nebensätze meistens im Konjunktiv erscheinen, in den so genannten coniunctivus obliquus.

CONSECUTIO TEMPORUM

Durch die **consecutio temporum,** die Abfolge der Zeiten, wird die Verwendung der Tempora in den konjunktivischen Nebensätzen geregelt, die innerlich abhängig sind:

Steht im Hauptsatz Präsens, Fut. I oder II, dann steht im Nebensatz	Steht im Hauptsatz ein Tempus der Vergangenheit, dann steht im Nebensatz
a) *bei Gleichzeitigkeit*: Konj. Präsens	a) *bei Gleichzeitigkeit*: Konj. Imperfekt
b) *bei Vorzeitigkeit*: Konj. Perfekt	b) *bei Vorzeitigkeit*: Konj. Plusquampf.
c) *bei Nachzeitigkeit*: -urus, -a, -um sim (*coniugatio periphrastica*)	c) *bei Nachzeitigkeit*: -urus, -a, -um essem (*coniugatio periphrastica*)

Beispiel für die Nachzeitigkeit:

Non ignoro, quid facturus sis.   Ich weiß genau, was du tun wirst / willst.
Non ignoravi, quid facturus esses.   Ich wusste genau, was du tun würdest / wolltest.

Relativsätze mit adverbialem Nebensinn

Relativsätze stellen über den bloß beschreibenden attributiven Charakter einen logischen Bezug zum Prädikat des übergeordneten Satzes her, wenn das Prädikat des Relativsatzes im Konjunktiv steht. Solche Relativsätze vertreten dann adverbiale Nebensätze, da sie nun nicht so sehr das Bezugswort beschreiben, sondern eher das Prädikat des übergeordneten Satzes erläutern. Es handelt sich um Relativsätze mit adverbialem Nebensinn.

Folgende Möglichkeiten eines adverbialen / konjunktivischen Nebensinns gibt es:

- kausaler Nebensinn* (*Übersetzung mit Indikativ*)
- konzessiver *bzw.* adversativer Nebensinn* (*Übersetzung mit Indikativ*)
- finaler Nebensinn (auch Begehren) (*Übersetzung mit Hilfsverb „sollen"*)
- konsekutiver Nebensinn (*Übersetzung mit Indikativ*)
- *seltener:* konditionaler Nebensinn (*Übersetzung dem Konditionalsatz entsprechend*)

* Der kausale und konzessive Nebensinn lässt sich bisweilen durch Hinzufügen eines „deshalb" bzw. „dennoch" im Hauptsatz verdeutlichen.

Beispiele:

1) Caesar milites in litore reliquit, qui navibus praesidio **essent**.
2) Quis nostrum est, qui **neget** Ciceronem consulem servavisse rem publicam?
3) Caesar dictator a coniuratis, qui regnum **timerent**, occisus est.
4) Cicero Catilinam, qui coniurationem **fecisset**, Roma expulit.
5) Catilina non is erat, qui mortis periculo **terreretur**.
6) Catilina multos iuvenes invenit, qui fortes et fidi **essent**.
7) Germani, qui libertatem **amarent**, primo legibus a Romanis impositis parebant.
8) Quis est, qui memoriam virorum illustrium non cum caritate benevola **colat**, quos numquam **viderit**?
9) Qui modeste paret, dignus est, qui aliquando **imperet**.
10) Qui hunc concursum in oppidum factum (esse) **videat**, urbem captam (esse) dicat.
11) Nulla acies humani ingenii tanta est, quae penetrare in caelum **possit**.
12) Rex, qui socius et amicus populi Romani **esset**, a Verre e provincia expulsus est.
13) Quid est impudentius Tarquinio, qui bellum **gereret** cum iis, qui superbiam eius non tulerant?

(*vgl. a. Anhang S. 247, 2 e; Lösungen auf S. 280*)

---

1) illūstris, -is, -e — berühmt
2) carităs, -ātis f. — Liebe, Wertschätzung
3) concursus, -ūs m. — Zusammenströmen
4) acies, -ēi f. — *hier:* Schärfe, Scharfsinn
5) penetrāre — eindringen, vordringen
6) impudēns, -entis — schamlos, unverschämt
7) Tarquinius, -i m. — Tarquinius Superbus (*der letzte König Roms, aus Rom vertrieben*)

Gerundium / Gerundivum

Das **Gerundium** ist der substantivierte **Infinitiv Präsens Aktiv**, also ein Verbalsubstantiv. Sein grammatisches Geschlecht ist neutrum. Im Deutschen geschieht die Substantivierung durch Voranstellen des Artikels „das", also: schlafen > das Schlafen; gehen > das Gehen. Da es im Lateinischen keinen Artikel gibt, ist man auf die Kasusendungen angewiesen. Hierbei treten an den Stamm *bzw.* den Stamm + Erweiterungsvokal die Buchstaben **-nd-** als Kennsilbe vor die Kasusendungen (wie auch beim Gerundivum).
Das Gerundium gibt es nur im Genitiv, im Dativ (*selten*), im Akkusativ mit Präposition und im Ablativ mit und ohne Präposition, und zwar nur im Singular. Dekliniert wird es nach der o-Deklination, z. B.:

> eundi (des Gehens) – eundo (für das Gehen, zum Zwecke des Gehens) – ad eundum – (zum Gehen) – eundo (durch das Gehen) – in eundo (beim Gehen, während des Gehens)

→ Das Gerundium gibt es weder im Nominativ noch im Akkusativ **ohne** Präposition. Es entspricht in diesen Fällen dem Infinitiv und besitzt die syntaktische Funktion eines Subjekts (z. B.: Irren ist menschlich) oder eines Objekts *(z. B.: Ich liebe das Arbeiten im Garten).*

→ Der **substantivische** Charakter des Gerundiums zeigt sich darin, dass es a) dekliniert wird und dass es b) Satzgliedfunktionen eines Substantivs einnimmt, besonders:

1) Als **Genitivattribut,** von einem anderen Substantiv abhängig:
> ars **dicendi** – die Kunst des Redens *oder:* die Kunst zu reden

> Weiterhin steht ein Gerundium im Genitiv nach Adjektiven wie z. B. **cupidus**, *also:*
> cupidus discendi sum – Ich bin begierig zu lernen *oder:* lernbegierig.
> Wichtig auch: Gerundium nach der Postposition **causā**, *also:*
> discendi causā – des Lernens wegen *oder:* um zu lernen

2) Als **Adverbiale** (meistens im Ablativ), zur Erläuterung eines Verbs:
> **currendo** ad flumen pervenire – durch Laufen zum Fluss gelangen

→ Der **verbale** Charakter des Gerundiums wird an der Tatsache deutlich, dass es, wie ein Verb, ein Objekt erfordern kann (anders als der deutsche substantivierte Infinitiv!) und durch ein Adverbiale (nie durch ein Adjektiv!) erläutert wird, z. B.:

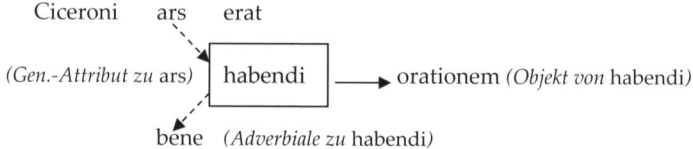

Ciceroni   ars   erat
(Gen.-Attribut zu ars)   habendi   → orationem *(Objekt von habendi)*
bene   *(Adverbiale zu habendi)*

Wörtlich: Cicero besaß die Kunst des eine Rede gut Haltens. *(Kein Deutsch!)*
Besser: Cicero besaß die Kunst, eine Rede gut zu halten.

Weitere Beispiele:

1) Caesar inimicis **ignoscendo** dominationem suam obtinere studebat.
   Caesar bemühte sich darum, seine Herrschaft zu erhalten,
   Der bloße Ablativ des Gerundiums ist meistens ein ablativus modi auf die Frage: „Wie"?
   „Auf welche Weise?" Daher lässt sich dieser Ablativ mit einem Modalsatz wiedergeben, **also:**
   indem er seinen Gegnern verzieh *(wörtl.: durch das den Gegnern Verzeihen, kein Deutsch!).*
2) Nam senatoribus metum **iniciendo** Sulla rem publicam administraverat.
   Denn Sulla hatte den Staat dadurch verwaltet, dass er den Senatoren Furcht einflößte.
   (Gleiches Prinzip wie bei Satz 1!)
3) Sed Cassius Bruto dixit: „Occasio Caesarem **interficiendi** adest."
   Aber Cassius sagte zu Brutus: „Die Gelegenheit, Caesar zu töten, ist da."

→ Gerundium im Genitiv + Objekt am besten mit „zu" + Infinitiv übersetzen.
  Ausnahme: Gerundium + causā + Genitiv mit „um ... zu" + Infinitiv, z. B.:
      Cicero studendi causā in Graeciam navigavit. – C. fuhr nach G., um zu studieren.
→ Der selten vorkommende Dativ des Gerundiums ist ein dativus finalis.
→ Die Präpositionen **ad** und **in** mit Akkusativ haben finalen Charakter, z. B.:
      Parati este ad discendum! – Seid zum Lernen bereit!
      Ad bene vivendum hoc unum deest. – Um gut zu leben, fehlt einzig dies.
→ Das Gerundium im bloßen Ablativ entspricht häufig einem modalen Nebensatz *(s. o.).*
  Die Präposition **in** mit Ablativ hat temporale Bedeutung, z. B.:
      in discendo – während des Lernens; in pugnando – während des Kämpfens, beim Kampf

---

Das attributive Gerundivum

In der Funktion als **Attribut** verliert das **Gerundivum** die Bedeutung der Notwendigkeit. Ein solches Gerundiv entspricht inhaltlichlich dem Gerundium: Es ist ein Gerundium im Gewand des Gerundivs *(zur Begründung, warum es diese Art von Gerundiv gibt, s. L. 19).*
Hier einige Beispiele:

1) Diem ad sermonem **habendum** deligamus!
   Lasst uns einen Termin auswählen, um ein Gespräch zu führen!
2) Vero **indagando** prudentiores erimus.
   Wir werden klüger sein, indem wir die Wahrheit erforschen *(durch das Erforschen der Wahrheit).*
3) In inimicis **puniendis** Sulla crudelior fuit.
   Bei der Bestrafung seiner Gegner ist Sulla allzu grausam gewesen.

→ Formen auf **-ndi, -ndo, -ndum, -ndo** sind GERUNDIUM:
  - ohne KNG-Kongruenz zu einem Bezugswort
→ Die Formen in allen Geschlechtern im Singular und Plural sind GERUNDIVUM:
  - als Prädikatsnomen (also mit esse) im Nominativ oder Akkusativ (im AcI)
  - als Attribut oder praedicativum mit Bezugswort in KNG-Kongruenz, hier aber
    ohne Bedeutung der Notwendigkeit *(s. o. Beispielsätze)*

Gerundium / Gerundivum – Überblick

	GERUNDIUM	**GERUNDIVUM**
Wortart	Verbalsubstantiv	Verbaladjektiv
Genus Verbi	Aktiv	Passiv (als Prädikatsnomen mit Bedeutung der Notwendigkeit)
Numerus	Singular	Singular und Plural
Genus	neutrum	alle drei Geschlechter
Deklinationsgruppe	o-Deklination	o- und a-Deklination
Erweiterungen durch	Objekt, Adverbiale	dativus auctoris

Häufige Verwendung im Satz	- als Genitivattribut
	- als Adverbiale im Ablativ
	  bzw. im prä- oder postpositionalen Ausdruck
	
	↓
	
	HÄUFIGE SINNRICHTUNG:
	
	temporal modal final
	↓ ↓ ↓
	in + Abl. per + Akk. ad, in + Akk.;
	         Abl. Gen.+ causā,
	      (ohne Präp.) gratiā
		- als Prädikatsnomen
		- als praedicativum
		- als Attribut
		  (= *umgewandeltes Gerundium*)
		
		↓
		
		HÄUFIGE SINNRICHTUNG:
		
		temporal modal final
		↓ ↓ ↓
		in + Abl. per + Akk. ad, in + Akk.
		         Abl. Gen. + causā,
		      (ohne Präp.) gratiā

Übersetzungsmöglichkeiten	- mit einem Verbalsubstantiv - mit erweitertem Infinitiv - mit adverbialem Nebensatz	- Gerundiv als Attribut: wie beim Gerundium, also als Verbalvorgang

Beispiele für Übersetzungsmöglichkeiten:

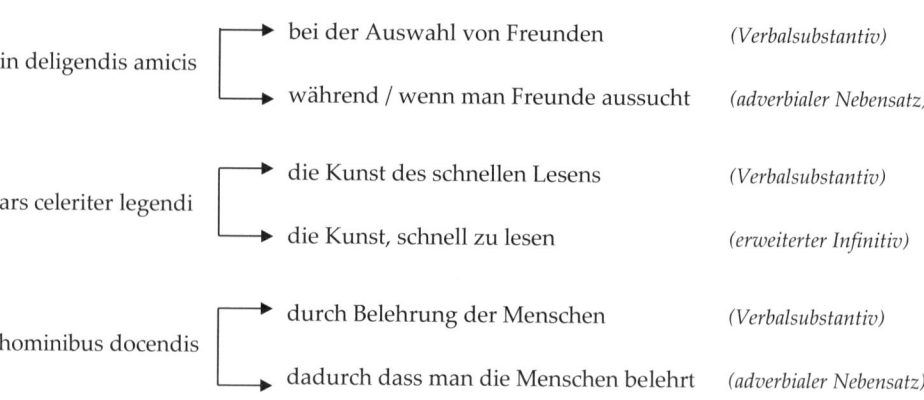

in deligendis amicis
→ bei der Auswahl von Freunden *(Verbalsubstantiv)*
→ während / wenn man Freunde aussucht *(adverbialer Nebensatz)*

ars celeriter legendi
→ die Kunst des schnellen Lesens *(Verbalsubstantiv)*
→ die Kunst, schnell zu lesen *(erweiterter Infinitiv)*

hominibus docendis
→ durch Belehrung der Menschen *(Verbalsubstantiv)*
→ dadurch dass man die Menschen belehrt *(adverbialer Nebensatz)*

Die Präfixe und ihre Bedeutung

Präfix	Bedeutung	Beispiele	
1)	a-, ab-, abs-, au-	ab-, weg-, fort-	abicere auferre	wegwerfen rauben
2)	ad-	heran-, an-, dabei-, hinzu-, herbei-, zu-, an-	adesse adicere accurrere aggredi	da(bei) sein, hinzufügen herbeilaufen angreifen
3)	ante-	vor-, voraus-, voran-	anteponere antecedere	vorziehen vorangehen, übertreffen
4)	circum-	um-, umher-	circumvenire cirumdare circumspicere	umzingeln umgeben umherblicken
5)	(cum) → co-, con-	zusammen-, *verstärkend*	convenire componere conicere	zusammenkommen zusammenstellen (heftig) schleudern
6)	de-	herab-, hinab-, weg-, ab-; *verstärkend*	descendere deportare detinere devincere	herabsteigen wegbringen abhalten völlig besiegen
7)	di(s)-, di(r)-	ent-, fort-, auseinander-; *negierend:* un-	dimittere discurrere dissimilis	entlassen auseinanderlaufen unähnlich
8)	e-, ex-	aus-, heraus-, ent-; *verstärkend*	emittere exire effugere	herausschicken herausgehen entfliehen
9)	in-	ein-, hinein-, auf-, an-	importare inferre imponere	einführen hineintragen auferlegen
10)	inter-	(da)zwischen-, unter-, dabei-	interesse intermittere intercedere	dabei sein unterbrechen dazwischen treten
11)	ob-	dagegen-, entgegen-, gegenüber-	obesse ostendere	*dagegen sein:* hindern entgegenstrecken: zeigen
12)	per-	durch-, hindurch-, bis zum Ende, sehr, völlig	perspicere perficere permovere	durchschauen *zu Ende machen:* vollenden sehr bewegen
13)	post-	nach-, hintan-	postponere	hintansetzen
14)	prae-	vor-, voraus-, voran-	praeesse praedicere praeponere praeficere	vorstehen, leiten voraussagen voranstellen an die Spitze stellen
15)	praeter-	vorbei-, vorüber-, über-	praeterire praetermittere	vorbeigehen; übergehen auslassen

16)	**pro-**	vor-, hervor-	procedere	hervorkommen
			producere	(her)vorführen
			prohibere	*vorhalten*: abhalten, fernhalten, hindern
17)	**re(d)-**	zurück-, wieder-, von neuem	redire	zurückkehren
			reficere	wiederherstellen
18)	**se-**	auseinander-, weg-	separare	trennen
			secernere	absondern, trennen
			secedere	weggehen
19)	**sub-**	unter-, darunter-, von unten nach oben, heimlich, zu Hilfe	suscipere	unternehmen
			subducere	von unten hinaufführen
			subvenire	zu Hilfe kommen
			succurrere	zu Hilfe eilen
			suspicere	*von unten nach oben schauen*: beargwöhnen, verdächtigen
20)	**super-**	über-, übrig-	superesse	übrig sein
21)	**trans-**	über-, hinüber	tradere	übergeben
			transire	überschreiten, hinübergehen

Man muss beachten, dass die Präfixe bei einigen Verben ihre ursprüngliche Bedeutung zu Gunsten einer übertragenen verlieren.

Zum Beispiel kommt man bei **committere** mit „zusammenschicken" nur weiter, wenn man ein wenig seine Phantasie spielen lässt.

So mag hinter **proelium committere** (eine Schlacht beginnen) die bildliche Vorstellung des Zusammentreibens der beiden feindlichen Schlachtreihen stehen, bei **scelus committere** (ein Verbrechen begehen) das Zusammenführen von Plan und Ausführung und bei **promittere** (versprechen) das Vorschicken von Worten, denen die Tat folgen soll.

Bei der Synthese von Präfix und Simplex zum Kompositum gelten die Regeln der Assimilation, z. B.:

adportare → apportare;   conmittere → committere;   abferre → auferre;
exfugere → effugere;   conripere → corripere;   adferre → afferre;
subcipere → suscipere *u. a.*

Einige Proben aus Ciceros Reden

Die hier gebotenen und leicht bearbeiteten Textauszüge besitzen den Schwierigkeitsgrad des schriftlichen Latinums (von der Länge abgesehen).

Text 1 *Pro Sex. Roscio Amerino* 15 ff.

Cicero stellt in seiner Verteidigungsrede für Sextus Roscius den Vater gleichen Namens vor; hierbei erwähnt er dessen Sympathie für die Sache der Optimaten und berichtet von dem Mord an ihm:

Sex. Roscius, pater huiusce, municeps Amerinus fuit, cum genere et nobilitate et pecunia non modo sui municipii, verum etiam eius vicinitatis facile primus, tum gratia atque hospitiis florens hominum nobilissimorum. Nam cum Metellis, Serviliis, Scipionibus erat ei non modo hospitium, verum etiam domesticus
5 usus et consuetudo. Itaque ex suis omnibus commodis hoc solum filio reliquit; nam patrimonium domestici praedones vi ereptum possident, fama et vita innocentis ab hospitibus amicisque paternis defenditur.
Hic cum omni tempore nobilitatis fautor fuisset, tum hoc tumultu proximo, cum omnium nobilium dignitas et salus in discrimen veniret, praeter ceteros
10 in ea vicinitate eam partem causamque opera, studio, auctoritate defendit.
Etenim rectum putabat pro eorum honestate se pugnare, propter quos ipse honestissimus inter suos numerabatur. Posteaquam victoria constituta est ab armisque recessimus, cum proscriberentur homines atque ex omni regione caperentur ei, qui adversarii fuisse putabantur, erat ille Romae frequens atque in
15 foro et in ore omnium cotidie versabatur, magis ut exsultare victoria nobilitatis videretur quam timere, ne quid ex ea calamitatis sibi accideret.
Erant ei veteres inimicitiae cum duobus Rosciis Amerinis, quorum alterum sedere in accusatorum subselliis video, alterum tria huiusce praedia possidere audio; quas inimicitias si tam cavere potuisset, quam metuere solebat, viveret.
20 Neque enim, iudices, iniuria metuebat. Nam cum hic Sex. Roscius esset Ameriae, T. autem iste Roscius Romae, cum hic filius adsiduus in praediis esset cumque se voluntate patris rei familiari vitaeque rusticae dedisset, iste autem frequens Romae esset, occiditur ad balneas Pallacinas rediens a cena Sex. Roscius.

Angaben zu den im Text unterstrichenen Wörtern:

1) -ce *(s. a. Z. 18)* — hier *(dient der Betonung, muss nicht übersetzt werden)*
2) Amerinus, -a, -um — aus Ameria *(die heutige Kleinstadt Amelia)*
3) cum ... tum — einerseits ... andererseits; sowohl ... als auch (besonders)
4) Metelli, Servilii, Scipiones — Meteller, Servilier, Scipionen *(alte Adelsfamilien aus Rom)*
5) commodum, -i n. — *hier:* das Gut
6) hoc tumultu proximo — *Gemeint ist der Bürgerkrieg zwischen Sulla und den Marianern.*
7) in discrimen venire — in Gefahr geraten; auf dem Spiel stehen
8) praeter (m. Akk.) — *hier:* mehr als ...

9)	victoria, -ae f.	*Gemeint ist Sullas Sieg.*
10)	iniuriā	*zu Unrecht*
11)	T. Roscius	*einer dem Angeklagten feindlichen Verwandten*

Text 2   Pro Sex. Roscio Amerino 151 u. 154

Am Ende der Verteidigungsrede für Roscius appelliert Cicero an die Richter:

Ad eamne rem vos reservati esti, ad eamne rem delecti, ut eos condemnaretis, quos <u>sectores</u> ac sicarii iugulare non potuissent? Solent hoc boni imperatores facere, cum proelium committunt, ut in eo loco, quo fugam hostium fore arbitrentur, milites conlocent, in quos, si qui ex acie fugerint, de improviso incidant. Nimirum similiter arbitrantur isti bonorum emptores vos hic, tales viros, sedere, qui <u>excipiatis</u> eos, qui de suis manibus effugerint. Di prohibeant, iudices, ne hoc, quod maiores consilium publicum vocari voluerunt, praesidium <u>sectorum</u> existimetur! < ... >

Homines sapientes et ista auctoritate et potestate praeditos, qua vos estis, ex quibus rebus maxime res publica laborat, eis maxime mederi convenit.

Vestrum nemo est, <u>quin</u> intellegat populum Romanum, qui quondam in hostes lenissimus existimabatur, hoc tempore domestica crudelitate laborare.

Hanc tollite ex civitate, iudices, hanc pati nolite diutius in hac re publica versari; quae non modo id habet in se mali, quod tot cives atrocissime sustulit, verum etiam hominibus lenisssimis ademit misericordiam consuetudine incommodorum. Nam cum omnibus horis aliquid atrociter fieri videmus aut audimus, <u>etiam qui</u> natura mitissimi sumus, adsiduitate molestiarum sensum omnem humanitatis ex animis amittimus.

Angaben zu den im Text unterstrichenen Wörtern:
1)	sector, -oris m.	Aufkäufer (*enteigneter Güter*)
2)	excipere, io, -cepi, -ceptum	auffangen, abfangen
3)	quin	der nicht
4)	etiam qui	*hier:* auch wenn

Text 3   Verr. 2, 4, 72 ff.

Verres hat die Segestaner zur Herausgabe einer Dianastatue gezwungen. Cicero hält hier u. a. den Moment des Abtransports der Diana fest und versenkt sich in die Gefühle der Bevölkerung:

Videte, quanta religio fuerit apud Segestanos. Repertum esse, iudices, scitote neminem, neque liberum neque servum, neque civem neque peregrinum, qui illud signum auderet attingere; barbaros quosdam Lilybaeo scitote adductos esse operarios; ii denique illud ignari totius negotii ac religionis mercede accepta sustulerunt.

Quod cum ex oppido exportabatur, quem conventum mulierum factum esse

arbitramini, quem fletum maiorum natu? Quorum nonnulli etiam illum diem memoria tenebant, cum illa eadem Diana Segestam Carthagine revecta victoriam populi Romani reditu suo nuntiavisset. Quam dissimilis hic dies illi
10 tempori videbatur! Tum imperator populi Romani, vir clarissimus, deos patrios reportabat Segestanis ex urbe hostium recuperatos; nunc ex urbe sociorum praetor eiusdem populi turpissimus atque impurissimus eosdem illos deos nefario scelere auferebat.

Text 4   Verr. 2, 3, 207 f.

Cicero greift angesichts der massiven Verfehlungen des Verres die Zustände der Provinzialverwaltung im Allgemeinen an, um ein weiteres Ausgreifen dieser Zustände zu verhindern:

Lugent omnes provinciae, queruntur omnes liberi populi, regna denique etiam omnia de nostris cupiditatibus et iniuriis <u>expostulant</u>; locus intra Oceanum iam nullus est neque tam longinquus neque tam reconditus, quo non per haec tempora nostrorum hominum libido iniquitasque pervaserit; sustinere iam
5 populus Romanus omnium nationum non vim, non arma, non bellum, sed luctum, lacrimas, querimonias non potest.
Si is, qui erit adductus in iudicium, cum <u>manifestis in flagitiis tenebitur</u>, alios eadem fecisse dicet, illi exempla non deerunt; rei publicae salus deerit, si improborum exemplis improbi iudicio ac periculo liberabuntur.
10 Placent vobis hominum mores? Placet ita geri magistratus, ut geruntur? Placet socios sic tractari, <u>quod restat</u>, ut per haec tempora tractatos videtis? Vultis autem istorum audaciam ac libidines <u>aliqua ex parte</u> resecare? Desinite dubitare, utrum sit utilius propter multos improbos uni parcere an unius improbi supplicio multorum improbitatem coercere.

Angaben zu den unterstrichenen Wörtern:
1) expostulare — *hier:* sich beklagen
2) manifestis in flagitiis teneri — handfester Verbrechen überführt sein
3) quod restat — künftig
4) aliqua ex parte — wenigstens teilweise, in gewisser Hinsicht

Text 5   Verr. 2, 5, 180 ff.

Hier wird deutlich, dass sich Cicero sehr wohl bewusst ist, auf welche Widerstände er bei der Nobilität mit seiner Anklage gegen Verres stößt, und das besonders in seiner Eigenschaft als homo novus:

Quaeret aliquis fortasse: „Tantumne igitur laborem, tantas inimicitias tot hominum suscepturus es?" Non studio quidem, hercule, ullo neque voluntate; sed non idem licet mihi, quod iis, qui nobili genere nati sunt, quibus omnia populi Romani beneficia dormientibus deferuntur; longe alia mihi lege in hac
5 civitate et condicione vivendum est.

Venit mihi in mentem M. Catonis, hominis sapientissimi et vigilantissimi; qui cum se virtute, non genere populo Romano commendari putaret, cum ipse sui generis initium ac nominis a se gigni et propagari vellet, hominum potentissimorum suscepit inimicitias, et maximis laboribus suis usque ad summam
10 senectutem summa cum gloria vixit.
Modo C. Fimbriam, C. Marium, C. Caelium vidimus non mediocribus inimicitiis ac laboribus contendere, ut ad istos honores pervenirent, ad quos vos per ludum et per neglegentiam pervenistis. Haec eadem est nostrae rationis regio et via, horum nos hominum sectam atque instituta sequimur.
15 Videmus, quanta sit in invidia quantoque in odio apud quosdam nobiles homines novorum hominum virtus et industria; semper nobis vigilandum, semper laborandum (esse) videmus.

Angaben zu den unterstrichenen Wörtern:
1) M. Catonis   Übersetzen Sie diesen Genitiv als Subjekt.
2) nostrae rationis regio et via   Richtung und Weg unserer Haltung / Denkweise
3) secta, -ae f.   Grundsatz

Text 6   *Catil.* 1, 11 ff.

L. Sergius Catilina war Cicero bei den Konsulatswahlen unterlegen und plante nun den Staatsstreich, bei dem er sogar Cicero töten lassen wollte. Doch dieser war informiert worden. In der ersten Rede gegen Catilina, unmittelbar nach dem vereitelten Anschlag, ging es ihm darum, Catilina, der eine Beteiligung an den staatsfeindlichen Aktionen abstritt, zu demaskieren und ihn zum Verlassen Roms zu bewegen. Dies käme einem Schuldgeständnis gleich.

Quae cum ita sint, Catilina, perge, quo coepisti, egredere aliquando ex urbe; patent portae; proficiscere! Nimium diu te imperatorem tua illa Manliana castra desiderant. Educ cum te etiam omnes tuos, si minus, quam plurimos; purga urbem! Magno me metu liberabis, dum modo inter me atque te murus
5 intersit. Nobiscum versari iam diutius non potes; non feram, non patiar, non sinam. Magna dis immortalibus habenda est atque huic ipsi Iovi Statori, antiquissimo custodi huius urbis, gratia, quod hanc tam taetram, tam horribilem tamque infestam rei publicae pestem totiens iam effugimus. Non est saepius in uno homine summa salus periclitanda rei publicae.
10 Quamdiu mihi consuli designato, Catilina, insidiatus es, non publico me praesidio, sed privata diligentia defendi. Cum proximis comitiis consularibus me consulem in campo et competitores tuos interficere voluisti, compressi conatus tuos nefarios amicorum praesidio et copiis nullo tumultu publice concitato; denique, quotienscumque me petivisti, per me tibi obstiti, quam-
15 quam videbam perniciem meam cum magna calamitate rei publicae esse coniunctam. Nunc iam aperte rem publicam universam petis, templa deorum immortalium, tecta urbis, vitam omnium civium, Italiam denique totam ad exitium et vastitatem vocas.

Angaben zu den unterstrichenen Wörtern:
1) Manlianus, -a, -um des Manlius *(Manlius war ein Anhänger Catilinas)*
2) dum modo *(m. Konj.)* wenn nur
3) campus, -i m. das Marsfeld *(auf dem die Wahlen stattfanden)*

Text 7 Catil. 1, 30 f.

Im weiteren Verlauf der ersten Rede gegen Catilina erläutert Cicero genauer, warum er Catilina den Weggang aus der Stadt ermöglichen will:

Quamquam nonnulli sunt in hoc ordine, qui aut ea, quae imminent, non videant aut ea, quae vident, dissimulent; qui spem Catilinae mollibus sententiis aluerunt coniurationemque nascentem non credendo corroboraverunt; quorum auctoritatem secuti multi non solum improbi, verum etiam
5   imperiti, si in hunc animadvertissem, (id) crudeliter et regie factum esse dicerent. Nunc intellego, si iste, quo intendit, in Manliana castra pervenerit, neminem tam stultum fore, qui non videat coniurationem esse factam, neminem tam improbum, qui non fateatur. Hoc autem uno interfecto intellego hanc rei publicae pestem paulisper reprimi, non in perpetuum comprimi
10 posse. Quodsi sese eiecerit secumque suos eduxerit et eodem ceteros undique collectos naufragos aggregaverit, exstinguetur atque delebitur non modo haec tam adulta rei publicae pestis, verum etiam stirps ac semen malorum omnium. Hic si ex tanto latrocinio iste unus tolletur, videbimur fortasse ad breve quoddam tempus cura et metu esse relevati, periculum autem residebit et
15 erit inclusum penitus in venis atque in visceribus rei publicae.

Angaben zu den unterstrichenen Wörtern:
1) quamquam freilich
2) regie *hier:* diktatorisch, selbstherrlich
3) Manlianus, -a, -um des Manlius *(s. o. Text 6)*

Text 8 Catil. 4, 1 ff.

Nachdem der Verhaftung der Catilinarier wendet sich Cicero in einer weiteren Rede an den Senat:

Video, patres conscripti, in me omnium vestrum ora atque oculos esse conversos, video vos non solum de vestro ac rei publicae, verum etiam, si id periculum depulsum sit, de meo periculo esse sollicitos. Est mihi iucunda in malis et grata in dolore vestra erga me voluntas, sed eam, per deos immor-
5   tales, deponite atque obliti salutis meae de vobis ac de vestris liberis cogitate! Mihi si haec condicio consulatus data est, ut omnes acerbitates, omnes dolores cruciatusque perferrem, feram non solum fortiter, verum etiam libenter, dum modo meis laboribus vobis populoque Romano dignitas salusque pariatur.
Ego sum ille consul, patres conscripti, cui non forum, in quo omnis

10   aequitas continetur, non campus consularibus auspiciis consecratus, non curia, summum auxilium omnium gentium, non domus, commune perfugium, non lectus ad quietem datus, non denique haec sedes honoris umquam vacua mortis periculo atque insidiis fuit. Nunc si hunc exitum consulatus mei di immortales esse voluerunt, ut vos populumque Romanum ex caede miserrima,
15   coniuges liberosque vestros virginesque Vestales ex acerbissima vexatione, templa atque delubra, hanc pulcherrimam patriam omnium nostrum ex foedissima flamma, totam Italiam ex bello et vastitate eriperem, quaecumque mihi uni proponetur fortuna, subeatur.

Angaben zu den unterstrichenen Wörtern:
1)   virgines Vestales   Priesterinnen der Vesta *(diese waren zur Keuschheit verpflichtet)*

Text 9   *Phil.* 4, 11 ff.

Cicero ruft das Volk von Rom (Quirites) zu einem entschlossenen Kampf gegen M. Antonius auf und gibt ihn zur Tötung frei:

Reliquum est, Quirites, ut vos in ista sententia, quam prae vobis fertis, perseveretis. Faciam igitur, ut imperatores acie instructa solent, quamquam paratissimos milites ad proeliandum videant, ut eos tamen adhortentur; sic ego vos ardentes et erectos ad libertatem reciperandam cohortabor.
5   Non est vobis, Quirites, cum scelerato homine ac nefario, sed cum immani taetraque belua, quae, quoniam in foveam incidit, obruatur. Si enim illim emerserit, nullius supplicii crudelitas erit recusanda. Sed tenetur, premitur, urguetur nunc iis copiis, quas habemus, mox iis, quas paucis diebus novi consules comparabunt. Incumbite in causam, Quirites, ut facitis. Numquam
10   maior consensus vester in ulla causa fuit, numquam tam vehementer cum senatu consociati fuistis. Nec mirum: Agitur enim, non qua condicione victuri, sed victurine simus an cum supplicio ignominiaque perituri.
Quamquam mortem quidem natura omnibus proposuit, crudelitatem mortis et dedecus virtus propulsare solet, quae propria est Romani generis. Hanc reti-
15   nete, quaeso, Quirites, quam vobis tamquam hereditatem maiores vestri reliquerunt. Hac virtute maiores vestri primum universam Italiam devicerunt, deinde Carthaginem exciderunt, Numantiam everterunt, potentissimos reges, bellicosissimas gentes in dicionem huius imperii redegerunt.

Angaben zu den unterstrichenen Wörtern:
1)   illim   von dort
2)   victuri *(beide)*   *Part. Fut. von* vivere
3)   -ne ... an   ob ... oder
4)   Numantia, -ae f.   Numantia *(Zentrum eines Aufstands auf der iberischen Halbinsel)*
5)   in dicionem redigere   jmd. in seine Gewalt bringen

Historischer Hintergrund zu wichtigen Reden Ciceros

Von Ciceros Reden (Gerichts-, Senats- und Volksreden) sind 57 vollständig erhalten. Hier werden einige genannt, in denen sich das wechselhafte Leben Ciceros widerspiegelt:

1) Pro Sexto Roscio Amerino (80): Diese Rede hielt Cicero im Alter von 26 Jahren; bei seinem Debüt als Verteidiger war er vor das Problem gestellt, mit dem Eintreten für seinen Klienten Sextus Roscius angesichts der politischen Verhältnisse unter der Diktatur des L. Cornelius Sulla (82–79) keinen Anstoß zu erregen. Roscius' Vater gleichen Namens war in Rom ermordet worden. Dessen Güter, die sein Sohn in Ameria verwaltet hatte, hatten zwei Verwandte, T. Roscius Capito und T. Roscius Magnus, im Zusammenspiel mit Chrysogonus, einem Gehilfen Sullas, an sich gerissen. Dies war möglich, da Chrysogonus den Ermordeten nachträglich auf die Proskriptionsliste setzen ließ, um seine Güter zu einem Spottpreis aufzukaufen; die beiden Roscier wurden von ihm entsprechend belohnt. Der Sohn des Ermordeten flüchtete nach Rom und fand dort bei einer Dame aus dem Haus der Meteller Schutz. Da Chrysogonus und seine beiden Komplizen fürchteten, ihre windigen Machenschaften könnten ruchbar werden und sie ihrer Beute verlustig gehen, ließen sie Sextus Roscius des Vatermords anklagen, um sich so ihrer Sorgen zu entledigen. Cicero baut seine Verteidigung u. a. so auf, dass er nach dem Prinzip des *Cui bono?* („Wem nützt es?") die beiden Roscier des Mordes beschuldigt und Chrysogonus als eigentlichen Drahtzieher angreift. Der Gefahr, sich hierbei den Zorn Sullas zuzuziehen, entgeht er durch die Aussage, der Diktator könne nicht alles wissen, was seine Untergebenen an Üblem trieben. Cicero verteidigte seinen Klienten erfolgreich; doch anstatt sich in seinem Ruhm zu sonnen, zog er es vor, sich dem eventuellen Zugriff Sullas zu entziehen und einige Jahre in Athen zu Studienzwecken zu verbringen.

2) Die Verrinen: Anlass war die enorme Plünderung der Provinz Sizilien durch den Statthalter C. Verres (73–71). Da die Bewohner Siziliens Cicero während seiner Quästur (75) kennen und schätzen gelernt hatten, wandten sie sich an ihn mit der Bitte, Verres *de pecuniis repetundis* zu verklagen (Rückerstattung erpresster Güter). Trotz zahlreicher Verschleppungsversuche der Gegner gelang es Cicero, sein Beweismaterial (gegen den Widerstand des L. Metellus, Verres' Nachfolger) in nur der Hälfte der ihm zugestandenen Zeit zusammenzutragen und dem Gericht vorzulegen. Damit hatte sich Verres' Hoffnung zerschlagen, den drohenden Prozess auf das folgende Jahr zu verschieben, in dem der ihm wohlgesinnte M. Metellus die Repetundenprozesse leiten sollte. Zudem hatte Cicero auf eine ausgefeilte Rede verzichtet, deren Vorbereitung zu viel Zeit gekostet hätte. Stattdessen ließ er neun Tage lang Belastungszeugen aufmarschieren und Dokumente und Briefe verlesen, aus denen die zahlreichen Vergehen des Verres hervorgingen. Sein Verteidiger Hortensius, der damals bedeutendste Redner Roms, verzichtete auf ein Plädoyer, und sein Mandant verließ Rom Hals über Kopf. Im sodann folgenden Urteil wurde diese freiwillige Verbannung bestätigt. Verres lebte unbehelligt in Massilia (Marseille), bis er im Jahr 43 durch denselben Mann wie auch Cicero den Tod fand, nämlich durch M. Antonius – eine bittere Ironie des Schicksals!
Das Material für die zweite Phase des Prozesses, die durch Verres' Flucht überflüssig geworden war, hat Cicero in den fünf Reden der *actio secunda* ausgearbeitet und so der Nachwelt erhalten. Durch diesen Erfolg erlangte Cicero große Anerkennung und galt fortan als bester Redner Roms.

3) De imperio Cn. Pompei: In dieser ersten Staatsrede (66) sprach Cicero als Prätor für den Oberbefehl *(imperium)* des Cn. Pompeius im Krieg gegen Mithridates, den König von Pontos. Dieser war bei der Erweiterung seines Reiches (Eroberung Bithyniens, Kappadokiens und Paphlagoniens) in Kleinasien mit den Römern zusammengestoßen. Seit 89 war es zu drei Kriegen gekommen, in deren Verlauf Mithridates sogar Athen plünderte und Sulla bei Chaironeia besiegte. Die Stelle des Oberbefehlshabers war vakant, nachdem sich die Soldaten gegen ihren Führer Lucullus erhoben hatten und ihm, trotz langjähriger Erfolge, den Weitermarsch verweigerten. Lucullus wurde durch einen unfähigen Kommandeur abgelöst. Die folgenden Niederlagen zwangen Rom, nach einem neuen, besseren Feldherrn zu suchen. Cicero empfahl dem Volk Pompeius, der sich bereits im Krieg gegen die aufständischen Sklaven (Spartacusaufstand, 74–71) zusammen mit Crassus und durch seine Aktionen gegen die Seeräuber (67) ausgezeichnet hatte. Pompeius erscheint in der Rede, in der zunächst über Bedeutung, Größe und Schwierigkeit dieses Krieges gesprochen wird, als der ideale Römer und Feldherr, der die wichtigsten Tugenden *(temperantia, iustitia, fortitudo, virtus, auctoritas* und *felicitas)* in sich vereinige.

Die Berechtigung der römischen Weltherrschaft – und hier ist die Kritik am damaligen Verhalten der Oberschicht unüberhörbar – wird von der ethischen Beschaffenheit der leitenden Beamten abhängig gemacht: Herrschaft über andere ist nur dann nicht fragwürdig, wenn sie auf der moralischen Überlegenheit der Herrschenden beruht.

4) Die Catilinarien: Im Jahr 63 befand Cicero sich auf dem Höhepunkt seiner politischen Laufbahn. Er war *suo anno* (d. h. zum frühestmöglichen Zeitpunkt) zum Konsul gewählt worden, obwohl sein Gegenkandidat L. Sergius Catilina – von Crassus und Caesar unterstützt – mit verführerischen Parolen (Entschuldung der *plebs*) geworben hatte.

Als Catilina bei den folgenden Wahlen im Sommer 63 erneut unterlag (auch auf Betreiben Ciceros), entschied er sich für den Staatsstreich. Mehrere Anschläge bis hin zum Attentat auf Cicero waren geplant; doch dieser hatte durch Beziehungen zum Kreis der Verschwörer alles erfahren und konnte so die Pläne Catilinas vereiteln.

Sofort nach dem misslungenen Anschlag berief er am 7. oder 8. November 63 den Senat ein und attackierte Catilina *(Quo usque tandem ...)*, der die Unverfrorenheit besaß, zur Sitzung zu erscheinen und das Unschuldslamm zu spielen, so heftig, dass er aus Rom flüchtete und sich zu seinem in Etrurien stehenden Heer begab. Am folgenden Tag hielt Cicero seine zweite Rede gegen Catilina, um das Volk von den Vorgängen zu unterrichten.

War Catilinas Schuld durch die Flucht aus Rom offensichtlich, so konnte man seinen in Rom zurückgebliebenen Anhängern – sie sollten durch Terrorakte für Chaos sorgen – noch nichts nachweisen. Das gelang erst, nachdem Gesandte des gallischen Stamms der Allobroger, die Catilina zum Aufstand gegen Rom bewegen wollte, den Senat hiervon unterrichteten und zudem Briefe der Verschwörer übergaben. Die Hauptverantwortlichen (Lentulus, Cethegus u. a.) konnten am Morgen des 3. Dezember verhaftet werden; der Senat sprach Cicero Lob für die Rettung des Staats aus und beschloss ein Dankfest für die Götter.

Am Abend informierte Cicero das Volk von Rom (dritte Rede gegen Catilina), wobei er in grellen Farben die große Gefahr für die Stadt ausmalte und so seine ruhmreiche Tat umso deutlicher hervorhob: Er verglich sich mit Romulus, dem Gründer der Stadt, und stellte seine Taten mit denen des Pompeius auf eine Stufe (was diesen wiederum nicht begeisterte). Als Lohn forderte Cicero keine Ehrenstatuen oder andere Denkmäler, sondern ewiges Gedenken durch die Nachwelt.

Am 5. Dezember fand die Senatssitzung statt, in der über Leben und Tod der verhafteten Catilinarier entschieden wurde. Auf Grund des *senatus consultum ultimum* (der Vollmacht, die der Senat in Krisen den Konsuln verlieh) hätte Cicero die Verschwörer hinrichten lassen können (was allerdings mit juristischen Problemen verbunden gewesen wäre, da die Verhafteten keine unmittelbare Gefahr für den Staat mehr darstellten); doch die politische Lage (die Popularen sprachen dieser Vollmacht generell die Berechtigung ab) veranlasste ihn dazu, eine Befragung des Senats durchzuführen. Als die Mehrheit für die Todesstrafe war, setzte sich der gewählte Prätor C. Iulius Caesar für eine lebenslängliche Haft ein, wobei er auf die Gefahr hinwies, die eine Verurteilung römischer Bürger ohne Bestätigung durch die Volksversammlung mit sich bringen könne. Da diese Rede nicht ohne Wirkung auf die Senatoren blieb, ja sogar der Antragsteller D. Silanus seine Formulierung *summum supplicium* („Todesstrafe") nun abgeschwächt verstanden wissen wollte („eine sehr strenge Bestrafung"), griff der entschiedene Gegner Caesars, Cato (Nachfahre des berühmten Cato Censorius), in die Debatte ein. Er beschuldigte Caesar der Komplizenschaft mit den Verschwörern und betonte die Gefahr, die ein rasches und radikales Handeln erfordere. Seine Rede führte zu einem erneuten Stimmungsumschwung (zu diesem Redestreit zwischen Caesar und Cato s. Sallust, *coni. Catil.* 51 f., als Höhepunkt seines Werkes komponiert).

In dieser Debatte hatte Cicero mit seiner vierten Rede gegen Catilina, die er nach Caesars Ausführungen hielt, einen schwachen Eindruck hinterlassen: Einerseits drängte er zur sofortigen Entscheidung, andererseits ließ er kaum durchblicken, welchen Standpunkt er vertrat. Erst Catos entschlossenes Eingreifen ermöglichte die Verurteilung der Verschwörer noch am selben Tag. Im unterirdischen Gewölbe des Tullianum fanden sie ihren Tod.

Cicero sah in dieser letztlich festen Haltung sein politisches Ziel, die *concordia ordinum* (Zusammenhalt der Stände), erreicht und genoss seinen Erfolg. Der militärische Sieg über Catilina im Frühjahr 62 bei Pistoria (Pistoia, in der nördl. Toscana) war nur noch Formsache.

5) Pro Sestio (56): Die politische Lage hatte sich besonders nach 61 rasch zu Ungunsten der Optimaten und Ciceros gewandelt: Pompeius war aus Kleinasien zurückgekehrt und schloss sich, enttäuscht über den Senat, der seine Maßnahmen im Osten nicht billigte und seinen Veteranen kein Land geben wollte, den Popularen an. Es kam zum so genannten ersten Triumvirat, einer geheimen Absprache zwischen Crassus, Caesar und Pompeius (60): Man wolle künftig nichts dulden, was einem der drei missfalle.

Die Zusammenballung einer solchen Macht leitete den Untergang der *libera res publica* ein. Caesar wurde verabredungsgemäß 59 Konsul. Gegen den Willen des Senats, aber mit Zustimmung des Volkes, nahm er die Agrarreform in Angriff, nach der Pompeius' Veteranen, aber auch bedürftigen Bürgern Roms, Land aus dem Staatsbesitz zugesprochen werden sollte. Caesars bedenkenloses Übergehen des Senats machte dessen Schwäche deutlich.

In dieser Zeit hatte auch die populare Agitation gegen Cicero zugenommen, und zwar in Gestalt des Volkstribunen Clodius Pulcher, der wegen des *Bona-Dea*-Skandals zu seinem Feind geworden war. Durch dessen Machenschaften und mit Unterstützung des Triumvirats wurde Cicero wegen unrechtmäßiger Verurteilung römischer Bürger (gemeint waren die Catilinarier) geächtet. Ohne Clodius' Gesetzesvorlage abzuwarten, ging er in die Verbannung nach Nordgriechenland (58). Im September 57 konnte er, auf Betreiben zahlreicher Freunde, auch mit Caesars Zustimmung, unter dem Jubel „ganz Italiens" zurückkehren.

In der Rede *Pro Sestio* (März 56) hatte er Gelegenheit, sein politisches Programm darzulegen und nebenbei seinem Mandanten Sestius zu danken. Sestius, der sich als Volkstribun tatkräftig für Ciceros Rückkehr aus dem Exil eingesetzt hatte, war von den gewalttätigen Anhängern des Clodius *de vi* angeklagt worden, weil er den Senat vor dem Terror ebendieser Banden durch Bewaffnete hatte schützen lassen. Neben der Verteidigung und dem Entwurf seines Programms war für Cicero natürlich auch die Selbstdarstellung wichtig. Er zelebriert sich als der zweifache Retter Roms, indem er nicht nur an seine Verdienste bei der Aufdeckung der Catilinarischen Verschwörung erinnert, sondern seinen vorzeitigen und kopflosen Weggang in die Verbannung nachträglich als wohlüberlegte Rettungsaktion Roms rechtfertigt: Durch sein Ausweichen nach Griechenland habe er der Vaterstadt einen blutigen Bürgerkrieg erspart (*Sest.* 22, 49 ff.).

Ciceros Selbstüberschätzung geht so weit, sich gar mit der *res publica* gleichzusetzen: Während seiner Abwesenheit sei die *res publica* nicht mehr vorhanden gewesen; mit seiner Rückkehr habe auch sie wieder in Rom Einzug gehalten, was durch den auffallenden Erntesegen in dieser Zeit hinreichend dokumentiert sei. Dieses ständige Selbstlob ist seinen Zeitgenossen wohl reichlich auf die Nerven gegangen, wobei das erste nachchristliche Jahrhundert sogar scharfe Worte der Kritik findet (Quintilian).

In dieser Rede erläutert Cicero, was er unter dem Begriff „Optimaten" versteht: Sie seien „alle Guten", Standesunterschiede spielten keine Rolle mehr. Das Programm der *concordia ordinum* (s. o.) wird also erweitert durch die Vorstellung des *consensus omnium bonorum* („Einmütigkeit aller Guten"). *Boni* seien demnach alle die, die sich um den Staat kümmerten, den führenden Optimaten folgten und sich mit allen Kräften für ein *otium cum dignitate* (eine Ruhe ohne Schmälerung von Ansehen und Rang) einsetzten (*Sest.* 45, 96 ff.). Es handelt sich hierbei nicht einfach um ein Beharren auf althergebrachten Vorstellungen, sondern um den Versuch, die Aristokratie in ihrer Basis zu stärken, sie aber gleichzeitig an ihre politische Verantwortung zu erinnern.

6) De provinciis consularibus (Juni 56): Das Triumvirat hatte erste Risse bekommen, die die Machthaber auf der Konferenz von Luca (heute Lucca) schließen konnten. Caesar sollte seine gallischen Provinzen weitere fünf Jahre behalten, während für Crassus und Pompeius im Jahr 55 noch einmal das Amt des Konsuls vorgesehen war.

Die Ergebnisse dieser Absprache waren noch nicht bekannt, als man im Senat daran ging, den ungeliebten und gefährlich gewordenen Caesar seines Kommandos in Gallien zu entheben. (Cato wollte sogar seine Auslieferung an die Germanen erreichen!) In dieser Situation erinnerte Pompeius Cicero an die Pflicht, sich Caesar dankbar zu erweisen; denn er habe ja schließlich seiner Rückkehr aus der Verbannung nichts in den Weg gelegt. Auch diente Ciceros Bruder Quintus, sozusagen als Pfand des Wohlwollens, bei Caesar als Legat.

Dieser sanfte Druck bewirkte, dass Cicero, zur Überraschung der Optimaten, sich für die Verlängerung von Caesars *imperium* in Gallien einsetzte. Caesar wird als der ideale Feldherr geschildert, der als Einziger in der Lage sei, die begonnene Eroberung Galliens erfolgreich zu Ende zu führen. Sein Eroberungszug, mag er auch zu Beginn eine Defensivmaßnahme gegen die Helvetier gewesen sein, wird von Cicero, im Widerspruch zur römischen Vorstellung des *bellum iustum*, als eine für Rom günstige und vorteilhafte Unternehmung gerechtfertigt. Die Erweiterung des Reiches bis zum Ozean (gemeint ist die Nordsee) habe die Existenz der Alpen überflüssig gemacht, die bisher gewissermaßen als Stadtmauern Roms gedient hätten.

Andererseits wird in dieser Rede auch deutlich, wie peinlich Cicero dieser erzwungene politische Stellungswechsel war. Er versucht darzulegen, dass es nie Unstimmigkeiten zwischen ihm und dem *imperator* gegeben habe, und selbst wenn es welche gegeben hätte, so spräche er sich jetzt trotzdem, ganz im Interesse des Staates, für die Verlängerung von Caesars *imperium* aus. Durch diese Rede hatte sich Cicero politisch isoliert; einzig zu Caesar bestand in den folgenden Jahren bis zum Ausbruch des Bürgerkriegs ein herzliches Verhältnis, wobei sein Bruder Quintus ein Mittelsmann war. Cicero nennt Caesar einmal gar sein zweites Ich (… te me esse alterum, *Cic. ad familiares* 7, 5, 1).

7) **Pro M. Marcello (46):** Im Januar 49 hatte Caesar den Rubico (Grenzfluss zwischen der gallischen Provinz in Oberitalien und dem Mutterland) überschritten und damit den Bürgerkrieg ausgelöst. Die optimatischen Gegner Caesars wurden von Pompeius angeführt; dieser hatte sich nach dem Tod des Crassus und der Iulia (Tochter Caesars, mit der er verheiratet war) wieder dem Senat angenähert. Man hatte ihn sogar zum *consul sine collega* (52) gemacht, als sich die Staatskrise zuspitzte.
Mehrere Siege waren nötig (48 gegen Pompeius bei Pharsalos, 46 bei Thapsos in Nordafrika gegen die neu formierten Pompejaner – Freitod Catos 46 in Utica – und 45 bei Munda in Südspanien), um die Alleinherrschaft durchzusetzen und zu sichern. Caesar war nun Diktator (ursprünglich ein zeitlich begrenztes Amt in Zeiten des Notstands), allerdings noch nicht auf Lebenszeit; den endgültigen Bruch mit den Traditionen der Republik hatte er noch nicht vollzogen. Es herrschte vielmehr ein Schwebezustand, da man über seine weiteren Pläne nicht Bescheid wusste, er selbst vielleicht auch nicht (Abschaffung der republikanischen Institutionen, Errichtung eines hellenistisch oder altrömisch geprägten Königtums?). Immerhin versuchte der Diktator in einem Versöhnungsprogramm *(clementia Caesaris)* seine alten Gegner an den neuen Staat heranzuführen. So hatte er z. B. seinem späteren Mörder M. Brutus die Gegnerschaft im Bürgerkrieg verziehen und ihm sogar hohe Ämter verliehen.
Cicero, dem Caesar ebenfalls nichts nachtrug – er war kurzzeitig bei Pompeius in Griechenland gewesen –, und seine Freunde bemühten sich um die Begnadigung weiterer Gegner. In dieser Rede geht es um M. Marcellus, der in freiwilliger Verbannung auf Lesbos lebte und zu den erbittertsten Feinden Caesars zählte. Trotz starker Bedenken ließ sich Caesar dazu bewegen, Marcellus die Rückkehr nach Rom zu gestatten. Nun öffnete Cicero zum ersten Mal nach langer Zeit im Senat den Mund, um dem Diktator für die Begnadigung zu danken.
In dieser Rede vollzieht er eine Gratwanderung zwischen schon fast höfisch anmutender Schmeichelei (er lobt Caesars bisherige Taten, besonders seine Milde) und der Forderung an den Diktator, die alte *res publica* wiederherzustellen – was Caesars Rücktritt implizierte.
Die Rede durchzieht ein Ton hoffnungsfroher Erwartung, das Rad der Geschichte zurückdrehen und die alte *res publica* neu erstehen lassen zu können. Doch die weiteren Ereignisse und auch Äußerungen Caesars zeigten, dass er nicht daran dachte, die Diktatur niederzulegen, im Gegenteil: Anfang 44 ließ er sich die Diktatur auf Lebenszeit übertragen. Dies gab den Ausschlag für seine Ermordung am 15. März 44, den *Iden* des März.

8) **Orationes Philippicae**: Die Ermordung Caesars brachte nicht das Wiederaufleben der *res publica*; vielmehr setzten nun Kämpfe um die Vormachtstellung ein. Zunächst beherrschte M. Antonius, Caesars Gefolgsmann, die Lage, nachdem er dessen Testament und eine Fülle schriftlich fixierter Verfügungen an sich gerissen hatte. Aber als Haupterbe war Caesars Adoptivsohn C. Octavius (Oktavian, der spätere Kaiser Augustus) eingesetzt. Antonius verweigerte dem jungen Caesar die Herausgabe des Testaments; er selbst hatte

seine Stellung durch die Statthalterschaft in Gallien für das Jahr 43 gefestigt. Als er dann auf einer Senatssitzung (1. Aug. 44) den Mördern Caesars drohte und zudem als zweiter Römer (nach Caesar) Münzen mit seinem Bild prägen ließ, hielt Cicero die erste Rede gegen ihn (2. Sept. 44), um vor seinen Ambitionen zu warnen und die für 43 vorgesehenen Konsuln Hirtius und Pansa (alte Gefolgsleute Caesars) auf die *res publica* einzuschwören.

Antonius kündigte unter dem Eindruck dieser Rede Cicero die Freundschaft auf. Er erschien angetrunken im Senat und bezeichnete Cicero u. a. als den Urheber der Ermordung Caesars. Nun fühlte er sich auch stark genug, gegen D. Brutus (Namensvetter des M. Brutus und Mitverschwörer) zu Felde zu ziehen; dieser hatte sich geweigert, sein Amt als Statthalter in Gallien ihm, dem amtierenden Konsul, abzutreten, für den diese Provinz 43 vorgesehen war. D. Brutus ließ vielmehr verlauten, er wolle Gallien für Senat und Volk von Rom weiterhin verwalten. Antonius belagerte darauf Brutus in Mutina (heute Modena), um ihn zur Herausgabe der Provinz zu zwingen.

Cicero brachte in dieser Situation, zumal der junge Caesar sich mit der Bitte um Hilfe an ihn gewandt hatte, eine große, aber unnatürliche Koalition gegen Antonius zu Stande.

Unter der Führung der beiden Konsuln Hirtius und Pansa, unterstützt von der eigenmächtig zusammengestellten Privatarmee des Oktavian, wurde D. Brutus entsetzt und Antonius zwei Mal geschlagen (April 43). Er zog sich nach Gallia Transalpina zu M. Lepidus zurück.

Der junge Caesar aber forderte, da die amtierenden Konsuln in dieser Schlacht gefallen waren, das Amt des Konsuls für sich. Als der Senat dies ablehnte – der junge Mann war immerhin erst 20 Jahre alt! –, ließ er seine republikanische Maske fallen: Er marschierte nach Rom und erzwang die Zustimmung des Senats. Im August wählte man ihn zum Konsul.

Der junge Caesar hatte sich also ganz anders entwickelt, als Cicero in seinen Reden (Philippica 3–5) vorausgesagt hatte; immer wieder hatte er ihn enthusiastisch gefeiert als uneigennützigen Retter des Staates, der ganz den Idealen der Republik verpflichtet sei.

Dieser Irrtum erwies sich für Cicero als tödlich: Im Oktober 43 v. Chr. trafen sich Lepidus, M. Antonius und Oktavian und bildeten das zweite Triumvirat, das ihnen die diktatorische Vollmacht zur Neuordnung des Staates gab. Die Rache für die Ermordung Caesars war nun das erste Ziel. Man erstellte Proskriptionslisten, und nun wurde klar, dass sich Cicero in seinen 14 Philippischen Reden, in denen er Antonius immer wieder scharf angegriffen und unflätig beleidigt hatte (s. z. B. Text Nr. 9, S. 260) wortwörtlich um seinen Kopf geredet hatte: Am 7. Dezember 43 wurde er in der Nähe seines Landguts bei Formiae (Süditalien) von Häschern des Antonius ermordet, sein Kopf und seine Hände stellte man bei den *rostra* (Rednerbühne) auf dem Forum in Rom auf.

Die eigentlichen Häupter der Verschwörung, Brutus und Cassius, wurden in der Doppelschlacht von Philippi (42 v. Chr.) von Antonius und Oktavian, dem jungen Caesar, besiegt.

Wenn auch Cicero in einer Zeit des gewaltigen Umbruchs als Politiker auf tragische Weise gescheitert war, so lebte sein Ruhm als Redner, dessen „klassisches" Latein für viele Jahrhunderte vorbildlich war, und als Philosoph, der die griechische Gedankenwelt in Rom heimisch gemacht hatte und so für die Nachwelt sicherte, bis in die Neuzeit fort.

Lösungen zu den Übungen

Lektion 2

1) *Ergänzen Sie die fehlenden Endungen in dem Lückentext:*

Pueri Itali**am** in tabul**a** vide**nt**. Itali**a** patr**ia** Roman**orum** est. Magister pueri**s** cunct**as** provinci**as** monstr**are** cogit**at**. Sed pueri attent**i** non su**nt**. Roman**i** domin**i** multa**rum** terra**rum** er**ant**. Sed German**os** timeb**ant**, quod German**i** Roman**os** saepe superab**ant**.

2) *Verwandeln Sie in die angegebenen Formen:*

a) habitare → *habitas* → *habito* → *habitabam* → *habitabant* → *habitant* → *habitas*

b) habere → *habes* → *habeo* → *habebam* → *habebant* → *habent* → *habes*

c) esse → *es* → *sum* → *eram* → *erant* → *sunt* → *es*

d) posse → *potes* → *possum* → *poteram* → *poterant* → *possunt* → *potes*

e) scire → *scis* → *scio* → *sciebam* → *sciebant* → *sciunt* → *scis*

3) *Bestimmen Sie die folgenden Substantive nach Kasus, Numerus und Geschlecht:*

a) domina = *Nom., Abl. u. Vok. Sg. f.* b) servae = *Gen. u. Dat. Sg.; Nom. u. Vok. Pl. f.*
c) proelii = *Gen. Sg. n.* d) proelia = *Nom. u. Akk. Pl. (Vok. Pl.) n.*

4) *Setzen Sie die Formen in den jeweils anderen Numerus:*

a) insul**as** magn**as**   b) castell**o**
c) adversari**um** fer**um**   d) saecul**orum** nostr**orum**
e) saecul**a** nostr**a**   f) vir**i** fer**i**
g) insula / **-arum** / **-is** magna / **-arum** / **-is**   h) vir**o** fer**o**

Lektion 3

Bilden Sie von den folgenden Formen das jeweilige Imperfekt und dann das Perfekt:

Präsens	Imperfekt	Perfekt
vocamus	vocabamus	vocavimus
possumus	poteramus	potuimus
possunt	poterant	potuerunt
sunt	erant	fuerunt
sumus	eramus	fuimus
vocatis	vocabatis	vocavistis
habetis	habebatis	habuistis
habeo	habebam	habui
potestis	poteratis	potuistis
habent	habebant	habuerunt
finis	finiebas	finivisti
finiunt	finiebant	finiverunt

Lektion 4

1) *Ergänzen Sie die passende Endung:*

a) scel**eris** magni
b) temp**oribus** praeteritis
c) scel**eri / -ere** magno
d) temp**orum** praeteritorum
e) facin**us** magnum
f) facin**oris** magni

2) *Vervollständigen Sie diese Tabelle:*

vexare	dicere	habere	facere	esse
vexamus	dicimus	habemus	facimus	sumus
vexabatis	dicebatis	habebatis	faciebatis	eratis
vexaverunt	dixerunt	habuerunt	fecerunt	fuerunt
vexant	dicunt	habent	faciunt	sunt
vexavistis	dixistis	habuistis	fecistis	fuistis
vexavi	dixi	habui	feci	fui
vexas	dicis	habes	facis	es
vexabamus	dicebamus	habebamus	faciebamus	eramus
vexavit	dixit	habuit	fecit	fuit

3) Bilden Sie die entsprechenden Formen von ire und übersetzen Sie:

	venire	ire	Übersetzung
a)	veni!	i!	geh!, verschwinde!
b)	veniebant	ibant	sie gingen
c)	vēni	ii	ich bin gegangen (ging)
d)	veniunt	eunt	sie gehen
e)	veniebam	ibam	ich ging
f)	venistis	īstis	ihr seid gegangen
g)	venerunt	ierunt	sie sind gegangen

Lektion 5

1) Ordnen Sie die Adjektive den Substantiven formal zu:

imperatores	clari / claros
imperatori	claro
imperatorum	clarorum
imperatoribus	claris
imperator	clarus
imperatore	claro
imperator	clare
imperatorem	clarum
imperatoris	clari
imperatores	clari / claros

2) Vervollständigen Sie die Tabelle:

rogare	monere	dare	posse	redire
rogabo	monebo	dabo	potero	redibo
rogas	**mones**	das	potes	redis
rogatis	monetis	**datis**	potestis	reditis
rogant	monent	dant	**possunt**	redeunt
rogabis	monebis	dabis	poteris	**redibis**
rogavit	monuit	dedit	**potuit**	rediit
rogabunt	monebunt	**dabunt**	poterunt	redibunt
rogabamus	**monebamus**	dabamus	poteramus	redibamus
rogavistis	monuistis	dedistis	potuistis	redīstis

3) Ergänzen Sie den Lückentext und übersetzen Sie:

1) Romulus et Remus av**um** su**um** Albam Longam reduxerunt.
   Romulus und Remus führten ihren Großvater nach Alba Longa zurück.
2) Tum autem fratr**um /ibus** magna controversia erat.
   Dann aber gab es einen großen Streit der Brüder/ hatten die Brüder einen großen Streit.
3) Romulus rogav**it**: „Quis nostr**um** popul**o** imperabit? Cu**i** populus pare**bit**? Quis rex Romano**rum** er**it**?"
   Romulus fragte: „Wer von uns wird über das Volk herrschen? Wem wird das Volk gehorchen? Wer wird König der Römer sein?"
4) Itaque av**es** consul**uerunt**. *Und so befragten sie die Vögel.*
5) Quamquam Remus primus (*als Erster*) aves vid**it**, Romulus rex fu**it**, nam ei (*ihm*) duodecim av**es** appar**uerunt**.
   Obwohl Remus als Erster Vögel sah, wurde Romulus König (wörtl.: ist ... gewesen); denn ihm erschienen zwölf Vögel.
6) Itaque rex fu**it** et cum Rem**o** fratr**e** novum oppid**um** aedific**are** stude**bat**.
   Und so wurde er König (wörtl.: ist ... gewesen) und bemühte sich, zusammen mit seinem Bruder die neue Stadt zu gründen.
7) Sed Remus fratr**i** invideb**at** et Romulum irris**it**.
   Aber Remus beneidete (ständig) seinen Bruder und verspottete ihn:
8) „Adversari**os** istis mur**is** arcere non pote**ris**!"
   „Du wirst die Feinde mit diesen Mauern da nicht abwehren können."
9) Postquam foss**am** transsiluit, Romul**us** irat**us** fratr**em** gladi**o** necav**it**.
   Nachdem er den Graben übersprungen hatte, tötete Romulus erzürnt seinen Bruder mit dem Schwert.

Lektion 6

Übersetzen Sie folgende Sätze:

1) Wir wissen, dass Remus Romulus' Bruder gewesen ist (war).
2) Remus aber bedauerte es, dass Romulus allein die neue Stadt gegründet hatte.
3) Wir wissen auch, dass Romulus seinen Bruder Remus getötet hat.
4) Polydorus erzählt, dass viele Menschen unterschiedlichen Charakters in Rom zusammengeströmt seien (zusammenströmten).
5) Der König Romulus hört, dass den Römern zu einem glücklichen Leben Frauen fehlen.
6) Es war bekannt, dass den Römern zu einem glücklichen Leben eine einzige Sache fehlte.
7) Romulus bedauerte es, dass bisher keine Frauen nach Rom gekommen waren.
8) Daher erkannte er, dass die Römer eine List anwenden mussten (müssten).

Lektion 8

Verwandeln Sie folgende Formen in das Futur I:

PRÄSENS	FUTUR I	PRÄSENS	FUTUR I
delectatur	*delectabitur*	delectat	*delectabit*
rideris	*rideberis*	rides	*ridebis*
reprehenduntur	*reprehendentur*	reprehendunt	*reprehendent*
monemini	*monebimini*	monetis	*monebitis*
conspiceris	*conspiciēris*	conspicis	*conspicies*
audior	*audiar*	audio	*audiam*
audimur	*audiemur*	audimus	*audiemus*
diceris	*dicēris*	dicis	*dices*
reprehendor	*reprehendar*	reprehendo	*reprehendam*

Lektion 10

1) Ergänzen Sie in den folgenden Sätzen das Relativpronomen:

1) Polydorus servus, **a quo** pueri semper delectantur, novam narrationem incipit.
2) Minos, **quem** Minotaurus valde terruit, labyrinthum aedificari iussit.
3) Pasiphaë, **cui** taurus placebat, a Daedalo auxilium petivit.
4) Athenienses, **quorum** liberi Minotauro immolari debebant, doloribus vexabantur.
5) Omnia, **quae** Polydorus pueris de Creta narraverat, atrocia fuerunt.

2) Ergänzen Sie die passenden Endungen:

1) illa animal**ia** 2) ill**ius / -i** viri 3) turrim ingent**em**
4) cum ill**o** homin**e** 5) nave celer**i** 6) cum host**e** crudel**i**
7) regum crudel**ium** 8) virum crudel**em** 9) a viro crudel**i**

3) Übersetzen Sie die Partizip-Bezirke mit adverbialen Nebensätzen:

1) Weil Daedalus von Mitleid bewegt worden war, half er der Frau des Minos.
2) Obwohl Daedalus von Mitleid bewegt worden war, half er der Frau des Minos nicht.
3) Minos befahl, dass man Minotaurus, nachdem / obwohl er von seiner Frau geboren worden war, in das Labyrinth bringe (ließ Minotaurus ... bringen).
4) Wenn die Athener von Minotaurus befreit sind / worden sind, werden sie ein glückliches Leben führen können. / Nachdem / weil die Athener von Minotaurus befreit worden waren, konnten sie ein glückliches Leben führen.
5) Polydorus führt die Jungen, nachdem / weil / wenn sie von (seinen) Erzählungen erfreut worden sind, gerne in die Schule.

Lektion 11

1) Ergänzen Sie die Endungen der Partizipien und übersetzen Sie:

1) Pueri domum advenient**es** matrem irat**am** viderunt.
   Als die Jungen zu Hause ankamen, sahen sie die erzürnte Mutter.
2) Mater eos iam diu exspect**ans** exclamavit: „Quid tam diu egistis domum eunt**es**?"
   Weil die Mutter sie schon lange erwartete, rief sie aus: „Was habt ihr so lange getrieben, während ihr nach Hause gingt?"
3) Pueri responderunt: „Nobis fabulas Graecas audire cupient**ibus** Polydorus multa de antiquis temporibus narravit. Et eo tam bene narrant**e** non sensimus tempus domum ire affuisse."
   Die Jungen antworteten: „Weil wir griechische Geschichten hören wollten, erzählte Polydorus uns vieles über die alten Zeiten. Und weil er so gut erzählte, haben wir nicht gemerkt, dass es Zeit geworden war, nach Hause zu gehen."
4) Mater ad haec verba dixit: „Hoc Polydoro virgis caes**o** contenta ero. Nunc intrate tandem!"
   Die Mutter sagte auf diese Worte: „Wenn dieser Polydorus mit Ruten geschlagen worden ist, werde ich zufrieden sein. Nun kommt endlich herein!"

2) Ordnen Sie die Adjektive den entsprechenden Substantiven zu:

1) hostium   h) laetorum
2) fabulae   d) incredibilis
3) virum   a) felicem
4) cum rege   b) felici
5) legum   g) atrocium
6) dominarum   c) crudelium
7) liberis   e) celeribus
8) cum homine   f) grato

3) Ergänzen Sie die Tabelle:

amare	terrere	rapere	subigere	deponere
amari	terreri	rapi	subigi	deponi
amatur	terretur	rapitur	subigitur	deponitur
amavisse	terruisse	rapuisse	subegisse	deposuisse
amabimini	terrebimini	rapiemini	subigemini	deponemini
amati erant	territi erant	rapti erant	subacti erant	depositi erant
amaveras	terrueras	rapueras	subegeras	deposueras

4) Bestimmen und übersetzen Sie folgende Formen:

1) cupient   = 3. Pl. Fut. I Akt. – *sie werden begehren, wünschen (von cupere)*
2) cupienti = Dat. Sg. m., f., n. des Part. Präs. Akt. – *einem usw., der usw. wünscht*
3) regem   = Akk. Sg. von rex, regis m. – *den König*

4) reges (3) = 1) u. 2) Nom. u. Akk. Pl. – die Könige
3) 2. Sg. Fut. I Akt. – du wirst lenken, leiten (von regere)
5) regam (2) = 1) 1.Sg. Konj. Präs. Akt. – ich möge lenken
2) 1. Sg. Fut. I Akt. – ich werde lenken, leiten
6) regis (2) = 1) Gen. Sg. von rex – des Königs, 2) 2. Sg. Ind. Präs. Akt. – du lenkst
7) recti (3) = 1) u. 2) Gen. Sg. m. u. n. des Part. Perf. Pass. – eines, der / das geleitet worden ist
3) Nom. Pl. m. des Part. Perf. Pass. – die, die geleitet worden sind
8) regi (2) = 1)Dat. Sg. – dem König 2) Inf. Präs. Pass. – geleitet (zu) werden
9) regent = 3. Pl. Fut. I Akt. – sie werden leiten
10) regentem = Akk. Sg. m., f. des Part. Präs. Akt. – einen usw., der usw. leitet
11) rege (2) = 1) Abl. Sg. – durch den König 2) Imperativ Sg. – leite!
12) regibus (2) = 1) Dat. Pl. – den Königen 2) Abl. Pl. – durch die Könige

5) Verwandeln Sie die vorgegebenen Formen in die folgenden Tempora:

Präsens	Imperfekt	Perfekt	Futur I	Plusquampf.
raperis	rapiebaris	raptus, -a, -um es	rapiēris	raptus etc. eras
subigunt	subigebant	subegerunt	subigent	subegerant
movetur	movebatur	motus etc. est	movebitur	motus etc. erat
instruuntur	instruebantur	instructi, -ae, -a sunt	instruentur	instructi etc. erant
doces	docebas	docuisti	docebis	docueras
provolas	provolabas	provolavisti	provolabis	provolaveras
habemini	habebamini	habiti etc. estis	habebimini	habiti etc. eratis
regimus	regebamus	reximus	regemus	rexeramus
amatis	amabatis	amavistis	amabitis	amaveratis
incendis	incendebas	incendisti	incendes	incenderas
coniungor	coniungebar	coniunctus etc. sum	coniungar	coniunctus etc. eram
addo	addebam	addidi	addam	addideram

6) Polydorus beherrscht das Lateinische nicht perfekt: Welche Fehler finden Sie?

1) diliga, diliger 2) marem, marum, mara, mares 3) salutam, salutos 4) incredibilo
5) possi, posso, possa.

Lektion 12

1) Bilden Sie von folgenden Formen die entsprechende Form des Konjunktivs Präsens:

a) voco → *vocem* b) condor → *condar*
c) capio → *capiam* d) audiris → *audiaris*
e) ades → *adsis* f) dicimini → *dicamini*
g) occupatur → *occupetur* h) abhorrent → *abhorreant*
i) defendunt → *defendant* j) dimittit → *dimittat*

2) Bilden Sie von folgenden Adjektiven die Adverbien:

a) pulcher → *pulchre* b) bonus → *bene*
c) certus → *certe* d) severus → *severe*
e) celer → *celeriter* f) sapiens → *sapienter*
g) iustus → *iuste* h) crudelis → *crudeliter*

3) Ergänzen Sie die Lücken bei den Pronomina:

a) h**uius** animalis b) qu**ae**dam animalia
c) qu**orun**dam animalium d) qu**en**dam hominem
e) h**orum** hominum f) h**arum** curarum
g) ill**a** verba h) h**aec** verba
i) **i**dem vinum j) **eun**dem imperatorem
k) **i**dem rex l) **ii / eos**dem reges
m) qu**an**dam reginam n) **eius**dem regis
o) ill**ius** regis p) ill**i** regi
q) ill**orum** civium r) ill**is** temporibus
s) h**unc** civem t) h**anc** sitim

Lektion 13

1) Übersetzen Sie folgende Sätze:

1) Wenn ich wüsste, dass du mein Freund bist, wäre ich glücklich.
2) Wenn P. den Befehlen der Herrin gehorcht hätte, wäre er nicht bestraft worden.
3) Hätte Th. nicht den Min. getötet, wären die Ath. nicht von der Furcht befreit worden.
4) Hättest du geschwiegen, wärst du ein Philosoph geblieben.
5) Wäre C. zu jener Zeit nicht Konsul gewesen, hätte er den Staat nicht retten können.
6) Würdest du dies leugnen, irrtest du gewaltig.
7) Fürchtete ich den Tod, wäre ich nicht hierher gekommen.
8) Wenn A. den Staat nicht gerettet hätte, besäßen wir nicht Wohlstand und Einigkeit.

2) _Ergänzen Sie die fehlenden Formen in der Tabelle:_

servare	vincere	amittere	dare	punire	ponere
servabit →	*vincet*	*amittet*	*dabit*	*puniet*	*ponet*
servaverunt	**vicerunt**	*amiserunt*	*dederunt*	*puniverunt*	*posuerunt*
servari	*vinci*	**amitti**	*dari*	*puniri*	*poni*
servetis	*vincatis*	*amittatis*	**detis**	*puniatis*	*ponatis*
servetur	*vincatur*	*amittatur*	*detur*	**puniatur**	*ponatur*
servarent	*vincerent*	*amitterent*	*darent*	*punirent*	**ponerent**
servavissetis	*vicissetis*	*amisissetis*	*dedissetis*	**punivissetis**	*posuissetis*
servatum esset	*victum esset*	*amissum esset*	**datum esset**	*punitum esset*	*positum esset*
servavi	*vici*	**amisi**	*dedi*	*punivi*	*posui*
servarentur	**vincerentur**	*amitterentur*	*darentur*	*punirentur*	*ponerentur*
serva	*vince*	*amitte*	*da*	*puni*	*pone*

Lektion 15

Steigern Sie folgende Adjektive und bilden Sie jeweils die Adverbien zu diesen Formen:

ADJEKTIV	KOMPARATIV	SUPERLATIV	ADVERB
1) audax	*audacior, -ius*	*audacissimus, -a, -um*	*audacius; audacissime*
2) celer	*celerior etc.*	*celerrimus etc.*	*celerius; celerrime*
3) brevis	*brevior etc.*	*brevissimus etc.*	*brevius; brevissime*
4) facilis	*facilior etc.*	*facillimus etc.*	*facilius; facillime*
5) scelestus	*scelestior etc.*	*scelestissimus etc.*	*scelestius; scelestissime*
6) crudelis	*crudelior etc.*	*crudelissimus etc.*	*crudelius; crudelissime*
7) miser	*miserior etc.*	*miserrimus etc.*	*miserius; miserrime*
8) prudens	*prudentior etc.*	*prudentissimus etc.*	*prudentius; prudentissime*

Lektion 16

1) _Bilden Sie von folgenden Verben das Partizip Futur Aktiv:_

a) *rogaturus, -a, -um*   b) *positurus etc.*   c) *missurus etc.*   d) *facturus etc.*   e) *lecturus etc.*
f) *additurus etc.*   g) *coacturus etc.*   h) *iussurus etc.*   i) *fracturus etc.*   j) *decepturus etc.*

2) Ergänzen Sie die fehlenden Endungen:

a) nostri exerc**itus / -us** b) nostrae man**us / -ui / -us**
c) exercitum ingent**em** d) dom**orum** nostr**arum**
f) impet**u** celeri g) exercit**ibus** magnis
h) exercit**us** magnos i) dom**os** magn**as**

3) Bestimmen und übersetzen Sie folgende Formen von velle, nolle, malle:

a) malam = 1. Sg. Fut. I – *ich werde lieber wollen*
b) mallem = 1. Sg. Konj. Imperf. – *ich würde lieber wollen*
c) malim = 1. Sg. Konj. Präs. – *ich möge / soll lieber wollen*
d) malui = 1. Sg. Ind. Perf. – *ich habe lieber gewollt*
e) malis = 2. Sg. Konj. Präs. – *du mögest lieber wollen*
f) males = 2. Sg. Fut. I – *du wirst lieber wollen*
g) nolint = 3. Pl. Konj. Präs. – *sie mögen nicht wollen*
h) velitis = 2. Pl. Konj. Präs. – *ihr möget wollen*
i) vultis = 2. Pl. Ind. Präs. – *ihr wollt*
j) mavis = 2. Sg. Ind. Präs. – *du willst lieber*

Lektion 17

1) Bestimmen und übersetzen Sie folgende Formen:

1) fert = 3. Sg. Ind. Präs. Akt. – *er, sie, es trägt*
2) feret = 3. Sg. Fut. I Akt. – *er, sie, es wird tragen*
3) ferret = 3. Sg. Konj. Imperf. Akt. – *er, sie, es würde tragen*
4) ferremur = 1. Pl. Konj. Imperf. Pass. – *wir würden getragen werden*
5) feramus = 1. Pl. Konj. Präs. Akt. – *wir mögen tragen*
6) feremini = 2. Pl. Fut. I Passiv – *ihr werdet getragen werden*
7) ferunt = 3. Pl. Ind. Präs. Akt. – *sie tragen*
8) ferris = 2. Sg. Ind. Präs. Pass. – *du wirst getragen, du eilst*
9) ferentis = Gen. Sg. m., f., n. des Part. Präs. Akt. – *eines usw., der usw. trägt*
10) ferendi = Gen. Sg. des Gerundiums – *des Tragens, zu tragen*

2) Bilden Sie von den Formen 1-8 die entsprechenden des Perfektstamms:

1) fert → *tulit* 2) feret → *tulerit*
3) ferret → *tulisset* 4) ferremur → *lati etc. essemus*
5) feramus → *tulerimus* 6) feremini → *lati etc. eritis*
7) ferunt → *tulerunt* 8) ferris → *latus etc. es*

Lektion 19

Übersetzen Sie die Sätze und bestimmen Sie die -nd-Formen:

1) Diese Gelegenheit zu reden, durfte ich mir nicht entgehen lassen. *(Gerundiv)*
2) C. holte zum Umsturz der Fundamente des Staats die Gallier zu Hilfe. *(Gerundiv)*
3) Wie viele Tage forderst du zur Erledigung jener Aufgabe? *(Gerundiv)*
4) Die jungen Männer liefen zum Flussufer hinab, um zu schwimmen. *(Gerundium)*
5) Caesar berichtet, dass die Helvetier kriegslüstern gewesen seien. *(Gerundium)*
6) S. erwarb sich höchsten Ruhm, indem er viele Taten erfolgreich vollendete. *(Gerundiv)*
7) Die Verschwörer gaben jede Hoffnung auf, sich zu retten. *(Gerundiv)*
8) Dieses Buch gebe ich euch zum Lesen. *(Gerundiv)*

Übungssätze des Anhangs

Sätze zu den Partizipialkonstruktionen (Anhang, S. 235)

1) Lucius verließ uns, wobei er nichts sagte / ohne etwas zu sagen.
2) Caesar kehrte nach Italien zurück, nachdem (er) fünf Legionen in Gallien zurückgelassen worden waren (zurückgelassen hatte).
3) Wenn wir nach Wissen streben, werden wir uns großen Reichtum erwerben.
4) Obwohl Frieden geschlossen war, fingen die Feinde plötzlich an, das Lager der Römer zu bestürmen, aber sie konnten es nicht erobern, obwohl (nur) wenige unserer Leute es verteidigten.
5) Die Augen vieler werden dich, Catilina, ohne dass du es bemerkst, beobachten.
6) Hannibal musste Italien verlassen, weil er von den Seinen in sein Vaterland zurückgerufen worden war.
7) Die Römer hörten nicht auf, Hannibal zu fürchten, obwohl er (doch) von Scipio völlig besiegt worden war.
8) Obwohl Caesar getötet worden war, konnten die Verschwörer die Freiheit des Staates nicht wiederherstellen (Obwohl die V. Caesar getötet hatten, konnten sie …).
9) Die Feinde besetzten die Stadt schnell, weil niemand Widerstand leistete (ohne dass jemand Widerstand leistete).

Sätze zum Genitiv (Anhang, S. 239)

1) Das Landhaus **des Marcus Tullius** *(poss.)* ist groß.
2) Die Denkmäler **der Stadt Rom** *(poss.)* erwecken noch heute in uns Bewunderung (*wörtl.:* gereichen uns zur Bewunderung).
3) Durch die Tüchtigkeit **weniger Männer** *(poss.)* ist das Reich der R. groß geworden.
4) Es ist die Aufgabe **eines guten Redners** *(poss., prägnant)*, seine Mitbürger das Richtige und Wahre zu lehren.

5) Es ist die Aufgabe **eines guten Konsuls** *(s. o.)*, für den Staat gut zu sorgen.
6) Es ist **ein Zeichen von Dummheit** *(s. o.)*, bei derselben Angelegenheit zwei Mal einen Fehler zu begehen.
7) Der Tempel, der auf dem Palatin lag, gehörte **Apoll** *(poss.)*.
8) Der Begriff „**Diktatur**" *(explicat.)* war den Römern verhasst *(wörtl.: gereichte zum H.)*.
9) Die Furcht **der Feinde** *(subiectivus)* war so groß, dass sie möglichst schnell flüchteten.
10) Die Römer hatten immer Furcht **vor den Germanen** *(obiectivus)*.
11) Es gab keine Hoffnung **auf Rettung** *(s. o.)*.
12) Catilina war **nach Alleinherrschaft** *(s. o.)* gierig.
13) Cicero war **von gewaltiger Beredsamkeit** *(qualitatis)*.
14) Der Marsch zu den Sequanern betrug **wenige Tage** *(s. o.)*.
15) Was für einen (welchen) **Entschluss** *(partitivus)* sollen wir fassen?
16) Wer **von euch** *(s. o.)* kann einen guten Entschluss fassen?
17) Der Vorrat **an Getreide** *(s. o.)* reichte für wenige Tage.
18) Die zurückgelassenen Soldaten boten dem Lager ausreichend **(an) Schutz** *(s. o.)*.
19) Catilina bereute **seine Verbrechen** *(Bereich)* nicht.
20) Die Genossen Catilinas wurden **der Verschwörung** *(criminis)* angeklagt und **zum Tode** *(criminis)* verurteilt.
21) Es lag dem Konsul Cicero daran, Catilina aus der Stadt zu vertreiben.
22) Es liegt besonders in meinem / deinem / seinem / unserem / eurem Interesse, dass Frieden herrscht.

Sätze zum Dativ (Anhang, S. 241)

1) Catilina bemühte sich darum, **dem Staat** *(engerer Sinn)* zu schaden.
2) Die Römer wollten **besiegte Völker** *(s. o.)* schonen.
3) Orgetorix überredete **die Helvetier** *(s. o.)*, ihr Gebiet zu verlassen.
4) Ein guter Lenker des Staats muss **für alle Bürger** *(commodi)* wohltätig sein (*wörtl.:* muss allen Bürgern **zum Heil** *(finalis)* gereichen).
5) Die Taten Caesars riefen **bei den Römern** *(comm.)* große Bewunderung *(fin.)* hervor.
6) Caesar ließ T. Labienus **zum Schutz** *(fin.)* **für das Lager** *(comm.)* zurück.
7) **Orgetorix** *(poss.)* besaß bei den Helvetiern großes Ansehen.
8) **Die römischen Soldaten** *(auctoris, aktiv übersetzt)* mussten eine Brücke bauen.
9) Vercingetorix suchte einen **für das Lager** *(comm.)* geeigneten Ort aus.
10) Caesar schickte **seinen in Bedrängnis geratenen Leuten** *(comm.)* die Reiterei **zu Hilfe** *(finalis)*.
11) **Kaufleute** *(poss.)* hatten keinen Zugang zu den Nerviern.
12) Clytaemnestra machte Agamemnon *(comm.)* **zum Vorwurf** *(fin.)*, dass er seine Tochter geopfert habe.
13) Die Römer gehorchten **Tarquinius** *(engerer Sinn)* unwillig.

Sätze zum Ablativ (Anhang, S. 243)

1) Der Soldat verteidigte sich tapfer **mit dem Schwert** *(instr.)*, wurde aber **von einer Lanze** *(instr.)* verwundet.
2) Der Feldherr wurde **von großem Schmerz** *(instr.)* erfüllt, weil seine Soldaten, obwohl

sie mit **höchster Einsatzbereitschaft** *(modi)* kämpften, **in einer äußerst heftigen Schlacht** *(modi)* besiegt wurden.

3) Die Stadt Zama liegt einen Marsch von fünf Tagen **von Karthago** *(separ.)* entfernt.
4) Nachdem L. Sulla sich der Herrschaft bemächtigt hatte, beraubte er viele Gegner nicht nur **der Ehrenstellungen** und **Güter**, sondern auch ihres **Lebens** *(alle separ.)*.
5) L. Brutus befreite den Staat **von der Königsherrschaft** des Tarquinius Superbus; aber das römische Volk war niemals **von Furcht** *(beide sep.)* vor den Königen frei.
6) Niemand war für Cicero verhängnisvoller **als M. Antonius** *(compar.)*.
7) Catilina, ein Mann **aus vornehmer Familie** *(originis)*, war **von großer Verwegenheit** und **einem schlechten Charakter** *(qualit.)*.
8) Caesar übertraf alle Feldherrn **an Kühnheit** und **Schnelligkeit** *(beide limit. / resp.)*.
9) Nicht **zu Recht** *(modi)*, sondern **durch seine eigene Schuld** *(causae)* war Cicero von Clodius **aus Rom** *(sep.)* verbannt worden.
10) Obwohl Scaeva **an vielen Verwundungen** *(causae)* litt, übertraf er alle Gefährten so sehr an **Tapferkeit** *(limit.)*, dass er nahezu allein die Feinde **von den Mauern** *(sep.)* des Lagers abwehrte.
11) **Zu alten Zeiten** *(temp.)* wurden in Rom Sklaven **zu einem geringen Preis** *(pretii)* gekauft, aber griechische Sklaven waren **um die Hälfte** *(mens.)* teurer **als die übrigen** *(comp.)*, da sie diese **an Bildung** *(limit.)* übertrafen.
12) Die Räuber pflegten, wenn / weil sie **von der Gier** *(causae)* nach Beute getrieben waren (aus Gier nach Beute), **aus ihren Schlupfwinkeln** *(sep.)* zu kommen, um die Städte Kleinasiens zu plündern.
13) **Bei Tagesanbruch** *(temp.)* stellte Caesar die Schlachtreihe **an einem geeigneten Ort** *(loci)* auf.
14) **An einem alten Baum** *(sep.!)* hängen oft die schönsten Früchte.
15) Der Fluss Rhein entspringt **in den Alpen** *(sep.!)*.
16) Viele Senatoren standen zu Beginn des Bürgerkriegs **auf Seiten des Pompeius** *(sep.!)*.
17) Caesar behielt **im Gedächtnis** *(instr.!)* (erinnerte sich), dass sich die Helvetier **viele Jahre** *(mens.)* zuvor nicht **der Gewalttaten** *(sep.)* enthalten hatten.
18) Die Piraten suchte ihre Rettung **in blitzschneller Flucht** *(modi)*.
19) Da die Einwohner der belagerten Stadt **von Hunger** geschwächt und **von Furcht** *(causae)* dazu gezwungen waren, baten sie den Feldherrn der Feinde um Frieden.

Beispielsätze für den Konjunktiv im Nebensatz (Anhang, S. 247)

1a) Sollte etwas unklar gesagt worden sein, dann magst du an der Sache zweifeln.
1b) Wenn Hilfstruppen kämen, würden wir die Feinde besiegen. Wenn die Hilfstruppen nicht gekommen wären, hätten uns die Feinde besiegt.
2a) Wir wünschen, dass ihr möglichst schnell zu uns kommt. Wir fürchten, dass ihr zu spät kommt.
2b) Die Helvetier stellen den Sequanern Geiseln, damit sie ohne Übergriff (durch ihr Gebiet) ziehen. Caesar beanspruchte eine Frist zum Nachdenken, bis (damit unterdessen) die Soldaten, die er angefordert hatte, zusammenkämen (zusammenkommen könnten). Caesar griff die Feinde an, bevor sie (damit sie nicht erst) eine Schlachtreihe aufstellen konnten.
2c) Sage mir, was du tust / getan hast. Ich wusste nicht, was du tatest / getan hattest.

Ich zweifle nicht daran, dass man den Unglücklichen helfen muss.

2d) Wir klagen die Natur an, dass / weil sie uns ein (unserer Meinung nach nur) kurzes Leben gibt. Immer klagten die Menschen die Natur an, dass / weil sie ihnen (ihrer Meinung nach) ein (so) kurzes Leben gab. Ich klage dich an, dass / weil du mir (meiner Meinung nach) Unrecht zugefügt hast. Ich habe dich angeklagt, dass / weil du mir (meiner Meinung nach) ein großes Unrecht zugefügt hattest.

2e) Ich schicke dir einen Arzt, der dir helfen soll. Die Germanen, die (weil sie) sahen, dass ihre Leute getötet wurden, stürzten sich aus ihrem Lager. Caesar gestattete Marcellus, der (obwohl er) ihm doch spinnefeind gewesen war, nach Rom zurückzukehren. Es gab einige / Leute, die abstritten, dass eine Verschwörung gemacht worden war. Es fanden sich zwei Ritter, die bereit waren, Cicero zu töten. Verres schickte einen Boten, der um die schönsten Vasen bitten sollte. Der König Antiochus, der (weil er) die List des Verres nicht durchschaute, gab ihm die schönsten Vasen sehr gerne.

Beispiele für Relativsätze mit adverbialem Nebensinn (Anhang, S. 249)

1) Caesar ließ Soldaten an der Küste zurück, die die Schiffe schützen sollten (*wörtl.:* den Schiffen zum Schutz gereichen sollten). *(finaler Nebensinn)*
2) Wen von uns gibt es, der leugnet, dass der Konsul Cicero den Staat gerettet hat? *(konsekutiver Nebensinn)*
3) Der Diktator Caesar wurde von den Verschwörern, die (weil sie) die Alleinherrschaft fürchteten, getötet. *(kausaler Nebensinn)*
4) Cicero vertrieb Catilina, der (weil er) eine Verschwörung unternommen hatte, aus Rom. *(kausaler Nebensinn)*
5) Catilina war nicht derjenige, der sich von der Todesgefahr erschrecken ließ. *(konsekutiver Nebensinn)*
6) Catilina fand viele junge Leute, die tapfer und zuverlässig waren. *(konsekutiver Nebensinn)*
7) Die Germanen, die doch (obwohl sie) die Freiheit liebten, gehorchten zunächst den Gesetzen, die ihnen von den Römern auferlegt worden waren. *(konzessiver Nebensinn)*
8) Wen gibt es, der nicht mit wohlwollender Sympathie die Erinnerung an die berühmten Männer der Vorzeit pflegt, die er doch (obwohl er sie) niemals gesehen hat? *(konsekutiver Nebensinn; konzessiver Nebensinn)*
9) Derjenige, der bescheiden gehorcht, ist würdig, einmal zu herrschen. *(finaler* oder *konsekutiver Nebensinn)*
10) Derjenige, der sieht, dass dieses Zusammenströmen in der Stadt entstanden ist, könnte sagen, die Stadt sei erobert worden. *(konsekutiver* oder *konditionaler Nebensinn)*
11) Kein Scharfsinn menschlichen Geists ist so groß, dass er in den Himmel vordringen kann. *(konsekutiver Nebensinn)*
12) Der König, der doch Bundesgenosse und Freund des römischen Volkes war, wurde von Verres aus der Provinz vertrieben. *(konzessiver Nebensinn)*
13) Was ist unverschämter als Tarquinius, der Krieg mit denen führte, die seine Arroganz nicht ertragen hatten? *(kausaler Nebensinn)*

Übungsklausuren zu den Lektionen

(Einmal angegebene Wörter werden in den kommenden Übungstexten vorausgesetzt; eingeklammerte Angaben müssen nicht gelernt werden.)

Nr. 1   *Der Nutzen schnatternder Gänse*   (bis Lektion 5)

Temporibus antiquis Galli *(die Gallier)* copias Romanas in Italia superaverunt et Romae appropinquaverunt. Magna in oppido cura¹ erat, et cives² dicebant: „Misera fortuna est nobis, magno in periculo sumus, quod Galli Romam capere parant. Nos autem proelium committere non poterimus, quod plerosque³ nostrum adversarii
5   ceciderunt. Fortasse scelus commisimus, quod Camillum⁴ imperatorem reprehendimus Romaque pepulimus⁵. Quis hominum⁶ aut deorum nos adiuvabit?"
Ac profecto Galli Romam occupaverunt et multos Romanos necaverunt; sed ceteri in Capitolium fugerunt et adversarios muris Capitolii gladiis arcebant. Sed tum Galli noctu⁷ eum⁸ collem expugnare consilium ceperunt. Iam collem ascendebant iamque
10   primi muros superabant, cum anseres⁹ sacri¹⁰ advolaverunt¹¹ et clamaverunt.
Ita Romani e somno excitati¹² de muris iecerunt¹³ Gallos et vitam suam servaverunt.

Angaben:

1)	cūra, -ae f. – Sorge	2)	cīvis, -is m. – Bürger
3)	plērīque, -aeque, -aque – die meisten	4)	Camillus, -i m. – Camillus *(römischer Feldherr)*
5)	pellere, -o, pépuli, pulsum – verbannen	6)	homō, -inis m. – Mensch
7)	noctu – nachts	8)	eum – diesen *(Demonstrativpronomen im Akk.)*
9)	(anser, ánseris m. – Gans)	10)	sácer, -cra, -crum – heilig
11)	advolāre – herbeifliegen, -eilen	12)	ē somnō excitātī – aus dem Schlaf geweckt
13)	iacere, -io, iēci, iactum – werfen, schleudern		

Nr. 2   *Schon immer herrschte Streit in Rom*   (bis Lektion 8)

Fortasse non scitis etiam primis rei publicae temporibus magnam inter cives controversiam esse factam. Nam nobiles¹, qui maximam sapientiam auctoritatemque² sibi esse putabant, omnem gloriam³ ex bellis paratam sibi solis postulabant. Divitias⁴ quoque, quae ex hostium urbibus captis Romam transportatae erant, ii viri possidebant,
5   ceteris autem civibus penuriam omnium rerum relinquebant. Tandem ii incolae, qui talem vitam miseram agebant, odio nobilium¹ incensi undique in forum concurrerunt et clamaverunt: „Quis nostrum, o amici, ignorat nos in bellis semper pericula toleravisse⁵, semper summa cum virtute⁶ pugnavisse, sed praemia⁷ nobis negari. Quid igitur agere debemus, si superbiam⁸ eorum coercere⁹ in animo habemus? Id unum
10   restat¹⁰: urbem relinquere novamque condere rem publicam." Itaque urbe excesserunt¹¹, montem sacrum ceperunt, eum muris muniverunt¹². Paucis diebus post nobiles¹ tribunum plebis¹³ miserunt¹⁴, cuius oratione¹⁵ sola populus placatus¹⁶ Romamque reductus est.

Angaben:

1)	nōbilis, -is, -e – adlig; der Adlige	2)	auctoritās, -ātis f. – Ansehen, Einfluss
3)	glōria, -ae f. – Ruhm	4)	divitiae, -ārum f. – Reichtum
5)	tolerāre – ertragen, aushalten	6)	virtūs, -ūtis f. – Tapferkeit

7)	praemium, -i n. – Belohnung	8)	superbia, -ae f. – Stolz; Hochmut
9)	coercēre, -eo, -ui, -itum – zügeln	10)	restāre – übrig bleiben
11)	excēdere, -o, -cessi, – hinausgehen	12)	munīre, -io, -ivi, -itum – befestigen
13)	tribūnus plēbis – Volkstribun	14)	mittere, -o, mīsi, missum – schicken
15)	orātiō, -ōnis f. – Rede	16)	placāre – besänftigen, versöhnen

Nr. 3 Liebe gegen Tod – Orpheus in der Unterwelt (bis Lektion 11)

Orpheus fuit ille praeclarus[1] artifex, cuius voce iucunda carminibusque[2] non solum homines delectabantur, sed etiam bestiae miro modo permovebantur. Eurydica, uxor eius, serpentis[3] morsu[4] vulnerata[5] de vita decessit. Is autem mulieris mortis doloribus vexatus in mortis regnum descendere non dubitavit. Itaque ad inferos[6] pervenit,
5 regem inferorum[6] reginamque adiit his verbis: „O dei, quorum in potestate[7] nos omnes sumus: Non, quod novis rebus studeo[8], iter[9] in hoc regnum timoris plenum[10] feci; causa viae est coniunx, quae iustis[11] annis nondum confectis[12] subito mihi erepta est[13]. Itaque vos oro: Mulierem amatam mihi reddite[14]! Nullum a vobis donum peto, sed usum[15]. Vos quoque amore coniunctos esse scio. Mihi mea coniuge non <u>reddita</u>
10 ego quidem non iam redibo, sed hic manebo." Ac profecto: Misericordia[16] permoti dei Eurydicam ei reddiderunt[14] imponentes eam legem: „Ad superos[17] ascendenti tibi non licet oculos flectere[18]." At Orpheus, dum facit iter[9] ad superos[17], amore coactus legem neglexit, oculos flexit[18]: Statim Eurydica oculis[19] coniugis miseri erepta[13] iterum mortua est[20].

Angaben:

1)	praeclārus, -a, -um – sehr berühmt	2)	carmen, -inis n. – Lied, Gesang
3)	(serpēns, -ntis m. – Schlange)	4)	(morsus, -ūs m. (*u-Dekl.*) – Biss)
5)	vulnerāre – verwunden, verletzen	6)	(inferi, -ōrum m. – Unterwelt)
7)	potestās, -ātis f. – Macht, Befugnis	8)	novis rēbus studēre – einen Umsturz planen
9)	iter, itíneris n. – Weg, Reise; Marsch	10)	plēnus, -a, -um (*m. Gen.*) – voll von
11)	iūstus, -a, -um – *hier:* zustehend	12)	cōnficere, -io, -fēci, -fectum – vollenden
13)	ēripere, -io, -ripui, -reptum – entreißen	14)	reddere, -o, -didi, -ditum – zurückgeben
15)	(usus, -ūs m. (*u-Dekl.*) – *hier:* Leihgabe)	16)	misericordia, -ae f. – Mitleid
17)	(ad superos – zur / an die Oberwelt)	18)	(oculos flectere; *Perf.:* flexi) – sich umwenden)
19)	óculus, -i m. – Auge; Blick	20)	mortua est – sie ist gestorben

Nr. 4 Bürgerkrieg zwischen Caesar und Pompeius (bis Lektion 15)

Acerrimis proeliis Gallis victis Caesar id studebat, ut consul iterum crearetur. Sed Romae inimici metuentes[1], ne Caesar rem publicam rex regnaret, id, quod optabat, negaverunt. Etiam hostem Caesarem iudicaverunt Pompeioque, qui adhuc amicus Caesaris fuerat, dederunt negotium[2], ut bellum pararet. Quibus rebus cognitis Caesar
5 milites ad Rubiconem flumen[3] convocavit et, quid consilii cepisset, eos his verbis docuit: „Nisi fidem in me virtutemque vestram cognovissem, qua vos tot in proeliis praestitistis[4] fortissimos, sinerem gloriae vestrae obtrectari[5] invidia eorum, qui omnes honores inertia[6] obtinent. Nam summum bonum pacem salutemque rei publicae existimo. At nunc tribunis Roma pulsis tantisque aliis iniuriis acceptis intellegitur,

10   quid facere debeamus. Illi nos non prohibebunt, ne Rubicone transito[7] populi iura dignitatemque omnium nostrum defendamus. Arma capiamus!" Ita Caesar oratione sua milites adduxit[8], ut bellum gererent cum civibus suis. Inimici autem tanto timore territi sunt, ut Pompeio duce urbem Italiamque quam celerrime relinquerent. Cicero autem, qui primo Romae manserat, exclamabat: „Utinam nobis fortis dux fuisset!
15   Si Pompeius copias suas coegisset, ut promiserat, Caesar Romam non occuparet."

Angaben:

1) metuere, -o, metui – (sich) fürchten 2) negōtium, -i n. – Geschäft; Tätigkeit; Auftrag
3) flūmen, -inis n. – Fluss 4) sē praestāre – sich erweisen *als*
5) obtrectāre *(m. Dat.)* – schmälern 6) inertia, -ae f. – Trägheit, Untätigkeit
7) trānsīre, -eo, -ii, -itum – überschreiten 8) addūcere, - o, dūxi, -ductum – veranlassen

Übersetzungen

Text 1

In alten Zeiten besiegten die Gallier in Italien römische Truppen und näherten sich Rom. Groß war die Sorge in der Stadt, und die Bürger sagten: „Wir haben *(dat. poss.)* ein elendes Schicksal und befinden uns in großer Gefahr, weil die Gallier sich anschicken, Rom einzunehmen. Wir aber werden keine Schlacht beginnen können, da die Feinde die meisten von uns *(gen. partit.)* getötet haben *(konstatives Perf.)*. Vielleicht haben wir ein Verbrechen begangen, weil wir unseren Feldherrn Camillus getadelt und aus Rom verbannt haben *(Perf. s. o.)*. Wer von den Menschen oder Göttern wird uns helfen?" Und in der Tat besetzten *(narratives Perf.)* die Gallier Rom und töteten viele Römer; aber die übrigen flüchteten auf den Kapitolshügel und hielten mit ihren Schwertern die Feinde immer wieder *(iteratives Imperf.)* von den Mauern des Kapitols fern. Da aber fassten die Gallier den Plan, diesen Hügel in der Nacht zu erobern. Schon stiegen sie den Hügel hinauf und schon waren die ersten dabei, die Mauern zu übersteigen *(beschreibendes, duratives Imperf.)*, als die heiligen Gänse herbeiflatterten und schnatterten. So stießen die Römer, aus dem Schlaf geweckt, die Gallier von den Mauern und retteten ihr (eigenes) Leben.

Text 2

Vielleicht wisst ihr nicht, dass auch in den ersten Zeiten der Republik ein großer Streit zwischen den Bürgern entstand *(Pass. von facere auch: entstehen)*. Denn die Adligen, die glaubten, dass sie die größte Weisheit und den größten Einfluss besäßen *(im D. Konjunktiv möglich statt: besaßen)*, pflegten sämtlichen Ruhm, der aus den Kriegen erworben worden war, für sich allein zu beanspruchen *(w.: fordern)*. Auch den Reichtum, der aus den eroberten Städten der Feinde nach Rom gebracht worden war, besaßen diese Männer, den übrigen Bürgern aber ließen sie (nur) Mangel an allem *(w.: allen Dingen)* übrig. Schließlich strömten diejenigen Bürger, die ein solch elendes Leben führten, von Hass auf die Adligen *(gen. obiectivus)* entbrannt, von allen Seiten auf das Forum und riefen: „Wer von uns, Freunde, weiß nicht, dass wir in den Kriegen immer die Gefahren ertragen und immer mit höchster Tapferkeit *(abl. modi)* gekämpft haben, die Belohnungen aber uns vorenthalten werden? Was also müssen wir tun, wenn wir deren Hochmut zügeln wollen? Dies eine bleibt übrig: die Stadt zu verlassen und einen neuen Staat zu gründen." Und so verließen sie die Stadt, besetzten den heiligen Berg und befestigten ihn mit Mauern. Wenige Tage später schickten die Adligen einen Volkstribunen, durch dessen Rede allein das Volk besänftigt und nach Rom zurückgeführt wurde.

Text 3

Orpheus ist jener berühmte Künstler gewesen, durch dessen angenehme Stimme und Lieder nicht nur die Menschen erfreut, sondern sogar wilde Tiere auf wundersame Art beeindruckt wurden. Nachdem Eurydike, seine Frau, durch einen Schlangenbiss verwundet worden war *(part. coni.)*, starb sie.
Weil aber Orpheus *(für is)* von Schmerzen über den Tod seiner Frau gequält worden war *(part. coni.)*, zögerte er nicht, in das Reich des Todes hinabzusteigen. Und so gelangte er in die Unterwelt und wandte sich mit folgenden Worten an den König und die Königin der Unterwelt: „O ihr Götter, in deren Gewalt wir uns alle befinden: Ich bin nicht in dieses Reich voller Furcht gekommen, weil ich einen Umsturz plane; der Grund meines Wegs ist meine Gattin, die mir plötzlich entrissen wurde, obwohl sie die ihr zustehenden Jahre noch nicht vollendet hatte *(abl. abs., vorzeitig, mit Aktiv übers.)*. Daher bitte ich euch: Gebt mir meine geliebte Frau zurück! Ich bitte euch nicht um ein Geschenk, sondern (nur) um eine Leihgabe. Dass auch ihr in Liebe verbunden (worden) seid, weiß ich. Wenn mir meine Gattin nicht zurückgegeben wird *(abl. abs., vorzeitig zum Futur)*, dann will ich jedenfalls nicht mehr zurückkehren, sondern (hier) bleiben." Und tatsächlich: Weil die Götter von Mitleid bewegt worden waren *(part. coni.)*, gaben sie ihm Eurydike zurück, wobei sie ihm folgendes Gesetz auferlegten *(part. coni., gleichzeitig, modal)*: „Es ist dir, während du zur Oberwelt aufsteigst *(part. coni., gleichzeitig, temporal)*, nicht gestattet, dich umzublicken." Aber während Orpheus seinen Weg zur Oberwelt nahm, missachtete er, von seiner Liebe gezwungen *(part. coni., wörtl.)*, das Gesetz und wandte sich um. Nachdem Eurydike sofort den Blicken des unglücklichen Gatten entrissen worden war *(part. coni., temp.)*, starb sie zum zweiten Mal.

Text 4

Nachdem Caesar in äußerst heftigen Kämpfen die Gallier besiegt hatte *(abl. abs., mit Aktiv übers.)*, bemühte er sich darum, zum zweiten Mal zum Konsul gewählt zu werden *(Begehrssatz)*. Aber weil in Rom seine Feinde fürchteten *(part. coni., gleichz.)*, dass *(verneinter Begehrssatz, positiv übers. nach Verben des Fürchtens, Hinderns etc.)* Caesar den Staat als König regieren könnte, lehnten sie seinen Wunsch ab *(Relativs., verkürzt und frei übers.)*. Sie erklärten Caesar sogar zum Staatsfeind und gaben Pompeius, der bis dahin ein Freund Caesars gewesen war, die Aufgabe, den Krieg vorzubereiten.
Nachdem Caesar diese Vorgänge erfahren hatte *(abl. abs., Aktiv übers.)*, rief er seine Soldaten beim Fluss Rubico zusammen und klärte sie mit folgenden Worten darüber auf, welchen Entschluss *(w.: was an Entschluss, gen. partit.)* er gefasst hatte / habe *(indir. Fragesatz)*:
„Wenn ich eure Zuverlässigkeit mir gegenüber und eure Tapferkeit nicht kennen würde *(Irrealis)*, durch die ihr euch in so vielen Kämpfen als sehr tapfer erwiesen habt, ließe ich es geschehen, dass euer Ruhm geschmälert wird durch den Neid derjenigen, die durch Untätigkeit alle Ehren inne haben. Denn ich halte den Frieden und das Wohlergehen des Staates für das höchste Gut. Da nun aber die Volkstribunen aus Rom vertrieben worden sind *(abl. abs., kausal)* und wir andere Unrechtstaten so großen Ausmaßes *(w.: so große)* haben hinnehmen müssen *(abl. abs., Aktiv übers.)*, kann man erkennen *(Pass., fakultativ)*, was wir tun müssen *(indir. Fragesatz)*.
Jene werden uns nicht daran hindern, nach Überschreitung des Rubico *(abl. abs., präpositional)*, die Rechte des Volkes und unser aller Würde zu verteidigen. Lasst uns zu den Waffen greifen!"
So veranlasste Caesar durch seine Rede die Soldaten dazu, Krieg mit ihren Mitbürgern zu führen *(Begehrssatz)*. Seine Feinde aber wurden von so großer Furcht in Schrecken gesetzt, dass *(konsekutiv)* sie unter der Führung des Pompeius *(nominaler abl. abs.)* die Stadt (Rom) und Italien möglichst schnell verließen. Cicero jedoch, der zunächst in Rom geblieben war, rief häufig aus *(iter. Imperf.)*: "O, hätten wir doch einen tüchtigen Feldherrn gehabt *(unerfüllbarer Wunsch d. Verg.)*! Wenn Pompeius seine Truppen, wie er versprochen hatte, gesammelt hätte *(Irrealis d. Verg.)*, würde Caesar Rom (jetzt) nicht besetzen *(Irrealis d. Gegenw.)*."

Eigennamen und Register

Aegeus, -i m.
Aegeus (*griech.* Aigeus); einer der Könige Athens aus der sagenhaften Zeit, Vater des Theseus*.

Alba Longa, -ae f.
Stadt am Tiber, der Sage nach von Aeneas' Sohn Iulus Ascanius gegründet.

Antonius, -i m.
Marcus Antonius (82–30 v. Chr.); Anhänger Caesars*, vertrat vor dem Beginn des Bürgerkriegs als Volkstribun dessen Interessen in Rom. Im und nach dem Bürgerkrieg stieg er zu Caesars* wichtigstem Vertrauensmann auf. Nach der Ermordung des Diktators war Antonius darauf bedacht, seine Machtstellung auszubauen, musste sich aber mit dem jungen C. Octavius* (Oktavian), dem späteren Kaiser Augustus*, auseinandersetzen, der als Erbe seines Adoptivvaters ebenfalls eine besondere Machtstellung anstrebte. Nach der Niederlage bei Mutina (Frühjahr 43) gegen die von Cicero* zusammengeschweißte Koalition, die auch von Oktavian* unterstützt wurde, einigte er sich mit diesem und Lepidus* (Oktober 43 v. Chr.); es kam zum zweiten Triumvirat, das die Wiederherstellung der Ordnung und die Rache an den Caesarmördern zum Programm hatte; eines der ersten Opfer der nun folgenden Proskriptionen war Cicero*. Die Triumvirn teilten das Reich auf, doch es kam immer öfter zu Streitigkeiten zwischen ihnen, da Antonius in Ägypten offensichtlich der Königin Kleopatra* verfallen war und römische Interessen im Osten des Reiches nicht mehr wahrzunehmen schien. Oktavian* konnte ihn schließlich zum Staatsfeind erklären lassen und Krieg gegen Kleopatra* und ihn führen. Die Seeschlacht von Actium (31 v. Chr.) besiegelte den Untergang seiner beiden Gegner, die bald darauf in Alexandria Selbstmord begingen.

Apollo, -inis m.
Apollo(n), griechischer Gott des Lichts, der Weisheit, Sohn des Zeus und Zwillingsbruder der Artemis; tötete den Python und übernahm das Orakel zu Delphi. Im Gegensatz zu Dionysos war er der Gott der Rationalität, der Klarheit. Gerade deswegen wurde er von Oktavian* zu seinem Schutzgott erkoren (Bau eines Tempels auf dem Palatin), auch, um den Kontrast zu dem „neuen Dionysos" zu unterstreichen, als der sich Antonius* feiern ließ. Apollo war außerdem Heilgott, Gott der Pest (*so im ersten Buch der Ilias Homers*) und Gott der Musen.

Ariadna, -ae f.
Ariadne, Tochter des Minos*; sie gab Theseus* einen Faden, damit er aus dem Labyrinth wieder herausfand. Auf der Rückfahrt nach Athen wurde sie von ihm auf der Insel Naxos zurückgelassen.

Athenae, -arum f.
Athen; wichtigste Stadt Griechenlands, deren Blütezeit im 5. Jh. v. Chr. lag; Zentrum der Politik, Kunst, Literatur, Philosophie: Perikles, Pheidias, Polyklet, Sophokles, Herodot, Thukydides, Sokrates, Platon *u. a.* Athen war Zentrum des Widerstands gegen die persische Invasion. Der Sieg über die Perser (478 v. Chr.) hatte die Gründung des Attischen Seebunds zur Folge, der von einem Verteidigungsbündnis gegen die Perser zum Herrschaftsinstrument über die Bundesgenossen ausartete.

Athenienses, -ium m.
Die Athener; sie führten im 5. Jh. v. Chr. die Demokratie ein. Jeder Bürger hatte (anders als in Rom) gleiches Stimmrecht. Nach dem Tod des Perikles (429 v. Chr.) traten Demagogen auf, die, durch die Launen des Volkes bestimmt, politische Entscheidungen durchsetzten, die nicht immer glücklich waren. Schriftsteller, Dichter und Philosophen lehnten die Demokratie ab. Nach dem Sieg Philipps II. von Makedonien über die Städte Griechenlands (338 v. Chr.) wurde diese Staatsform abgeschafft.

Augustus, -i m.
Der Kaiser Augustus (63 v. Chr.–14 n. Chr.); er konnte nach blutigen Bürgerkriegen als „Sohn" des vergöttlichten Iulius Caesar* eine Militärmonarchie gründen und den Frieden im Reich sichern. Unter dem Namen „Prinzipat" hatte er eine Herrschaftsform geschaffen, die seine überragende Stellung kaschierte und das Fortbestehen der alten *res publica* suggerierte. Bildende Kunst und Dichtung wurden in den Dienst einer, wenn auch zurückhaltenden, aber vielleicht dadurch umso wirksameren Propaganda gestellt. Die Dichter Horaz und Vergil feierten die Herrschaft des Augustus (27 v. Chr. – 14 n. Chr.) als die Rückkehr des Goldenen Zeitalters, des paradiesischen Urzustands der Menschheit.

Brutus, -i m.
Marcus Iunius Brutus (85–42 v. Chr.); einer der wichtigsten Caesarmörder; er kämpfte zunächst im Bürgerkrieg gegen Caesar*, wurde aber von ihm begnadigt und in seinen Freundeskreis aufgenommen. Von Cassius* bearbeitet, rang er sich schließlich zu dem Entschluss durch, Caesar* zu ermorden. Brutus ist wohl derjenige, bei dem man am ehesten idealistische Motive für den Mord annehmen kann. So verhinderte er, dass man auf derselben Senatssitzung auch Caesars treuesten Gefolgsmann M. Antonius* umbrachte. Dies wurde später von Cicero*, der in die Verschwörung nicht eingeweiht war, als Fehler kritisiert. Die Caesarmörder mussten tatsächlich bald erkennen, dass Antonius* sie aus dem politischen Geschehen verdrängte, und so gaben sie die Zügel übereilt aus der Hand, indem sie sich in den Osten des Reichs zurückzogen, um dort eine Machtbasis zu schaffen. Im Jahr 42 v. Chr. unterlagen die Heere des Brutus und Cassius* in einer Doppelschlacht den Triumvirn (M. Antonius*, C. Octavius* und M. Lepidus*) und begingen Selbstmord.

Caesar, -is m.
Gaius Iulius Caesar (100–44 v. Chr.); der berühmte Feldherr, Schriftsteller und Politiker; sein Lebensweg war geprägt von ständigen Auseinandersetzungen mit dem Senat und Kriegen, die Rom einen großen Gebietsgewinn einbrachten (besonders Gallien). Berühmt ist sein Werk *De bello Gallico*, in dem er seinen Eroberungskrieg als Verteidigung des römischen Reichs zu rechtfertigen sucht. In Rom wollte man ihn seines Kommandos über die Truppen entheben, da er zu mächtig zu werden schien. Dies löste den Bürgerkrieg aus, da Caesar sich in seiner Würde *(dignitas)* gekränkt fühlte und seine politische, vielleicht sogar physische Existenz bedroht sah. Es folgten die Kämpfe mit Pompeius* und der Senatspartei, aus denen er als Sieger hervorging. Weitere Kriege im gesamten Mittelmeerraum waren nötig, um die Gegner niederzuringen. Er konnte aber seine Vormachtstellung als Diktator nicht nutzen, um den Staat zu reformieren, sondern wurde am 15. März 44 als „Tyrann" ermordet; dies rief neue Bürgerkriege hervor, die auch Cicero* das Leben kosteten und die Etablierung der Monarchie durch Augustus* zur Folge hatten.

Cassius, -i m.
C. Cassius Longinus (42 v. Chr. in der Schlacht von Philippi gefallen, *s. o. unter* Brutus*)*; tüchtiger Feldherr, der sich als Legat des Crassus im Partherkrieg bewährt hatte. Er kämpfte auf Seiten des Pompeius* gegen Caesar*; nach der Schlacht von Pharsalus (48 v. Chr.) wurde er, wie viele, von Caesar* begnadigt, erhielt aber keine besonderen Aufgaben. Dadurch entstand eine Distanz zu dem Diktator, die in Wut und Enttäuschung mündete und so den Plan einer Verschwörung in ihm entstehen ließ *(das Weitere s. unter* Brutus*).*

Catilina, -ae m.
Lucius Sergius Catilina (108–62 v. Chr.); bereicherte sich während der Proskriptionen Sullas, hatte aber dennoch ständig Schulden. In der folgenden Zeit war er Prätor und versuchte danach vergeblich, Konsul zu werden. Er warb mit einem radikalen popularen Programm (Schuldentilgung), unterlag aber 64 Cicero*, obwohl von Crassus und Caesar* unterstützt. Als auch seine Wahl für 62 vereitelt worden war, griff er zum Staatsstreich, der von Cicero* aufgedeckt wurde *(s. a. Anhang, S. 262)*. Im Frühjahr 62 v. Chr. wurde Catilina in der Schlacht bei Pistoria (Pistoia) vernichtend geschlagen.

Cato, Catonis m.
Marcus Porcius Cato (234–149 v. Chr.); berühmt geworden wegen der Strenge, mit der er seine Zeitgenossen zu den alten Sitten, durch die Rom groß geworden war, zurückführen wollte. Er nahm an den Kämpfen gegen Hannibal teil, hatte viele Ämter inne und trat gegen die zunehmende Hellenisierung Roms auf. 184 v. Chr. war er Zensor und ging er gegen korrupte Senatoren unnachgiebig vor, was ihm den Beinamen *Censorius* einbrachte. Er ist der erste Prosaschriftsteller Roms (Werke über den Landbau, die Urgeschichte Italiens u. a.); sein Stil, bewundert wegen seiner sentenzenhaften Kürze, beeinflusste spätere Autoren wie Sallust und Tacitus. Als konservativer Vertreter eines auf Gewinn ausgerichteten Unternehmertums trieb er ständig zum Krieg gegen Karthago, indem er angeblich jede seiner Reden mit der Forderung nach Zerstörung des Rivalen beendete: *Ceterum censeo Carthaginem esse delendam.*
Sein Urenkel Marcus Porcius Cato (95–46 v. Chr.) eiferte ihm in seiner Sittenstrenge nach und war der erbittertste Gegner Caesars*, von dem er sich nach der verlorenen Schlacht bei Thapsus nicht begnadigen lassen wollte; er gab sich deshalb den Tod in Utica (46 v. Chr.). Sein Selbstmord wurde zum Symbol des Widerstands gegen Caesar und später gegen die Kaiser.

Cicero, -onis m.
Marcus Tullius Cicero (106–43 v. Chr.); der berühmte Redner, Politiker und Philosoph; er setzte mit seinem „klassischen" Latein, neben Caesar*, Maßstäbe bis in die beginnende Neuzeit *(weitere Ausführungen s. Anhang, S. 261 ff.).*

Cicero (II), -onis m.
Marcus Tullius Cicero; der Sohn des berühmten Cicero*, dem seine leichtfertige Lebensweise in Athen Sorgen machte; er entging 43 den Proskriptionen des zweiten Triumvirats, indem er sich zu Brutus* begab; auf seiner Seite nahm er an der Schlacht von Philippi teil, kehrte 39 nach Rom zurück und wurde von Oktavian* (wohl aus Reue über die Ermordung des Vaters) begnadigt. Er ist der Marcus Tullius in diesem Lehrbuch.

Cleopatra, -ae f. (Kleopatra)
Kleopatra VII (69–30 v. Chr.); regierte seit 51 mit ihrem Bruder Ptolemaios XIII über Ägypten, der sie 48 v. Chr. absetzen ließ. Sie konnte mit Hilfe Caesars*, dessen Geliebte sie 48 geworden war, ihren Thron zurückerobern. Es kam dann zu einem Aufstand der Einwohner Alexandrias, bei dem Teile der berühmten Bibliothek in Flammen aufgingen und Caesar* fast sein Leben verloren hätte. Kleopatra gebar 47 einen Sohn (Kaisarion – der kleine Caesar), den sie zum Gottkönig erheben ließ. 46–44 hielt sie sich in Rom auf, was die Beliebtheit des Diktators nicht steigerte. Nach seiner Ermordung kehrte sie nach Ägypten zurück und errichtete eine prunkvolle Alleinherrschaft, die Antonius* unterstützte. Sie vermählte sich mit ihm, unterstützte seine erfolglosen Aktionen gegen das Partherreich. Beide ließen sich als Götter (Isis und Dionysos) feiern. In Rom konnte Oktavian* dies als Abkehr vom Römertum und als Verrat darstellen, zumal Antonius* seiner Gemahlin Teile des römischen Reiches im Osten überlassen wollte. Es kam zur Schlacht bei Actium (31), in der Kleopatra die Flucht ergriff und Antonius ihr kopflos hinterherhetzte. Nach dem Selbstmord des Antonius* versuchte Kleopatra vergeblich, Oktavian* gegenüber die Selbstständigkeit Ägyptens zu behaupten; da ihr dies nicht gelang, ließ sie sich wahrscheinlich durch Giftschlangen umbringen.

Clodius, -i m.
Publius Clodius Pulcher (92–52 v. Chr.); berüchtigt wegen seines Lebenswandels, wurde 62 wegen Religionsfrevels angeklagt *(im Bona-Dea*-Skandal, *s. a. unter* Pro Sestio, *Anhang, S. 263 f.),* aber freigesprochen; Feind Ciceros*, dessen Verbannung er als Volkstribun (im Zusammenspiel mit Caesar*) betrieb. Er verfolgte bald eine zunehmend radikalere populare Politik, beherrschte die Straße mit seinen Banden und wurde schließlich im Jahr 52 v. Chr. Opfer seines optimatischen Gegenspielers Milo.

Daedalus, -i m.
Daedalus, *griech.* Daidalos, sagenhafter Künstler; weilte auf Kreta, wo er die Liebesvereinigung zwischen Pasiphaë* und einem Stier durch eine besondere Konstruktion möglich machte; Erbauer des Labyrinths auf Kreta; besonders berühmt geworden als erster Mensch, der sich auf Flügeln durch die Lüfte bewegte; bei diesem ersten Flug der Menschheits „geschichte" stürzte sein Sohn Icarus ab.

Europa, -ae f.
Europa, Tochter des Königs von Phönizien, Agenor; Zeus verliebte sich in sie und entführte sie in Gestalt eines Stiers nach Kreta, wo sie Mutter von Minos* *u. a.* wurde. Sie ist somit die Urmutter des Kontinents Europa geworden, der seinen Namen auf sie zurückführt.

Germani, -orum m.
Die Germanen; sie waren die Angstgegner der Römer seit den Kriegen gegen die Kimbern und Teutonen, die C. Marius nur mit Mühe 102 und 101 v. Chr. besiegen konnte. Bei den Germanen handelte es sich nicht um ein einheitliches Volk, sondern um zahlreiche, oft miteinander verfeindete Stämme. Caesar* sah den Rhein als die natürliche Grenze zwischen Gallien und Germanien an. Augustus* plante die Eroberung weiterer Teile Germaniens, doch sein Legat Quinctilius Varus geriet 9 n. Chr. mit seinen Truppen in einen Hinterhalt und wurde vernichtend geschlagen. Seit dieser Zeit beschränkten sich die römischen Kaiser auf eine Defensivpolitik in Germanien, es entstand der Limes. Die Völkerwanderung der Germanen leitete im vierten und fünften nachchristlichen Jahrhundert den Untergang des römischen Reiches ein; der letzte römische Kaiser Romulus Augustulus wurde von dem Germanen Odoaker 476 n. Chr. abgesetzt.

Graeci, -orum m.
Die Griechen; zu ihnen nahmen die Römer eine zwiespältige Haltung ein. Im Laufe des zweiten vorchristlichen Jahrhunderts hatten sie Griechenland zur Provinz gemacht. Es strömten zahlreiche Sklaven nach Rom, die oft gebildeter als ihre römischen Herren waren. Ein Beispiel ist der Historiker Polybios, der als Geisel in der Mitte des betreffenden Jahrhunderts nach Rom gekommen war und den jüngeren Scipio unterrichtete. Die Römer erkannten die geistige und kulturelle Überlegenheit der Griechen an. Zahlreiche Übernahmen aus Architektur, bildenden Künsten und Literatur bestätigen dies. Hierbei waren sie nicht schlichte Nachahmer, sondern geschickte Umgestalter ihrer Vorbilder. Die Hellenisierung Roms zeigte sich auch in der Angleichung der ursprünglich als Wesenheiten empfundenen römischen Götter an die Olympier: So setzte man Iuppiter mit Zeus gleich *usw*. Auf der anderen Seite verachtete man die Griechen als Schwätzer, deren Philosophie der römischen Jugend nur Flausen in den Kopf setze. Exponent der griechenfeindlichen Partei war M. Porcius Cato*, sein Gegenspieler der jüngere Scipio. Dieser hatte einen Freundeskreis gebildet, in dem er, wie die Griechen auf ihren Symposien, alle möglichen Probleme diskutierte. Geistiger Erbe dieses Kreises war Cicero*, dem es mit seinen Schriften gelang, die griechische Philosophie in Rom anzusiedeln.

Homerus, -i m.
Homer; der berühmte Dichter am Anfang der abendländischen Literatur. Ihm werden die Epen Ilias und Odyssee zugeschrieben, die zum Maßstab aller antiken Epen wurde. Wenn auch nicht alles von ihm persönlich verfasst wurde, sondern auf mündlicher Tradition beruht, so ist doch sein Genie an der Komposition des mythischen Stoffes spürbar. Besonders in der Ilias wird das tragische Denken der Griechen fassbar: Die Menschen sind Spielbälle göttlicher Pläne und Launen. Der Untergang Trojas und der Tod der meisten Helden steht von vornherein fest, während die Menschen, in Verblendung verstrickt, Fehler begehen, die zu ihrem Untergang führen.

Iuno, -onis f.
Iuno (*griech.* Hera); die Gemahlin Iuppiters* (*griech.* Zeus); Schutzgöttin der Ehe; erbost über die vielen Seitensprünge ihres Gatten. Sie bestrafte die Gespielinnen Iuppiters* oft (Semele, Leto, Kallisto *u. a.*)

oder verfolgte die Nachkommen (z. B. Hercules, *griech.* Herakles) mit ihrem Hass, dessen besonderes Opfer die Trojaner wurden: Da sie in einem Schönheitswettbewerb, bei dem der trojanische Prinz Paris Richter war, gegen die Liebesgöttin Venus (*griech.* Aphrodite) unterlag, forderte sie den Untergang Trojas und wollte verhindern, dass Aeneas nach Italien gelangte, um die Fundamente eines neuen Reichs zu legen. Schließlich rang sie Iuppiter* das Versprechen ab, den Namen „Trojaner" zu tilgen und die Nachkommen des Aeneas „Römer" zu nennen (*vgl.* Vergil, *Aeneis* 12, 791 ff.).

Iuppiter, Iovis m.
Iuppiter (*griech.* Zeus); ursprünglich ein Wetter- und Kriegsgott, im Zuge der Hellenisierung mit Zeus gleichgesetzt. Seine zahlreichen außerehelichen Eskapaden mag man als einen Reflex auf die archaische Vorherrschaft des Weiblichen (Muttergottheit *etc.*) deuten. Immerhin gingen aus diesen Abenteuern zahlreiche Götter und Heroen hervor (Hermes, Herakles, Persephone, Apollon und Artemis, Athena, Perseus *u. a.*), die der Welt zum Segen gereichten. Iuppiter hatte als *Iuppiter Optimus Maximus* auf dem Kapitol mit Iuno und Minerva den Haupttempel der römischen Staatsreligion.

Lepidus, -i m.
Marcus Aemilius Lepidus (90–12 v. Chr.); ein Mann, der seinen Aufstieg Caesar* verdankte; als Prätor ließ er im Jahr 49 v. Chr. diesen zum Diktator ernennen, verwaltete dann *Gallia Cisalpina* und *Hispania citerior*, war 46 Caesars* Mitkonsul und leitete in Abwesenheit des Diktators die Geschäfte in Rom. Nach der Ermordung Caesars* schloss er sich M. Antonius* an und bildete dann im Oktober 43 mit ihm und Oktavian* das zweite Triumvirat, das gegen die Caesarmörder vorging (*s. a. unter* Antonius). 36 wurde er von Oktavian* politisch kaltgestellt, behielt aber die Würde des *pontifex maximus* bis an sein Lebensende.

Lucullus, -i m.
L. Licinius Lucullus (117–56 v. Chr.); tüchtiger Politiker und Feldherr; einer der Vorgänger des Pompeius* im Krieg gegen Mithridates*, gegen den er vor seiner Ablösung große Erfolge, aber nicht den entscheidenden Sieg, errungen hatte; berühmter ist Lucullus einem breiten Publikum durch seine Lebenskunst; er war Besitzer riesiger Fischteiche, Tierparks und prächtiger Villen; aus Kleinasien machte er die Kirsche in Europa heimisch und verbrachte sein Leben nach seiner Rückkehr nach Rom mit aufwändigen Gastmählern und Gelagen.

Minos, -ois m.
Minos, sagenhafter König Kretas, Sohn der Europa* und des Zeus*, Namensgeber der minoischen Kultur; er ließ das Labyrinth von Daedalus* bauen, in dem der Minotaurus* versteckt wurde. Nach seinem Tod wurde er einer der drei Richter in der Unterwelt.

Minotaurus, -i m.
Minotaurus; Mischwesen aus Stier und Mensch, wurde nach seiner Geburt durch Pasiphaë* von Minos* in das von Daedalus* erbaute Labyrinth gesperrt, wo er sich von Menschenfleisch ernährte (die Athener* mussten zu diesem Zweck alle neun Jahre oder jährlich sieben Jungen und Mädchen als Tribut nach Kreta schicken), bis er von dem athenischen Königssohn Theseus* getötet wurde.

Mithridates, -is m.
Mithridates VI Eupator (132–63 v. Chr.); stieß bei der Ausdehnung seines Königreichs Pontos mit den Römern in Kleinasien zusammen; es kam zu drei Mithridatischen Kriegen (89–84, 83–82 und 74–64). „Berühmtheit" erlangte Mithridates durch seinen Blutbefehl von Ephesos, dem zu Folge an einem einzigen Tag ca. 80000 Römer ermordet wurden. Der Verlauf dieses Krieges, in dem er sogar Athen eroberte und sich als Befreier Griechenlands feiern ließ, war äußerst wechselreich, verschliss zahlreiche römische Feldherrn (*u. a.* auch Lucullus*) und konnte mit Mühe und Not durch Pompeius* siegreich beendet werden.

Octavius, -i m. (Oktavian)
Gaius Octavius (63 v. Chr.–14 n. Chr.); Oktavian, der spätere Kaiser Augustus*. Er war 44 v. Chr. von Caesar* adoptiert und zum Haupterben seines Vermögens bestimmt worden; nach dessen Ermordung betrieb er eine Politik, die ihm sowohl die Rache an den Mördern als auch eine starke Vormachtstellung im Staat (als Triumvir) ermöglichte. Cicero* hatte sich in dem jungen Oktavian insofern geirrt, als er glaubte, diesen in seinem Kampf gegen M. Antonius*, der ihn schließlich das Leben kostete, instrumentalisieren zu können. Oktavian ließ sich nicht einspannen, sondern verfolgte seine eigene Politik. Nach der Gründung des zweiten Triumvirats und der Beseitigung der Caesarmörder kam es zunächst zur Teilung der Interessensphären; hierbei behielt Oktavian Italien, während Lepidus* Africa und Antonius* den Osten zugesprochen bekamen.
Nach und nach schaltete er seine Konkurrenten aus und wurde nach dem Sieg von Actium schließlich im Jahre 27 v. Chr. zum Augustus erhoben. In dieser Stellung wurde er, nach den auch von ihm selbst grausam geführten Bürgerkriegen, zum Friedenskaiser, der dem römischen Reich eine feste politische Grundlage gab, die für Jahrhunderte, wenn auch in Abwandlungen, Bestand haben sollte (s. a. unter Augustus).

Pasiphaë, -es f.
Pasiphaë, Frau des Minos*; sie entbrannte in Liebe zu einem Stier, weil Minos die Götter bei einem Stieropfer betrogen hatte. Sie gebar den Minotaurus*, der in das Labyrinth eingeschlossen wurde.

Poeni, -orum m.
Die Punier oder Karthager; der Sage nach wurde Karthago von Dido gegründet, die vor ihrem Bruder aus dem phönizischen Tyros geflohen war. Aeneas soll sich, auf seinen Irrfahrten in Africa gelandet, in sie verliebt haben; da aber die Götter die Gründung des römischen Reiches geplant hatten, musste er Dido verlassen; sie gab sich darauf den Tod (s. Vergil, Aeneis 4).
Karthago wuchs zu einer mächtigen Handelsstadt, die das westliche Mittelmeer beherrschte. In drei Kriegen rang Rom die Rivalin nieder. Nach dem ersten Punischen Krieg (264–241 v. Chr.) gingen Sizilien*, Sardinien und Korsika verloren. Im zweiten Krieg (218–201 v. Chr.) überschritt Hannibal, einer der größten Feldherrn der Antike, die Alpen, fügte den Römern* katastrophale Niederlagen zu, musste aber schließlich nach Africa zurückkehren, wo Scipio der Ältere mit einer Flotte gelandet war. In der Entscheidungsschlacht bei Zama unterlag Hannibal: Karthago wurden durch einen Knebelvertrag sämtliche außenpolitische Aktivitäten in Eigenverantwortung verboten. Zum dritten Punischen Krieg kam es u. a. auf Grund der Kriegshetze des M. Porcius Cato*, der ständig dazu riet, Karthago zu zerstören. Nach der Zerstörung Karthagos (146 v. Chr.) war der letzte ernst zu nehmende Gegner im Mittelmeerraum ausgeschaltet, Rom war „Weltmacht" geworden. Das Datum 146 wird aber auch als Wendepunkt der innenpolitischen Geschichte Roms angesehen: Mit dem Wegfall der Furcht vor einem äußeren Feind und dem Überfluss an Kriegsbeute setzte der von den römischen Historikern beklagte Sittenverfall ein (vgl. Sallust, Catilina 10), der das Zeitalter der Bürgerkriege zur Folge hatte. Caesar* ließ 46 v. Chr. Karthago wiederaufbauen. Die Stadt wurde nun ein römisches Zentrum, das bis zum Ende der Antike eine große Bedeutung besaß. Das Punische wurde zwar durch das Lateinische verdrängt, erlosch wohl aber erst nach 400 n. Chr.

Pompeius, -i m.
Gnaeus Pompeius Magnus (106–48 v. Chr); berühmter Feldherr und guter politischer Organisator; stieg auf in den Bürgerkriegen zwischen den Anhängern des Marius und Sulla; seine Karriere war geprägt von außerordentlichen Befehlsgewalten, unter Umgehung der normalen Ämterlaufbahn; er machte dem Sklavenaufstand unter Spartacus* ein Ende, beseitigte die Gefahr, die von den Seeräubern ausging, und beendete den Krieg gegen Mithridates*; Enttäuschung über den Senat führten ihn dazu, 60 v. Chr. mit Caesar* und Crassus das so genannte erste Triumvirat zu gründen. Nach dem Tod des Crassus und Caesars* Tochter Iulia, mit der er verheiratet gewesen war, näherte er sich wieder dem Senat an, dessen Truppen er in der Schlacht von Pharsalos (48 v. Chr.) anführte.

Nach Caesars* Sieg blieb ihm nur noch die Flucht nach Ägypten, wo der Tod auf ihn wartete. Seinen Kopf lieferten die Schergen des Ptolemaios dem erschütterten Caesar* aus.

Remus, -i m.
Remus, Zwillingsbruder des Romulus*; der Sage nach wurden sie als Kinder vom König Alba Longas*, Amulius, ausgesetzt, der die unliebsame Nachkommenschaft beseitigen wollte. Eine Wölfin nahm sich ihrer an und säugte sie, bis sie von Hirten gefunden wurden, bei denen sie aufwuchsen.

Roma, -ae f.
Rom; der Sage nach von Romulus* und Remus* gegründet. Der Gelehrte Varro (1. Jh. v. Chr.) errechnete das Gründungsdatum Roms, das 753 v. Chr. entspricht. Doch schon vorher gab es auf dem Palatin eine Besiedlung, so dass der Gründungsmythos eher den Abschluss einer Entwicklung zur Stadt als ihren Beginn widerspiegelt. Rom wuchs rasch und sah sich bald in Kämpfe mit den Nachbarvölkern verwickelt. Der Mythos vom Raub der Sabinerinnen, den Romulus initiiert haben soll, um dem Frauenmangel in der Stadt abzuhelfen, erklärt den Prozess der Verschmelzung zwischen Römern* und Sabinern*, die zunächst von zwei Königen regiert wurden. In der Frühzeit stand Rom unter dem Einfluss der Etrusker. Deshalb galt die Königszeit als Fremdherrschaft. Nach Vertreibung des letzten Königs, Tarquinius Superbus (510 v. Chr.), schaffte man die Alleinherrschaft ab und errichtete die Republik. Die Vergabe der Ämter war bestimmt vom Prinzip der Kollegialität, d. h. der gegenseitigen Kontrolle, und der Annuität, der zeitlichen Begrenzung der Macht auf ein Jahr. Die Zeit der Republik, in der Rom zunächst zur vorherrschenden Macht in Italien und dann im Mittelmeerraum wurde, währte bis 27 v. Chr., bis zur Errichtung des Prinzipats durch Augustus*. Rom war, ohne die städtebaulichen Voraussetzungen zu besitzen, zu einer Weltstadt mit vielleicht 800000 bis 900000 Einwohnern angewachsen. Häusereinstürze und Brände, Unfälle und Krawalle waren an der Tagesordnung. Es hatte sich ein Proletariat aus den arbeits- und besitzlosen ehemaligen Kleinbauern Italiens gebildet, ca. ein Drittel der Einwohner lebte von der Hand in den Mund, auf Spenden des Staates oder einiger Reicher angewiesen. Diese *plebs* bildete für geschickte Demagogen ein leicht verfügbares Instrument zur Erzeugung politischen Drucks auf den Senat. Caesar* verringerte den Anteil der Arbeitslosen durch ihre Ansiedlung in den neuen Kolonien, aber endgültig abgeholfen wurde dem Missstand nicht, auch nicht unter den Kaisern, die sich die Bevölkerung durch Prachtbauten (Thermen, das Colosseum, Kaufhäuser mit preiswerter Ware) und „Brot und Spielen" gefügig hielt. Nach dem Untergang des weströmischen Reiches zählte die vormalige Weltstadt nur noch wenige Tausend Einwohner. Doch die Idee eines ewigen Rom wurde durch die Kirche wach gehalten: Im frühen Mittelalter war die Stadt bereits wichtigstes Ziel der Pilger und konnte so zum Zentrum der Christenheit werden, zumal hier die Päpste residierten.

Romani, -orum m.
Die Römer, Bewohner der Stadt Rom*. Sie wurden von den umgebenden Völkern als Barbaren angesehen, als zusammengelaufenes Hirten- und Bauernvolk, angereichert mit Asylanten aller Art. Um diesem schlechten Image entgegenzuwirken, wurde die Verbreitung der Mythen gefördert, in denen der besondere Ursprung der Römer propagiert wird. Der Höhepunkt ist in Vergils Aeneis erreicht: Aeneas, Sohn der Venus, entkommt dem Untergang Trojas, gelangt nach Italien und kann dort den Plan der Götter erfüllen: Die Grundlagen des Weltreiches werden gelegt, und die *gens Iulia*, die sich auf den Sohn des Aeneas, Iulus Ascanius, zurückführt, wird die Geschicke der Welt leiten.
Gleichzeitig schafft Vergil mit Aeneas den Urrömer, der sich durch die Tugenden auszeichnet, die den Aufstieg Roms zur Weltmacht ermöglichten: Frömmigkeit, Tapferkeit, Leidensfähigkeit und Gerechtigkeit – ein Ideal, dem die Adligen zumindest nach außen immer entsprechen wollten.
So konnten die Römer sich in der antiken Welt als ein bedeutendes Volk präsentieren, das auf Grund seiner Herkunft, der Unterstützung durch die Götter und seiner besonderen Eigenschaften zur Herrschaft über andere prädestiniert war.

Romulus, -i m.
Romulus, sagenhafter Gründer und erster König Roms; Namensgeber der Stadt Rom; erschlug bei der Errichtung der Stadtgrenze seinen Bruder Remus* im Streit. Spätere Generationen sahen diesen Brudermord als Erbsünde an, die für die im 1. Jh. v. Chr. andauernden Bürgerkriege verantwortlich sei.

Sabini, -orum m.
Die Sabiner; Nachbarn der Römer* in der Frühzeit, verschmolzen wohl bald mit ihnen zu einem Staat und stellten dem Romulus* ihren König Titus Tatius, der den Rachezug wegen der geraubten Töchter geführt haben soll, an die Seite.

Theseus, -i m.
Theseus; Sohn des Aegeus*, befreite Athen von den grausigen Tributen an Minos*, indem er, unterstützt von der Königstochter Ariadne*, den Minotaurus* tötete; später wurde er König von Athen.

Sicilia, -ae f.
Sizilien; größte Insel im Mittelmeer, war seit dem 7. Jh. v. Chr. von den Griechen* besiedelt worden (Messina, Taormina, Naxos, Catania, Syrakus u. a.). Doch auch die Punier* hatten nach dieser Insel gegriffen und sich im Westen festgesetzt. Syrakus war die größte Polis der Griechen, deren Herrscher zeitweilig den Einfluss der Punier eindämmen und ihrerseits ihr Einflussgebiet bis nach Süditalien ausdehnen konnten. 264 ließ sich Rom* in die Streitigkeiten auf der Insel verstricken und konnte Sizilien am Ende des ersten Punischen Krieges zur ersten Provinz machen, die fortan von Propraetoren (Statthaltern) verwaltet wurde.

Spartacus, -i m.
Spartacus; aus Thrakien stammend; er brach aus der Gladiatorenschule in Capua mit einigen Anhängern aus und organisierte den größten Sklavenaufstand gegen Rom (74–71 v. Chr.). Nach großen Erfolgen über Roms Legionen gab es im auf 60000 Menschen angewachsenen Sklavenheer Streit und eine Aufspaltung, die letztlich die Niederlage des Spartacus gegen Crassus und Pompeius* zur Folge hatte. Die Überlebenden ließ Crassus zur Abschreckung an der Via Appia kreuzigen. Der Aufstand des Spartacus erklärt die lange Statthalterschaft des Verres* in Sizilien: Die Beamten sollten an Ort und Stelle bleiben, da Notstand herrschte.

Verres, -is m.
Gaius Verres (ca. 115–43 v. Chr.) war offensichtlich ein windiger Charakter, der vor Verrat und politischem Seitenwechsel nicht zurückschreckte. Die Bereicherung an allem Greifbaren war wohl sein vornehmstes Lebensziel. So war er schon als Proquästor in Griechenland und Kleinasien verfahren, bis er Statthalter von Sizilien* wurde. In den drei Jahren 73–71 muss er diese Insel tatsächlich so ausgeplündert und schikaniert haben, dass seine Niederlage im Repetundenprozess, den Cicero* gegen ihn führte, abzusehen war *(s. a. Anhang, S. 261).*

Die Römer hatten nur wenige Vornamen zu vergeben; daher lohnt es sich, auch im Hinblick auf die mündliche Prüfung, ihre Abkürzungen zu verstehen:

A.	Aulus	L.	Lucius	Ser.	Servius
App.	Appius	M.	Marcus	Sex.	Sextus
C.	Gaius	M.'	Manius	Sp.	Spurius
Cn.	Gnaeus	P.	Publius	T.	Titus
D.	Decimus	Q.	Quintus	Ti(b).	Tiberius

Register zur Formenlehre

Adverbbildung	S. 79 f.
Bildung der Verben im Präsens- und Perfektstamm	S. 28 f.; 46
Deklinationen:	
- a-Deklination; o-Deklination	S. 16; 22; Anh. 227
- e-Deklination	S. 40; Anh. 227
- i-Deklination	S. 59; Anh. 227 f.
- i-Deklination: Adjektive	S. 58; 64; 160
- Konsonantische Deklination	S. 29 f.; 35; Anh. 227 f.
- Mischgruppe	S. 39; Anh. 227 f.
- Pronominaladjektive	S. 81
- u-Deklination	S. 105; Anh. 227
Demonstrativa: hic / ille; ipse	S. 64 ; 133
Deponentien / Semideponentien	S. 126 f.; 183; 186
ferre u. Komposita	S. 114; 179
fieri	S. 133
Futur I Aktiv (a- und e-Konjugation, esse, posse und ire)	S. 34; Anh. 224
Futur II Aktiv und Passiv	S. 91; 133; Anh. 225
Gerundium und Gerundivum (Bildung)	S. 115; 122
Indefinitpronomina u. Überblick	S. 80; 118; Anh. 237
Indikativ Imperfekt Aktiv (a-, e-, i-Konjugation, esse und posse)	S. 23; 26; Anh. 224
Indikativ Perfekt und Plusquamperfekt Aktiv u. Passiv	S. 45 f.; Anh. 225
Indikativ Präsens Aktiv u. Imperative (a-, e-, i-Konjugation)	S. 16; Anh. 224
Indikativ Präsens von esse	S. 16
Indikativ Präsens, Perfekt u. Imperfekt von ire	S. 26; 29
Ind. Präs. u. Imperf. Aktiv (konsonant. Konjugation, mit i-Erweiterung)	S. 28; Anh. 224
Infinitive und Partizipien	Anh. 226
Interrogativpronomen	S. 35
is, ea, id / idem, eadem, idem	S. 50; 118
Komparativ (Adjektiv und Adverb)	S. 98; 100; Anh. 229
Komparation, unregelmäßige	S. 106; 175; Anh. 229
Konjunktiv Imperfekt u. Plusquamperfekt, Aktiv u. Passiv	S. 85; Anh. 224 u. 225
Konjunktiv Perfekt Aktiv u. Passiv	S. 91; Anh. 225
Konjunktiv Präsens	S. 81; Anh. 224
Partizip u. Infinitiv Futur Aktiv	S. 105 f.; Anh. 226
Partizip u. Infinitiv Perfekt Passiv	S. 45 f.; 50; Anh. 226
Partizip Präsens Aktiv	S. 72; 166; Anh. 227
Passiv des Präsensstamms (Infinitiv; Präsens, Imperfekt, Futur)	S. 49 f.; Anh. 224
- Übersetzungsmöglichkeiten des Passivs	S. 61
Perfektbildungen:	
- v- und u-Perfekt	S. 26; Anh. 225
- s-Perfekt, Dehnungsperfekt, Perfekt ohne Veränderung	S. 28 f.
- Reduplikationsperfekt	S. 34
Perfektstamm – Personalendungen	S. 26; 28 f.
Personalpronomina; Reflexivpronomen	S. 146; 50
Relativpronomen	S. 51
Superlativ (Adjektiv, Adverb; Steigerung – Überblick)	S. 79; Anh. 229
velle, nolle, malle	S. 107
Zahlen	S. 150; 154

Register zur Syntax

Ablativ (Grundfunktionen; einige aus der Gruppe des Instrumentalis)	S. 31; 40; Anh. 242
- abl. limitationis	S. 100; Anh. 242
- abl. separativus, Sondergruppen: comparationis; originis	S. 101; 124
- ablativus mensurae	S. 111
Ablativus absolutus u. nominaler ablativus absolutus	S. 73 ff.; Anh. 235
accusativus cum infinitivo (AcI); Zeitverhältnisse	S. 41 ff.; 106
accusativus cum participio (AcP)	S. 81
Adjektiv als Attribut, praedicativum u. Prädikatsnomen	Anh. 230 f.
Adverbiale (Füllungsarten)	Anh. 236
Attribut (Füllungsarten)	S. 60 f.; Anh. 233
Aufbau des Satzes (Elemente; Vorgehensweise beim Übersetzen)	S. 17 ff.
consecutio temporum (Zeitenfolge im konjunktivischen Nebensatz)	S. 95; Anh. 248
dativus commodi und finalis	S. 120 f.; 182; Anh. 240
dativus possessivus	S. 30; Anh. 240
Doppelter Akkusativ / doppelter Nominativ	S. 102
Funktionen der Kasus (einführender Überblick)	S. 17
Futur II (Verwendung in Konditionalsätzen)	S. 134
Genitivus subiectivus / obiectivus u. partitivus	S. 54 f.; Anh. 238
Gerundium	S. 115 f.; Anh. 250 ff.
Gerundivum	S. 122 f.; 127 ff.; 251
hic und ille (Verwendung)	S. 65
is, ea, id (Verwendung)	S. 51 f.; 56
Infinitiv als notwendige Ergänzung von Hilfsverben	S. 23
der (deutsche) Infinitiv und seine Entsprechungen im Lateinischen	S. 186
Interrogativpronomen (substantivischer, adjektivischer Gebrauch)	S. 35
Konditionalsätze (Indefinitus, Potentialis, Irrealis)	S. 86 f.; Anh. 247
Konjunktiv (Präsens) im Hauptsatz	S. 82; 86; Anh. 246
<u>Konjunktiv im Nebensatz:</u>	
- innerlich abhängige Nebensätze	S. 91 ff.; Anh. 247
- erweiterter Gebrauch (Konsekutivsätze u. *cum,*)	S. 94; 108 f.; Anh. 247
- in Relativsätzen	S. 134 f.; Anh. 249
NcI *(Nominativ mit Infinitiv)*	S. 135; 188
Partizip (Perfekt Passiv) als Attribut	S. 61
participium coniunctum	S. 67 f.; Anh. 235
Partizip (Präsens Aktiv) als participium coniunctum	s. o.
Praedicativum	S. 66 ff.; Anh. 234
Prädikatsnomen als Ergänzung zu esse	Anh. 232
Reflexivität (auch im AcI)	S. 50; 52 f.
Reflexivität (direkte und indirekte)	S. 109 ff.
Relativpronomen, Relativsatz	S. 54; 60
Relativischer Satzanschluss	S. 103
Relativsätze mit adverbialem Nebensinn	S. 134 f.; Anh. 249
Satzglieder (Überblick)	S. 18
Transitive und intransitive Verben; unpersönliches Passiv	S. 158
Übersetzungsmöglichkeiten des AcI	S. 44
ut-Sätze (mit Konjunktiv, Überblick); cum-Sätze (Überblick)	S. 94; 108 f.
Verbalaspekte des Imperfekts und Perfekts	S. 35 f.
Verschränkter Relativsatz (AcI u. weitere Möglichkeiten)	S. 90; 96 f.; Anh. 244 f.

Klassische Philologie

Universitätsverlag WINTER Heidelberg

GLAESSER, ROLAND

Caesar – magna itinera

Intensivkurs für Studierende zur Vorbereitung auf die Caesarlektüre

2., überarbeitete und ergänzte Auflage 2020. 272 Seiten, 4 Abbildungen. (Sprachwissenschaftliche Studienbücher)
Kart. € 19,–
ISBN 978-3-8253-4751-2

Caesar – magna itinera – gewissermaßen ein Zwilling des hier erschienenen Buchs *Wege zu Cicero*; beiden Büchern gemeinsam sind die Ziele einer intensiven Einführung in das klassische Latein, die Vermittlung von Grundkenntnissen dieser Sprache und die Qualifizierung zur Teilnahme an einem Lektürekurs, an dessen Ende das Latinum steht. In großen Schritten, eben in *magna itinera (*„Eilmärschen" = 18 Lektionen), werden die wesentlichen Erscheinungen der lateinischen Formenlehre und Syntax komprimiert dargestellt. Erläuterungen (unterstützt durch Grafiken) und Übungen (mit Lösungen) bieten die Möglichkeit zu einer selbstständigen Beschäftigung. Auf Grund der Fokussierung auf die Ereignisse der Zeit Caesars (bis zu seiner Ermordung) und auch Ciceros gewinnen Lernende einen Einblick in die letzte Phase der Republik.
Somit könnte dieses Buch auch als Wiederholungs- und Übergangslektüre am Gymnasium dienen und allen, die ihr Latein auffrischen wollen, eine anregende Hilfe geben.

www.winter-verlag.de